# 中国金融发展与经济增长周期关系的实证分析

周德才　著

本书是 2014 年度教育部人文社会科学研究青年基金项目："我国广义金融状况指数体系的设计、测度与应用研究：基于 FSF 视角"（14YJC790180）阶段性成果

科 学 出 版 社

北　京

## 内 容 简 介

鉴于近些年来世界金融危机周期性频发，本书的特色就是从周期的角度，使用交叉谱的方法，实证分析金融发展与经济增长之间的周期关系。主要内容如下：第一，从规模、结构和效率三个方面测度我国金融发展，并以此构建金融发展指数；第二，使用小波变换法将金融发展和经济增长的指标分解成短、中、长和全周期四个序列；第三，使用因果关系检验、交叉谱方法和VAR模型实证分析金融发展与经济增长周期关系的存在性、领先滞后关系和影响系数的符号与大小；第四，提出均衡发展不同期限的金融市场以及均衡配置经济增长对不同期限金融融资需求的政策建议。

本书适合金融和经济相关从业人员和大学教师以及硕博研究生阅读。

**图书在版编目（CIP）数据**

中国金融发展与经济增长周期关系的实证分析/周德才著. —北京：科学出版社，2017.5

ISBN 978-7-03-052700-4

Ⅰ.①中… Ⅱ.①周… Ⅲ.①金融事业–经济发展–关系–经济增长–经济周期分析–中国 Ⅳ.①F832

中国版本图书馆CIP数据核字（2017）第098793号

责任编辑：马 跃 / 责任校对：彭珍珍
责任印制：吴兆东 / 封面设计：无极书装

科 学 出 版 社 出版
北京东黄城根北街16号
邮政编码：100717
http://www.sciencep.com

北京凌奇印刷有限责任公司 印刷
科学出版社发行 各地新华书店经销

*

2017年5月第 一 版 开本：B5（720×1000）
2017年5月第一次印刷 印张：13 3/4
字数：270 000

POD定价： 86.00元
（如有印装质量问题，我社负责调换）

# 前　言

最近30年来，世界金融经济先后经历了20世纪80年代末拉丁美洲金融危机、1997年亚洲金融危机、2008年世界金融危机、2009年欧洲主权债务危机等一系列周期性金融危机和经济危机。这些事实凸显了金融对经济的深层影响和挑战，激发人们对金融与经济周期关系的深入研究。然而目前的研究主要局限于从金融增长周期角度研究金融与经济的周期关系，缺乏一些从金融发展周期角度开展的探索。鉴于此，从金融发展周期的角度出发，本书尝试实证分析金融发展与经济增长的周期关系。

在我国，这项研究之所以鲜有人问津，并不是因为它的研究没有意义和价值，而是由于我国经济统计特别是金融统计发展比较滞后，最近几年才有月度数据，之前大部分是年度数据，这就导致现有能够直接使用的经济数据，特别是金融数据的样本量非常少，从而达不到周期分析至少需要200个样本量的要求。于是，著者专门花3个月的时间收集和整理大量的经济和金融数据，使得本书研究所需的样本数据的期限提前到了1992年1月，从而使得可使用的样本量达到了270个。在强有力的数据支持下，本书从金融规模、金融结构和金融效率三个方面，对包括金融中介、金融市场、保险机构以及整个金融体系的金融发展进行全面、综合、系统的测度，同时也对经济增长进行了测度。金融规模的测度从金融深度和金融宽度两个维度展开；金融结构的测度则包括金融体系结构、金融市场结构、金融资产结构和金融融资结构四个测度角度；而金融效率又包含金融微观效率、金融中观效率和金融宏观效率三个测度层次。同时，本书还对我国金融发展状况与世界发达国家和中等发达国家做了比较研究，通过分析发现我国金融发展还是比较落后，与我国国民经济在世界的地位是不相称的。究其原因，著者认为主要是金融中介垄断造成金融发展的低效率。

基于对金融发展和经济增长全面、综合、系统的测度结果，本书使用主成分分析法提取金融规模、金融结构和金融效率三个方面的共同成分构建金融发展指数，接着使用小波变换法将金融发展和经济增长指标分别分解成短、中、长和全周期四个序列。在此基础上，在考虑了控制变量的影响下，分别使用格兰杰因果检验、交叉谱分析和向量自回归（vector autoregressive，VAR）模型三种方法相互印证，实证检验金融发展与经济增长周期关系的存在性、领先和滞后关系以及影响系数的符号与大小。实证分析结果表明：在格兰杰因果检验下，金融发展与经济增长在短、中、长和全周期上都存在双向因果关系；在交叉谱分析下，金融发展在短、长周期滞后于经济增长，在中周期和全周期上略微领先于经济增长；在VAR模型下，金融发展与经济增长相互都有显著的影响，其中金融发展在短周期和中周期上对经济增长有显著的正向影响，在长周期和全周期上则有显著的负向影响，同时经济增长在短周期和长周期上对金融发展有显著的正向影响，而在中周期和全周期上有显著的负向影响。本书还发现一个特别重要的现象：金融发展与经济增长的相关系数在中周期上非常大，在长周期和全周期比较小，而在短周期特别小。针对金融发展与经济增长在不同周期波动分量上相关关系大小差别很大和因果关系复杂的现象，本书提出均衡发展不同期限的金融市场以及均衡配置经济增长对不同期限金融融资需求的建议。

周德才

2017 年 3 月 1 日

# 目　录

# 第1章 导　论

金融作为我国国民经济的轴心，其发展历程并不是一帆风顺的，与宏观经济一样出现周期波动，金融发展和经济增长也是在不断的调整和波动中成长。但是过于剧烈或频繁的周期波动，不仅会导致金融经济和实体经济资源配置失衡、资金浪费、产业结构失调，增加投资者的决策难度，甚至会影响整个国民经济的协调发展。

最近30年来，世界金融经济先后经历了20世纪80年代末拉丁美洲金融危机、1997年亚洲金融危机、2008年世界金融危机、2009年欧洲主权债务危机等一系列周期性金融危机和经济危机。这些事实凸显了金融对经济的深层影响和挑战，激发人们对金融与经济周期关系的深入研究。然而目前的研究主要局限于从金融增长周期角度研究金融与经济的周期关系，缺乏一些从金融发展周期角度开展的探索。鉴于此，从金融发展周期的角度出发，本书尝试实证分析金融发展与经济增长的周期关系。

尽管我国金融业发展历程较短，但自从改革开放以来，我国金融发展和经济增长在互动中发展，出现了一些明显的周期现象。因此，为了搞清楚金融发展和经济增长之间的周期关系，本书借鉴国际上先进的小波分析和谱分析方法，对我国金融发展与经济增长之间的周期关系进行定量研究。从周期角度研究我国金融发展与经济增长之间的相关关系，对于促进金融发展与经济增长的良性互动，保证金融发展和国民经济的协调稳定发展，帮助投资者在金融市场和实体市场正确配置财富具有重要的实际意义，同时还可以完善我国金融发展与经济增长之间的周期关系理论，具有一定的理论价值。

## 1.1 基本概念

本书以金融发展与经济增长之间周期关系为主要研究对象，因此在展开具体分析之前，有必要对几个概念作简要界定。

### 1. 经济周期概念

在经济学中关于经济周期概念的理解，传统的观点认为经济周期呈现出繁荣、衰退、萧条、复苏交替更迭、循环往复的周期性变化，在周期长度上比较固定，且这些变化是自持续性的，研究内容主要是各种长、中、短经济周期的波幅、峰位、谷位和位势等经典经济周期理论所强调的特征，研究方法以对经济变量作回归分析和统计描述为主；但随着现代经济周期理论的兴起，特别是实际经济周期理论的“异军突起”，学术界对经济周期的认识发生了深刻变化，不再将经济周期视为固定波动经济周期，或多个固定经济周期的组合，而将经济周期理解为多种随机冲击效应经过传播、放大和复合的结果，研究内容更多的是关注波动性、持续性、逆转性、协动性和非线性（不对称性）等现代经济周期理论所强调的特征，研究方法以通过滤波消除趋势后时间序列的谱分析、矩分析和动态因素模型为主[1~3]。本书的研究内容和方法以现代经济周期理论和现代经济周期研究方法为主。

2. 金融周期概念

在金融学中关于金融周期的研究主要从金融经济周期的角度展开，目前对金融发展周期的研究还相当欠缺。金融周期研究大概可以分为两类：一是金融市场周期理论；二是金融经济周期理论。金融市场周期理论研究的主要内容是金融市场价格等金融变量的变化，导致金融市场自身周期波动。金融经济周期理论研究的主要内容是金融经济或者金融体系周期波动对经济增长波动的影响，如金融加速器理论[4~6]。

3. 金融发展周期概念

金融发展周期是指从金融发展角度来看金融发展或者金融体系发展周期波动对经济增长波动的影响。

## 1.2 选题意义

### 1.2.1 理论意义

1. 从系统角度丰富金融发展对国民经济的作用机制理论

根据现代金融发展理论，金融发展对国民经济具有显著的促进作用，但目前对这些作用机制的研究比较分散，本书从系统的角度，梳理总结并从理论和实证两个方面全面分析金融发展对经济发展的作用机制。

首先，从系统角度丰富金融发展对经济增长的作用机制。虽然大量文献对我国金融发展与经济增长的关系进行了很多的研究，但缺乏系统性，因此，本书从金融发展的规模、结构和效率三个方面分析金融发展对经济增长的作用机制，并且每个方面又分多个层次进行分析，因此，从系统角度分析金融发展对经济增长的作用机制，具有较大的意义和价值。

其次，从系统角度丰富居民家庭金融发展对经济发展的作用机制。金融资产将逐渐成为我国居民家庭的主要财产。随着我国经济的发展，我国居民家庭的财富越来越虚拟化，或者说越来越金融化。金融资产在我国居民家庭财产中所占的比例逐步提高，这就意味着财富的物质形态越来越淡化了。在 20 世纪 80 年代以前，我国居民财富是特质化的，表现为房屋、土地及其他各种物质财富。现在，人们的财富越来越虚拟化、符号化、金融化了。因此，分别从金融中介（主要是银行）、金融市场（主要是证券市场）和保险机构以及整个金融业的系统角度，分析家庭金融发展对现代经济增长的作用机制，意义显著。

最后，从系统角度丰富金融发展对现代科学技术发展的作用机制。现代科学技术发展及在产业中的扩散是 21 世纪经济增长的原动力，而现代金融发展则使这种原动力以乘数效应推动经济增长。21 世纪经济增长的两个巨轮：“科学技术和现代金融缺一不可”。由于网络技术和通信技术的发展，特别是 21 世纪各个经济体之间开放度的加深，有形商品的贸易市场一体化也会转向金融市场一体化。金融资源的流动性更强，对经济的影响力更大。因此，分别从金融中介（主要是银行）、金融市场（主要是证券市场）和保险机构以及整个金融业的系统角度，分析金融发展对现代科学技术发展的作用机制，意义重大。

总之，金融发展和国民经济既是虚拟经济与实体经济的关系，又是部分与整体的关系。金融业是国民经济的轴心，其涨跌波动在很大程度上与国民经济存在着一致性。金融是国民经济的先导，是国民经济的“晴雨表”，金融发展与经济增长之间很可能存在一定程度的协动性。但同时金融发展的波动往往比经济增长波动要剧烈、频繁得多，说明金融发展又表现出一定的相对独立性，金融发展与经济增长之间很可能存在一定程度的非协动性。目前我国金融体制正处于转轨和开放时期，这为金融发展和经济增长研究提供独特的经济背景。所以本书的研究对从系统角度丰富发展中国家和转轨国家金融发展对国民经济的作用机制有很大的理论意义。

### 2. 从周期角度完善金融发展和经济增长之间的相关关系理论

前人对金融和经济周期的理论研究，主要局限于经济增长周期的研究，对金融发展周期，特别是金融发展与经济增长之间周期关系的理论研究显得相当欠缺。对于一个完整的经济体系而言，实际经济固然是其主体，但虚拟经济的存在也不可忽略。特别是自 20 世纪 80 年代以来，随着金融自由化、金融创新以及金融一体化的发展，世界经济结构已经发生了重要的变化，金融发展已不再仅服务于实体经济，而逐渐独立于实体经济，成为影响实体经济运行的重要因素。现在有必要专门研究金融发展自身周期性运动规律、原因和机理，以及对经济增长周期的影响，这些对于完善金融发展理论和经济增长理论，以及金融发展与经济增长周期关系理论有着十分重大的意义。

### 1.2.2 实际意义

我国金融业特别是资本市场发展历史比较短，同时金融体制还处于转轨时期，导致相应的统计数据也较匮乏，从而造成我国对金融发展的研究严重滞后于金融业和金融市场的实际发展。因此，研究金融发展和宏观经济增长之间的周期关系，具有重要的实践价值。

1. 可为国家进行有效的宏观调控提供参考性依据

国内外的历史经验表明，厘清金融发展与国民经济之间的内在联系和作用机制，是实现金融发展与经济协调发展的基本前提。因此，从周期角度，正确认识我国金融发展周期的一般特征规律、根本成因和主要效应，探究金融发展与经济增长的周期互动机理，可为我国进行有效的宏观调控提供参考性依据。

2. 可为我国居民合理配置资产提供具体指导

金融资产逐渐成为主要投资工具之一，应避免金融发展和经济增长波动给金融市场带来较大的震荡，进而危害国民经济的协调发展。自我国建立金融市场以来，金融投资逐渐成为我国居民家庭投资的主要渠道，金融资产逐渐成为我国居民家庭投资的主要工具。

根据国家统计局城市调查总队于 2002 年 5～7 月在 8 个省（直辖市）的调查，在家庭财产构成中，金融资产成为仅次于房产的第二大资产，家庭平均金融资产为 7.98 万元，占家庭财产的 34.9%[7]（图 1.1）。

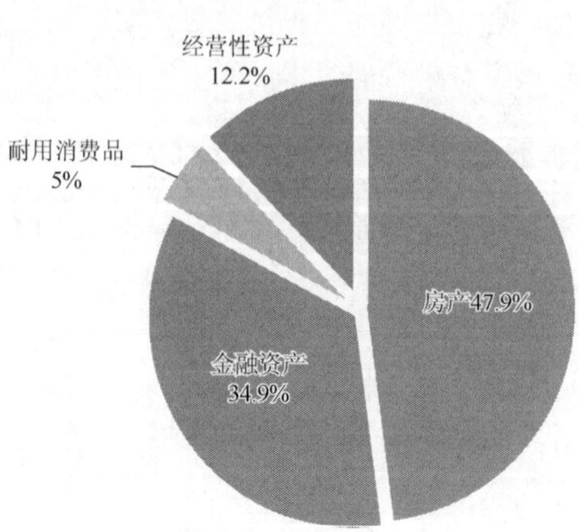


图 1.1 我国居民家庭财产构成图

随着居民投资理念的改变、生活水平的提高，我国金融业将得到更大的发展空间。金融业的快速发展，将促进金融服务业的发展和成长。

但由于我国金融市场起步较晚，金融市场不是很健全，投资工具较少，金融资产价格周期波动比较剧烈，暴涨暴跌现象比较严重，所以我国国民经济呈现周期性波动，不利于我国金融市场发展，并且影响国民经济增长，进而危害国民经济的健康发展。

3. 可为金融发展和经济增长的周期协调发展提供经验证据

我国金融发展与经济增长如何良性互动既是一个关系我国金融和经济健康运行的现实难题，又是一个全新的重大理论问题。一方面，自改革开放以来，我国金融经济就一直在不断起伏波动中发展，期间不乏较为严重的金融泡沫和金融萧条，对金融体系的健康运行造成了很大冲击，成为困扰我国金融和经济实现长期持续稳定增长的一个重要难题；另一方面，随着我国金融业体制改革的逐步推进，我国政府也已充分认识到金融发展周期波动对于我国金融发展和经济增长的重要性，这就对国内学术界提出了一个全新命题，即如何全面、系统、正确地认识金融发展与经济增长的周期关系。

## 1.3 研究思路

金融发展测度及与经济增长之间周期关系实证分析的目的在于捕捉金融发展的经验内容及与经济增长之间周期关系的经验证据。本书基本研究思路如下：首先，通过对国内外金融发展和经济增长关系研究的进展的理解与反思，为本书从周期角度实证分析金融发展和经济增长的研究进行定位；其次，基于梳理与总结前人的理论基础和实证经验，从金融中介、金融市场和保险机构三个方面对我国金融发展进行全面、深入、系统的测度；再次，基于对金融发展的实证测度，使用小波分析和谱分析方法对我国金融发展与经济增长的周期关系进行实证分析，为我国金融发展对经济增长的作用机制提供经验证据。

## 1.4 技术路线

本书在吸收国内外相关文献研究的基础上，以现代经济增长理论和现代金融发展理论为基础，将计量经济方法作为研究工具，对我国金融发展与经济增长之间的周期关系进行实证研究，试图丰富完善金融发展与经济增长之间的周期关系理论，为政府部门合理调控我国金融发展与经济增长良性互动提供有力的科学依据。图 1.2 给出了本书的研究框架，从图中可以看出：本书首先介绍现代经济增长理论和现代金融发展理论，形成金融发展与经济增长之间的周期关系理论分析框架，以此为基础，然后分别实证测度金融发展和经济增长，接着实证分析金融发展和经济增长的周期关系，最后得出结论和提出建议。

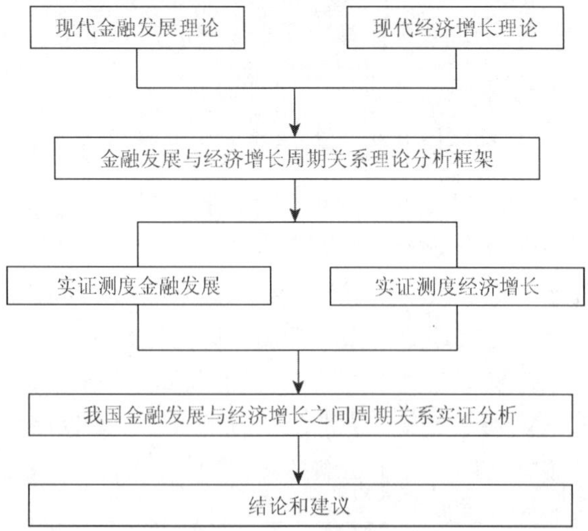


图 1.2 本书研究框架

## 1.5 内容安排

本书将定性分析与定量研究相结合，对金融发展和经济增长周期关系展开实证研究。全文共分 6 章，具体章节安排以及内容介绍如下。

第 1 章是导论。本章对本书的基本概念、选题意义、研究思路、技术路线、内容安排、研究方法、创新及不足进行概述。

第 2 章是文献综述。本章是本书对金融发展和经济增长关系的文献综述，并分析金融发展和经济增长周期关系的理论基础。首先，综述金融与经济关系的文献；其次，综述金融发展与经济增长的文献。

第 3 章是金融发展和经济增长的概念界定。本章主要从金融发展的规模、结构和效率三个方面对金融发展的概念进行界定，每个方面又从多个角度进行概念界定；而由于经济增长的概念众所周知，故对其界定采取了弱化处理。

第 4 章是金融发展与经济增长实证测度。本章主要从金融发展的规模、结构和效率三个方面，并从每个方面包含的金融中介、金融市场、保险机构和整个金融体系四个对象出发，对我国金融发展进行全面、综合、系统的实证测度；而由于人们一般采用国内生产总值（gross domestic product，GDP）、人均国内生产总值等统计指标测度经济增长，本书对经济增长的测度介绍从略。接着，对本书所有选择的数据及处理方法进行系统说明，简单介绍金融发展指数的构建方法并进行实证测度，并对我国金融发展指数分七个阶段进行分析。

第 5 章是我国金融发展与经济增长周期关系的实证检验。本章首先使用小波变换将金融发展和经济增长都分别分解成短周期、中周期、长周期和全周期四个序列，然后使用格兰杰因果检验法、交叉谱分析法、VAR 模型相互印证对我国金融发展和经济增长周期关系进行实证分析，最后得出金融发展与经济增长的周期关系在不同的期限的周期序列上互动关系不同。同时，本书根据实证分析的结论，有针对性地提出相应的政策建议。

第 6 章是结论和展望。对以上研究结果进行总结，并对未来研究进行展望。

## 1.6 研 究 方 法

本书以马克思主义为指导思想，广泛吸收了现代西方经济学和金融学的有益之处。在研究方法上，注重理论联系实际，结合采用规范分析与实证分析、定性分析与定量分析等分析方法，并采用比较研究，包括时间上的纵向比较和国际国内的横向比较，以期能够全方位、深入地揭示我国金融发展与经济增长之间周期关系的一般规律、主要原因。

## 1.7 创新及不足

本书的创新之处主要体现在以下三个方面。

一是从金融发展周期的视角对金融发展与经济增长关系进行实证分析。本书在研究中国金融发展与经济增长之间相关关系时，不但从周期角度展开研究，改变以往主要从水平角度进行研究的惯常做法，而且尝试从金融业整体展开研究，不同于其他学者的分业研究。这表现为：本书从短周期、中周期、长周期、全周期四个周期视角对我国金融发展和经济增长相关关系进行实证分析，得出不同周期下两者的相关关系明显不同的结论。

二是全面、系统和深入地分析和测度我国金融发展。本书对金融发展的测度，相对于其他文献对金融发展的测度更加全面、系统和深入，主要分三个依次递进的层次进行测度：首先，本书将金融发展分为金融规模、金融结构和金融效率三个层面进行测度；其次，本书将前述的三个层面又分别从金融中介、金融市场、保险机构以及整个金融体系四个对象进行测度；再次，每个对象又分多个角度进行测度，如金融规模分别从金融深度和宽度进行测度，金融结构分别从金融体系结构、金融市场结构、金融资产结构和金融融资结构四个测度角度进行测度；而金融效率又从金融微观效率、金融中观效率和金融宏观效率三个角度进行测度。通过上面的测度分析，试图能够全面、深入地揭示出我国金融发展的内涵和规律。与此同时，本书还将本国的情况与世界主要经济体进行国际比较分析，发现我国金融发展所处的位置以及与世界强国的差距。

三是将多种方法拓展应用到我国金融发展与经济增长的周期关系的实证分析。本书采用小波变换方法和交叉谱分析方法对金融发展和经济增长之间周期相关关系展开研究。首先，使用小波变换法将每个金融发展变量和经济增长变量都分离出短周期、中周期、长周期以及全周期四个序列，分别考察金融发展与经济增长之间周期相关关系中短周期、中周期、长周期以及全周期的周期相关关系；其次用交叉谱方法分析我国金融发展和经济增长之间周期相关关系并进行实证分析。就目前国内已有的文献而言，我国尚缺乏关于上述模型和方法在金融发展与经济增长之间周期相关关系上的系统和广泛应用。本书一方面较为详细地介绍这些模型和方法，另一方面将这些模型和方法与我国金融发展与经济增长之间周期相关关系的实践很好地结合起来，从而较好地揭示我国金融发展与经济增长之间周期相关关系。

尽管本书做了很多工作，但也存在一些明显的不足之处：一是本书进行大量实证分析，但由于各种原因数据不够全面，可能无法反映金融所有细分行业和细分市场，如信托行业、黄金行业等；二是本书虽然就如何建立一套适合我国国情的金融发展与经济增长之间周期相关关系理论系统进行了一点尝试，但由于个人能力的关系，显得微不足道，还有待将来继续努力，构建一个金融发展与经济增长之间的系统理论框架；三是本书的研究计量分析过多，而没有独创的理论和计量模型；四是本书对最新的互联网金融以及金融发展新常态等金融发展周期问题没有涉及，这将是今后努力的方向。

# 第 2 章　相关文献综述与评价

## 2.1　金融与经济关系的文献综述

### 2.1.1　国外金融与经济关系的文献综述

国外关于金融与经济关系的研究主要沿着两条线展开，一是经济学这条线，二是金融学这条线。

1. 国外经济学文献中关于金融与经济关系的文献综述

1）马克思理论关于金融和经济关系的研究

马克思指出金融主要通过货币、信用和银行影响经济。货币不仅是生产和交换的媒介，而且转化为资本，维持和扩大社会化大生产；信用不仅具有分配社会资金的作用，而且节省了流通费用，提高了经济效益；银行作为货币流通和信用活动中的主体，在经济中的作用主要表现为资本分配和信用创造[7]。

2）传统经济学关于金融和经济关系的研究

（1）古典经济学的货币中性论和非中性观。首先，货币中性论。古典学派的经济学家基本上是货币中性论者，或是信用媒介论者。货币中性论者认为：货币职能是商品交换的媒介，是便利交换的工具，货币数量的变化只会影响物价水平而不影响实际经济活动，货币只是覆盖在实物经济上的一层面纱，只要揭开这层面纱，货币对经济并无实质性的影响。信用媒介论者认为，信用只有调剂资本余缺的作用，它既不能使资本增加，也不会使资本减少，只是将其从一个人手中转到另一个人手中。就整个经济而言，信用或银行虽然重要，但不是影响经济发展的主要因素。

其次，货币非中性观。20 世纪初，Wicksell 第一个向货币中性论提出挑战，首创货币经济理论，提出货币金融对实际经济具有重大的实性影响。此后，Myrdal、Lindahl、Hayek 等受 Wicksell 理论的启发，先后提出各自的观点，阐述了货币金融对经济活动特别是商业循环的重大影响。但是他们都只说明了货币金融对经济的短期影响，对实践分析效果仍然有限，因而理论也未被西方经济界广泛接受[8~11]。

（2）凯恩斯的货币非中性观。凯恩斯是古典经济学家中第一位真正深入阐述货币非中性思想并产生广泛影响的经济学家，在由他创立的宏观经济学中，完全否认了货币中性论的观点，提出货币通过利率影响产出，而利率是由货币市场的供求决定的，由于投资是利率的函数，货币供求变动通过利率而影响实际投资和产出，经济也就经由利率受到货币数量的影响。但他的理论缺乏微观基础[12]。

（3）货币主义的货币中性与非中性观。凯恩斯理论自第二次世界大战后在世界资本主义国家得到广泛运用，但对20世纪60年代末至70年代末的“滞胀”现象无法解释，为货币主义发展提供了机会。货币主义极力主张货币的重要性，认为货币的推动力是说明产出、就业、物价水平的主要因素，在短期内货币能够影响实体经济变量，导致经济波动，货币是非中性的；长期来看，经济中的实际变量仅由实物因素决定，货币不能影响实际变量，它影响的名义变量只能是价格，因而货币是中性的。货币主义的创新之处在于货币影响经济的程度进行了长短期的划分，并且由于货币的引入，经济活动中变量划分为名义变量和实际变量，对以后的货币理论发展有借鉴意义[13]。

3）现代经济学关于金融与经济关系的观点

（1）新古典宏观经济学的货币中性观。20世纪70年代以后，新古典宏观经济学兴起并成为西方经济学的正统，主要代表人物是Lucas、Barro、Kydland等[14~16]，他们的研究给宏观经济学的研究提供了微观基础，即宏观经济均衡是建立在个体最优化选择模型基础之上的。Lucas等提出了货币政策无效论，即货币政策无论在短期还是在长期都是无效的。他们认为由于经济人有理性预期，他们就会利用货币当局政策规则信息对货币当局货币政策行为对未来价格的影响形成准确预测，因此货币政策不会对产量产生系统性影响，只有未预见到或非系统的货币供给变化能够影响实际经济活动。但理性预期学派以完全信息和完全理性为假设，把货币当局与公众当成同质的经济人来抽象，认定他们有相同的信息集合和预期，从而得出短期内货币政策无效的极端结论，难以令人信服。

（2）新凯恩斯主义的货币非中性观。20世纪90年代以来，新凯恩斯主义继承了凯恩斯主义关于货币影响产出的思想，同时针对凯恩斯主义在解释“工资-价格机制”时微观经济基础的不足在吸收理性预期等新思想的基础上，论证了工资、价格调整的刚性机制。具体说，新凯恩斯主义通过长期劳动合同和交错定价论证了名义工资刚性，通过隐含合同论、效率工资论和“内部人-外部人”理论论证了实际工资刚性，从垄断竞争条件下价格制定的机制出发论证了价格刚性。这样就为凯恩斯主义货币政策有效论及货币非中性论奠定了坚实的微观基础，为货币政策当局运用货币政策提了有力的理论依据，补充并发展了货币非中性理论[17~22]。但这一理论尚未成熟，其分析还仅仅是从理论到理论，本身缺乏实证研究的支持，在理论上也并非无懈可击。

2. 国外金融学文献中关于金融与经济关系的文献综述

在过去一个多世纪中，关于金融周期波动以及对经济周期影响的国外研究文献非常多，涉及面非常宽泛，但它们的研究脉络主要可以分为两个分支：一是金融市场周期波动理论；二是金融与经济周期波动关系理论。

1）金融市场周期波动理论

第一阶段，金融市场随机波动研究阶段，以效率市场理论为代表。关于金融市场波动研究最早可以追溯到 1900 年，法国数学博士 Bachelier 最早以现代研究方法对股票市场股票价格行为进行理论研究，但没有受到重视，直到 1954 才被人们重新发现[23]。自此之后，对于金融市场波动的研究火热起来，Roberts 在 1959 年指出股票价格变化随机[24]，Osborne 在同年指出股票价格百分比变化随机[25]，Fama 在 1965 年指出股票价格是随机的，并系统总结出效率市场理论[26]，Samuelson 在同年指出股票价格信息是随机的[27]。到 20 世纪 70 年代，人们对金融市场波动的研究形成了第一个阶段，人们主要观点是金融市场上金融资产的价格波动是随机的，以效率市场理论为代表。

第二阶段，金融市场异象研究阶段，以行为金融理论为代表。20 世纪 80 年代以来，人们通过研究发现效率市场理论无法解释金融市场的许多“异象”，从而推动金融市场波动的研究进入了第二个阶段。为了较好地解释金融市场的“异象”，一些金融学家将认知心理学的研究成果应用于对投资者的行为分析，在 20 世纪 90 年代涌现了一大批的理论和实证文献，造就了一大批行为金融理论成果。基于不同于标准金融学关于投资者的行为的假设来分析金融市场的“异象”，包括有限理性、心理账户、羊群行为、反应过度和不足等。一些有影响的模型包括 Shefrin 和 Statman 于 1994 年提出的行为资产定价模型（behavioral asset pricing model，BAPM）[28]和 2000 年提出的行为资产组合理论（behavioral portfolio theory，BPT）[29]；De Long 等提出的 DSSW 模型[30，31]；Barberis 等提出的 BSV 模型[32]；Daniel 等提出的 DHS 模型[33]；Hong 等提出的 HS 模型[34]。但行为金融理论缺乏良好的理论基础，理论体系不是十分完整，没有完全纳入主流经济学。

第三阶段，金融市场随机冲击研究阶段，以实际经济周期理论为代表。20 世纪 70～80 年代，Prescott 和 Kydland 基于瓦尔拉斯经济的拉姆齐模型提出了实际经济周期理论，并因为动态宏观经济学的贡献而获得 2004 年度诺贝尔经济学奖[16，35]。自 20 世纪 90 年代开始，人们开始将基于新古典经济理论基础的实际经济周期理论应用于金融市场，该理论体系相对较完整。该理论不再将金融市场周期波动视为固定周期波动，或多个固定周期的组合，也不认为人的心理行为是影响金融市场波动的主要因素，而将金融市场周期理解为多种随机冲击效应经过传播、放大和复合的结果，研究内容更多的是关注波动性、持续性、逆转性、协动性和非线性（不对称性）等现代周期理论所强调的特征[36, 37]。但总体而言，有两个问题始终是这类研究的主要着眼点：一是金融周期波动的非线性（非对称性）特征，二是金融周期波动的协动性特征，其中不同国家金融市场之间的协动性更成为近年来金融周期波动特征研究的重点。

2）金融与经济周期波动关系理论

传统的周期理论认为金融因素不会对真实经济产生实质性的影响，强调实物因素在经济周期生成和传导中的作用。主要理论有货币面纱论、金融中性论、莫迪利安尼-米勒（Modigliani Miller，MM）定理等。但这些理论无法解释 20 世纪以来历次发端于金融市场的货币危机和金融危机对经济的巨大破坏作用，如 1995 年的墨西哥比索危机、1997 年的亚洲金融危机、2008 年的次贷危机等，后来提出金融经济周期理论来解释这种现象。金融经济周期是一个较新的概念，它主要是指金融经济活动在内外部冲击下，通过金融体系传导而形成的持续性波动和周期性变化对真实经济的影响，反映了经济波动与金融因素之间的关系。

从以上文献综述可知，无论是传统还是现代经济学理论基本建立在金融中性的假设基础上，因循 MM 定理的假设，其结论是金融市场和信用市场的各种变化不影响真实经济活动[38]。直到 20 世纪 80 年代，新古典宏观经济学派仍然墨守 MM 定理和从生产函数角度推导经济波动原因的理论传统，在其框架中，金融市场的作用往往被简化成一个代表资金流向的函数，无法引入经济周期模型。虽然他们的研究取得满意的理论成果，但无法解释货币危机和金融危机对经济的巨大破坏作用。随着金融在经济中作用的凸显以及经济的日益虚拟化，现代经济周期越来越呈现出明显的金融经济周期特征：经济运行与金融市场、资产价格的变化有着越来越紧密的联系；金融经济活动在内外部冲击下，通过金融体系传导形成持续性波动和周期性变化；任何微小的变化都可能通过金融市场的放大和加速作用而对一国乃至全球经济产生巨大的冲击，造成经济的剧烈波动甚至严重的衰退。显然，传统周期理论无法为这些现象提供令人满意和信服的答案。

于是，现代金融经济周期理论开始兴起。最早将金融因素引入经济周期模型的是 Bagehot，他发现了信贷过度扩张现象[39]。其理论后来被 Fisher 发展，Fisher 在 1933 年提出了债务-通缩理论，认为经济繁荣阶段的“过度负债”与经济萧条阶段的“债务清算”及“困境抛售”，是生成信贷周期的重要原因，从而为信贷周期理论奠定了基础，正式拉开了金融经济周期理论发展的序幕[40]。到了 20 世纪 80 年代中期，前任美联储（美国联邦储备系统）主席 Bernanke 从探讨“大萧条”的非货币效果入手，发现信贷市场某些条件（如信息不对称导致的借贷代理成本等）的变化会放大并传播初始冲击对经济的影响，随后他和 Gertler 等将金融市场摩擦纳入经济周期波动的一般分析框架，阐述了最初的微小冲击通过信贷市场状态的改变被传递和加剧的机理，提出了“金融加速器”理论（Bernanke-Gertler model，BG 模型）[36, 41~43]。金融加速器理论奠定了金融经济周期理论的基础和一般分析框架，为现代金融经济周期的诸多现象和特征提供了强有力的解释。从此，人们开始重视各种冲击经金融市场放大后，对实体经济的严重冲击，指出金融体系的顺周期效应。

Bernanke 等早期的开创性研究激发了后来众多学者的兴趣，BG 模型随后得到不断拓展和深化。在 BG 模型中，金融合约只在单一时期有效，Gertler 证明即使允许放款人和借款人签订多期合同，类似的结论仍然可以成立[44]；BG 模型的另一个简化假设是产出变化仅仅反映在生产率变化和资本存量的变化上，经济中的总就业保持固定不变，Stiglitz 和 Greenwald 证明厂商对就业的需求也会受到金融经济周期因素的影响，并产生金融加速器效应[45]。Aghion 和 Bolton 详细分析了整个宏观经济的短期和长期动态变化过程[46]。BG 模型假设真实利率由当前可供选择的科学技术决定，且长期固定不变。Aghion 等刻画了当利率变动是内生变量时，这类模型的动态变动过程如何受到影响[47]。在 BG 模型里，企业净值顺周期变化的主要渠道是外部冲击改变企业现金流，实际上，企业资产净值更大幅度受其真实资产和金融资产的价值变动的影响，于是 Kiyotaki 和 Moore 在 Hart 和 Moore 债务合约框架的基础上将上述论点模型化，其动态一般均衡模型的突出特点是资产价格内生的、顺周期的变化是借款人的净财富、信贷可得性、消费支出和生产水平等波动的主要原因[48]。特别是，Carlstrom 和 Fuerst 将信用市场的特征方程纳入通常的真实经济周期模型，借此量化经济周期中代理成本对厂商投资需求和经济总产出的影响，从而建立起一个可计算的一般均衡（computable general equilibrium，CGE）模型[49]。这直接启发了 Bernanke 等在 CGE 模型的基础上展开研究[50]。

Bernanke、Gertler 和 Gilchrist（以下简称 BGG）在 Carlstrom 和 Fuerst 研究的基础上，将信贷市场不完美和企业净值纳入动态新凯恩斯（dynamic new Keynesian，DNK）模型的分析框架，设计了一个可计算的包含金融加速器的一般均衡框架模型，并通过该模型定量地展示了金融加速器在经济周期中的影响作用[36]。BGG 是金融加速器领域研究的最重要文献之一，其所建立的数量经济周期中的金融加速器模型为后续学者的理论和经验研究提供了方法借鉴。此后有关金融加速器的研究多是基于 BGG 在动态随机一般均衡（dynamic stochastic general equilibrium，DSGE）的框架下展开的。随后，Bernanke 和 Gertler 探讨了金融加速器效应下针对资产价格动荡的货币政策规则，提出总体宏观经济稳定和金融稳定目标下的灵活的通货膨胀目标准则[51]。自此有关金融加速器的研究形成了较完备的理论体系。

Claessens 等根据 44 个国家的 1960 年第 1 季度～2007 年第 4 季度的时间序列数据，分析了经济周期和金融周期之间的关系，得到主要结论如下：①经济周期的长度和深度受到金融周期强度与深度的影响；②当经济萧条伴随着房地产价格的崩溃时，经济萧条的长度和深度就会更大；③经济恢复的强度与经济萧条的深度显著正相关，也受到金融周期因素的影响；④在新兴经济体中，金融周期的特性比发达国家更加显著；⑤从总体来看，金融周期比经济周期更长、更深、更剧烈[52]。

Iacoviello 和 Pavan 使用贝叶斯方法估计了嵌入银行部门的 DSGE 模型，发现源于银行贷款损失的财富再分配冲击与其他冲击一起，可以解释萧条期间产出下降的 50%以上，从而认为现代经济周期是金融的而非实际的，即认为现代经济周期波动并非主要源于技术冲击的传播放大，而是因为不同代理人群体之间资源流的变化而形成[53]。

Mimir 对美国经济的研究指出：①银行信贷储蓄与贷款差的波动性比产出的波动性小，但净财富和杠杆率的波动性较大；②银行信贷和净财富是顺周期的，但储蓄、杠杆率和贷款利差是反周期的；③金融变量波峰超前产出波峰 1～3 个季度。该文的最终结论也指出：金融冲击是推动当前美国经济波动的主要因素[54]。

### 2.1.2 国内金融与经济关系的文献综述

最近 30 年来，金融周期波动非常频繁，所以对金融周期波动效应或机制的研究文献非常多，发现的效应或机制种类也不在少数，但总体而言，我国现有文献最关注两个效应或机制：一是金融周期波动对经济周期的放大机制；二是金融周期波动对经济周期的传染机制。金融周期波动的放大机制主要是通过银行信贷渠道、资产负债表两个传导渠道向外传导的。最新研究，人们把金融传播机制融入经济周期波动的理论研究框架中。国内对金融周期与经济周期之间溢出效应研究从理论研究和实证分析两个角度展开，其中实证分析占绝大多数，理论的建树非常罕见。

1. 国内关于金融和经济周期关系的理论研究

中央财经大学贺强教授主持的国家自然科学基金项目“我国经济周期、政策周期与股市周期互动关系研究”对金融周期和经济周期之间的周期关系进行了初步分析，但他们的分析以定性为主，定量分析很少，而且没有融入最新的金融与经济周期关系的理论和方法[55]。

2. 国内关于金融和经济周期之间关系的实证分析

虽然在我国研究经济周期的文献非常多，可以用汗牛充栋来形容，但研究中国金融和经济周期及它们之间的周期关系的文献却不多见。仅就目前从中国知网查阅到的主要文献，作文献的简要分析如下。

李成的《中国金融周期的基本特征与分析结论》一文对新中国成立 50 多年来的主要金融数据进行了整理和政策归纳，发现了中国经典金融周期特征和成因。我国在计划经济和转轨经济体制时期存在金融周期，从谷到峰时间短，从峰到谷时间长[55]。

苗文龙的《中国金融周期的特征分析》一文主要利用 H-P 滤波法、时间趋势分解法分析我国当时金融业的周期特征[56]。

刘浏在硕士学位论文中研究了中国银行信贷与经济增长关系的 VAR 效应分析，得出以下结论：一是银行信贷与经济增长存在双向因果关系，证明了银行信贷对经济增长有一定的促进作用，经济增长同时也促进了信贷增长；二是信贷资金利用效率呈现出下降趋势；三是国有贷款对经济增长的冲击效应大，作用缓慢；而非国有贷款的冲击效应则偏低，作用相对迅速[57]。

赵会玉和苗文龙在《中国金融周期特征与货币政策效应探讨》一文中实证检验了中国金融周期中的货币政策效应[58]。

曹永琴和李泽祥对中国金融经济周期与真实经济周期的动态关联进行了研究，发现从 1999 年开始，随着中国金融深化程度和金融市场开放度的提高，金融经济周期与真实经济周期的动态关联程度持续上升。金融因素对经济周期的影响越来越显著，货币政策对真实经济的引导效果进一步强化，金融经济周期在中国表现更加明显[59]。

孙克任和杨中尉在《中国金融周期的计量与预测分析》一文中使用自回归积分滑动平均（autoregressive integrated moved average，ARIMA）模型对中国金融周期的走势进行预测，认为我国最近一轮金融周期有向下运行的趋势[60]。

李治国等研究了用资本形成与货币扩张之间的溢出效应来解析中国经济增长，得出了资本形成与货币扩张之间存在长期稳定的溢出效应和正循环过程，持续推动中国经济快速增长[61]。

周炎和陈昆亭分别从理论与实证分析了我国金融经济周期及经济周期的影响，从理论上综述了基于发达经济体的金融周期冲击对经济波动的影响，发现影响力度非常大，甚至超过了 50%；从实证上基于 DSGE 模型拟合了我国金融冲击对我国实际经济周期的影响，发现拟合效果非常好[62, 63]。

邓创和徐曼利用主成分与时变参数向量自回归模型分析我国金融周期波动对宏观经济的时变影响及非对称性特征，研究结果表明，中国金融周期波动先行于宏观经济景气波动，周期长度大致为 3 年，且存在长扩张短收缩的非对称性特征；金融冲击的“产出效应”不如“价格效应”明显，金融形势好转所产生的加速效应比金融形势恶化所带来的负面影响更为显著[64]。

# 2.2　金融发展与经济增长关系的文献综述

## 2.2.1　金融发展与经济增长的理论文献综述

金融发展与经济增长之间的关系既是金融发展理论研究的重点，又是金融发展实证检验的焦点，但无论在理论分析还是在实证分析方面，学者的看法一直存在着相当大的争议。综合相关学者的观点，可以将金融发展与经济增长关系的理论观点总结为三个理论假设：一是金融发展引领经济增长假设（供给导向型），二是经济增长引领金融发展假设（需求跟随型），三是金融发展与经济增长无关假设（独立型）。

1. 金融发展引领经济增长假设

金融发展引领经济增长假设是指，在金融发展和经济增长之间的关系上，金融发展处于领先地位，即金融机构的创建、金融资产及相应服务的供给要先于经济对其的需求，金融发展是供给导向型的。对这个问题的研究最早可以追溯到 Bagehot[65]及 Schumpeter 和 Opie[66]。

Bagehot 发现金融体系通过方便大型工业项目融通所需要的资本，从而在英国工业革命进程中起了关键作用[65]。

Schumpeter 和 Opie 提出，银行中介可以花费较低的交易成本获得公司的详细信息，其可以行使全社会代理人的角色，通过动员储蓄、评估投资项目、公司监管和便利交易等方式，将社会储蓄配置到具有竞争力和创新能力的企业中，因此，金融中介的发展将能加速技术创新和生产力的提高，从而促进经济增长[66]。

Patrick 首次将金融发展和经济增长的关系划分为两种类型，即供给导向型和需求跟随型，并认为发展中国家的金融发展是供给导向型的，即金融发展推动了经济增长[67]。

Hicks 进一步指出英国工业革命中所使用的技术在工业革命之前就已经存在，真正引发工业革命的是金融系统的创新而不是通常所说的技术创新，通过向需要资本的大型项目融资，金融创新使这些技术得以实现并贡献于经济增长[68]。

以 Goldsmith 为代表的结构主义者认为，金融结构对一国经济发展具有重要作用，金融发展以金融资产的形式直接增加储蓄，从而促进资本形成与经济增长，同时也认为金融市场发展会提高资金的使用效率和资本的配置效率，以资本积累促进经济增长[69]。

以 Mckinnon 和 Shaw 为代表的金融抑制主义者认为金融发展通过提高生产效率促进经济增长，并通过纳入储蓄丰富了传导渠道，这将导致更高额度的投资；通过储蓄和投资联系起来的金融发展与经济增长的关系受到关于一国国内金融体系的公共政策的显著影响，证明了金融自由化促进国内储蓄从而促进投资的重要性[70~72]。

Pagano 从理论模型上分析了金融发展通过数量和质量途径对经济增长产生影响[73]。

Levine 认为信息成本和交易成本的存在导致了金融市场与金融中介的出现，金融体系的功能在于动员储蓄、配置资源、实施公司控制、润滑商品与服务等，通过这些渠道促进资本积累和技术创新，从而实现经济增长和经济发展[74]。

与此同时，中国学者也对金融发展与经济增长之间的关系进行了理论分析和总结。程明高从信息经济学和交易费用经济学角度对金融发展影响经济增长的机理进行了理论分析[75]。

总之，在理论分析方面，坚持金融发展引领经济增长假设的经济学家认为，较发达的金融体系能够促进经济增长，其作用机制为发育良好的金融体系有助于降低信息成本与交易成本、动员储蓄、促进技术创新和提高投资效率等。

2. 经济增长引领金融发展假设

经济增长引领金融发展假设是指，在金融发展和经济增长之间的关系上，经济增长处于领先地位，金融发展是需求跟随型的，即现代金融机构的创建、金融中介及相关服务的提供是为了响应实体经济中投资者和储蓄者的要求而发展的。

Robinson 提出了“实业导致金融的发展”的观点，认为事实总是表明经济增长创造了对金融服务的需求，从而导致金融部门的发展，即经济增长带动了金融发展而不是相反[76]。

Kuznets 则认为经济发展到一定规模的时候金融才开始出现，经济发展到成熟阶段金融才开始增长[77]。

Patrick 认为发达国家的金融发展是需求遵从型的，即其通过对经济增长所引致的新增金融服务需求来产生影响，因此金融发展附属于经济增长[67]。

以 Lucas 为代表的一些经济学家则认为经济学家过分强调了金融因素在经济增长中的作用，经济发展会创造对金融服务的需求，这种需求导致金融部门的发展，是经济增长带动金融发展而不是金融发展促进经济增长[78]。

Chandavarkar 指出没有一个发展经济学的经济学家将金融作为经济发展的促进因素，因此，金融是企业的附属物，是由经济发展而导致的对金融服务的需求而产生的[79]。

Beck 等认为，所有得出金融发展有利于经济增长结论的论文，也许存在一个可能的缺陷，那就是金融中介发展也许是经济增长的先行指标，而不是经济增长的原因[80]。

3. 金融发展与经济增长无关假设

持金融发展与经济增长无关假设这一观点的学派主要包括古典经济学派、新古典经济学派、货币主义学派、理性预期学派等。首先，古典经济学派认为货币是中性的，是覆盖在经济层面上的“面纱”，认为金融对经济无实质性的影响，代表人物有李嘉图、魁奈、Wicksell 等；其次，新古典经济学派中的一般均衡论学派认为金融中介机构是多余的，代表人物有阿罗、德布鲁、萨谬尔逊等；再次，货币主义学派的代表人物 Friedman 认为货币只在短期影响物价和实际产业，在长期中只会影响物价，不会影响实际产出；最后，以 Lucas 为代表的理性预期学派认为由于理性预期的存在，金融在短期和长期都不会影响实际产出[78]。

### 2.2.2 金融发展与经济增长的实证文献综述

学者对金融发展与经济增长之间经验关系的研究结论主要可以划分为四类：一是金融发展与经济增长之间存在正相关关系，二是金融发展与经济增长之间存在负相关关系，三是金融发展与经济增长之间存在复杂的因果关系，四是金融发展与经济增长不相关。

1. 金融发展与经济增长之间存在正相关关系

1）国外实证分析

Goldsmith 使用金融相关率指标研究后发现，金融发展对经济增长具有显著的正向影响，从此拉开了实证检验两者关系的序幕[69]。此后，学者从宏观、中观和微观三个维度对金融发展与经济增长的关系展开实证分析。宏观维度的研究主要从金融中介发展、股票市场发展和金融整体发展三个方面展开。

（1）从宏观维度对金融发展与经济增长之间关系的实证分析。

①金融中介发展与经济增长之间关系的实证分析。许多学者进行了金融中介发展与经济增长之间的关系的实证分析，基本得出金融中介发展对经济增长具有显著的正向影响。

Bencivenga 和 Smith 实证分析表明金融中介下的均衡可以比无金融中介下的均衡产生更高的经济增长率，这是因为它降低了对低收益流动资产的投资[81]。

King 和 Levine 使用普通最小二乘法对 80 个国家 1960～1989 年的数据进行回归分析发现金融发展水平不但与同期的，而且与未来的经济增长、物质资本积累率及资本配置效率的提高之间存在显著而稳定的正相关关系[82]。

Rajan 和 Zingales 运用最小二乘法对 41 个国家 1980～1990 年的数据进行计量检验发现金融发展对微观、中观和宏观的经济增长都产生了重要影响[83]。

Rousseau 和 Wachtel 应用向量误差修正（vector error correction，VEC）模型对美国、英国、加拿大、挪威和瑞典五国 1870～1929 年的数据进行分析表明金融中介体系对实际经济活动起着重要的促进作用[84]。

Darrat 对沙特阿拉伯、土耳其和阿联酋三个中东国家使用多元格兰杰因果关系检验法实证分析发现金融深化与经济增长之间具有良好的因果关系[85]。

Fisman 和 Love 通过实证分析发现金融中介发展水平越高的国家，各产业之间有着越高的相互关联的增长率[86]。

Nazmi 对拉丁美洲国家的经验研究发现了放松管制、发展良好的银行部门能够促进企业的资本积累和经济增长[87]。

②股票市场发展与经济增长之间关系的实证分析。许多学者进行了股票市场发展与经济增长之间的关系的实证分析，基本得出股票市场发展对经济增长具有显著的正向影响作用。

Levine 和 Zervos 的研究最有影响力，他们用最小二乘法对 47 个国家 1976～1993 年的数据进行回归分析，证明了股票市场流动性不仅与同期的经济增长、资本积累及生产率提高有显著的正相关关系，而且是经济增长、资本积累以及生产率提高的很好的预测指标[88]。

Atje 和 Jovanovic 运用回归分析对 40 个国家 1970～1988 年数据分析表明股市的流动性与经济增长之间是正相关关系[89]。

Wurgler 应用回归分析对 65 个国家 1963～1995 年的制造业的数据分析发现股票等金融发展可以改善资金配置，从而有利于经济增长[90]。

Rousseau 和 Wachtel 利用面板分析技术对 47 个国家 1980～1995 年的年度数据所进行的计量分析表明，股票市场等金融发展都能在一定程度上解释经济增长[91]。

③金融整体发展与经济增长之间关系的实证分析。许多学者进行了金融整体发展与经济增长之间的关系的实证分析，基本得出金融整体发展对经济增长具有显著的正向影响作用。

Beck 等在引入控制变量的基础上使用广义矩方法实证分析了 40 个国家 1976～1998 年的数据，发现整体金融发展会对经济增长产生重要影响，股市和银行所起的作用很难区分开来[92]。

Tadesse 对 36 个国家 1980～1995 年数据的分析表明，在金融部门不发达时，银行导向型金融体系所起的作用要大于市场导向型金融体系，而在金融部门发达时，市场导向型金融体系所起的作用则更大[93]。

Rioja 和 Valev 采用广义矩估计（generalized method of moments，GMM）动态面板方法实证分析发现发达国家金融发展对经济增长正的影响主要通过提高生产率来实现，而发展中国家主要通过资本积累来实现[94]。

Bittencourt 根据四个拉丁美洲国家 1980～2007 年的年度数据，使用面板时间序列数据的分析，对金融发展与经济增长之间的关系进行了实证分析，结果证实了熊彼特关于金融发展通过授权企业家进行生产活动，从而促进经济增长的观点，同时不仅强调了在分配金融资源到企业家的过程中一个开放、有竞争力并因而活跃的金融部门的重要性，而且强调了宏观经济稳定和金融制度框架稳定的重要性，这些都是这个地区金融发展以及随后的经济可持续增长和繁荣的先决条件[95]。

Greenwood 等根据 1974～2004 年美国年度数据以及其他大量国家的年度数据，使用面板数据分析方法，定量测度了金融发展对经济增长的贡献率，结果发现美国高达 30%，如果世界各国都实施最好的金融实践，则世界产出将增加 65%～68%[96]。

总之，这些学者通过实证分析发现包括金融中介、股票市场在内的宏观金融发展，可以通过促进资本积累、提高生产率、提供流动性等方式对经济增长具有显著的正向影响。

（2）从中观和微观维度对金融发展与经济增长之间关系的实证分析。

还有一些学者从中观和微观维度对金融发展与经济增长之间的关系进行了实证研究，这个方面的文献比较少，下面列出一些有代表性的文献。

Kumar 等发现对金融依赖很高的行业，只有在具备发达金融市场的国家，才能出现大企业，即使是主要通过内部融资成长的大企业，外部市场的资金对它的成长也具有重要意义[97]。

Carlin 和 Mayer 用 1970～1995 年经济合作与发展组织（OECD）国家 27 个行业的数据进行分析表明，在有良好会计制度的国家，通过金融市场融资的行业成长得更快，也从事更多的研发（R&D）[98]。

Beck 等通过对 54 个国家 4000 家企业 1995～1999 年数据分析得出了金融体系和法律体系的发展以及腐败程度的降低会显著地改善中小企业所面临的融资环境，从而有利于经济增长[99]。

总之，他们通过实证分析发现，金融发展有利于依赖金融中介或金融市场融资的行业或企业的成长。

2）国内实证分析

与国外类似，我国学者对金融发展与经济增长之间关系的研究也主要从宏观维度的金融中介发展、股票市场发展和金融整体发展三个方面展开。

（1）国内金融中介发展与经济增长之间关系的实证分析。在金融中介发展方面，大量国内学者通过实证分析发现，我国金融中介发展对经济增长存在显著的正向影响，主要的传导渠道是金融资产数量的增加，而不是金融资源配置效率的提高。

谈儒勇是中国最早对金融发展和经济增长之间关系进行实证分析的学者，他采用最小二乘法进行分析发现中国金融中介发展与经济增长之间有着显著的正相关关系[100]。

陈刚等利用 1979～2000 年的省级面板数据实证检验表明我国金融发展对经济增长的影响，结果显示金融发展对经济增长具有显著的正向影响，但金融部门和实体经济部门之间并不存在良性互动的关系[101]。

中国经济增长与宏观稳定课题组认为货币金融政策的特定制度安排可以有效解释中国转轨时期的高增长和低通胀，但同时应积极推动动员型金融向市场配置型金融转型[102]。

贾春新等从银行间竞争的角度研究了金融与经济增长的关系，他们发现，银行分支机构增长代表的银行竞争程度对经济增长有显著的正向影响[103]。

赵勇和雷达采用门槛模型实证分析表明金融发展水平的提高可以通过降低经济增长方式转变的门槛值来推动经济增长的集约式转变，其效应大小与经济发展的阶段有关[104]。

陆静根据中国省际面板数据，采用面板单位根、面板协整和 VEC 模型实证研究表明，金融发展程度是经济增长的格兰杰原因，经济增长、固定资产投资、劳动力投入和金融发展之间存在显著的协整关系，金融发展对经济增长具有明显的正向推动作用[105]。

（2）国内金融市场发展与经济增长之间关系的实证分析。在金融市场发展方面，有少量学者对此进行了实证分析，基本得出股票市场发展对经济增长有显著的促进作用的结论。

郑江淮等的经验结果显示股票市场发展与居民储蓄增长率之间显著正相关，表明股票市场对经济增长存在显著的正向作用[106]。

赵振全等使用回归分析进行实证研究表明，股票市场对经济增长仅具有微弱的正向作用，股市对经济增长的作用相当有限[107]。

王珂英使用合成数据模型和多元回归方法实证分析了股市发展对经济增长促进作用机理，发现我国股市在促进经济增长方面存在明显的地域差异，同时股票市场对我国整体经济增长具有显著的促进作用，对第二产业的作用更为突出[108]。

季益烽基于 2001～2010 年的季度数据，使用格兰杰因果检验和过度识别条件约束下的多元协整向量分析对我国股票市场与经济增长之间的关系进行实证分析，结果表明，股票市场的资本化率指标与经济增长指标之间存在单向的格兰杰因果关系，即股市规模单向促进了经济的增长；多元协整分析结果显示股票市场的规模与经济增长在长期呈正相关关系[109]。

（3）国内金融整体发展与经济增长之间关系的实证分析。国内有少量学者进行了金融整体发展与经济增长之间的关系的实证分析，都得出金融整体发展对经济增长具有显著的正向影响的结论。

周立和王子明采用回归分析法对中国各地区 1978～2000 年的数据进行实证分析结果显示各地区金融发展与经济增长强相关，金融市场化与经济增长相关性十分显著，开发金融业可以促进经济可持续发展[110]。

曹啸和吴军采用格兰杰因果检验法实证分析发现金融发展是经济增长的重要原因，传导渠道是金融资产数量扩张，而不是提高金融资源配置效率[111]。

赵振全和薛丰慧指出信贷市场对经济增长的作用比较显著，而股票市场由于融资利用效率低和资源的逆配置，对经济增长几乎没有作用[112]。

武志采用戈氏指标对金融发展水平进行考察，通过剔除虚假成分得到我国金融发展的真实水平，运用格兰杰因果检验和柯布-道格拉斯生产函数回归的方法，对 1978 年以来我国金融发展与经济增长进行实证研究，结果表明：金融发展能促进经济增长，但金融发展的内在本质只能是经济增长所引致[113]。

2. 金融发展与经济增长之间存在负相关关系

以我国学者为代表的一些学者在实证分析中发现，我国的金融发展阻碍了经济增长。

赵志君基于一种扩展的生产函数模型得出广义货币形式的金融资产增长过快对经济增长起了阻碍作用[114]。

卢峰和姚洋根据 20 世纪 90 年代中国省级单位的数据，使用计量方法实证分析了金融压抑下的法治、金融发展和经济增长之间的关系，研究发现在以金融压抑为特征的经济中，加强法治可能妨碍金融领域某些方面的发展，从而不能显著提高经济的平均增长率，只有在其他配套制度安排完善的情况下，法治才能发挥良性作用[115]。

张珂等认为金融发展与经济增长并非简单的线性关系，金融发展对经济增长促进作用的发挥需要一定的条件，在一些经济变量如金融中介机构不够发达或者经济发展水平比较低的时候，金融发展对经济增长的作用并不明显，甚至有阻碍的作用[116]。

林珏和曹强根据 1992～2012 年的季度数据，通过建立联立方程并使用 GMM 方法对银行、股票市场与经济增长三者之间的关系进行系统、动态的实证研究，研究发现金融深化对经济增长存在 U 形的非线性关系，股票市场对经济增长有显著的负向作用[117]。

3. 金融发展与经济增长之间存在复杂的因果关系

1）国外实证分析

Arestis 和 Demetriades 运用时间序列资料，结合 Johansen 协整检验，对德国和美国进行了比较研究，其结论是，在德国，以银行为主的金融中介增长对经济增长具有重要促进作用；在美国，金融发展对经济增长的作用不显著，而真实 GDP 对银行体系的发展和股票市场的发展具有显著的促进作用[118]。

Christopoulos 和 Tsionas 再次实证分析了金融发展与经济发展的关系，其结论是金融发展与经济发展在短期内没有因果关系，而在长期内有金融促进经济发展的单向因果关系[119]。

Loayza 和 Ranciere 认为金融发展和经济增长在短期内无因果关系或存在负向因果关系，而在长期内为正向因果关系[120]。

2）国内实证分析

王志强和孙刚采用带有控制变量的 VEC 模型和格兰杰因果检验方法，从中国金融总体发展的规模扩张、结构调整和效率变化 3 个方面，对中国金融发展与经济增长之间的相关关系和因果关系进行重新检验，得出了 20 世纪 90 年代以来中国金融发展与经济增长之间存在显著的双向因果关系的结论[121]。

周好文和钟永红运用多变量向量自回归方法对区域金融中介发展与经济增长的相关关系及因果关系进行分析，研究表明：金融规模和效率与经济增长在各地区间的因果关系不一致，这与地区间经济发展水平的差异有直接关系，东部地区金融中介发展与经济增长之间的互动关系是良性的[122]。

艾洪德等采用格兰杰因果检验法得出金融发展与经济增长之间存在因果关系；东部和全国的金融发展与经济增长之间存在正相关的关系，而中、西部两者之间则几乎是负相关的关系；从而说明过度开放金融竞争和推动金融的市场化改革，对欠发达地区的经济增长可能反而不利[123]。

王景武利用误差修正模型和格兰杰因果检验对我国区域金融发展与经济增长关系进行了实证分析，结果发现区域金融发展与经济增长之间存在密切的关系。东部地区的金融发展与经济增长之间存在正向因果关系，而西部地区金融发展与经济增长之间则存在相互抑制关系。由此可见，中国区域金融存在显著的差异[124]。

冉光和等基于中国东部和西部的省级数据，运用面板数据单位根检验、协整检验与误差纠正模型，对东部和西部金融发展与经济增长的长期关系和短期关系进行了比较研究。得出了东部和西部金融发展与经济增长关系具有明显差异：西部地区金融发展与经济增长之间具有金融发展引导经济增长的单向长期因果关系，而无明显的短期因果关系；东部地区金融发展与经济增长之间具有明显的双向长期因果关系和双向短期因果关系[125]。

董直庆和王林辉使用小波变换和交叉谱方法进行实证分析发现，股市与宏观经济之间的因果关系随周期的不同而变化，主要为双向因果关系[126]。

白雪梅和吴德燚使用非线性平滑转换回归（smooth transition regression，STR）模型实证分析了中国股市与经济增长的非线性关系，研究结果表明两者关系呈现分段特征，并在线性与非线性关系间转换[127]。

4. 金融发展与经济增长不相关

国内外极少数的学者在实证分析中发现，金融发展对经济增长的促进作用不显著。

Demetriades 和 Hussein 对 16 个发展中国家的经验研究发现，并没有足够的证据说明金融发展促进了经济增长[128]。

Neusser 和 Kugler 对 13 个 OECD 国家 1960～1994 年金融发展同经济增长之间的协整和因果关系进行检验，结果发现金融发展同经济增长之间的因果关系并不显著[129]。

庞晓波和赵玉龙采取同样的方法对不同的样本区间进行实证分析，却得出我国的金融发展与经济增长是一种弱相关关系的结论，即金融发展对经济增长的促进作用不显著[130]。

沈坤荣和孙文杰的研究发现，改革开放以后我国经济的增长并没有得到金融发展的强有力的支持[131]。

陈怡利用中国 1993～2007 年的数据，运用协整模型和格兰杰因果检验等计量分析方法，对我国股票市场与经济增长之间的关系进行实证分析，结果显示，我国股票市场与经济增长存在弱相关性，经济增长对股票市场发展有显著的影响，股票市场对经济增长的作用不显著[132]。

高辉根据 1998～2009 年的季度数据，通过构建联立方程模型，利用 GMM 全面考察了我国金融中介、股票市场与经济增长之间的互动关系，结果表明金融中介发展与经济增长两者相互影响，但作用方向不同，金融中介的总体规模对经济发展的影响为负；经济增长对于金融中介的发展存在显著的正向作用；股票市场发展与经济增长两者相互之间的影响并不显著[133]。

## 2.3 文 献 评 价

### 2.3.1 金融与经济关系的文献评价

以上关于国内外金融与经济关系研究文献的综述分析可以看出，一方面国外已有研究为著者提供了很多有益的研究方法和理念，但鉴于我国自身特有国情，国外已有研究的结论并不能完全适应于我国金融与经济周期以及它们之间的周期关系的研究；另一方面国内现有研究在揭示我国金融与经济周期以及它们之间的周期关系的一般经验规律和原因方面虽然也做出了一些很好的尝试，但总体而言尚不够全面和深入，忽略了一个重要问题——金融发展周期。

### 2.3.2　金融发展与经济增长关系的文献评价

综上所述，从实证分析方面来看，大部分学者都支持金融发展与经济增长之间存在显著的正向因果关系的观点，但由于研究角度、研究方法和数据选择等方面的差异，他们的观点也存在较大的分歧。分歧的原因是多方面的，通过比较和总结，著者认为，在这些经验分析中或多或少地存在一些问题，主要表现在经验分析方法选取方面、金融发展指标的替代指标变量选择方面以及金融发展涵盖的范围方面。

1. 经验分析方法选取方面存在的问题

这个方面存在的问题主要有：第一，多数经验分析采用的是时域分析方法，鲜见时域分析和频域分析结合的方法，根据现代经济周期理论，经济变量是由各种不同周期频率的序列复合而成的，因此在时域分析方法下，人们往往无法区分不同周期频率下的金融发展与经济增长之间的关系；第二，多数经验分析都没有对金融发展与经济增长之间的因果关系以及影响效应的方向进行检验和分析，他们往往先验地把金融发展和经济增长放在自变量和因变量的位置，再运用回归分析、面板分析等单方程的方法进行经验分析，显然这样的经验分析无法全面刻画金融发展和经济增长之间复杂的多重因果关系以及相应的影响效应；第三，多数经验分析没有考虑在其检验模型中加入控制变量，影响经济增长的因素有很多，金融发展只是其中之一，缺少影响经济增长的其他重要因素的检验模型所得出的结论难以令人信服。

2. 金融发展指标的替代指标变量选择方面存在的问题

这个方面存在的问题主要有：第一，在时间序列指标的选择上一般使用年度指标或季度指标，往往无法反映金融发展和经济增长短期内的变化，再加上我国改革开放时间比较短，使用年度指标或季度指标使得样本数据量比较少，从而导致实证分析的精准度不高；第二，以货币化指标（如 M2/GDP、M1/GDP）作为金融深度的替代指标不合适，从金融体系的功能来看，该比率既不能度量金融体系的融资功能，也不能度量金融资产配置功能，从而失去了与经济增长之间理论上的联系。本书认为，金融总资产、金融体系总筹集额等指标是度量金融发展的有用指标，这主要是从金融发展的投资功能和融资功能角度来考虑的。

3. 金融发展涵盖的范围方面存在的问题

这个方面存在的问题主要有：第一，以金融中介发展或（和）股票市场发展作为金融发展的代表不合适，目前我国金融体系比较齐全，各个子行业和子市场的发展都取得长足的进步，因此不能忽略债券市场、保险市场等在金融发展中的作用；第二，以金融市场规模的扩大作为金融发展的代表也不合适，多数经验分析只采用货币化指标等金融规模扩张指标，这只衡量了金融发展的量的变化，而没有考虑金融结构调整和效率变化等金融发展的质的变化。因此，本书尝试将金融中介、股票市场、债券市场和保险市场综合起来，使用小波变换、交叉谱分析和 VAR 模型方法，通过时域和频域的结合，选取能够衡量我国金融整体发展的规模扩张、结构调整和效率变化 3 个方面的指标，来实证检验我国整体金融发展和经济增长之间的周期关系。

# 第 3 章 金融发展和经济增长的概念界定

## 3.1 金融发展的概念界定

### 3.1.1 金融发展的内涵

随着金融发展理论的发展，金融发展的含义也不断地丰富和深化。Goldsmith 在世界上首次对金融发展的含义进行了阐述，提出了金融发展的结构观点，认为“金融发展就是金融结构的变化”，并对金融结构内涵和外延进行了深入的研究[69]；由于 Goldsmith 局限于金融发展量的变化上，无法解释发展中国家金融发展质的变化，Mckinnon 和 Shaw 就拓展了金融发展的含义，提出了金融发展的深化观点，指出金融发展就是金融深化和金融自由化的过程[70~72]；由于金融深化理论在后来指导发展中国家的金融改革失败，Merton 和 Bodie 提出了金融发展的功能观点，认为金融发展就是金融体系的金融功能不断完善和增强的过程[134]；后来，我国学者对金融发展含义作了进一步的完善和发展，周小川提出了金融发展的生态环境观点，认为金融发展就是金融生态环境不断优化的过程[135]；白钦先提出了金融发展的持续观，认为金融发展是金融可持续发展的过程。下面分别对这些金融发展的观点进行简单介绍[136, 137]。

1. 金融发展的结构观

美国著名经济学家 Goldsmith 在金融发展理论发展的初期，是最早提出金融发展概念的学者，在其出版的 *Finanical Structure and Development*（《金融结构与金融发展》）一书中提出金融发展的含义就是金融结构的变化，包括金融结构在短期或长期内的变化，金融结构是金融工具和金融机构的相对规模，各种金融工具和金融机构的形式、性质与相对规模共同构成一国金融机构的特征[69]。Goldsmith 将金融结构划分为以下三个层次[69]。

第一个层次就是“金融上层结构”与“经济基础”（即国民财富）的关系。Goldsmith 提出使用金融相关率（financial interrelations ratio，FIR）的概念，即金融资产总量占 GDP 的比例来表示金融结构，以说明金融在整个经济体系中的重要性[69]。从严格意义上来说，实际上他研究的是金融发展的规模水平问题，而不是金融结构本身问题。

第二个层次就是金融工具结构。Goldsmith 将金融工具划分为债权类和股权类两大类型[69]。债权类又可以分为国内金融部门、非金融部门和外国居民三种类型。

这个层次主要研究不同种类、不同性质、不同期限的金融工具在金融资产总额中的相对比例及在各种产业中的分布。

第三个层次就是金融中介结构。Goldsmith 指出该结构首先是金融中介部门的金融资产在金融资产总额的比例，即经济金融中介化率，用以说明一个国家金融中介部门的发达程度；其次就是不同类型中介机构的金融资产在金融中介机构总资产中的比例，用以反映不同类型金融中介的市场份额[69]。

总之，Goldsmith 关于金融发展和金融结构的论述，对于了解一个国家金融发展的程度、金融结构的特征以及与经济增长的关系、促进金融发展都有着十分重要的意义[69]。然而他所定义的金融结构仅仅是从数量或者规模的变化的角度展开的，而当时大多数国家的金融发展是受政府严格管制的，其规模水平的变化受到严格限制，没有考虑这些国家金融发展质的变化，而且没有涉及金融发展对经济增长的作用机制这一根本性问题，存在一些明显的不足。

2. 金融发展的深化观

Mckinnon 和 Shaw 在 Goldsmith 金融结构观的基础上展开对金融发展的研究，从金融抑制和金融深化的角度进一步研究了金融发展和金融结构，认为金融发展就是金融深化和自由化的过程[69~72]。

美国著名经济学家 Mckinnon 在 *Money and Capital in Economic Development*（《经济发展中的货币与资本》）一书中提出了著名的金融压抑理论，当今各国金融体系的基本特征是对金融的过度管理，即金融压抑，而金融压抑对经济发展有负面影响，抑制了储蓄的增长并导致资源配置的低效率，并提出了废除金融管制、实现金融自由化的政策建议[70]。此后，Mckinnon 又分别于 1991 年和 1993 年两次发表了 *The order of economic liberalization: Financial control in the transition to a market economy*（《经济自由化的次序——向市场经济过渡时期的金融控制》）一文，对金融结构的变化顺序进行了论述，指出实现资本项目的外汇可兑换性应该是经济自由化最佳次序中的最后一步，这为研究一国国内融资与国际融资的结构关系提供了重要依据[71]。

美国著名经济学家 Shaw 在 *Financial Deepening in Economic Development*（《经济发展中的金融深化》）一书中提出了著名的金融深化理论，认为一个国家或者地区经济活跃程度越高越会刺激其金融发展，因此发展中国家要摆脱金融抑制，就要采取金融深化措施，政府取消对金融市场的干预，放松对金融业的管制，使利率和汇率能真实反映金融市场的供求，处于良性循环的状态[72]。在论及金融发展如何促进经济增长时，Shaw 提出了债务媒介论，认为货币是金融体系对实体经济的一种债务，而不是全社会财富的代表，货币在整个社会中发挥着各种媒介作用，它通过降低各种生产成本和交易成本而提高企业生产效率，增加产出，从而促进储蓄和投资[72]。

总之，Mckinnon 和 Shaw 金融抑制理论和金融深化理论的创立标志着金融发展理论从早期的金融结构观的基础上正式形成，他们提出的放松金融管制和消除金融压抑，实现金融深化和金融自由化的政策主张，对发展中国家金融体制改革开放和货币政策、金融政策的制定与实践产生了重大的影响[70~72]。然而，这些理论在许多发展中国家实施结果在一定程度上是失败的，因为很多国家在放松金融管制之后爆发了较严重的金融危机。这是因为 Mckinnon 和 Shaw 只强调金融体系对金融资源动员功能，而忽视了其他功能，如转化功能，从而存在一定程度的缺陷[70~72]。

3. 金融发展的功能观

美国著名经济学家 Merton 和 Bodie 在现代金融发展理论发展的当期提出了金融发展的功能观点，提出金融发展的含义就是金融功能的演变，认为金融功能是稳定的，金融结构是变化的，可以通过金融结构的变迁来实现金融功能完善，从而达到金融发展的目的[134]。金融结构是指金融体系的具体结构，包括特定的金融中介、金融市场、金融产品、金融服务、实践组织和支持性的基础设施结构（如监管准则与会计制度）等方面的结构。

Merton 和 Bodie 指出金融体系的基本功能就是在不确定环境中进行资源的时间和空间配置，而这种基本功能又可以细分为六种子功能：①清算和支付结算；②在时间和空间上转移资源；③金融部门能提供管理风险的服务，具有风险管理功能；④储备资源和分割股份；⑤为经济部门分散的决策者提供信息服务，具有提供信息的功能；⑥解决信息不对称带来的激励问题[134]。

总之，Merton 和 Bodie 在前人研究的基础上，探讨了金融发展作用于经济增长和经济发展的具体机制，并完整系统地提出了金融发展功能观点，使人们能够超越具体的各种纷繁复杂的金融工具、金融机构的表象，顺着一个相对清晰的脉络把握金融体系发展和演变[134]。

4. 金融发展的生态环境观

周小川于 2004 年 12 月 2 日在“经济学 50 人论坛”上首次提出了金融发展的生态环境观点，认为金融发展含义就是金融生态环境不断优化和完善的过程[135]。金融生态环境就是指一个国家和地区金融体系中的各种金融组织为了生存和发展，与其所在环境之间及金融组织内部相互之间在短期和长期的紧密联系与相互作用的过程中，通过它们之间的分工、合作所形成的具有一定金融结构特征、执行一定金融功能作用的金融动态平衡系统。

后来，李扬等针对目前最受关注的金融风险问题，深入研究分析了我国金融风险的复杂原因，初步建立了一个用以分析我国金融风险形成因素的金融生态学理论框架，在周小川提出金融生态的基础上，以城市 GDP 的贡献，以及城市功能为选择原则，对上海、大连、青岛、济南等 50 个大中城市进行了研究。从经济基础、地方金融发展、法治环境、诚信文化等 9 个方面，运用数据包络分析技术和要素贡献弹性更科学更合理地对这 50 个城市的金融生态环境进行了等级评定，并提出了相应的政策建议[138]。这对经济的发展具有重要的指导作用，更重要的是这是对金融发展理论的深化和促进。

### 5. 金融发展的可持续观

白钦先等经过近 20 年的研究，在国内外首次提出金融资源理论学说，并且以金融资源理论学说为基础，首次将可持续发展的思想理念创造性地扩展运用到金融领域，提出了金融可持续发展理论。金融可持续发展是指金融体制和金融机制随着经济的发展而不断调整，从而合理有效地动员和配置金融资源，提高金融效率，以实现经济与金融在长期内有效运行和稳健发展[136，137]。该理论的主要观点如下。

（1）金融资源配置效率的评价标准，既指微观上金融资源的收益，如商业银行的资产收益率，又指金融发展与社会经济发展的适应程度。

（2）金融的当前效率不能以牺牲这种资源的长期可实用性和未来效益为代价。

（3）这种效率观不仅注重一个国家或地区某一时点上的资源配置效率，更注重国家乃至全球所有国家在一个相对较长历史时期内金融与经济相互影响、相互作用下的协调持续发展。

（4）这种效率观不仅强调在时间上的过去、现在与未来的连续性的资源配置效率，更注重在空间上（全球东西南北方、发达国家、发展中国家及转轨型国家，以及某一个国家东部、中部、西部、北方与南方不同区域，不同产业、部门或行业等）的相互协调的资源配置效率。特别是在经济全球化和金融全球化日益深入的条件下，强调这一点就更有其特殊的经济、金融、社会与政治意义，这意味着现存的世界经济与金融秩序是不和谐的、不协调的，需要建立新的更为合理、更有利于共同发展的世界经济金融新秩序来代替，这样才更符合可持续发展这一哲学理念的含义。

（5）效率高低的衡量标准与视角的根本转换。传统的经济学的资源配置效率都是从物质产品的投入与产出的比率的角度，从经济是主动性因素、主导性因素的角度来观察与衡量的；而新的金融资源效率观却一反常规，转而从金融作为主动性、主导性因素的角度，从金融资源配置效率的角度来衡量与观察问题。这样一转换，就改变了传统上人们通过经济观察金融的角度，转而从金融来观察经济。这样，无效或低效的经济就是无效或低效的金融资源配置的结果，不合理的经济结构、产业结构实际是不合理的金融资源配置的结果。

### 6. 金融发展含义之我见

众多的学者都对金融发展的含义给出自己的界定，这些金融发展的定义都从某个研究视角对金融发展含义作出了贡献，拓展了金融发展某个方面的内涵，但就著者看来，从实证层面来看，金融发展的含义仍然不够全面。著者认为金融发展是指金融规模的扩大、金融结构的调整和金融效率的改进三者综合演进的过程。金融规模扩大不仅是指金融深度提高及对经济增长的作用机制，也指金融宽度扩大以及对消除收入不平均、贫困等经济发展的作用机制；金融结构的调整是包括金融体系结构、金融市场结构、金融资产结构和金融融资结构等多个层次的金融结构调整；金融效率的改进不但包括微观管理效率的改进，还包括中观分配效率和宏观功能效率的改进。可见，金融发展是一个全面、系统、层次丰富的金融概念，需要全面、系统、深入和分多个层次进行测度。因此，本书选取大量的金融发展指标，从金融规模、金融结构和金融效率三个层面进行全面和系统的测度，同时每个层面又分为多个层次进行深入测定，试图构建起金融发展测定的一个完整的体系。

### 3.1.2　金融规模的内涵

随着经济和金融的发展，以及金融发展理论演进，学者提出了如何从规模上衡量金融发展的问题。针对这个问题的研究，可以把它划分为两个阶段：早期的金融深度研究阶段和现代的金融宽度研究阶段。现在人们已经非常熟悉金融深度和金融宽度这两个指标，成为直观地衡量一国金融发展的规模水平和成熟程度使用最多的两个变量。

1. 金融深度的内涵

金融深度是指金融资产的数量增加。在金融发展理论的早期研究中，学者构造了一些指标来衡量金融深度，如 Mckinnon 提出了衡量一国金融深化的数量指标——M2/GDP，后来人们通常以这个指标作为反映一个国家或地区经济金融化的深入程度，用来刻画一个国家或地区经济发展进程中金融化的不断加强和深化的过程[70]。由于一个国家或者地区的金融深化并不完全是由银行负债产生的，也可能是由银行资产产生的，故 King 和 Levine 提出了 PRIVATE 和 PRIVY 指标，同时也是由于把贷款提供给非私人部门的金融中介，在评估管理者、筛选投资项目、汇集风险和提供金融服务等方面往往都不及把贷款主要提供给私人部门的金融中介，其中 PRIVATE 指标等于提供给非金融私人部门的贷款与总贷款的比率，PRIVY 等于提供给非金融私人部门的贷款与 GDP 的比率，这两个指标更加全面地反映了一个国家或者地区金融深化情况[82]。

2. 金融宽度的内涵

由于金融深度这一指标并不能完全准确地衡量一个国家或地区的金融规模水

平，对金融宽度的研究越来越受到经济学家的重视。金融宽度是指人们在经济活动中能够使用更多更便捷的金融服务，即金融服务的可得性（access to finance）。它主要用来衡量金融业发展的宽裕程度，即一国金融产品的丰富程度、金融工具的创新力度等。之所以引入金融宽度，是因为金融深度不能完全反映一个国家或者地区的金融规模水平。以贷款服务为例，也许能够看到一个国家或者地区的贷款规模在不断增长，这很有可能是因为向原来的借款人发放了更多的贷款，而借款人范围并没有扩大，很多穷人和中小企业的融资依然非常困难。

针对这个问题，许多学者作了大量的实证分析来加以证明和支持。例如，Singh应用国际金融公司（International Finance Corporation，IFC）数据分析发现发展中国家的大部分贷款都流向了与政府关系密切的、风险相对较低的大企业，大量的中小微企业受益很少[139]；Klapper 等通过实证分析发现虽然东欧转轨国家的贷款规模在不断增大，但是其中小企业依然缺乏贷款融资渠道[140]；Brown 和 Maurer 实证研究则表明外资银行的进入对改善当地的中小企业的融资困难帮助不大，实际上它们还可能使中小微企业的贷款融资途径更狭窄[141]。

通过李猛的研究发现[142]，金融宽度具有三大作用，本书总结如下：第一，金融发展不但能够促进经济发展和经济增长（主要是金融深度的作用）[143]，而且能够缓解收入不平均和贫困（主要是金融宽度的作用）[144]；第二，金融发展能够使新进入企业获得必要的金融服务，从而能够促进经济发展和经济增长[140]；第三，金融发展能够满足人们对基本金融服务的需求，这项服务已经像饮水、医疗和教育一样成为人们的基本需要。

### 3.1.3 金融结构的内涵

1. 金融结构的文献概览

金融结构的概念首先由美国著名的金融发展学家 Goldsmith 在 *Financial Structure and Development* 一书中提出并进行了定义，他认为金融结构是指金融工具与金融机构的相对规模，进而提出了金融发展就是金融结构的变迁[69]。可以看出来，Goldsmith 认为金融结构由金融机构结构、金融工具结构（或金融资产结构）两个部分组成，具体包括各种现存金融工具（分为债权证券和股权证券）与金融机构（分为负债为货币的金融机构和负债不是货币的金融机构）的相对规模、经营特征和经营方式，金融中介机构中各种分支机构的集中程度等[69]。在整个金融发展学历史中，他第一次在全世界提出并系统研究了金融结构理论，开创了金融结构学，把金融发展从规模研究发展到结构研究的新阶段，从而极大地丰富与拓展了金融发展研究的新领域，具有十分重大的理论意义与政策含义。

自 Goldsmith 提出金融结构理论以后[69]，学者主要从以下两个方面对金融结构进行了理论拓展研究以及实证分析研究，使得金融结构理论能够伴随形势发展而不断丰富发展，从而实现了与时俱进。

1）金融结构的内涵研究

学者深入分析 Goldsmith 提出金融结构理论后发现其主要存在以下两个不足[69]：一是没有考虑金融结构的要素复杂性与层次多样性。针对这个问题，Levine 将金融结构分为宏观金融结构和微观金融结构两个层次，且每个层次的金融结构又由不同的复杂金融结构要素组成，其中，宏观金融结构是指全社会金融体系结构和金融政策结构，而微观金融结构主要指金融契约结构（涵盖范围比金融工具广）、金融市场结构和金融机构结构[74]。在国内，著名金融学家白钦先对金融结构作了全面、深入的研究，认为金融结构是指金融相关要素的组成、相互关系及量的比例。由于金融相关要素具有高度的多样性、复杂性与层次性，从而金融结构也就具有这些特征[145]。白钦先对金融结构进行了全面、系统、深入的研究，是国内对金融结构理论进行研究的集大成者[145]。谢清河把金融结构划分为金融产业结构、金融融资结构和金融资产结构三个组成部分，并分别进行了定义和测度[146]。

二是只强调了金融结构量的规定性，忽视了金融结构质的规定性。Goldsmith 的金融结构理论提出以广义货币与国内生产总值的比值计算的 FIR 来衡量各国金融结构和金融发展水平[69]，但这个指标对实现各国的解释是失效的。20 世纪 70 年代以来，世界金融出现了金融市场化、金融自由化和金融全球化的发展趋势，发展中国家的金融机构、金融资产在数量上都呈现爆炸性的增长，很多发展中国家的 FIR 已经相当于甚至超过了发达国家，而现实中发展中国家与发达国家之间在金融结构与金融发展上的差距是明显的和巨大的。FIR 在解释当今世界各国金融结构与金融发展水平时之所以失效，是因为 Goldsmith 的金融结构理论假定不同经济体中的金融工具、金融机构有着相同的性质，金融结构层次的提高，意味着金融发展水平的提高，从而对经济的促进作用也增强[69]。事实上，在缺乏竞争、效率低的金融体系下，不可能形成将资源配置到最有效率的项目或产业上的机制。上述分析表明不同国家和地区的金融体系、金融机构和金融工具有着不同的性质，同样金融结构的国家金融体系的发达程度、效率也会有巨大的差异。因此，对金融结构，除了从数量方面展开研究，还需要着眼于金融效率的研究。关于金融效率的含义和测度，本书将安排在 3.1.4 节和 3.2.3 节进行研究，这里不再赘述。

2）金融结构的“二分法”研究

金融结构的“二分法”是指根据各个国家或地区的融资方式的差异，将各个国家或地区的金融结构模式划分为银行主导型和市场主导型两种类型。众多学者的理论和实证分析表明无论哪一种金融结构模式，对经济增长都有积极的促进作用，无法分辨孰优孰劣，但是它们对经济增长的作用渠道存在显著的差异。

（1）理论研究。学者在金融结构的“二分法”方面的理论研究主要是从理论上明确金融发展对经济增长的作用渠道。首先，金融中介的作用渠道。在银行主导型的国家和地区中，金融中介可以通过在信息获取与处理上的规模经济；通过对企业管理者实施有效的监督而降低道德风险；通过与企业建立长期关系来降低因信息不对称而导致的资源配置效率损失。因此，银行在动用储蓄、识别优良项目、监督管理者和管理风险等方面起着积极的作用。其次，金融市场的作用渠道。在市场主导型的国家和地区中，金融市场的功能突出体现为风险性较高的项目融资、通过风险分散促进资本积累和技术创新、促使投资者对管理者监督和公司的控制等。

（2）实证研究。经验研究的重点则是验证上述两种金融结构模式对经济增长作用效果的差异，本书将众多此类研究分为以下三类。

第一，基于银行主导型国家或者地区的金融发展对经济增长作用实证分析。Rajan 和 Zingales 验证了在一些法律制度和会计制度不健全的国家，强有力的银行能迫使企业披露信息并偿还债务，从而促进产业的扩张[83]。因为在合同实施能力较弱的不发达国家，如果没有强有力的银行迫使企业偿还债务，外部投资者就可能不情愿为产业的扩张提供资金支持，这就阻碍了产业的扩张。

第二，基于市场主导型国家或者地区的金融发展对经济增长作用实证分析。Beck 等检验了金融市场所具有的风险分散和风险管理功能有助于高风险、高收益的创新型项目获得充足的资金支持，因而有利于经济的增长[80]。

第三，不区分金融结构模式的金融发展对经济增长作用实证分析。这里介绍的金融结构“二分法”经验研究，一般是将美国和英国的金融体系确认为市场导向型金融体系，将德国和日本的金融体系确认为银行导向型金融体系，然后从中寻找经验证据以支持理论分析的结果。Beck 等对此进行了分析[80, 147, 148]。由于这四个国家的经济增长率在近几十年并没有太大差异，这就使得两种观点都能找到支持自己论点的经验证据，而且单以四个发达国家为样本的研究结论是否适用于其他国家尚有待进一步的检验。Levine 的研究较好地解决了上述问题[148]，以一个包含 48 个国家 1980～1995 年的数据集为分析对象为其进行跨国横截面分析奠定了坚实的基础。在此基础上，利用回归分析方法检验，结果既不支持银行导向型视角下的研究结论，也不支持市场导向型视角下的研究结论。也就是说，在更广泛的范围看，尽管发展良好的金融体系会对经济增长产生积极的作用，但不管是银行导向型金融体系还是市场导向型金融体系都无法更加有效地促进经济增长。对跨国横截面数据进行计量分析所得到的结论与金融功能视角下的理论研究结论相一致。

### 2. 金融结构的内涵界定

1）金融结构的内涵

从国内外金融结构理论和实证分析文献梳理总结可以得出，金融结构是指构成一国或地区金融整个体系的各个组成部分的存在、分布、相对规模、相互关系与配合的状态。金融整个体系各个组成部分包括金融机构、金融市场、金融资产、金融业务活动等的组合。其实金融结构属于经济结构的范畴，是从货币价值和信用的角度反映整个经济的结构的。

2）金融结构的层次

综上所述，人们一般把金融结构划分为金融体系结构、金融市场结构、金融资产结构和金融融资结构四个层次。下面对它们的含义进行简要的界定。

（1）金融体系结构。金融体系结构，又称为金融机构结构或者金融产业结构，是指一个国家或地区的整个金融体系中各种不同类型的金融机构的存在、分布、相对规模以及相互关系构成状况。金融体系由众多的金融机构组成，包括中央银行、商业银行、证券公司、保险公司、信托投资公司、信用合作社等。这些机构在金融体系中所处的地位和作用便是金融体系结构的主要内容。在金融机构内部，分支机构的设立、业务部门与管理部门的比例等也是金融体系的结构问题。

（2）金融市场结构。金融市场结构，又称为金融价格结构、金融交易结构等，是指一个国家或地区的整个金融体系中各种不同类型的金融市场的存在、分布、相对规模以及相互关系构成状况。金融市场由众多的具体市场组成，包括货币市场（包含同业拆借市场、回购市场、票据市场等）、资本市场（包含股票市场、债券市场等）、衍生品市场（包含远期市场、期货市场、互换市场、期权市场等）等。这些市场在金融体系中所处的地位和作用便是金融市场结构的主要内容。在金融市场内部，各个子市场的存在、分布、相对规模以及相互关系构成状况等也是金融市场结构问题。

（3）金融资产结构。金融资产结构，又称为金融投资结构等，是指一个国家或地区全体经济部门在整个金融体系中拥有的各种不同类型的金融资产的存在、分布、相对规模以及相互关系构成状况。金融资产由众多的具体资产组成，包括货币资产（包含现金、存款、票据等）、证券资产（包括股票、债券等）、保险资产、衍生资产（包括远期、期货、互换、期货等）。这些资产在金融体系中所处的地位和作用便是金融资产结构的主要内容。在金融各个层次资产内部，各个具体资产的存在、分布、相对规模以及相互关系构成状况等也是金融资产结构问题。

（4）金融融资结构。金融融资结构，又称为金融筹资结构、广义资本结构等，是指一个国家或地区的整个金融体系中各种不同类型的企业在筹集资金时不同融资渠道的存在、分布、相对规模以及相互关系构成状况。金融融资渠道具体包括贷款融资、股票融资、债券融资、保险融资等，并可将这些融资渠道划分为直接融资和间接融资两个层次。这些融资渠道在金融体系中所处的地位和作用便是金融融资结构的主要内容。在金融各个层次融资渠道内部，各个具体融资渠道的存在、分布、相对规模以及相互关系构成状况等也是金融融资结构问题。

3. 金融结构的作用和影响

不同形态的金融结构，体现着金融发展乃至经济发展的不同程度，反映了金融部门在国民经济中的重要性。一般地，金融结构的作用与影响主要表现在两个方面。

（1）金融结构对金融发展的决定与影响力。一般地，金融结构越复杂，即金融机构、金融工具、金融市场及组合的种类越多、分布越广、规模越大，金融功能就越强，金融发展的水平和层次就越高。从历史的线索看，如果只有金融总量的增长，没有金融结构的演进，金融发展只能是同一水平或层次上的数量扩张；只有通过结构的变化，才能增加或提升金融功能，出现升级性的金融发展。

（2）金融结构对经济发展的影响。金融结构对经济发展的影响主要表现在两个方面：第一，有利于提高储蓄、投资水平并通过有效配置资金来促进经济增长；第二，通过金融结构的优化，完善服务功能和风险管理功能以提高经济发展的水平，即通过大量提供具有特定的内涵与特性的金融工具、金融服务、交易方式或融资技术等成果，从数量和质量两个方面同时提高需求者的满足程度，为经济社会提供各种金融便利和服务，为人们生活中的各种不确定性风险提供保险和保障，增加金融商品和服务的效用，从而增强金融的基本功能，提高金融运作的效率，满足不断增加的各种金融需求，有利于提升人们经济生活的质量并增加社会总福利。

### 3.1.4 金融效率的内涵

金融效率，简单来说，是指金融部门在其金融活动中直接或间接作用于经济时所显示的有效功能。金融效率是金融促进一个国家和地区经济增长与经济发展的中介目标，是金融发展理论研究的落脚点和归宿，是金融与经济关系的主线。

1. 金融效率的文献概览

国内外学者对金融效率都进行了卓有成效的研究，取得一些有重要影响的研究成果。但从金融发展理论来看，国外学者对金融效率的研究是缺失的，而国内学者是对这个问题研究的拓荒者。国内外学者从不同的金融和经济理论出发，提出不同的金融效率观点，下面分别进行文献综述。

1）国外学者的金融效率观

从金融发展理论来看，国外学者对此没有专门的论述，从而金融效率观是缺失的，或者是不完善的。由于发达资本主义国家金融体系较为完善，国外学者主要从新古典经济学这个理论基础出发，侧重研究了微观领域和金融市场的金融效率。

Fama 按照股票价格反映的信息情况不同提出了效率市场假说理论，并将股票市场分为弱式有效、半强式有效与强式有效[149]。Robinson 和 Whiteman 将金融市场效率划分为操作效率与配置效率，操作效率可以使用金融过程中发生的成本效益比来测度，而配置效率则可以使用引导储蓄资金流向生产性用途的有效性来测度，并指出一个能引导资金用于高效率生产用途的市场就是有效率的市场[150]。Bain 将金融效率分为微观效率和宏观效率两类，宏观效率包括储蓄和投资水平、市场稳定性、结构稳定性、对宏观经济稳定性的贡献等，而微观效率包括金融工具的范围、弹性与选择、规模与风险、证券价格与利率、管制、税收和补贴、运行效率、动态效率等[151]。Berger 通过实证研究否认了传统理论所持有的银行效率来自规模经济和范围经济的观点，认为规模或范围不经济导致的低效率不超过总成本的 5%，而 X 效率的提高能使成本节约 20%[152]。Dow 和 Gorton 认为，由于金融产品价格的决定、购买及在资源配置中的作用不同于其他商品，所以金融市场效率除了信息效率，还包括运行效率、市场的分配效率[153]。Allen 和 Gale 认为目前世界各国金融体系对金融资源配置的主导形式包括银行主导型和市场主导型两种，这两种不同金融体系在不同国家显示了迥然不同的配置效率，究竟孰优孰劣，至今尚无定论[154]。

2）国内学者的金融效率观

虽然国外学者对金融效率没有专门的论述，但国内学者对这个问题的研究非常重视，并产生了大量有影响力的研究成果。与国外学者有所不同的是，国内学者主要侧重研究宏观金融效率和整个金融体系资源配置效率。国内对金融效率的研究可以划分为两个阶段：早期（1999 年以前）的研究主要因循国外研究的方法和模式，从新古典经济学理论视角出发，对我国金融效率进行研究；现代阶段（2000 年以后）的研究是在认识到金融的资源属性后，从金融发展理论视角，对我国金融资源配置效率进行了深化研究。到目前为止，国内学者对金融效率的内涵并没有取得一致意见，下面分别介绍几种有代表性的观点。

（1）早期（1999 年以前）。王广谦较早地对我国金融效率进行了较为深入的系统研究，将金融效率定义为金融运作能力的大小，认为在计划经济体制下金融效率完全融合在整个经济的发展效率中，而在现代市场经济条件下，金融效率是相对独立的，并在很大程度上决定了经济增长和经济发展的效率。由于金融的特殊性，对金融效率的分析应分多个层次考察，将金融效率划分为金融机构效率、金融市场效率、金融的宏观效率和中央银行对货币的调控效率四个层次，得出金融业在经济增长中作出了 20%贡献的结论[6]。

叶望春提出金融效率分为金融市场效率、商业银行效率、非银行金融机构效率、企业融资效率、金融宏观作用效率和中央银行对货币的调控效率 6 个层次。金融市场效率可以由五个方面体现出来：一是金融市场上金融商品的价格对各类信息的反应灵敏程度；二是金融市场上各类金融商品价格是否具有稳定均衡的内在机制；三是金融商品数量及创新能力；四是金融市场规避金融风险的能力；五是市场交易成本的大小。这五个方面反映了金融市场对融资需求的满足和融资的方便程度。商业银行效率包括商业银行资产配置效率和商业银行负债管理效率两个方面，其中尤以商业银行经营成果为标志衡量的商业银行资产配置效率更为重要。非银行金融机构效率体现在投资银行和证券公司对资本及证券市场效率的提高上。非银行金融机构效率的高低对整个金融市场的市场化程度和金融市场的运作能力至关重要。企业融资效率是指企业筹资成本、筹资风险以及筹资的方便程度。企业融资效率越高，社会闲散资金进入生产领域越容易，金融效率也就越高。中央银行对货币的调控效率可以通过两个方面来评判：一是调控措施的影响力；二是调控效果与预期目标的偏离程度。一般来说，金融效率越高，中央银行对货币的调控能力越强，这是由于高效率的金融运行对中央银行的调控措施具有灵敏的反应度[155]。

杨德勇认为金融整体效率是指一个国家和地区的整个金融体系在国民经济运行中所发挥的作用，即把各种金融要素（人力、物力、各类金融资产）的投入与国民经济运行的结果进行比较来测度金融效率。根据不同金融机构在一个国家和地区的国民经济中扮演角色的不同，他把金融效率划分为宏观金融效率、微观金融效率和金融市场效率三个部分。宏观金融效率指中央银行的货币调控能力；微观金融效率指微观金融主体在其经营管理活动中投入和产出的比较，并进一步分为微观金融内在效率与外在效率；金融市场效率指金融市场动员资金、调节资金和分配资金的效率[156]。

总之，早期对国内金融效率研究，具有开创意义，但主要是从新古典经济学理论视角，而非金融发展理论的视角，对我国金融效率进行研究，认为金融效率主要是金融运作效率。因此，这种效率观还不是十分适用于金融和经济都处于发展和转型期的中国。

（2）现代阶段（2000 年以后）。王振山认为金融不仅是经济增长和经济发展的一个要素，而且是一种资源——金融资源，因此，金融效率是指金融资源配置的帕累托最优状态，是经济效益的表现形式和推动因素。他将新古典经济学中的帕累托最优效率理论方法全面应用于金融效率分析，认为金融效率是指以尽可能低的成本（包括机会成本和交易成本）将有限的金融资源（货币和货币资本）进行最优资源配置以实现其最有效的利用。在此基础上，研究了金融效率的标准、实现条件和制约因素，提高金融效率的对策和出路[157]。

白钦先从金融资源理论和金融可持续发展理论出发，认为金融效率是指金融资源在经济系统与金融系统以及金融系统的内部子系统之间配置的协调度。它有三层含义：其一，金融效率是质性发展与量性发展的协调统一；其二，从静态的角度，金融资源配置效率不仅应关注金融各子系统的协调，更应关注金融与经济这两个复杂的复合巨系统的协调；其三，从动态的角度，金融效率不仅应考察单个时点的金融经济的协调，即静态金融效率，也应考察一个时段到另一个时段金融经济的协调，即动态金融效率。因此，金融效率是金融量性发展与质性发展的统一、静态效率与动态效率的统一、微观效率与宏观效率的统一[136]。

周升业通过分析发现可以把金融效率划分为金融功能效率、金融分配效率、金融管理效率三个层次。金融功能效率是指金融在整个国民经济中的一般作用，金融分配效率是指金融体系中资源的配置状况，金融管理效率是指具体金融机构内部投入产出的效益。这个金融效率的层次的划分和金融资源分别在经济系统与金融系统之间、金融系统内部以及金融系统的内部子系统之间的配置状况相对应[158]。

汪永奇和程希骏通过研究指出可以将金融效率划分为金融宏观效率和金融微观效率。其中，金融宏观效率是指金融对整个国民经济的作用能力；金融微观效率是指金融机构作为产业主体的运作效率。前者主要包括货币政策效率、金融资源配置效率、储蓄向投资转化效率等。后者主要包括国有商业银行的盈利能力、资本充足率和经营管理水平等[159]。

徐沛认为从资源配置的角度研究股票市场的效率更为合理，即将股票市场的资源配置过程分为两个阶段：第一阶段，投资者在证券价格指引下，通过购买证券将手中的金融资源转移到资金需求者手中；第二阶段，资金需求者将募集到的货币资本转化为产业资本投入实际生产过程，创造有效产出。当然，银行等金融机构的资金在股票资源配置机制的引导下，通过信贷渠道，购买企业债券将资金转移到资金需求者手中的过程也应作为第一阶段的补充[160]。

李木祥等认为金融效率就是资金融通的效率，其内涵是指金融机构以最小的投入产生最大的产出，即金融机构最高的投入产出比率意味着最高的金融效率。同意将金融效率分为宏观金融效率和微观金融效率[161]。

沈军在二元视角与金融资源属性的深入分析的基础上，提出宏观金融效率全新的内涵是微观金融效率与宏观的金融渗透效率及金融适应效率的统一，是更为重要的金融效率。构建了金融效率研究的全新体系，即以金融非中性为理论起点，以金融本质基础上的系统观与资源观为分析视角，以系统分析法和综合分析法为新方法论，以适应、次优、协调为三大原理，以 SFE（金融结构-金融功能-金融效率）为理论分析的主线。在这个体系中，对我国金融效率的含义、分类、配制框架、影响因素与提高途径进行了系统的理论和实证分析[162]。

刘刚认为金融效率既是金融结构功能发挥的直观体现，又是联系金融发展与经济增长和经济发展的节点，并归纳了金融效率的影响因素，以及提高金融效率必须实现十大协调（统一）[163]。

云鹤等认为金融效率的含义是指金融系统在金融活动中直接或间接地作用于经济系统时所显示的有效功能，根据金融活动作用于经济的不同途径，将金融效率切分为资金转化效率、资金配置效率和资金分置效率三个层次，并对它们作用于我国经济增长的三大效应进行了测算，发现都出现偏低的状况[164]。

总之，现阶段对我国金融效率的研究是从以金融资源理论为核心的金融可持续发展理论出发的，认为金融效率主要是金融资源配置效率。因此这种金融效率观是一种崭新的金融效率观，十分适用于金融和经济都处于发展和转型期的中国。

2. 金融效率的内涵界定

对国内外关于金融效率的文献进行综述，可以发现国内外现有研究成果对金融效率还没有统一的定义，也没有形成共识，但是这些研究成为本书研究的基础，有利于本书对金融效率的内涵进行界定，从而为后续研究奠定了良好的基础。

1）金融效率的内涵

总结归纳上述国内大量学者观点，可以将金融效率的内涵界定为金融资源配置效率。从以下四个方面对这个定义进行进一步理解。

（1）金融效率是一个资源概念和可持续发展概念。金融效率是建立在以金融资源为核心的金融可持续发展理论的基础上的。金融的本质是一种资源——金融资源已经成为我国学者的共识。金融既然是一种资源，就需要可持续利用和发展，需要讲究利用效率，从而需要在金融可持续理论的基础上来研究金融效率。

（2）金融效率是一个综合性概念。金融效率是一个综合性很强的宏观指标，在对其进行理论与实证的分析之前，金融效率层次的划分是必不可少的。在理论研究上，一般需要从不同的角度和层次来研究金融效率。虽然少数学者将金融效率分为四个及四个以上的层次[6，155]，但更多的是将其分为三个层次[156，158~163]。目前，将金融效率分为三个层次已经基本形成共识。本书接受周升业的观点[158]，将金融效率划分为金融管理效率、金融分配效率、金融功能效率三个层次，后续将进行详细介绍。在实证分析中，一般也需要将金融效率这个不易度量的指标分解为一系列可度量的指标的综合。

（3）金融效率是一个福利经济学概念。金融效率是指金融资源的配置达到帕累托最优状态。在现代经济学的研究中，稀缺经济资源的有效配置是福利经济学研究的核心问题，其标准是达到帕累托最优，这也必然要求金融资源的配置达到帕累托最优。因此，金融效率就是指金融资源的帕累托最优配置状态。

（4）金融效率是一个广义概念。从现有的研究文献可以发现，学者对金融效率内涵界定有广义和狭义之分。广义的金融效率是指全社会的金融资源配置的效率，包括政府、企业、居民、金融中介和金融市场在配置全部金融资源时的金融效率；而狭义的金融效率仅指金融中介在配置金融资源时的金融效率。当然，广义的金融效率与狭义的金融效率是相互影响、相互联系的。虽然我国金融中介完成的金融资源配置是整个国民经济中使用的金融资源的主要部分，但本书还是决定采用广义的金融效率。

2）金融效率的层次

根据维度来划分，金融效率可以划分为微观金融效率、中观金融效率和宏观金融效率；而根据层次来划分，金融效率可以划分为基础层次金融效率、中间层次金融效率和高级层次金融效率。本书接受周升业的观点[158]，将金融效率划分为三个层次：第一个层次是金融管理效率；第二个层次是金融分配效率；第三个层次是金融功能效率。在这三个金融效率层次中，金融管理效率是微观维度和基础层次的金融效率，金融分配效率是中观维度和中间层次的金融效率，金融功能效率是宏观维度和高级层次的金融效率，具体见图 3.1。从图 3.1 可知，在这三个金融效率层次中，虽然后一个层次的金融效率相应地都比前一个层次的金融效率程度更高，但三者之间关系仍然是一种相互影响、相辅相成的关系，共同构成一个较为完整的金融效率体系。

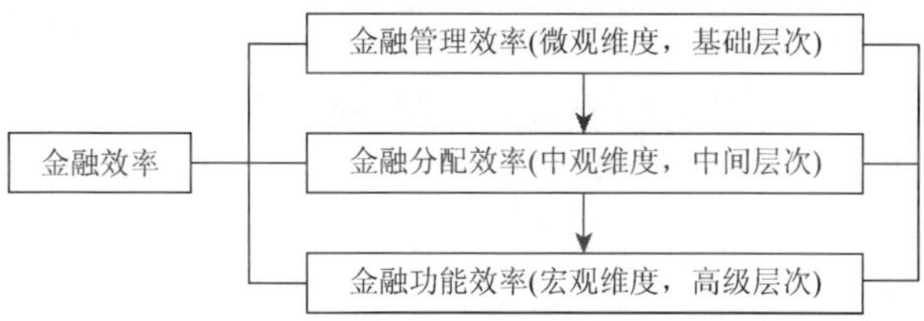


图 3.1 金融效率的维度和层次划分

（1）金融管理效率。金融管理效率是一种微观维度和基础层次的金融效率，是指具体金融机构内部投入产出的效益。

金融管理效率的研究主要集中在银行效率问题上。周升业认为银行效率的状态由银行投入与产出以及各种要素组合的差异而引致，可以分为如下三类：一是银行的规模效率。Scholes 等最早研究了银行业的规模效率，结论是，不管自身规模大小，给定其他条件不变，银行规模扩大一倍，平均成本下降 5%～8%[165]。事实上，随着规模的扩大，也会出现规模不经济的情况。因此，规模的扩大存在一个合理的范围。二是银行的业务范围效率。业务范围的扩大导致平均成本递减的原因主要是平均成本分摊和信息互补。但范围的扩大也可能导致范围不经济，当然这种现象并不常见。三是银行的 X 效率。它是讨论在给定产出水平组合条件下，银行是否以节省成本的方式使用投入。它有两种表现形式：一种是技术无效率，指银行对所有投入成比例过多使用，属于纯粹浪费；另一种是配置无效率，指在既定的产出水平和产出结构条件下，银行错误地对投入进行了组织，使投入产生浪费。

（2）金融分配效率。金融分配效率是一种中观维度和中间层次的金融效率，是指金融资源通过不同的方式和方法在经济发展所需要的各子系统之间分配的效率。具体来说，金融分配效率是指金融资源分别在经济体系与金融体系之间、金融体系内部以及金融体系的内部各个体系之间的资源分配状况。金融分配效率包括金融发展对经济增长和经济发展的直接效率与间接效率。金融分配效率的直接效率主要是指一个国家和地区经济主体把可支配收入在金融资源与非金融资源之间的分配状况，其实质就是金融体系对金融资源的动员效率；金融分配效率的间接效率主要是指一个国家和地区经济主体在消费与投资（即积累）方面的分配状况，这个分配状况会影响金融分配效率的直接效率，其实质就是经济资源在消费与投资（即积累）之间分配的最优比例，本书称为金融资源的分置效率。

其中，最重要的是为满足经济发展对资本的需求从而对金融资源进行动员的速度和质量。因此，如何较好地动员金融资源，是金融分配效率所要解决的核心问题。动员金融资源的制度安排是否有效率，取决于在该制度下能否更大限度地节约持有金融资源的交易成本与信息成本。在现代金融体系中，金融资源分配两种最重要的制度形式是间接金融形式和直接金融形式。间接金融形式的金融分配效率主要体现在金融中介可以节约储蓄的动员成本，降低了投资的信息搜寻成本，便于投资流向效益较高的项目，在克服“需求的双重巧合问题”方面具有优势，从而在总体上降低了交易成本与信息成本。直接金融形式的金融分配效率主要体现在通过资源需求者和供给者直接交易，减少了通过金融中介交易的交易成本，从而更体现了金融资源分配的市场化要求。这两种形式在不同的国家显示了迥然不同的分配效率。市场与机构孰优孰劣，至今尚无定论。

在经济学派的不同历史发展阶段，学者对金融资源动员的不同渠道和方式进行了分析研究。在古典经济学中，由于信用关系不发达，学者认为企业内部积累是企业资金的唯一来源，强调了企业自身金融资源对资本形成和经济发展的积极作用；在凯恩斯主义经济学派中，学者分析了金融投资需求对经济增长和经济发展的重要性，但舍弃了金融资源动员的中间过程；在发展经济学中，学者高度重视资本形成对于发展中国家经济发展的制约作用，认为发展中国家要摆脱资本短缺和经济不发达，必须注重提高资本形成能力。在第二次世界大战以后发展起来的金融发展理论中，学者分析了外源融资的必要性，并区分了直接融资和间接融资两种形式，还论证了金融深化与金融自由化对发展中国家经济成长的重要性。

综合起来，金融分配效率具有以下两个特点：第一，金融资源的分配方式即金融资源动员的形式是非常重要的，在财政动员形式和金融动员形式之间，金融动员形式由于在降低交易费用方面具有优势，显得更有效率；第二，在金融动员形式下，金融分配效率主要通过降低储蓄动员成本、发挥信息获取优势、便利交易过程来获得。

（3）金融功能效率。金融功能效率是一种宏观维度和高级层次的金融效率，是指从总体的层面考察整个金融体系在经济发展中所发挥的一般作用。通过第一个和第二个层次效率的发挥可以引致金融功能整体效率的提升。金融功能效率是建立在金融资源理论基础之上的，是以金融分配效率为基础的，是金融功能广化和深化的程度，是金融体系与经济体系的适应程度。任何一个国家或地区的经济增长和经济发展都是由多种因素共同推动的，就经济因素而言，金融对经济增长和经济发展所起的作用在不断增长，特别是在高度发达的现代经济体中，金融在国民经济中的重要性更加明显。

金融功能效率包括金融发展对经济增长和经济发展的直接效率与间接效率。金融功能效率的直接效率主要是指一个国家和地区经济主体把金融资源转换为实体资源的效率，本书称为金融资源转换效率；金融功能效率的间接效率主要是指一个国家和地区金融发展对资本边际生产率的影响效率，由于资本边际生产率对经济增长和经济发展具有直接影响，故此时金融发展对经济增长和经济发展的影响是间接影响，其实质就是将金融资源投向实体经济产生的投向效率，可以用金融资源总额实现的经济增量来反映，本书称为金融资源投向效率。

在经济学派的不同历史发展阶段，学者关于金融对经济的作用分析得出存在显著差异的观点。在古典经济中，学者认为货币是覆盖在实物经济上的一层面纱，是实体经济的符号，从而认为金融对经济增长不具有作用。在凯恩斯主义中，学者认为金融对经济存在凯恩斯效应和庇古效应，即实际余额效应。在早期的金融发展理论中，Goldsmith 通过对大量统计资料的分析发现在较长的时期中金融发展与经济增长大致平行，甚至在少数国家还观察到较快的经济增长与超出平均水平的金融发展相联系的情况[69]。在现代的金融发展理论中，King 和 Levine[82]、Merton 和 Bodie[134]等学者沿着 Goldsmith 开拓的实证研究道路，深入研究了金融发展与经济增长的深层关系，发现金融发展与经济增长存在显著的正相关关系，金融发展的过程就是金融体系功能不断深化的过程，金融发展促进了经济增长，其传导渠道主要包括减少信息与交易成本，进而影响储蓄率、投资决策、技术创新和长期经济增长率。金融功能效率发挥质量的高低，与经济增长有着强烈的联系。中国经济学家也对金融在经济发展中的作用进行了实证检验，并得出了金融逐步成为促进经济发展的重要因素之一的结论，金融通过间接和直接的作用对总经济增长率大约作出了20%的贡献度[6]。

综上所述，金融发展对于经济增长的作用，即金融功能效率体现在以下方面：第一，金融发展与经济增长之间具有显著的正相关关系；第二，金融发展在经济发展中的作用随着一个国家和地区经济发展阶段与水平的提高而不断提高；第三，金融发展对经济增长产生促进作用的途径很多，但金融功能发挥效率主要取决于其对资本形成和技术创新的影响程度；第四，金融发展在经济发展的不同时期，对经济增长发挥作用的方式有所不同。

## 3.2　经济增长的概念界定

经济增长（economic growth）通常是指在一个较长的时间跨度上，一个国家人均产出（或人均收入）水平的持续增加。较早的文献中是指一个国家或地区在一定时期内的总产出与前期相比实现的增长。总产出通常用GDP来衡量。对一国经济增长速度的度量，通常用经济增长率来表示。

由于GDP中包含产品或服务的价格因素，所以在计算GDP时，就可以分为用现价计算的GDP和用不变价格计算的GDP。用现价计算的GDP可以反映一个国家或地区的经济发展规模，用不变价格计算的GDP可以用来计算经济增长的速度。

经济增长是经济学家和记者常用的表达方式，是一个国家当年国内生产总值对比往年的增长率。更一般地来探讨，经济增长的含义是指，在一定时间内，一个经济体系生产内部成员生活所需要商品与劳务潜在生产力的扩大（也就是生产可能曲线向外扩张）。生产力的成长主要取决于一个国家自然资源禀赋、实质资本数量累积与质量提升、人力资本累积、技术水准提升以及制度环境改善。因此，经济增长也意味着决定生产力的诸多因素的扩展与改善。

支持经济增长的人认为它可以增加一个国家的财富并且增加就业机会。经济正增长一般被认为是整体经济景气的表现。如果一个国家的国内生产总值增长为负数，即当年国内生产总值比往年减少就称为经济衰退。通常情况下，只有国内生产总值连续两个季度持续减少，才称为经济衰退。度量经济增长速度的指标是经济增长率。度量经济增长除了测算增长总量和总量增长率，还应计算人均占有量，如按人口平均的国内生产总值或国民生产总值及增长率。拉动国民经济增长的三大要素分别是投资、出口和消费。

经济增长的核算通常依靠 GDP、GNP（gross national product，国民生产总值）等统计数据。基本方法一般以本年度的 GDP 总量对比往年的 GDP 总量，而得出经济增长的百分比。

零增长，有时候会表示为 GDP 与往年持平。而负增长则表示本年度的 GDP 低于往年，往往会形容为“不景气”或经济衰退。零增长有时会被认为也是负增长，因为考虑通货膨胀以及物价上涨，同样数量的货币的购买力会低于往年。

Kuznets 指出一国经济增长，可定义为向它的公民提供品种日益增加的经济商品和服务的能力的长期上升，这个经济增长的能力，基于科学技术的改进，以及它所要求的经济制度和意识形态的调整。他进一步指出把各个国家的经济增长看作由人口的增加和广泛的经济结构变化所伴随着的人均产出的持续增加[77]。Samuelson 在其影响力极大的教科书《经济学》中是这样论述经济增长的含义的，“经济增长是指一国潜在的国民产量（GNP）或潜在的实际 GNP 的扩展，我们可以把经济增长看作生产可能性边缘随着时间向外推移”。可见，经济增长意味着国民总产出水平及人均产出水平的不断增加，这种增加必须是持续的，它以人口的增加、资本的积累、先进技术的应用以及制度的创新作为基础，并伴随着经济结构的不断变化[166]。

因此，经济增长最明显的特征是国民收入或人均国民收入的持续增加。如果把人均国民收入作为衡量一个国家经济成就的尺度，经济增长理论的任务就是要回答，一定时期的人均国民收入水平是由哪些因素决定的，这些因素同人均国民收入水平之间的数量关系是什么，并在此基础上进一步回答，当决定一定时期人均国民收入水平的诸因素随着时间的推移而发生变化时，人均国民收入会发生何种相应的变化。

## 3.3　本 章 小 结

本章首先从研究金融与经济关系的文献入手，从理论和实证两个方面对分析金融与经济关系文献进行了综述，发现大部分学者支持金融对经济有积极影响的观点。

接着，又从金融发展与经济增长的文献入手，从理论和实证两个方面对分析金融发展与经济增长关系文献进行了综述，发现大部分学者认为金融发展对经济增长有正向作用。

但总的来看，这些文献都缺乏从金融发展周期的视角来研究金融发展和经济增长的周期关系，这正是本书研究的突破口，也是本书研究的意义和价值所在。

# 第 4 章　金融发展与经济增长实证测度

## 4.1　经济增长的实证测度

经济增长是指一个国家或地区生产的物质产品和服务的持续增加，它意味着经济规模和生产能力的扩大，可以反映一个国家或地区经济实力的增长。一般主要从三个方面对经济增长进行实证测度，即总产出（或总收入）、人均产出（或人均收入）和经济增长率。需要说明的是，由于对经济增长的实证测度没有争议并有现成的统计数据支持，本书对经济增长的实证测度只进行了简单处理，重点研究的是对金融发展的实证测度。

### 4.1.1　总产出（或总收入）的实证测度

一般来说，总产出（或总收入）的核算可用生产法、支持法和收入法三种方法，其中后两种方法是最常用的方法。总产出（或总收入）的测度指标包括国内生产总值、国民总收入和国民生产总值等。

1. *总产出*

总产出是指一个国家或者地区在一定时期内所生产的全部货物和服务的总价值。由于在后面的实证分析要使用到工业增加值和国内生产总值两个指标，本书用工业增加值和国内生产总值来表示总产出，数据来自中经网数据库。

1）工业增加值

工业增加值（industrial added value，IAV）是指一个国家或者地区的工业企业在一定时期内以货币形式表现的工业生产活动的最终成果，是指工业企业在一定时期内工业生产活动创造的价值，是国内生产总值的组成部分。由于从中经网数据库查询到的工业增加值的月度数据只更新到 2006 年，之后的月度数据是著者根据国家统计局公布的工业增加值的不变价同比率加上通货膨胀率推算得到的。这个工业增加值是名义值，再除以定基比消费价格指数，得到实际工业增加值。本书实证测度的月度工业增加值的数据具体见表 4.1 和图 4.1。

**表 4.1　我国工业增加值测度结果**

| 月度 | NIAV/亿元 | RIAV/亿元 | 月度 | NIAV/亿元 | RIAV/亿元 | 月度 | NIAV/亿元 | RIAV/亿元 | 月度 | NIAV/亿元 | RIAV/亿元 |
|---|---|---|---|---|---|---|---|---|---|---|---|
| 1992M1 | 671 | 671 | 1997M9 | 2 596 | 1 426 | 2003M5 | 4 359 | 2 518 | 2009M1 | 9 284 | 4 487 |
| 1992M2 | 719 | 712 | 1997M10 | 2 759 | 1 525 | 2003M6 | 4 965 | 2 902 | 2009M2 | 8 018 | 3 875 |
| 1992M3 | 789 | 779 | 1997M11 | 3 016 | 1 671 | 2003M7 | 4 116 | 2 418 | 2009M3 | 10 161 | 4 926 |
| 1992M4 | 861 | 834 | 1997M12 | 3 313 | 1 837 | 2003M8 | 4 223 | 2 463 | 2009M4 | 9 999 | 4 857 |
| 1992M5 | 871 | 844 | 1998M1 | 2 522 | 1 393 | 2003M9 | 4 471 | 2 578 | 2009M5 | 10 527 | 5 129 |
| 1992M6 | 899 | 885 | 1998M2 | 2 479 | 1 350 | 2003M10 | 4 890 | 2 794 | 2009M6 | 11 933 | 5 843 |
| 1992M7 | 866 | 869 | 1998M3 | 3 072 | 1 678 | 2003M11 | 5 167 | 2 923 | 2009M7 | 10 746 | 5 262 |
| 1992M8 | 790 | 776 | 1998M4 | 2 838 | 1 559 | 2003M12 | 5 669 | 3 188 | 2009M8 | 10 964 | 5 342 |
| 1992M9 | 878 | 838 | 1998M5 | 2 863 | 1 594 | 2004M1 | 4 354 | 2 422 | 2009M9 | 11 733 | 5 694 |
| 1992M10 | 911 | 864 | 1998M6 | 2 998 | 1 701 | 2004M2 | 4 830 | 2 692 | 2009M10 | 13 614 | 6 613 |
| 1992M11 | 979 | 924 | 1998M7 | 2 441 | 1 407 | 2004M3 | 5 553 | 3 086 | 2009M11 | 14 256 | 6 904 |
| 1992M12 | 1 052 | 980 | 1998M8 | 2 486 | 1 421 | 2004M4 | 5 361 | 2 964 | 2009M12 | 14 005 | 6 716 |
| 1993M1 | 849 | 777 | 1998M9 | 2 717 | 1 530 | 2004M5 | 5 286 | 2 925 | 2010M1 | 11 138 | 5 309 |
| 1993M2 | 1 072 | 967 | 1998M10 | 2 994 | 1 690 | 2004M6 | 5 652 | 3 150 | 2010M2 | 9 951 | 4 687 |
| 1993M3 | 1 122 | 997 | 1998M11 | 3 103 | 1 756 | 2004M7 | 4 873 | 2 721 | 2010M3 | 13 265 | 6 292 |
| 1993M4 | 1 165 | 1 011 | 1998M12 | 3 387 | 1 915 | 2004M8 | 5 023 | 2 786 | 2010M4 | 12 795 | 6 057 |
| 1993M5 | 1 194 | 1 024 | 1999M1 | 2 864 | 1 616 | 2004M9 | 5 319 | 2 918 | 2010M5 | 13 359 | 6 330 |
| 1993M6 | 1 258 | 1 086 | 1999M2 | 2 433 | 1 356 | 2004M10 | 5 992 | 3 287 | 2010M6 | 14 684 | 7 000 |
| 1993M7 | 1 160 | 1 011 | 1999M3 | 3 170 | 1 780 | 2004M11 | 6 236 | 3 431 | 2010M7 | 13 621 | 6 467 |
| 1993M8 | 1 043 | 889 | 1999M4 | 2 902 | 1 646 | 2004M12 | 6 732 | 3 700 | 2010M8 | 13 890 | 6 556 |
| 1993M9 | 1 127 | 939 | 1999M5 | 2 930 | 1 684 | 2005M1 | 5 368 | 2 933 | 2010M9 | 14 787 | 6 938 |
| 1993M10 | 1 245 | 1 029 | 1999M6 | 3 102 | 1 815 | 2005M2 | 4 716 | 2 531 | 2010M10 | 13 987 | 6 517 |
| 1993M11 | 1 367 | 1 116 | 1999M7 | 2 686 | 1 586 | 2005M3 | 5 948 | 3 222 | 2010M11 | 14 826 | 6 832 |
| 1993M12 | 1 586 | 1 255 | 1999M8 | 2 761 | 1 614 | 2005M4 | 6 258 | 3 400 | 2010M12 | 14 564 | 6 678 |
| 1994M1 | 1 333 | 1 017 | 1999M9 | 2 918 | 1 673 | 2005M5 | 6 319 | 3 440 | 2011M1 | 13 416 | 6 091 |
| 1994M2 | 1 362 | 1 007 | 1999M10 | 3 128 | 1 793 | 2005M6 | 6 862 | 3 765 | 2011M2 | 12 396 | 5 561 |
| 1994M3 | 1 599 | 1 172 | 1999M11 | 3 302 | 1 904 | 2005M7 | 6 440 | 3 534 | 2011M3 | 16 525 | 7 430 |
| 1994M4 | 1 644 | 1 184 | 1999M12 | 3 665 | 2 114 | 2005M8 | 6 614 | 3 622 | 2011M4 | 14 838 | 6 665 |
| 1994M5 | 1 696 | 1 211 | 2000M1 | 3 020 | 1 726 | 2005M9 | 6 955 | 3 782 | 2011M5 | 15 479 | 6 946 |
| 1994M6 | 1 749 | 1 243 | 2000M2 | 2 733 | 1 533 | 2005M10 | 7 005 | 3 794 | 2011M6 | 17 332 | 7 759 |
| 1994M7 | 1 551 | 1 101 | 2000M3 | 3 459 | 1 972 | 2005M11 | 7 304 | 3 968 | 2011M7 | 14 033 | 6 251 |
| 1994M8 | 1 569 | 1 073 | 2000M4 | 3 229 | 1 857 | 2005M12 | 7 440 | 4 025 | 2011M8 | 14 222 | 6 315 |
| 1994M9 | 1 596 | 1 054 | 2000M5 | 3 286 | 1 909 | 2006M1 | 6 056 | 3 235 | 2011M9 | 15 067 | 6 657 |

续表

| 月度 | NIAV /亿元 | RIAV /亿元 | 月度 | NIAV /亿元 | RIAV /亿元 | 月度 | NIAV /亿元 | RIAV /亿元 | 月度 | NIAV /亿元 | RIAV /亿元 |
|---|---|---|---|---|---|---|---|---|---|---|---|
| 1994M10 | 1 628 | 1 064 | 2000M6 | 3 501 | 2 065 | 2006M2 | 5 877 | 3 124 | 2011M10 | 18 179 | 8 021 |
| 1994M11 | 1 778 | 1 149 | 2000M7 | 3 060 | 1 820 | 2006M3 | 7 173 | 3 847 | 2011M11 | 18 714 | 8 269 |
| 1994M12 | 1 977 | 1 259 | 2000M8 | 3 141 | 1 849 | 2006M4 | 7 323 | 3 920 | 2011M12 | 18 269 | 8 040 |
| 1995M1 | 1 772 | 1 101 | 2000M9 | 3 268 | 1 893 | 2006M5 | 7 581 | 4 062 | 2012M1 | 13 528 | 5 872 |
| 1995M2 | 1 757 | 1 072 | 2000M10 | 3 586 | 2 080 | 2006M6 | 8 395 | 4 520 | 2012M2 | 14 656 | 6 365 |
| 1995M3 | 2 151 | 1 312 | 2000M11 | 3 716 | 2 140 | 2006M7 | 7 731 | 4 175 | 2012M3 | 17 970 | 7 793 |
| 1995M4 | 2 131 | 1 284 | 2000M12 | 4 036 | 2 322 | 2006M8 | 7 898 | 4 253 | 2012M4 | 15 829 | 6 870 |
| 1995M5 | 2 155 | 1 292 | 2001M1 | 2 973 | 1 695 | 2006M9 | 8 326 | 4 461 | 2012M5 | 16 441 | 7 157 |
| 1995M6 | 2 238 | 1 359 | 2001M2 | 3 392 | 1 933 | 2006M10 | 8 162 | 4 369 | 2012M6 | 18 263 | 7 993 |
| 1995M7 | 1 952 | 1 199 | 2001M3 | 3 927 | 2 251 | 2006M11 | 8 522 | 4 548 | 2012M7 | 14 597 | 6 382 |
| 1995M8 | 1 944 | 1 172 | 2001M4 | 3 627 | 2 075 | 2006M12 | 8 267 | 4 351 | 2012M8 | 14 662 | 6 377 |
| 1995M9 | 1 969 | 1 160 | 2001M5 | 3 647 | 2 097 | 2007M1 | 7 982 | 4 172 | 2012M9 | 15 560 | 6 741 |
| 1995M10 | 2 073 | 1 221 | 2001M6 | 3 838 | 2 233 | 2007M2 | 6 817 | 3 528 | 2012M10 | 19 000 | 8 236 |
| 1995M11 | 2 247 | 1 319 | 2001M7 | 3 289 | 1 923 | 2007M3 | 8 698 | 4 514 | 2012M11 | 19 769 | 8 557 |
| 1995M12 | 2 561 | 1 496 | 2001M8 | 3 337 | 1 949 | 2007M4 | 8 798 | 4 571 | 2012M12 | 19 394 | 8 320 |
| 1996M1 | 2 145 | 1 234 | 2001M9 | 3 514 | 2 035 | 2007M5 | 9 153 | 4 741 | 2013M1 | 14 367 | 6 109 |
| 1996M2 | 2 505 | 1 412 | 2001M10 | 3 818 | 2 204 | 2007M6 | 10 217 | 5 271 | 2013M2 | 15 565 | 6 545 |
| 1996M3 | 2 484 | 1 393 | 2001M11 | 3 911 | 2 262 | 2007M7 | 9 304 | 4 757 | 2013M3 | 18 854 | 8 001 |
| 1996M4 | 2 449 | 1 358 | 2001M12 | 4 309 | 2 490 | 2007M8 | 9 483 | 4 791 | 2013M4 | 16 563 | 7 014 |
| 1996M5 | 2 473 | 1 374 | 2002M1 | 3 616 | 2 084 | 2007M9 | 10 126 | 5 101 | 2013M5 | 17 135 | 7 299 |
| 1996M6 | 2 605 | 1 471 | 2002M2 | 3 151 | 1 795 | 2007M10 | 9 717 | 4 880 | 2013M6 | 19 020 | 8 098 |
| 1996M7 | 2 306 | 1 321 | 2002M3 | 4 116 | 2 376 | 2007M11 | 10 231 | 5 102 | 2013M7 | 15 322 | 6 517 |
| 1996M8 | 2 274 | 1 281 | 2002M4 | 3 868 | 2 240 | 2007M12 | 10 009 | 4 943 | 2013M8 | 15 599 | 6 607 |
| 1996M9 | 2 221 | 1 230 | 2002M5 | 3 940 | 2 289 | 2008M1 | 9 459 | 4 615 | 2013M9 | 16 574 | 6 958 |
| 1996M10 | 2 511 | 1 395 | 2002M6 | 4 186 | 2 454 | 2008M2 | 8 350 | 3 971 | 2013M10 | 20 193 | 8 475 |
| 1996M11 | 2 658 | 1 474 | 2002M7 | 3 557 | 2 099 | 2008M3 | 11 018 | 5 277 | 2013M11 | 20 975 | 8 807 |
| 1996M12 | 2 979 | 1 642 | 2002M8 | 3 648 | 2 147 | 2008M4 | 10 597 | 5 070 | 2013M12 | 20 521 | 8 581 |
| 1997M1 | 2 585 | 1 418 | 2002M9 | 3 913 | 2 280 | 2008M5 | 11 063 | 5 315 | 2014M1 | 15 187 | 6 295 |
| 1997M2 | 2 366 | 1 275 | 2002M10 | 4 227 | 2 458 | 2008M6 | 12 418 | 5 977 | 2014M2 | 16 304 | 6 716 |
| 1997M3 | 3 003 | 1 636 | 2002M11 | 4 405 | 2 564 | 2008M7 | 11 167 | 5 370 | 2014M3 | 19 725 | 8 167 |
| 1997M4 | 2 774 | 1 505 | 2002M12 | 4 804 | 2 788 | 2008M8 | 11 204 | 5 393 | 2014M4 | 17 341 | 7 208 |
| 1997M5 | 2 833 | 1 546 | 2003M1 | 4 057 | 2 329 | 2008M9 | 11 708 | 5 635 | 2014M5 | 18 066 | 7 502 |

续表

| 月度 | NIAV/亿元 | RIAV/亿元 | 月度 | NIAV/亿元 | RIAV/亿元 | 月度 | NIAV/亿元 | RIAV/亿元 | 月度 | NIAV/亿元 | RIAV/亿元 |
|---|---|---|---|---|---|---|---|---|---|---|---|
| 1997M6 | 2 894 | 1 605 | 2003M2 | 3 882 | 2 209 | 2008M10 | 11 416 | 5 511 | 2014M6 | 20 189 | 8 395 |
| 1997M7 | 2 474 | 1 393 | 2003M3 | 4 777 | 2 734 | 2008M11 | 11 203 | 5 452 | | | |
| 1997M8 | 2 468 | 1 377 | 2003M4 | 4 369 | 2 506 | 2008M12 | 10 658 | 5 197 | | | |

注：NIAV 是指名义 IAV，RIAV 是指实际 IAV

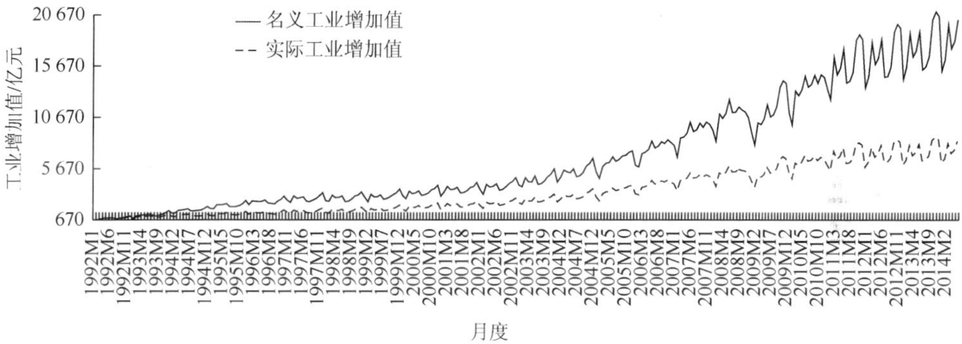


图 4.1 我国工业增加值测度结果

2）国内生产总值

国内生产总值（GDP）是指在一个国家或地区一定时期内所生产出的全部最终产品和劳务的价值。它被公认为衡量国家经济状况的最佳指标，不但可以反映一个国家的经济表现，还可以反映一国的国力与财富。由于原始数据是季度，本书用工业增加值作为权重，将季度 GDP 数据分解为月度 GDP 数据。这里得到的是名义 GDP，再除以定基比消费价格指数，就得到实际 GDP。本书实证测度的月度 GDP 的数据具体见表 4.2 和图 4.2。

**表 4.2 我国国内生产总值测度结果**

| 月度 | NGDP/亿元 | RGDP/亿元 | 月度 | NGDP/亿元 | RGDP/亿元 | 月度 | NGDP/亿元 | RGDP/亿元 | 月度 | NGDP/亿元 | RGDP/亿元 |
|---|---|---|---|---|---|---|---|---|---|---|---|
| 1992M1 | 1 532 | 1 532 | 1997M9 | 6 594 | 3 623 | 2003M5 | 9 872 | 5 701 | 2009M1 | 23 602 | 11 407 |
| 1992M2 | 1 641 | 1 624 | 1997M10 | 7 550 | 4 173 | 2003M6 | 11 242 | 6 572 | 2009M2 | 20 384 | 9 852 |
| 1992M3 | 1 801 | 1 778 | 1997M11 | 8 255 | 4 572 | 2003M7 | 10 752 | 6 317 | 2009M3 | 25 831 | 12 522 |
| 1992M4 | 2 081 | 2 014 | 1997M12 | 9 066 | 5 026 | 2003M8 | 11 029 | 6 435 | 2009M4 | 24 147 | 11 729 |
| 1992M5 | 2 105 | 2 038 | 1998M1 | 5 469 | 3 020 | 2003M9 | 11 679 | 6 733 | 2009M5 | 25 421 | 12 385 |
| 1992M6 | 2 172 | 2 137 | 1998M2 | 5 373 | 2 926 | 2003M10 | 13 213 | 7 549 | 2009M6 | 28 819 | 14 111 |

续表

| 月度 | NGDP /亿元 | RGDP /亿元 | 月度 | NGDP /亿元 | RGDP /亿元 | 月度 | NGDP /亿元 | RGDP /亿元 | 月度 | NGDP /亿元 | RGDP /亿元 |
|---|---|---|---|---|---|---|---|---|---|---|---|
| 1992M7 | 2 433 | 2 441 | 1998M3 | 6 659 | 3 637 | 2003M11 | 13 963 | 7 899 | 2009M7 | 26 703 | 13 075 |
| 1992M8 | 2 220 | 2 180 | 1998M4 | 6 433 | 3 535 | 2003M12 | 15 318 | 8 614 | 2009M8 | 27 242 | 13 273 |
| 1992M9 | 2 467 | 2 354 | 1998M5 | 6 491 | 3 614 | 2004M1 | 9 875 | 5 492 | 2009M9 | 29 155 | 14 148 |
| 1992M10 | 2 623 | 2 490 | 1998M6 | 6 796 | 3 857 | 2004M2 | 10 953 | 6 104 | 2009M10 | 35 632 | 17 308 |
| 1992M11 | 2 819 | 2 661 | 1998M7 | 6 505 | 3 751 | 2004M3 | 12 593 | 6 997 | 2009M11 | 37 311 | 18 070 |
| 1992M12 | 3 029 | 2 822 | 1998M8 | 6 626 | 3 787 | 2004M4 | 12 165 | 6 726 | 2009M12 | 36 656 | 17 577 |
| 1993M1 | 1 814 | 1 661 | 1998M9 | 7 242 | 4 079 | 2004M5 | 11 995 | 6 639 | 2010M1 | 26 784 | 12 766 |
| 1993M2 | 2 290 | 2 066 | 1998M10 | 8 463 | 4 776 | 2004M6 | 12 825 | 7 148 | 2010M2 | 23 930 | 11 271 |
| 1993M3 | 2 396 | 2 129 | 1998M11 | 8 771 | 4 965 | 2004M7 | 12 671 | 7 076 | 2010M3 | 31 900 | 15 130 |
| 1993M4 | 2 590 | 2 248 | 1998M12 | 9 573 | 5 413 | 2004M8 | 13 060 | 7 243 | 2010M4 | 28 908 | 13 684 |
| 1993M5 | 2 655 | 2 277 | 1999M1 | 6 356 | 3 587 | 2004M9 | 13 830 | 7 587 | 2010M5 | 30 182 | 14 302 |
| 1993M6 | 2 798 | 2 415 | 1999M2 | 5 400 | 3 008 | 2004M10 | 15 774 | 8 653 | 2010M6 | 33 175 | 15 815 |
| 1993M7 | 3 150 | 2 747 | 1999M3 | 7 034 | 3 950 | 2004M11 | 16 415 | 9 032 | 2010M7 | 31 476 | 14 945 |
| 1993M8 | 2 835 | 2 415 | 1999M4 | 6 746 | 3 827 | 2004M12 | 17 721 | 9 741 | 2010M8 | 32 100 | 15 150 |
| 1993M9 | 3 063 | 2 551 | 1999M5 | 6 809 | 3 913 | 2005M1 | 13 098 | 7 156 | 2010M9 | 34 172 | 16 032 |
| 1993M10 | 3 482 | 2 879 | 1999M6 | 7 210 | 4 220 | 2005M2 | 11 507 | 6 176 | 2010M10 | 41 560 | 19 363 |
| 1993M11 | 3 825 | 3 123 | 1999M7 | 7 019 | 4 145 | 2005M3 | 14 513 | 7 860 | 2010M11 | 44 052 | 20 300 |
| 1993M12 | 4 435 | 3 512 | 1999M8 | 7 214 | 4 218 | 2005M4 | 13 777 | 7 484 | 2010M12 | 43 274 | 19 842 |
| 1994M1 | 2 814 | 2 148 | 1999M9 | 7 626 | 4 372 | 2005M5 | 13 911 | 7 572 | 2011M1 | 30 891 | 14 024 |
| 1994M2 | 2 875 | 2 125 | 1999M10 | 8 758 | 5 021 | 2005M6 | 15 107 | 8 289 | 2011M2 | 28 540 | 12 803 |
| 1994M3 | 3 376 | 2 475 | 1999M11 | 9 244 | 5 331 | 2005M7 | 14 402 | 7 902 | 2011M3 | 38 048 | 17 108 |
| 1994M4 | 3 581 | 2 579 | 1999M12 | 10 261 | 5 918 | 2005M8 | 14 790 | 8 099 | 2011M4 | 33 946 | 15 247 |
| 1994M5 | 3 694 | 2 638 | 2000M1 | 6 768 | 3 869 | 2005M9 | 15 552 | 8 457 | 2011M5 | 35 411 | 15 891 |
| 1994M6 | 3 810 | 2 709 | 2000M2 | 6 126 | 3 436 | 2005M10 | 18 771 | 10 167 | 2011M6 | 39 652 | 17 750 |
| 1994M7 | 4 094 | 2 907 | 2000M3 | 7 753 | 4 419 | 2005M11 | 19 573 | 10 633 | 2011M7 | 37 529 | 16 717 |
| 1994M8 | 4 142 | 2 832 | 2000M4 | 7 447 | 4 284 | 2005M12 | 19 936 | 10 787 | 2011M8 | 38 034 | 16 888 |
| 1994M9 | 4 212 | 2 782 | 2000M5 | 7 578 | 4 403 | 2006M1 | 14 364 | 7 672 | 2011M9 | 40 294 | 17 802 |
| 1994M10 | 4 719 | 3 085 | 2000M6 | 8 076 | 4 764 | 2006M2 | 13 940 | 7 409 | 2011M10 | 49 684 | 21 922 |
| 1994M11 | 5 152 | 3 331 | 2000M7 | 7 866 | 4 677 | 2006M3 | 17 013 | 9 124 | 2011M11 | 51 145 | 22 600 |
| 1994M12 | 5 730 | 3 650 | 2000M8 | 8 074 | 4 754 | 2006M4 | 15 751 | 8 431 | 2011M12 | 49 930 | 21 974 |
| 1995M1 | 3 700 | 2 298 | 2000M9 | 8 399 | 4 867 | 2006M5 | 16 306 | 8 736 | 2012M1 | 31 793 | 13 801 |
| 1995M2 | 3 668 | 2 237 | 2000M10 | 9 845 | 5 710 | 2006M6 | 18 056 | 9 723 | 2012M2 | 34 445 | 14 960 |

续表

| 月度 | NGDP /亿元 | RGDP /亿元 | 月度 | NGDP /亿元 | RGDP /亿元 | 月度 | NGDP /亿元 | RGDP /亿元 | 月度 | NGDP /亿元 | RGDP /亿元 |
|---|---|---|---|---|---|---|---|---|---|---|---|
| 1995M3 | 4 491 | 2 740 | 2000M11 | 10 202 | 5 876 | 2006M7 | 16 754 | 9 048 | 2012M3 | 42 234 | 18 314 |
| 1995M4 | 4 608 | 2 776 | 2000M12 | 11 081 | 6 376 | 2006M8 | 17 116 | 9 216 | 2012M4 | 37 442 | 16 251 |
| 1995M5 | 4 661 | 2 793 | 2001M1 | 6 730 | 3 838 | 2006M9 | 18 043 | 9 667 | 2012M5 | 38 890 | 16 929 |
| 1995M6 | 4 840 | 2 940 | 2001M2 | 7 679 | 4 375 | 2006M10 | 22 563 | 12 077 | 2012M6 | 43 199 | 18 905 |
| 1995M7 | 5 170 | 3 176 | 2001M3 | 8 890 | 5 096 | 2006M11 | 23 557 | 12 571 | 2012M7 | 40 952 | 17 904 |
| 1995M8 | 5 149 | 3 105 | 2001M4 | 8 372 | 4 789 | 2006M12 | 22 853 | 12 027 | 2012M8 | 41 134 | 17 891 |
| 1995M9 | 5 216 | 3 073 | 2001M5 | 8 420 | 4 841 | 2007M1 | 18 600 | 9 721 | 2012M9 | 43 653 | 18 910 |
| 1995M10 | 5 812 | 3 422 | 2001M6 | 8 860 | 5 155 | 2007M2 | 15 886 | 8 221 | 2012M10 | 54 138 | 23 468 |
| 1995M11 | 6 300 | 3 699 | 2001M7 | 8 714 | 5 096 | 2007M3 | 20 270 | 10 520 | 2012M11 | 56 330 | 24 382 |
| 1995M12 | 7 179 | 4 194 | 2001M8 | 8 841 | 5 165 | 2007M4 | 19 128 | 9 938 | 2012M12 | 55 260 | 23 706 |
| 1996M1 | 4 288 | 2 467 | 2001M9 | 9 312 | 5 392 | 2007M5 | 19 900 | 10 308 | 2013M1 | 35 004 | 14 884 |
| 1996M2 | 5 008 | 2 822 | 2001M10 | 10 731 | 6 195 | 2007M6 | 22 214 | 11 461 | 2013M2 | 37 923 | 15 947 |
| 1996M3 | 4 965 | 2 786 | 2001M11 | 10 994 | 6 359 | 2007M7 | 20 627 | 10 547 | 2013M3 | 45 935 | 19 493 |
| 1996M4 | 5 401 | 2 995 | 2001M12 | 12 112 | 6 999 | 2007M8 | 21 025 | 10 623 | 2013M4 | 40 581 | 17 185 |
| 1996M5 | 5 454 | 3 031 | 2002M1 | 8 433 | 4 858 | 2007M9 | 22 450 | 11 309 | 2013M5 | 41 981 | 17 884 |
| 1996M6 | 5 746 | 3 245 | 2002M2 | 7 346 | 4 186 | 2007M10 | 27 801 | 13 963 | 2013M6 | 46 600 | 19 841 |
| 1996M7 | 5 991 | 3 432 | 2002M3 | 9 597 | 5 541 | 2007M11 | 29 271 | 14 598 | 2013M7 | 44 866 | 19 083 |
| 1996M8 | 5 909 | 3 328 | 2002M4 | 9 019 | 5 223 | 2007M12 | 28 637 | 14 141 | 2013M8 | 45 677 | 19 347 |
| 1996M9 | 5 771 | 3 197 | 2002M5 | 9 187 | 5 337 | 2008M1 | 21 749 | 10 613 | 2013M9 | 48 534 | 20 375 |
| 1996M10 | 6 978 | 3 877 | 2002M6 | 9 759 | 5 720 | 2008M2 | 19 200 | 9 131 | 2013M10 | 59 492 | 24 968 |
| 1996M11 | 7 386 | 4 096 | 2002M7 | 9 507 | 5 611 | 2008M3 | 25 335 | 12 134 | 2013M11 | 61 796 | 25 946 |
| 1996M12 | 8 279 | 4 564 | 2002M8 | 9 751 | 5 739 | 2008M4 | 23 071 | 11 038 | 2013M12 | 60 457 | 25 281 |
| 1997M1 | 5 283 | 2 898 | 2002M9 | 10 458 | 6 094 | 2008M5 | 24 087 | 11 571 | 2014M1 | 38 019 | 15 758 |
| 1997M2 | 4 835 | 2 605 | 2002M10 | 11 728 | 6 820 | 2008M6 | 27 036 | 13 014 | 2014M2 | 40 815 | 16 812 |
| 1997M3 | 6 139 | 3 344 | 2002M11 | 12 221 | 7 114 | 2008M7 | 25 084 | 12 062 | 2014M3 | 49 378 | 20 445 |
| 1997M4 | 6 102 | 3 310 | 2002M12 | 13 327 | 7 735 | 2008M8 | 25 167 | 12 114 | 2014M4 | 43 927 | 18 258 |
| 1997M5 | 6 231 | 3 401 | 2003M1 | 9 209 | 5 286 | 2008M9 | 26 298 | 12 658 | 2014M5 | 45 763 | 19 003 |
| 1997M6 | 6 364 | 3 530 | 2003M2 | 8 811 | 5 013 | 2008M10 | 33 284 | 16 069 | 2014M6 | 51 141 | 21 266 |
| 1997M7 | 6 285 | 3 539 | 2003M3 | 10 842 | 6 205 | 2008M11 | 32 663 | 15 896 | | | |
| 1997M8 | 6 269 | 3 499 | 2003M4 | 9 893 | 5 674 | 2008M12 | 31 073 | 15 153 | | | |

注：NGDP 是指名义 GDP，RGDP 是指实际 GDP

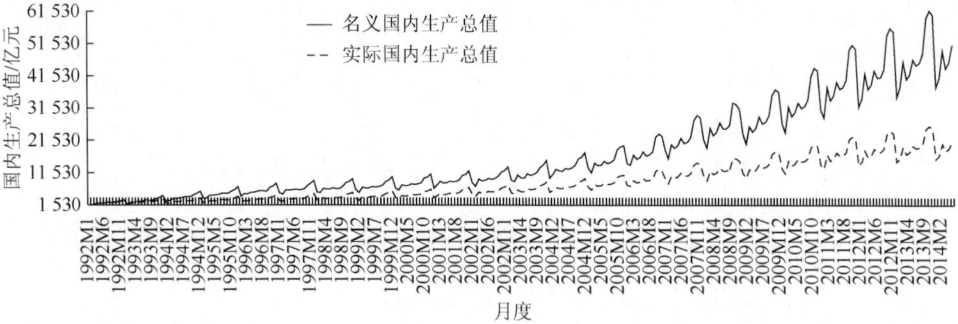


图 4.2　我国国内生产总值测度结果

2. 总收入

总收入是指一个国家或者地区的生产要素（包括土地、劳动、资本、企业家才能等）所有者在一定时期内提供生产要素所得的报酬，即工资、利息、租金和利润等的总和。由于在后面的实证分析要使用国民总收入和国民净收入两个指标，本书用国民总收入和国民净收入来表示总收入，数据来自国家统计局网站和中宏数据库。

1）国民总收入

国民总收入（gross national income，GNI）是指在一个国家或地区所拥有的生产要素一定时期内所生产出的全部最终产品和劳务的价值。它被公认为衡量国家经济状况的最佳指标，不但可以反映一个国家的经济表现，还可以反映一国的国力与财富。由于原始数据是年度，本书用工业增加值作为权重，将年度 GNI 数据分解为月度 GNI 数据。这里得到的是名义 GNI，再除以定基比消费价格指数，就得到实际 GNI。本书实证测度的月度 GNI 的数据具体见表 4.3 和图 4.3。

**表 4.3　我国国民总收入测度结果**

| 月度 | NGNI /亿元 | RGNI /亿元 | 月度 | NGNI /亿元 | RGNI /亿元 | 月度 | NGNI /亿元 | RGNI /亿元 | 月度 | NGNI /亿元 | RGNI /亿元 |
|---|---|---|---|---|---|---|---|---|---|---|---|
| 1992M1 | 1 758 | 1 758 | 1997M9 | 6 125 | 3 365 | 2003M5 | 10 709 | 6 185 | 2009M1 | 23 362 | 11 291 |
| 1992M2 | 1 883 | 1 864 | 1997M10 | 6 510 | 3 598 | 2003M6 | 12 196 | 7 130 | 2009M2 | 20 177 | 9 752 |
| 1992M3 | 2 067 | 2 040 | 1997M11 | 7 118 | 3 942 | 2003M7 | 10 112 | 5 941 | 2009M3 | 25 569 | 12 395 |
| 1992M4 | 2 256 | 2 183 | 1997M12 | 7 817 | 4 334 | 2003M8 | 10 373 | 6 052 | 2009M4 | 25 161 | 12 222 |
| 1992M5 | 2 282 | 2 210 | 1998M1 | 6 178 | 3 411 | 2003M9 | 10 984 | 6 332 | 2009M5 | 26 489 | 12 906 |
| 1992M6 | 2 355 | 2 317 | 1998M2 | 6 070 | 3 306 | 2003M10 | 12 012 | 6 863 | 2009M6 | 30 029 | 14 704 |
| 1992M7 | 2 267 | 2 275 | 1998M3 | 7 523 | 4 109 | 2003M11 | 12 694 | 7 181 | 2009M7 | 27 043 | 13 241 |
| 1992M8 | 2 068 | 2 031 | 1998M4 | 6 950 | 3 819 | 2003M12 | 13 926 | 7 831 | 2009M8 | 27 589 | 13 442 |

续表

| 月度 | NGNI /亿元 | RGNI /亿元 | 月度 | NGNI /亿元 | RGNI /亿元 | 月度 | NGNI /亿元 | RGNI /亿元 | 月度 | NGNI /亿元 | RGNI /亿元 |
|---|---|---|---|---|---|---|---|---|---|---|---|
| 1992M9 | 2 299 | 2 194 | 1998M5 | 7 013 | 3 904 | 2004M1 | 10 647 | 5 922 | 2009M9 | 29 526 | 14 328 |
| 1992M10 | 2 385 | 2 264 | 1998M6 | 7 342 | 4 166 | 2004M2 | 11 810 | 6 582 | 2009M10 | 34 259 | 16 641 |
| 1992M11 | 2 564 | 2 419 | 1998M7 | 5 977 | 3 447 | 2004M3 | 13 578 | 7 545 | 2009M11 | 35 873 | 17 373 |
| 1992M12 | 2 755 | 2 566 | 1998M8 | 6 089 | 3 480 | 2004M4 | 13 108 | 7 247 | 2009M12 | 35 244 | 16 900 |
| 1993M1 | 2 110 | 1 932 | 1998M9 | 6 655 | 3 748 | 2004M5 | 12 925 | 7 153 | 2010M1 | 27 677 | 13 192 |
| 1993M2 | 2 664 | 2 403 | 1998M10 | 7 333 | 4 138 | 2004M6 | 13 820 | 7 703 | 2010M2 | 24 728 | 11 647 |
| 1993M3 | 2 788 | 2 477 | 1998M11 | 7 600 | 4 302 | 2004M7 | 11 916 | 6 655 | 2010M3 | 32 964 | 15 635 |
| 1993M4 | 2 895 | 2 513 | 1998M12 | 8 294 | 4 690 | 2004M8 | 12 282 | 6 811 | 2010M4 | 31 796 | 15 051 |
| 1993M5 | 2 967 | 2 545 | 1999M1 | 7 066 | 3 988 | 2004M9 | 13 006 | 7 134 | 2010M5 | 33 198 | 15 730 |
| 1993M6 | 3 127 | 2 699 | 1999M2 | 6 003 | 3 344 | 2004M10 | 14 652 | 8 037 | 2010M6 | 36 490 | 17 395 |
| 1993M7 | 2 882 | 2 513 | 1999M3 | 7 820 | 4 392 | 2004M11 | 15 248 | 8 389 | 2010M7 | 33 847 | 16 071 |
| 1993M8 | 2 593 | 2 209 | 1999M4 | 7 161 | 4 062 | 2004M12 | 16 461 | 9 048 | 2010M8 | 34 518 | 16 292 |
| 1993M9 | 2 802 | 2 333 | 1999M5 | 7 228 | 4 154 | 2005M1 | 12 764 | 6 974 | 2010M9 | 36 747 | 17 240 |
| 1993M10 | 3 094 | 2 558 | 1999M6 | 7 653 | 4 479 | 2005M2 | 11 213 | 6 018 | 2010M10 | 34 759 | 16 194 |
| 1993M11 | 3 398 | 2 774 | 1999M7 | 6 628 | 3 914 | 2005M3 | 14 143 | 7 659 | 2010M11 | 36 843 | 16 978 |
| 1993M12 | 3 940 | 3 120 | 1999M8 | 6 812 | 3 983 | 2005M4 | 14 879 | 8 082 | 2010M12 | 36 193 | 16 595 |
| 1994M1 | 3 292 | 2 512 | 1999M9 | 7 200 | 4 128 | 2005M5 | 15 024 | 8 178 | 2011M1 | 33 355 | 15 143 |
| 1994M2 | 3 363 | 2 486 | 1999M10 | 7 718 | 4 425 | 2005M6 | 16 315 | 8 952 | 2011M2 | 30 817 | 13 825 |
| 1994M3 | 3 950 | 2 895 | 1999M11 | 8 147 | 4 698 | 2005M7 | 15 312 | 8 402 | 2011M3 | 41 084 | 18 472 |
| 1994M4 | 4 059 | 2 923 | 1999M12 | 9 043 | 5 215 | 2005M8 | 15 725 | 8 611 | 2011M4 | 36 889 | 16 569 |
| 1994M5 | 4 187 | 2 990 | 2000M1 | 7 392 | 4 225 | 2005M9 | 16 535 | 8 992 | 2011M5 | 38 482 | 17 269 |
| 1994M6 | 4 319 | 3 071 | 2000M2 | 6 690 | 3 753 | 2005M10 | 16 654 | 9 020 | 2011M6 | 43 090 | 19 289 |
| 1994M7 | 3 830 | 2 720 | 2000M3 | 8 467 | 4 827 | 2005M11 | 17 366 | 9 434 | 2011M7 | 34 889 | 15 541 |
| 1994M8 | 3 875 | 2 650 | 2000M4 | 7 904 | 4 546 | 2005M12 | 17 688 | 9 571 | 2011M8 | 35 358 | 15 700 |
| 1994M9 | 3 940 | 2 603 | 2000M5 | 8 043 | 4 673 | 2006M1 | 14 319 | 7 648 | 2011M9 | 37 460 | 16 550 |
| 1994M10 | 4 021 | 2 629 | 2000M6 | 8 571 | 5 056 | 2006M2 | 13 896 | 7 386 | 2011M10 | 45 195 | 19 941 |
| 1994M11 | 4 390 | 2 839 | 2000M7 | 7 491 | 4 454 | 2006M3 | 16 960 | 9 096 | 2011M11 | 46 524 | 20 558 |
| 1994M12 | 4 882 | 3 110 | 2000M8 | 7 689 | 4 527 | 2006M4 | 17 315 | 9 268 | 2011M12 | 45 419 | 19 989 |
| 1995M1 | 4 249 | 2 638 | 2000M9 | 7 999 | 4 635 | 2006M5 | 17 925 | 9 604 | 2012M1 | 35 110 | 15 240 |
| 1995M2 | 4 212 | 2 569 | 2000M10 | 8 778 | 5 092 | 2006M6 | 19 849 | 10 688 | 2012M2 | 38 037 | 16 521 |

续表

| 月度 | NGNI /亿元 | RGNI /亿元 | 月度 | NGNI /亿元 | RGNI /亿元 | 月度 | NGNI /亿元 | RGNI /亿元 | 月度 | NGNI /亿元 | RGNI /亿元 |
|---|---|---|---|---|---|---|---|---|---|---|---|
| 1995M3 | 5 157 | 3 146 | 2000M11 | 9 096 | 5 240 | 2006M7 | 18 280 | 9 873 | 2012M3 | 46 639 | 20 224 |
| 1995M4 | 5 108 | 3 077 | 2000M12 | 9 880 | 5 685 | 2006M8 | 18 675 | 10 056 | 2012M4 | 41 083 | 17 831 |
| 1995M5 | 5 166 | 3 096 | 2001M1 | 7 372 | 4 204 | 2006M9 | 19 687 | 10 548 | 2012M5 | 42 671 | 18 575 |
| 1995M6 | 5 365 | 3 259 | 2001M2 | 8 411 | 4 792 | 2006M10 | 19 300 | 10 330 | 2012M6 | 47 399 | 20 743 |
| 1995M7 | 4 679 | 2 875 | 2001M3 | 9 738 | 5 582 | 2006M11 | 20 150 | 10 753 | 2012M7 | 37 886 | 16 563 |
| 1995M8 | 4 660 | 2 810 | 2001M4 | 8 993 | 5 144 | 2006M12 | 19 548 | 10 288 | 2012M8 | 38 053 | 16 552 |
| 1995M9 | 4 721 | 2 782 | 2001M5 | 9 045 | 5 200 | 2007M1 | 19 238 | 10 055 | 2012M9 | 40 384 | 17 494 |
| 1995M10 | 4 969 | 2 926 | 2001M6 | 9 517 | 5 538 | 2007M2 | 16 432 | 8 503 | 2012M10 | 49 311 | 21 376 |
| 1995M11 | 5 386 | 3 162 | 2001M7 | 8 155 | 4 769 | 2007M3 | 20 965 | 10 881 | 2012M11 | 51 308 | 22 208 |
| 1995M12 | 6 138 | 3 586 | 2001M8 | 8 274 | 4 834 | 2007M4 | 21 205 | 11 017 | 2012M12 | 50 334 | 21 593 |
| 1996M1 | 5 082 | 2 924 | 2001M9 | 8 715 | 5 046 | 2007M5 | 22 061 | 11 427 | 2013M1 | 32 600 | 13 861 |
| 1996M2 | 5 935 | 3 344 | 2001M10 | 9 467 | 5 465 | 2007M6 | 24 626 | 12 705 | 2013M2 | 35 319 | 14 851 |
| 1996M3 | 5 884 | 3 301 | 2001M11 | 9 698 | 5 610 | 2007M7 | 22 425 | 11 466 | 2013M3 | 42 781 | 18 154 |
| 1996M4 | 5 801 | 3 216 | 2001M12 | 10 684 | 6 174 | 2007M8 | 22 857 | 11 549 | 2013M4 | 37 550 | 15 902 |
| 1996M5 | 5 858 | 3 255 | 2002M1 | 9 080 | 5 232 | 2007M9 | 24 407 | 12 295 | 2013M5 | 38 846 | 16 548 |
| 1996M6 | 6 171 | 3 485 | 2002M2 | 7 911 | 4 508 | 2007M10 | 23 421 | 11 763 | 2013M6 | 43 120 | 18 359 |
| 1996M7 | 5 462 | 3 129 | 2002M3 | 10 334 | 5 967 | 2007M11 | 24 659 | 12 298 | 2013M7 | 35 075 | 14 919 |
| 1996M8 | 5 387 | 3 034 | 2002M4 | 9 713 | 5 625 | 2007M12 | 24 126 | 11 913 | 2013M8 | 35 709 | 15 125 |
| 1996M9 | 5 262 | 2 914 | 2002M5 | 9 894 | 5 747 | 2008M1 | 22 948 | 11 197 | 2013M9 | 37 943 | 15 929 |
| 1996M10 | 5 948 | 3 305 | 2002M6 | 10 510 | 6 161 | 2008M2 | 20 258 | 9 634 | 2013M10 | 45 710 | 19 183 |
| 1996M11 | 6 296 | 3 492 | 2002M7 | 8 931 | 5 271 | 2008M3 | 26 731 | 12 803 | 2013M11 | 47 479 | 19 935 |
| 1996M12 | 7 057 | 3 891 | 2002M8 | 9 160 | 5 391 | 2008M4 | 25 709 | 12 301 | 2013M12 | 46 451 | 19 424 |
| 1997M1 | 6 099 | 3 345 | 2002M9 | 9 824 | 5 724 | 2008M5 | 26 841 | 12 894 | 2014M1 | 35 828 | 14 849 |
| 1997M2 | 5 582 | 3 008 | 2002M10 | 10 615 | 6 173 | 2008M6 | 30 128 | 14 502 | 2014M2 | 38 639 | 15 915 |
| 1997M3 | 7 087 | 3 860 | 2002M11 | 11 061 | 6 439 | 2008M7 | 27 094 | 13 028 | 2014M3 | 46 973 | 19 449 |
| 1997M4 | 6 547 | 3 552 | 2002M12 | 12 063 | 7 001 | 2008M8 | 27 183 | 13 084 | 2014M4 | 41 005 | 17 043 |
| 1997M5 | 6 686 | 3 649 | 2003M1 | 9 967 | 5 722 | 2008M9 | 28 405 | 13 673 | 2014M5 | 42 692 | 17 728 |
| 1997M6 | 6 829 | 3 788 | 2003M2 | 9 537 | 5 426 | 2008M10 | 27 696 | 13 372 | 2014M6 | 47 303 | 19 670 |
| 1997M7 | 5 838 | 3 287 | 2003M3 | 11 734 | 6 716 | 2008M11 | 27 180 | 13 228 | | | |
| 1997M8 | 5 823 | 3 250 | 2003M4 | 10 733 | 6 155 | 2008M12 | 25 857 | 12 609 | | | |

注：NGNI 是指名义 GNI，RGNI 是指实际 GNI

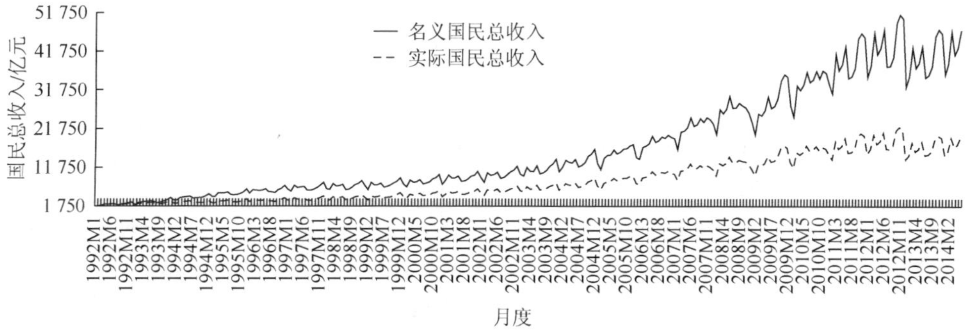


图 4.3　我国国民总收入的测度结果

2）国民净收入

国民净收入（net national income，NNI）是指在一个国家或地区全部国民所拥有的生产要素一定时期内所生产出的全部最终产品和劳务的价值的净值。它等于国民总收入减去固定资产折旧后的余额。由于国家统计局只公布了我国各个省份的收入法固定资产折旧，本书把各个省份加总得到全国的固定资产折旧，然后用国民总收入减去固定资产折旧，就得到了我国 NNI。由于原始数据是年度，本书用工业增加值作为权重，将年度 NNI 数据分解为月度 NNI 数据。这里得到的是名义 NNI，再除以定基比消费价格指数，就得到实际 NNI。本书实证测度的月度 NNI 的数据具体见表 4.4 和图 4.4。

表 4.4　我国国民净收入测度结果

| 月度 | NNNI/亿元 | RNNI/亿元 | 月度 | NNNI/亿元 | RNNI/亿元 | 月度 | NNNI/亿元 | RNNI/亿元 | 月度 | NNNI/亿元 | RNNI/亿元 |
|---|---|---|---|---|---|---|---|---|---|---|---|
| 1992M1 | 1 601 | 1 601 | 1997M9 | 5 583 | 3 068 | 2003M5 | 9 381 | 5 418 | 2009M1 | 20 689 | 9 999 |
| 1992M2 | 1 715 | 1 698 | 1997M10 | 5 934 | 3 280 | 2003M6 | 10 683 | 6 245 | 2009M2 | 17 868 | 8 636 |
| 1992M3 | 1 883 | 1 859 | 1997M11 | 6 489 | 3 594 | 2003M7 | 8 858 | 5 204 | 2009M3 | 22 643 | 10 976 |
| 1992M4 | 2 055 | 1 989 | 1997M12 | 7 126 | 3 951 | 2003M8 | 9 086 | 5 301 | 2009M4 | 22 282 | 10 823 |
| 1992M5 | 2 079 | 2 013 | 1998M1 | 5 528 | 3 052 | 2003M9 | 9 621 | 5 547 | 2009M5 | 23 458 | 11 429 |
| 1992M6 | 2 145 | 2 111 | 1998M2 | 5 432 | 2 958 | 2003M10 | 10 522 | 6 012 | 2009M6 | 26 593 | 13 021 |
| 1992M7 | 2 065 | 2 073 | 1998M3 | 6 731 | 3 676 | 2003M11 | 11 119 | 6 290 | 2009M7 | 23 948 | 11 726 |
| 1992M8 | 1 884 | 1 851 | 1998M4 | 6 219 | 3 417 | 2003M12 | 12 199 | 6 860 | 2009M8 | 24 432 | 11 904 |
| 1992M9 | 2 094 | 1 999 | 1998M5 | 6 275 | 3 493 | 2004M1 | 9 406 | 5 232 | 2009M9 | 26 147 | 12 688 |
| 1992M10 | 2 173 | 2 062 | 1998M6 | 6 570 | 3 728 | 2004M2 | 10 433 | 5 814 | 2009M10 | 30 339 | 14 737 |
| 1992M11 | 2 336 | 2 204 | 1998M7 | 5 348 | 3 084 | 2004M3 | 11 995 | 6 665 | 2009M11 | 31 768 | 15 385 |
| 1992M12 | 2 510 | 2 338 | 1998M8 | 5 448 | 3 114 | 2004M4 | 11 580 | 6 402 | 2009M12 | 31 211 | 14 966 |

续表

| 月度 | NNNI /亿元 | RNNI /亿元 | 月度 | NNNI /亿元 | RNNI /亿元 | 月度 | NNNI /亿元 | RNNI /亿元 | 月度 | NNNI /亿元 | RNNI /亿元 |
|---|---|---|---|---|---|---|---|---|---|---|---|
| 1993M1 | 1 942 | 1 778 | 1998M9 | 5 954 | 3 354 | 2004M5 | 11 419 | 6 319 | 2010M1 | 24 570 | 11 711 |
| 1993M2 | 2 452 | 2 212 | 1998M10 | 6 561 | 3 703 | 2004M6 | 12 209 | 6 805 | 2010M2 | 21 951 | 10 339 |
| 1993M3 | 2 566 | 2 280 | 1998M11 | 6 800 | 3 849 | 2004M7 | 10 527 | 5 879 | 2010M3 | 29 263 | 13 880 |
| 1993M4 | 2 665 | 2 313 | 1998M12 | 7 421 | 4 197 | 2004M8 | 10 850 | 6 017 | 2010M4 | 28 226 | 13 361 |
| 1993M5 | 2 731 | 2 343 | 1999M1 | 6 247 | 3 525 | 2004M9 | 11 490 | 6 303 | 2010M5 | 29 470 | 13 964 |
| 1993M6 | 2 878 | 2 485 | 1999M2 | 5 307 | 2 957 | 2004M10 | 12 944 | 7 100 | 2010M6 | 32 393 | 15 442 |
| 1993M7 | 2 652 | 2 313 | 1999M3 | 6 914 | 3 883 | 2004M11 | 13 470 | 7 411 | 2010M7 | 30 047 | 14 266 |
| 1993M8 | 2 387 | 2 033 | 1999M4 | 6 331 | 3 591 | 2004M12 | 14 542 | 7 993 | 2010M8 | 30 642 | 14 462 |
| 1993M9 | 2 579 | 2 148 | 1999M5 | 6 390 | 3 673 | 2005M1 | 11 249 | 6 146 | 2010M9 | 32 621 | 15 304 |
| 1993M10 | 2 848 | 2 354 | 1999M6 | 6 766 | 3 960 | 2005M2 | 9 883 | 5 304 | 2010M10 | 30 856 | 14 376 |
| 1993M11 | 3 128 | 2 554 | 1999M7 | 5 859 | 3 460 | 2005M3 | 12 464 | 6 750 | 2010M11 | 32 706 | 15 072 |
| 1993M12 | 3 627 | 2 872 | 1999M8 | 6 022 | 3 521 | 2005M4 | 13 113 | 7 123 | 2010M12 | 32 129 | 14 732 |
| 1994M1 | 3 055 | 2 332 | 1999M9 | 6 365 | 3 649 | 2005M5 | 13 241 | 7 207 | 2011M1 | 29 840 | 13 547 |
| 1994M2 | 3 121 | 2 307 | 1999M10 | 6 823 | 3 912 | 2005M6 | 14 379 | 7 889 | 2011M2 | 27 570 | 12 368 |
| 1994M3 | 3 666 | 2 687 | 1999M11 | 7 202 | 4 154 | 2005M7 | 13 495 | 7 405 | 2011M3 | 36 755 | 16 526 |
| 1994M4 | 3 767 | 2 712 | 1999M12 | 7 994 | 4 611 | 2005M8 | 13 859 | 7 589 | 2011M4 | 33 002 | 14 823 |
| 1994M5 | 3 886 | 2 775 | 2000M1 | 6 518 | 3 726 | 2005M9 | 14 573 | 7 925 | 2011M5 | 34 427 | 15 449 |
| 1994M6 | 4 008 | 2 850 | 2000M2 | 5 899 | 3 309 | 2005M10 | 14 677 | 7 950 | 2011M6 | 38 550 | 17 257 |
| 1994M7 | 3 555 | 2 524 | 2000M3 | 7 466 | 4 256 | 2005M11 | 15 305 | 8 314 | 2011M7 | 31 213 | 13 904 |
| 1994M8 | 3 596 | 2 459 | 2000M4 | 6 969 | 4 009 | 2005M12 | 15 589 | 8 435 | 2011M8 | 31 633 | 14 046 |
| 1994M9 | 3 657 | 2 415 | 2000M5 | 7 092 | 4 121 | 2006M1 | 12 739 | 6 805 | 2011M9 | 33 512 | 14 806 |
| 1994M10 | 3 732 | 2 439 | 2000M6 | 7 558 | 4 458 | 2006M2 | 12 363 | 6 571 | 2011M10 | 40 433 | 17 840 |
| 1994M11 | 4 074 | 2 634 | 2000M7 | 6 605 | 3 928 | 2006M3 | 15 089 | 8 092 | 2011M11 | 41 622 | 18 392 |
| 1994M12 | 4 531 | 2 886 | 2000M8 | 6 780 | 3 992 | 2006M4 | 15 405 | 8 246 | 2011M12 | 40 633 | 17 882 |
| 1995M1 | 3 968 | 2 464 | 2000M9 | 7 053 | 4 087 | 2006M5 | 15 948 | 8 544 | 2012M1 | 31 298 | 13 586 |
| 1995M2 | 3 934 | 2 400 | 2000M10 | 7 740 | 4 490 | 2006M6 | 17 660 | 9 509 | 2012M2 | 33 908 | 14 727 |
| 1995M3 | 4 817 | 2 938 | 2000M11 | 8 021 | 4 620 | 2006M7 | 16 264 | 8 784 | 2012M3 | 41 576 | 18 029 |
| 1995M4 | 4 771 | 2 874 | 2000M12 | 8 712 | 5 013 | 2006M8 | 16 615 | 8 947 | 2012M4 | 36 623 | 15 895 |
| 1995M5 | 4 825 | 2 892 | 2001M1 | 6 490 | 3 701 | 2006M9 | 17 516 | 9 385 | 2012M5 | 38 039 | 16 559 |
| 1995M6 | 5 011 | 3 044 | 2001M2 | 7 405 | 4 219 | 2006M10 | 17 171 | 9 191 | 2012M6 | 42 253 | 18 492 |
| 1995M7 | 4 371 | 2 685 | 2001M3 | 8 573 | 4 914 | 2006M11 | 17 927 | 9 567 | 2012M7 | 33 773 | 14 765 |
| 1995M8 | 4 353 | 2 625 | 2001M4 | 7 917 | 4 529 | 2006M12 | 17 392 | 9 153 | 2012M8 | 33 922 | 14 755 |
| 1995M9 | 4 410 | 2 598 | 2001M5 | 7 962 | 4 578 | 2007M1 | 17 101 | 8 938 | 2012M9 | 36 000 | 15 595 |

续表

| 月度 | NNNI /亿元 | RNNI /亿元 | 月度 | NNNI /亿元 | RNNI /亿元 | 月度 | NNNI /亿元 | RNNI /亿元 | 月度 | NNNI /亿元 | RNNI /亿元 |
|---|---|---|---|---|---|---|---|---|---|---|---|
| 1995M10 | 4 641 | 2 733 | 2001M6 | 8 378 | 4 875 | 2007M2 | 14 607 | 7 558 | 2012M10 | 43 958 | 19 055 |
| 1995M11 | 5 031 | 2 954 | 2001M7 | 7 179 | 4 199 | 2007M3 | 18 636 | 9 673 | 2012M11 | 45 738 | 19 797 |
| 1995M12 | 5 733 | 3 349 | 2001M8 | 7 284 | 4 255 | 2007M4 | 18 850 | 9 793 | 2012M12 | 44 869 | 19 249 |
| 1996M1 | 4 694 | 2 700 | 2001M9 | 7 672 | 4 442 | 2007M5 | 19 611 | 10 158 | 2013M1 | 28 404 | 12 077 |
| 1996M2 | 5 482 | 3 089 | 2001M10 | 8 334 | 4 811 | 2007M6 | 21 891 | 11 294 | 2013M2 | 30 772 | 12 940 |
| 1996M3 | 5 435 | 3 049 | 2001M11 | 8 537 | 4 939 | 2007M7 | 19 934 | 10 193 | 2013M3 | 37 274 | 15 817 |
| 1996M4 | 5 358 | 2 971 | 2001M12 | 9 406 | 5 435 | 2007M8 | 20 318 | 10 266 | 2013M4 | 32 716 | 13 855 |
| 1996M5 | 5 410 | 3 006 | 2002M1 | 7 944 | 4 577 | 2007M9 | 21 696 | 10 929 | 2013M5 | 33 846 | 14 418 |
| 1996M6 | 5 700 | 3 219 | 2002M2 | 6 920 | 3 944 | 2007M10 | 20 820 | 10 456 | 2013M6 | 37 570 | 15 996 |
| 1996M7 | 5 045 | 2 890 | 2002M3 | 9 040 | 5 220 | 2007M11 | 21 920 | 10 932 | 2013M7 | 30 560 | 12 998 |
| 1996M8 | 4 976 | 2 803 | 2002M4 | 8 497 | 4 921 | 2007M12 | 21 446 | 10 590 | 2013M8 | 31 112 | 13 178 |
| 1996M9 | 4 860 | 2 692 | 2002M5 | 8 655 | 5 028 | 2008M1 | 20 500 | 10 003 | 2013M9 | 33 058 | 13 878 |
| 1996M10 | 5 494 | 3 053 | 2002M6 | 9 194 | 5 389 | 2008M2 | 18 097 | 8 607 | 2013M10 | 39 826 | 16 714 |
| 1996M11 | 5 815 | 3 225 | 2002M7 | 7 812 | 4 611 | 2008M3 | 23 880 | 11 437 | 2013M11 | 41 368 | 17 369 |
| 1996M12 | 6 518 | 3 593 | 2002M8 | 8 013 | 4 716 | 2008M4 | 22 967 | 10 989 | 2013M12 | 40 471 | 16 924 |
| 1997M1 | 5 560 | 3 050 | 2002M9 | 8 594 | 5 008 | 2008M5 | 23 978 | 11 519 | 2014M1 | 31 270 | 12 960 |
| 1997M2 | 5 089 | 2 742 | 2002M10 | 9 286 | 5 400 | 2008M6 | 26 915 | 12 955 | 2014M2 | 33 745 | 13 900 |
| 1997M3 | 6 460 | 3 519 | 2002M11 | 9 676 | 5 632 | 2008M7 | 24 204 | 11 639 | 2014M3 | 41 054 | 16 998 |
| 1997M4 | 5 968 | 3 238 | 2002M12 | 10 552 | 6 124 | 2008M8 | 24 283 | 11 689 | 2014M4 | 35 772 | 14 868 |
| 1997M5 | 6 095 | 3 327 | 2003M1 | 8 731 | 5 012 | 2008M9 | 25 375 | 12 214 | 2014M5 | 37 241 | 15 464 |
| 1997M6 | 6 225 | 3 453 | 2003M2 | 8 354 | 4 753 | 2008M10 | 24 742 | 11 945 | 2014M6 | 41 211 | 17 137 |
| 1997M7 | 5 321 | 2 997 | 2003M3 | 10 279 | 5 883 | 2008M11 | 24 281 | 11 817 | | | |
| 1997M8 | 5 308 | 2 963 | 2003M4 | 9 401 | 5 392 | 2008M12 | 23 099 | 11 264 | | | |

注：NNNI 是指名义 NNI，RNNI 是指实际 NNI

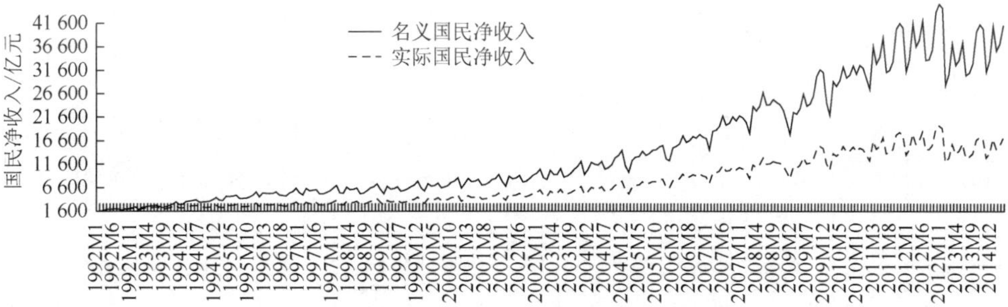


图 4.4　我国国民净收入测度结果

### 4.1.2 人均产出（或人均收入）的实证测度

1. 人均产出

1）人均工业增加值

人均工业增加值（industrial added value per capita，PIAV），是指一个国家或地区在一定时期内的工业增加值与这个国家或地区的常住人口（或户籍人口）比值。它常用来衡量一个国家或者地区的工业经济发展状况，是重要的宏观经济指标之一。这个人均工业增加值是名义值，再除以定基比消费价格指数，得到实际人均工业增加值。本书实证测度的月度人均工业增加值的数据具体见表 4.5 和图 4.5。

表 4.5 我国人均工业增加值测度结果

| 月度 | NPIAV /元 | RPIAV /元 | 月度 | NPIAV /元 | RPIAV /元 | 月度 | NPIAV /元 | RPIAV /元 | 月度 | NPIAV /元 | RPIAV /元 |
|---|---|---|---|---|---|---|---|---|---|---|---|
| 1992M1 | 58 | 58 | 1997M9 | 210 | 116 | 2003M5 | 339 | 196 | 2009M1 | 699 | 338 |
| 1992M2 | 62 | 61 | 1997M10 | 224 | 124 | 2003M6 | 385 | 225 | 2009M2 | 603 | 292 |
| 1992M3 | 68 | 67 | 1997M11 | 244 | 135 | 2003M7 | 319 | 188 | 2009M3 | 764 | 370 |
| 1992M4 | 74 | 72 | 1997M12 | 268 | 149 | 2003M8 | 327 | 191 | 2009M4 | 752 | 365 |
| 1992M5 | 75 | 72 | 1998M1 | 204 | 113 | 2003M9 | 347 | 200 | 2009M5 | 791 | 385 |
| 1992M6 | 77 | 76 | 1998M2 | 200 | 109 | 2003M10 | 379 | 216 | 2009M6 | 896 | 439 |
| 1992M7 | 74 | 74 | 1998M3 | 248 | 135 | 2003M11 | 400 | 226 | 2009M7 | 807 | 395 |
| 1992M8 | 68 | 66 | 1998M4 | 229 | 126 | 2003M12 | 439 | 247 | 2009M8 | 823 | 401 |
| 1992M9 | 75 | 72 | 1998M5 | 231 | 128 | 2004M1 | 337 | 187 | 2009M9 | 880 | 427 |
| 1992M10 | 78 | 74 | 1998M6 | 241 | 137 | 2004M2 | 373 | 208 | 2009M10 | 1021 | 496 |
| 1992M11 | 84 | 79 | 1998M7 | 196 | 113 | 2004M3 | 429 | 238 | 2009M11 | 1069 | 518 |
| 1992M12 | 90 | 84 | 1998M8 | 200 | 114 | 2004M4 | 414 | 229 | 2009M12 | 1049 | 503 |
| 1993M1 | 72 | 66 | 1998M9 | 218 | 123 | 2004M5 | 408 | 226 | 2010M1 | 834 | 398 |
| 1993M2 | 91 | 82 | 1998M10 | 240 | 136 | 2004M6 | 436 | 243 | 2010M2 | 745 | 351 |
| 1993M3 | 95 | 85 | 1998M11 | 249 | 141 | 2004M7 | 376 | 210 | 2010M3 | 993 | 471 |
| 1993M4 | 99 | 86 | 1998M12 | 271 | 153 | 2004M8 | 387 | 215 | 2010M4 | 957 | 453 |
| 1993M5 | 101 | 87 | 1999M1 | 229 | 129 | 2004M9 | 410 | 225 | 2010M5 | 999 | 473 |
| 1993M6 | 107 | 92 | 1999M2 | 195 | 108 | 2004M10 | 461 | 253 | 2010M6 | 1098 | 523 |
| 1993M7 | 98 | 86 | 1999M3 | 254 | 142 | 2004M11 | 480 | 264 | 2010M7 | 1018 | 483 |
| 1993M8 | 88 | 75 | 1999M4 | 232 | 132 | 2004M12 | 518 | 285 | 2010M8 | 1038 | 490 |

续表

| 月度 | NPIAV/元 | RPIAV/元 | 月度 | NPIAV/元 | RPIAV/元 | 月度 | NPIAV/元 | RPIAV/元 | 月度 | NPIAV/元 | RPIAV/元 |
|---|---|---|---|---|---|---|---|---|---|---|---|
| 1993M9 | 95 | 79 | 1999M5 | 234 | 134 | 2005M1 | 413 | 226 | 2010M9 | 1104 | 518 |
| 1993M10 | 105 | 87 | 1999M6 | 248 | 145 | 2005M2 | 362 | 195 | 2010M10 | 1044 | 486 |
| 1993M11 | 115 | 94 | 1999M7 | 214 | 127 | 2005M3 | 457 | 247 | 2010M11 | 1106 | 510 |
| 1993M12 | 134 | 106 | 1999M8 | 220 | 129 | 2005M4 | 480 | 261 | 2010M12 | 1086 | 498 |
| 1994M1 | 112 | 86 | 1999M9 | 232 | 133 | 2005M5 | 485 | 264 | 2011M1 | 1000 | 454 |
| 1994M2 | 115 | 85 | 1999M10 | 249 | 143 | 2005M6 | 526 | 289 | 2011M2 | 924 | 414 |
| 1994M3 | 135 | 99 | 1999M11 | 263 | 151 | 2005M7 | 494 | 271 | 2011M3 | 1231 | 553 |
| 1994M4 | 138 | 99 | 1999M12 | 291 | 168 | 2005M8 | 507 | 278 | 2011M4 | 1105 | 496 |
| 1994M5 | 142 | 102 | 2000M1 | 240 | 137 | 2005M9 | 533 | 290 | 2011M5 | 1152 | 517 |
| 1994M6 | 147 | 104 | 2000M2 | 217 | 122 | 2005M10 | 536 | 290 | 2011M6 | 1290 | 577 |
| 1994M7 | 130 | 92 | 2000M3 | 274 | 156 | 2005M11 | 559 | 304 | 2011M7 | 1044 | 465 |
| 1994M8 | 131 | 90 | 2000M4 | 256 | 147 | 2005M12 | 569 | 308 | 2011M8 | 1057 | 469 |
| 1994M9 | 133 | 88 | 2000M5 | 260 | 151 | 2006M1 | 463 | 247 | 2011M9 | 1120 | 495 |
| 1994M10 | 136 | 89 | 2000M6 | 277 | 164 | 2006M2 | 449 | 239 | 2011M10 | 1350 | 596 |
| 1994M11 | 148 | 96 | 2000M7 | 242 | 144 | 2006M3 | 548 | 294 | 2011M11 | 1389 | 614 |
| 1994M12 | 165 | 105 | 2000M8 | 248 | 146 | 2006M4 | 559 | 299 | 2011M12 | 1356 | 597 |
| 1995M1 | 148 | 92 | 2000M9 | 258 | 150 | 2006M5 | 578 | 310 | 2012M1 | 1004 | 436 |
| 1995M2 | 146 | 89 | 2000M10 | 283 | 164 | 2006M6 | 640 | 345 | 2012M2 | 1087 | 472 |
| 1995M3 | 179 | 109 | 2000M11 | 293 | 169 | 2006M7 | 589 | 318 | 2012M3 | 1332 | 578 |
| 1995M4 | 177 | 107 | 2000M12 | 318 | 183 | 2006M8 | 602 | 324 | 2012M4 | 1173 | 509 |
| 1995M5 | 179 | 107 | 2001M1 | 234 | 134 | 2006M9 | 634 | 340 | 2012M5 | 1218 | 530 |
| 1995M6 | 186 | 113 | 2001M2 | 267 | 152 | 2006M10 | 621 | 333 | 2012M6 | 1352 | 592 |
| 1995M7 | 162 | 99 | 2001M3 | 309 | 177 | 2006M11 | 649 | 346 | 2012M7 | 1080 | 472 |
| 1995M8 | 161 | 97 | 2001M4 | 285 | 163 | 2006M12 | 629 | 331 | 2012M8 | 1085 | 472 |
| 1995M9 | 163 | 96 | 2001M5 | 287 | 165 | 2007M1 | 607 | 317 | 2012M9 | 1151 | 498 |
| 1995M10 | 171 | 101 | 2001M6 | 302 | 176 | 2007M2 | 518 | 268 | 2012M10 | 1404 | 609 |
| 1995M11 | 186 | 109 | 2001M7 | 258 | 151 | 2007M3 | 661 | 343 | 2012M11 | 1461 | 632 |
| 1995M12 | 211 | 124 | 2001M8 | 262 | 153 | 2007M4 | 668 | 347 | 2012M12 | 1432 | 614 |
| 1996M1 | 177 | 102 | 2001M9 | 276 | 160 | 2007M5 | 695 | 360 | 2013M1 | 1061 | 451 |
| 1996M2 | 206 | 116 | 2001M10 | 299 | 173 | 2007M6 | 775 | 400 | 2013M2 | 1149 | 483 |
| 1996M3 | 205 | 115 | 2001M11 | 307 | 177 | 2007M7 | 706 | 361 | 2013M3 | 1391 | 590 |
| 1996M4 | 201 | 112 | 2001M12 | 338 | 195 | 2007M8 | 719 | 363 | 2013M4 | 1221 | 517 |
| 1996M5 | 203 | 113 | 2002M1 | 283 | 163 | 2007M9 | 767 | 387 | 2013M5 | 1263 | 538 |

续表

| 月度 | NPIAV/元 | RPIAV/元 | 月度 | NPIAV/元 | RPIAV/元 | 月度 | NPIAV/元 | RPIAV/元 | 月度 | NPIAV/元 | RPIAV/元 |
|---|---|---|---|---|---|---|---|---|---|---|---|
| 1996M6 | 214 | 121 | 2002M2 | 247 | 141 | 2007M10 | 736 | 370 | 2013M6 | 1401 | 597 |
| 1996M7 | 189 | 108 | 2002M3 | 322 | 186 | 2007M11 | 775 | 386 | 2013M7 | 1128 | 480 |
| 1996M8 | 186 | 105 | 2002M4 | 302 | 175 | 2007M12 | 758 | 374 | 2013M8 | 1148 | 486 |
| 1996M9 | 182 | 101 | 2002M5 | 308 | 179 | 2008M1 | 716 | 349 | 2013M9 | 1220 | 512 |
| 1996M10 | 206 | 114 | 2002M6 | 327 | 192 | 2008M2 | 631 | 300 | 2013M10 | 1485 | 623 |
| 1996M11 | 217 | 121 | 2002M7 | 278 | 164 | 2008M3 | 833 | 399 | 2013M11 | 1542 | 647 |
| 1996M12 | 243 | 134 | 2002M8 | 285 | 167 | 2008M4 | 801 | 383 | 2013M12 | 1508 | 631 |
| 1997M1 | 211 | 116 | 2002M9 | 305 | 178 | 2008M5 | 836 | 401 | 2014M1 | 1116 | 462 |
| 1997M2 | 193 | 104 | 2002M10 | 329 | 192 | 2008M6 | 937 | 451 | 2014M2 | 1197 | 493 |
| 1997M3 | 245 | 133 | 2002M11 | 343 | 200 | 2008M7 | 843 | 405 | 2014M3 | 1448 | 599 |
| 1997M4 | 226 | 123 | 2002M12 | 374 | 217 | 2008M8 | 845 | 407 | 2014M4 | 1272 | 529 |
| 1997M5 | 231 | 126 | 2003M1 | 316 | 181 | 2008M9 | 883 | 425 | 2014M5 | 1325 | 550 |
| 1997M6 | 235 | 130 | 2003M2 | 302 | 172 | 2008M10 | 860 | 415 | 2014M6 | 1480 | 615 |
| 1997M7 | 201 | 113 | 2003M3 | 371 | 213 | 2008M11 | 844 | 411 | | | |
| 1997M8 | 200 | 112 | 2003M4 | 339 | 195 | 2008M12 | 803 | 391 | | | |

注：NPIAV 是指名义 PIAV，RPIAV 是指实际 PIAV

图 4.5　我国人均工业增加值测度结果

2）人均国内生产总值

人均国内生产总值（gross domestic product per capita，PGDP），是指一个国家或地区在一定时期内的国内生产总值与这个国家或地区的常住人口（或户籍人口）比值。它常用来衡量一个国家或者地区的经济发展状况，是重要的宏观经济指标之一。这个人均国内生产总值是名义值，再除以定基比消费价格指数，得到实际人均国内生产总值。本书实证测度的月度人均国内生产总值的数据具体见表 4.6 和图 4.6。

**表 4.6　我国人均国内生产总值测度结果**

| 月度 | NPGDP /元 | RPGDP /元 | 月度 | NPGDP /元 | RPGDP /元 | 月度 | NPGDP /元 | RPGDP /元 | 月度 | NPGDP /元 | RPGDP /元 |
|---|---|---|---|---|---|---|---|---|---|---|---|
| 1992M1 | 132 | 132 | 1997M9 | 535 | 294 | 2003M5 | 767 | 443 | 2009M1 | 1776 | 859 |
| 1992M2 | 141 | 140 | 1997M10 | 612 | 338 | 2003M6 | 873 | 510 | 2009M2 | 1534 | 741 |
| 1992M3 | 155 | 153 | 1997M11 | 668 | 370 | 2003M7 | 834 | 490 | 2009M3 | 1943 | 942 |
| 1992M4 | 179 | 173 | 1997M12 | 733 | 407 | 2003M8 | 855 | 499 | 2009M4 | 1815 | 882 |
| 1992M5 | 181 | 175 | 1998M1 | 442 | 244 | 2003M9 | 905 | 522 | 2009M5 | 1910 | 931 |
| 1992M6 | 186 | 183 | 1998M2 | 434 | 236 | 2003M10 | 1023 | 585 | 2009M6 | 2165 | 1060 |
| 1992M7 | 209 | 209 | 1998M3 | 537 | 293 | 2003M11 | 1081 | 612 | 2009M7 | 2005 | 982 |
| 1992M8 | 190 | 187 | 1998M4 | 519 | 285 | 2003M12 | 1185 | 667 | 2009M8 | 2045 | 996 |
| 1992M9 | 211 | 201 | 1998M5 | 523 | 291 | 2004M1 | 764 | 425 | 2009M9 | 2187 | 1061 |
| 1992M10 | 224 | 213 | 1998M6 | 547 | 311 | 2004M2 | 847 | 472 | 2009M10 | 2672 | 1298 |
| 1992M11 | 241 | 227 | 1998M7 | 523 | 302 | 2004M3 | 973 | 541 | 2009M11 | 2797 | 1355 |
| 1992M12 | 259 | 241 | 1998M8 | 533 | 304 | 2004M4 | 940 | 519 | 2009M12 | 2747 | 1317 |
| 1993M1 | 155 | 142 | 1998M9 | 582 | 328 | 2004M5 | 926 | 512 | 2010M1 | 2006 | 956 |
| 1993M2 | 195 | 176 | 1998M10 | 679 | 383 | 2004M6 | 990 | 552 | 2010M2 | 1792 | 844 |
| 1993M3 | 204 | 181 | 1998M11 | 704 | 398 | 2004M7 | 977 | 546 | 2010M3 | 2388 | 1132 |
| 1993M4 | 220 | 191 | 1998M12 | 767 | 434 | 2004M8 | 1007 | 558 | 2010M4 | 2163 | 1024 |
| 1993M5 | 226 | 193 | 1999M1 | 509 | 287 | 2004M9 | 1066 | 584 | 2010M5 | 2257 | 1070 |
| 1993M6 | 237 | 205 | 1999M2 | 432 | 241 | 2004M10 | 1215 | 666 | 2010M6 | 2480 | 1182 |
| 1993M7 | 267 | 233 | 1999M3 | 563 | 316 | 2004M11 | 1263 | 695 | 2010M7 | 2352 | 1117 |
| 1993M8 | 240 | 205 | 1999M4 | 539 | 306 | 2004M12 | 1363 | 749 | 2010M8 | 2398 | 1132 |
| 1993M9 | 259 | 216 | 1999M5 | 544 | 313 | 2005M1 | 1007 | 550 | 2010M9 | 2551 | 1197 |
| 1993M10 | 294 | 243 | 1999M6 | 575 | 337 | 2005M2 | 884 | 475 | 2010M10 | 3102 | 1445 |
| 1993M11 | 323 | 264 | 1999M7 | 560 | 331 | 2005M3 | 1115 | 604 | 2010M11 | 3287 | 1515 |
| 1993M12 | 374 | 296 | 1999M8 | 575 | 336 | 2005M4 | 1058 | 575 | 2010M12 | 3227 | 1480 |
| 1994M1 | 237 | 181 | 1999M9 | 607 | 348 | 2005M5 | 1068 | 581 | 2011M1 | 2303 | 1045 |
| 1994M2 | 242 | 179 | 1999M10 | 697 | 400 | 2005M6 | 1159 | 636 | 2011M2 | 2127 | 954 |
| 1994M3 | 284 | 208 | 1999M11 | 735 | 424 | 2005M7 | 1104 | 606 | 2011M3 | 2834 | 1274 |
| 1994M4 | 301 | 217 | 1999M12 | 816 | 470 | 2005M8 | 1133 | 621 | 2011M4 | 2528 | 1135 |
| 1994M5 | 310 | 222 | 2000M1 | 538 | 307 | 2005M9 | 1191 | 648 | 2011M5 | 2636 | 1183 |
| 1994M6 | 320 | 227 | 2000M2 | 486 | 273 | 2005M10 | 1437 | 778 | 2011M6 | 2950 | 1321 |
| 1994M7 | 343 | 244 | 2000M3 | 615 | 351 | 2005M11 | 1498 | 814 | 2011M7 | 2791 | 1243 |

续表

| 月度 | NPGDP/元 | RPGDP/元 | 月度 | NPGDP/元 | RPGDP/元 | 月度 | NPGDP/元 | RPGDP/元 | 月度 | NPGDP/元 | RPGDP/元 |
|---|---|---|---|---|---|---|---|---|---|---|---|
| 1994M8 | 347 | 237 | 2000M4 | 590 | 340 | 2005M12 | 1525 | 825 | 2011M8 | 2827 | 1255 |
| 1994M9 | 352 | 233 | 2000M5 | 601 | 349 | 2006M1 | 1098 | 586 | 2011M9 | 2994 | 1323 |
| 1994M10 | 394 | 258 | 2000M6 | 640 | 377 | 2006M2 | 1065 | 566 | 2011M10 | 3691 | 1628 |
| 1994M11 | 430 | 278 | 2000M7 | 623 | 370 | 2006M3 | 1299 | 697 | 2011M11 | 3798 | 1678 |
| 1994M12 | 478 | 305 | 2000M8 | 639 | 376 | 2006M4 | 1202 | 644 | 2011M12 | 3706 | 1631 |
| 1995M1 | 308 | 192 | 2000M9 | 664 | 385 | 2006M5 | 1244 | 667 | 2012M1 | 2359 | 1024 |
| 1995M2 | 305 | 186 | 2000M10 | 778 | 451 | 2006M6 | 1377 | 742 | 2012M2 | 2554 | 1109 |
| 1995M3 | 374 | 228 | 2000M11 | 805 | 464 | 2006M7 | 1277 | 690 | 2012M3 | 3131 | 1358 |
| 1995M4 | 383 | 231 | 2000M12 | 874 | 503 | 2006M8 | 1304 | 702 | 2012M4 | 2774 | 1204 |
| 1995M5 | 387 | 232 | 2001M1 | 531 | 303 | 2006M9 | 1374 | 736 | 2012M5 | 2880 | 1254 |
| 1995M6 | 402 | 244 | 2001M2 | 605 | 345 | 2006M10 | 1718 | 920 | 2012M6 | 3198 | 1400 |
| 1995M7 | 429 | 263 | 2001M3 | 700 | 401 | 2006M11 | 1793 | 957 | 2012M7 | 3031 | 1325 |
| 1995M8 | 427 | 257 | 2001M4 | 659 | 377 | 2006M12 | 1739 | 915 | 2012M8 | 3043 | 1324 |
| 1995M9 | 432 | 254 | 2001M5 | 662 | 381 | 2007M1 | 1414 | 739 | 2012M9 | 3228 | 1398 |
| 1995M10 | 481 | 283 | 2001M6 | 697 | 405 | 2007M2 | 1208 | 625 | 2012M10 | 4002 | 1735 |
| 1995M11 | 521 | 306 | 2001M7 | 685 | 400 | 2007M3 | 1540 | 799 | 2012M11 | 4162 | 1801 |
| 1995M12 | 593 | 346 | 2001M8 | 694 | 406 | 2007M4 | 1453 | 755 | 2012M12 | 4081 | 1751 |
| 1996M1 | 354 | 204 | 2001M9 | 731 | 423 | 2007M5 | 1511 | 783 | 2013M1 | 2584 | 1099 |
| 1996M2 | 413 | 233 | 2001M10 | 842 | 486 | 2007M6 | 1686 | 870 | 2013M2 | 2798 | 1177 |
| 1996M3 | 409 | 229 | 2001M11 | 862 | 499 | 2007M7 | 1565 | 800 | 2013M3 | 3388 | 1438 |
| 1996M4 | 444 | 246 | 2001M12 | 949 | 548 | 2007M8 | 1594 | 805 | 2013M4 | 2992 | 1267 |
| 1996M5 | 448 | 249 | 2002M1 | 660 | 380 | 2007M9 | 1701 | 857 | 2013M5 | 3094 | 1318 |
| 1996M6 | 472 | 267 | 2002M2 | 575 | 328 | 2007M10 | 2106 | 1058 | 2013M6 | 3433 | 1462 |
| 1996M7 | 492 | 282 | 2002M3 | 751 | 433 | 2007M11 | 2216 | 1105 | 2013M7 | 3304 | 1405 |
| 1996M8 | 484 | 273 | 2002M4 | 705 | 408 | 2007M12 | 2167 | 1070 | 2013M8 | 3362 | 1424 |
| 1996M9 | 473 | 262 | 2002M5 | 718 | 417 | 2008M1 | 1645 | 803 | 2013M9 | 3571 | 1499 |
| 1996M10 | 571 | 317 | 2002M6 | 762 | 447 | 2008M2 | 1452 | 690 | 2013M10 | 4376 | 1836 |
| 1996M11 | 604 | 335 | 2002M7 | 742 | 438 | 2008M3 | 1915 | 917 | 2013M11 | 4543 | 1908 |
| 1996M12 | 676 | 373 | 2002M8 | 761 | 448 | 2008M4 | 1743 | 834 | 2013M12 | 4443 | 1858 |
| 1997M1 | 431 | 237 | 2002M9 | 815 | 475 | 2008M5 | 1819 | 874 | 2014M1 | 2793 | 1158 |
| 1997M2 | 394 | 212 | 2002M10 | 914 | 531 | 2008M6 | 2041 | 982 | 2014M2 | 2997 | 1235 |

续表

| 月度 | NPGDP/元 | RPGDP/元 | 月度 | NPGDP/元 | RPGDP/元 | 月度 | NPGDP/元 | RPGDP/元 | 月度 | NPGDP/元 | RPGDP/元 |
|---|---|---|---|---|---|---|---|---|---|---|---|
| 1997M3 | 500 | 272 | 2002M11 | 952 | 554 | 2008M7 | 1893 | 910 | 2014M3 | 3624 | 1501 |
| 1997M4 | 497 | 270 | 2002M12 | 1038 | 602 | 2008M8 | 1898 | 914 | 2014M4 | 3223 | 1340 |
| 1997M5 | 507 | 277 | 2003M1 | 717 | 411 | 2008M9 | 1983 | 954 | 2014M5 | 3356 | 1394 |
| 1997M6 | 517 | 287 | 2003M2 | 685 | 390 | 2008M10 | 2508 | 1211 | 2014M6 | 3749 | 1559 |
| 1997M7 | 510 | 287 | 2003M3 | 843 | 482 | 2008M11 | 2461 | 1197 | | | |
| 1997M8 | 509 | 284 | 2003M4 | 769 | 441 | 2008M12 | 2340 | 1141 | | | |

注：NPGDP 是指名义 PGDP，RPGDP 是指实际 PGDP

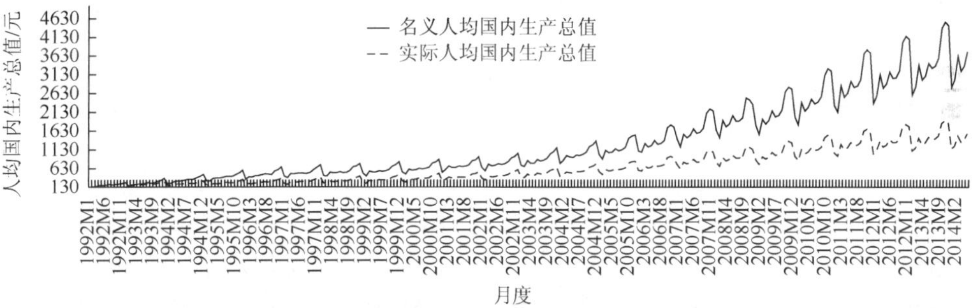


图 4.6　我国人均国内生产总值测度结果

## 2. 人均收入

### 1）人均国民总收入

人均国民总收入（gross national income per capita，PGNI），是指一个国家或地区在一定时期内的国民总收入与这个国家或地区的常住人口（或户籍人口）比值。它常用来衡量一个国家或者地区的经济发展状况，是重要的宏观经济指标之一。这个人均国民总收入是名义值，再除以定基比消费价格指数，得到实际人均国民总收入。本书实证测度的月度人均国民总收入的数据具体见表 4.7 和图 4.7。

**表 4.7　我国人均国民总收入测度结果**

| 月度 | NPGNI/元 | RPGNI/元 | 月度 | NPGNI/元 | RPGNI/元 | 月度 | NPGNI/元 | RPGNI/元 | 月度 | NPGNI/元 | RPGNI/元 |
|---|---|---|---|---|---|---|---|---|---|---|---|
| 1992M1 | 152 | 152 | 1997M9 | 497 | 273 | 2003M5 | 832 | 480 | 2009M1 | 1758 | 850 |
| 1992M2 | 162 | 161 | 1997M10 | 527 | 292 | 2003M6 | 947 | 553 | 2009M2 | 1518 | 734 |
| 1992M3 | 178 | 176 | 1997M11 | 576 | 319 | 2003M7 | 784 | 461 | 2009M3 | 1923 | 932 |

续表

| 月度 | NPGNI/元 | RPGNI/元 | 月度 | NPGNI/元 | RPGNI/元 | 月度 | NPGNI/元 | RPGNI/元 | 月度 | NPGNI/元 | RPGNI/元 |
|---|---|---|---|---|---|---|---|---|---|---|---|
| 1992M4 | 194 | 188 | 1997M12 | 632 | 351 | 2003M8 | 804 | 469 | 2009M4 | 1892 | 919 |
| 1992M5 | 196 | 190 | 1998M1 | 499 | 276 | 2003M9 | 851 | 491 | 2009M5 | 1991 | 970 |
| 1992M6 | 202 | 199 | 1998M2 | 490 | 267 | 2003M10 | 930 | 532 | 2009M6 | 2256 | 1104 |
| 1992M7 | 194 | 195 | 1998M3 | 607 | 332 | 2003M11 | 983 | 556 | 2009M7 | 2031 | 994 |
| 1992M8 | 177 | 174 | 1998M4 | 560 | 308 | 2003M12 | 1078 | 606 | 2009M8 | 2071 | 1009 |
| 1992M9 | 197 | 188 | 1998M5 | 565 | 315 | 2004M1 | 824 | 458 | 2009M9 | 2215 | 1075 |
| 1992M10 | 204 | 194 | 1998M6 | 591 | 335 | 2004M2 | 913 | 509 | 2009M10 | 2569 | 1248 |
| 1992M11 | 219 | 207 | 1998M7 | 481 | 277 | 2004M3 | 1049 | 583 | 2009M11 | 2689 | 1302 |
| 1992M12 | 235 | 219 | 1998M8 | 489 | 280 | 2004M4 | 1012 | 560 | 2009M12 | 2641 | 1266 |
| 1993M1 | 180 | 165 | 1998M9 | 535 | 301 | 2004M5 | 998 | 552 | 2010M1 | 2073 | 988 |
| 1993M2 | 227 | 205 | 1998M10 | 589 | 332 | 2004M6 | 1066 | 594 | 2010M2 | 1851 | 872 |
| 1993M3 | 237 | 211 | 1998M11 | 610 | 345 | 2004M7 | 919 | 513 | 2010M3 | 2467 | 1170 |
| 1993M4 | 246 | 214 | 1998M12 | 665 | 376 | 2004M8 | 947 | 525 | 2010M4 | 2379 | 1126 |
| 1993M5 | 252 | 216 | 1999M1 | 566 | 319 | 2004M9 | 1002 | 550 | 2010M5 | 2483 | 1176 |
| 1993M6 | 265 | 229 | 1999M2 | 480 | 268 | 2004M10 | 1128 | 619 | 2010M6 | 2728 | 1300 |
| 1993M7 | 244 | 213 | 1999M3 | 625 | 351 | 2004M11 | 1174 | 646 | 2010M7 | 2529 | 1201 |
| 1993M8 | 220 | 187 | 1999M4 | 572 | 325 | 2004M12 | 1266 | 696 | 2010M8 | 2578 | 1217 |
| 1993M9 | 237 | 197 | 1999M5 | 577 | 332 | 2005M1 | 981 | 536 | 2010M9 | 2744 | 1287 |
| 1993M10 | 262 | 216 | 1999M6 | 611 | 358 | 2005M2 | 862 | 463 | 2010M10 | 2594 | 1209 |
| 1993M11 | 287 | 234 | 1999M7 | 529 | 312 | 2005M3 | 1086 | 588 | 2010M11 | 2749 | 1267 |
| 1993M12 | 332 | 263 | 1999M8 | 543 | 317 | 2005M4 | 1142 | 621 | 2010M12 | 2699 | 1238 |
| 1994M1 | 277 | 212 | 1999M9 | 574 | 329 | 2005M5 | 1153 | 628 | 2011M1 | 2487 | 1129 |
| 1994M2 | 283 | 209 | 1999M10 | 614 | 352 | 2005M6 | 1251 | 687 | 2011M2 | 2296 | 1030 |
| 1994M3 | 332 | 244 | 1999M11 | 648 | 374 | 2005M7 | 1174 | 644 | 2011M3 | 3060 | 1376 |
| 1994M4 | 341 | 246 | 1999M12 | 719 | 415 | 2005M8 | 1205 | 660 | 2011M4 | 2747 | 1234 |
| 1994M5 | 352 | 251 | 2000M1 | 587 | 336 | 2005M9 | 1266 | 689 | 2011M5 | 2864 | 1285 |
| 1994M6 | 362 | 258 | 2000M2 | 531 | 298 | 2005M10 | 1275 | 690 | 2011M6 | 3206 | 1435 |
| 1994M7 | 321 | 228 | 2000M3 | 672 | 383 | 2005M11 | 1329 | 722 | 2011M7 | 2595 | 1156 |
| 1994M8 | 324 | 222 | 2000M4 | 627 | 360 | 2005M12 | 1353 | 732 | 2011M8 | 2629 | 1167 |
| 1994M9 | 330 | 218 | 2000M5 | 637 | 370 | 2006M1 | 1095 | 585 | 2011M9 | 2784 | 1230 |
| 1994M10 | 336 | 220 | 2000M6 | 679 | 400 | 2006M2 | 1062 | 564 | 2011M10 | 3357 | 1481 |
| 1994M11 | 367 | 237 | 2000M7 | 593 | 353 | 2006M3 | 1295 | 695 | 2011M11 | 3454 | 1526 |
| 1994M12 | 407 | 259 | 2000M8 | 608 | 358 | 2006M4 | 1322 | 707 | 2011M12 | 3371 | 1484 |

续表

| 月度 | NPGNI /元 | RPGNI /元 | 月度 | NPGNI /元 | RPGNI /元 | 月度 | NPGNI /元 | RPGNI /元 | 月度 | NPGNI /元 | RPGNI /元 |
|---|---|---|---|---|---|---|---|---|---|---|---|
| 1995M1 | 354 | 220 | 2000M9 | 632 | 366 | 2006M5 | 1368 | 733 | 2012M1 | 2605 | 1131 |
| 1995M2 | 351 | 214 | 2000M10 | 693 | 402 | 2006M6 | 1514 | 815 | 2012M2 | 2821 | 1225 |
| 1995M3 | 429 | 262 | 2000M11 | 718 | 414 | 2006M7 | 1394 | 753 | 2012M3 | 3457 | 1499 |
| 1995M4 | 425 | 256 | 2000M12 | 780 | 449 | 2006M8 | 1423 | 766 | 2012M4 | 3044 | 1321 |
| 1995M5 | 429 | 257 | 2001M1 | 581 | 332 | 2006M9 | 1500 | 804 | 2012M5 | 3161 | 1376 |
| 1995M6 | 445 | 270 | 2001M2 | 663 | 378 | 2006M10 | 1469 | 787 | 2012M6 | 3509 | 1536 |
| 1995M7 | 388 | 238 | 2001M3 | 767 | 440 | 2006M11 | 1534 | 818 | 2012M7 | 2804 | 1226 |
| 1995M8 | 386 | 233 | 2001M4 | 708 | 405 | 2006M12 | 1487 | 783 | 2012M8 | 2815 | 1224 |
| 1995M9 | 391 | 230 | 2001M5 | 712 | 409 | 2007M1 | 1463 | 765 | 2012M9 | 2986 | 1294 |
| 1995M10 | 411 | 242 | 2001M6 | 748 | 435 | 2007M2 | 1249 | 646 | 2012M10 | 3645 | 1580 |
| 1995M11 | 445 | 261 | 2001M7 | 641 | 375 | 2007M3 | 1593 | 827 | 2012M11 | 3791 | 1641 |
| 1995M12 | 507 | 296 | 2001M8 | 650 | 380 | 2007M4 | 1610 | 837 | 2012M12 | 3717 | 1595 |
| 1996M1 | 419 | 241 | 2001M9 | 684 | 396 | 2007M5 | 1675 | 867 | 2013M1 | 2407 | 1023 |
| 1996M2 | 489 | 276 | 2001M10 | 743 | 429 | 2007M6 | 1869 | 964 | 2013M2 | 2606 | 1096 |
| 1996M3 | 485 | 272 | 2001M11 | 760 | 440 | 2007M7 | 1701 | 870 | 2013M3 | 3156 | 1339 |
| 1996M4 | 477 | 265 | 2001M12 | 837 | 484 | 2007M8 | 1733 | 876 | 2013M4 | 2769 | 1172 |
| 1996M5 | 482 | 268 | 2002M1 | 711 | 410 | 2007M9 | 1850 | 932 | 2013M5 | 2863 | 1220 |
| 1996M6 | 507 | 286 | 2002M2 | 619 | 353 | 2007M10 | 1774 | 891 | 2013M6 | 3177 | 1353 |
| 1996M7 | 448 | 257 | 2002M3 | 808 | 467 | 2007M11 | 1867 | 931 | 2013M7 | 2583 | 1099 |
| 1996M8 | 442 | 249 | 2002M4 | 759 | 440 | 2007M12 | 1826 | 902 | 2013M8 | 2629 | 1113 |
| 1996M9 | 431 | 239 | 2002M5 | 773 | 449 | 2008M1 | 1736 | 847 | 2013M9 | 2792 | 1172 |
| 1996M10 | 487 | 271 | 2002M6 | 821 | 481 | 2008M2 | 1532 | 729 | 2013M10 | 3362 | 1411 |
| 1996M11 | 515 | 286 | 2002M7 | 697 | 411 | 2008M3 | 2021 | 968 | 2013M11 | 3491 | 1466 |
| 1996M12 | 577 | 318 | 2002M8 | 715 | 421 | 2008M4 | 1942 | 929 | 2013M12 | 3414 | 1428 |
| 1997M1 | 498 | 273 | 2002M9 | 766 | 446 | 2008M5 | 2027 | 974 | 2014M1 | 2632 | 1091 |
| 1997M2 | 455 | 245 | 2002M10 | 827 | 481 | 2008M6 | 2274 | 1095 | 2014M2 | 2837 | 1169 |
| 1997M3 | 578 | 315 | 2002M11 | 862 | 502 | 2008M7 | 2044 | 983 | 2014M3 | 3448 | 1428 |
| 1997M4 | 533 | 289 | 2002M12 | 939 | 545 | 2008M8 | 2050 | 987 | 2014M4 | 3009 | 1250 |
| 1997M5 | 544 | 297 | 2003M1 | 776 | 445 | 2008M9 | 2142 | 1031 | 2014M5 | 3131 | 1300 |
| 1997M6 | 555 | 308 | 2003M2 | 742 | 422 | 2008M10 | 2087 | 1008 | 2014M6 | 3468 | 1442 |
| 1997M7 | 474 | 267 | 2003M3 | 912 | 522 | 2008M11 | 2047 | 996 | | | |
| 1997M8 | 473 | 264 | 2003M4 | 834 | 478 | 2008M12 | 1947 | 949 | | | |

注：NPGNI 是指名义 PGNI，RPGNI 是指实际 PGNI

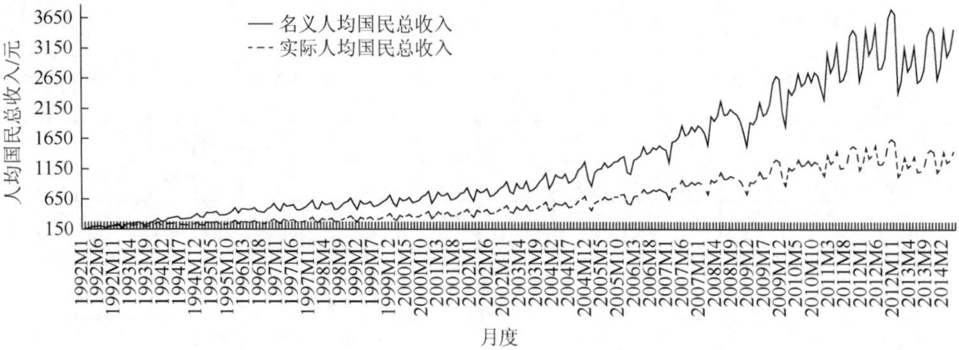


图 4.7　我国人均国民总收入测度结果

2）人均国民净收入

人均国民净收入（net national income per capita，PNNI），是指一个国家或地区在一定时期内的国民净收入与这个国家或地区的常住人口（或户籍人口）比值。它常用来衡量一个国家或者地区的经济发展状况，是重要的宏观经济指标之一。这个人均国民净收入是名义值，再除以定基比消费价格指数，得到实际人均国民净收入。本书实证测度的月度人均国民净收入的数据具体见表 4.8 和图 4.8。

**表 4.8　我国人均国民净收入测度结果**

| 月度 | NPNNI/元 | RPNNI/元 | 月度 | NPNNI/元 | RPNNI/元 | 月度 | NPNNI/元 | RPNNI/元 | 月度 | NPNNI/元 | RPNNI/元 |
|---|---|---|---|---|---|---|---|---|---|---|---|
| 1992M1 | 138 | 138 | 1997M9 | 453 | 249 | 2003M5 | 728 | 421 | 2009M1 | 1557 | 753 |
| 1992M2 | 148 | 146 | 1997M10 | 481 | 266 | 2003M6 | 829 | 485 | 2009M2 | 1344 | 650 |
| 1992M3 | 162 | 160 | 1997M11 | 525 | 291 | 2003M7 | 687 | 404 | 2009M3 | 1703 | 826 |
| 1992M4 | 177 | 171 | 1997M12 | 576 | 320 | 2003M8 | 705 | 411 | 2009M4 | 1675 | 814 |
| 1992M5 | 179 | 173 | 1998M1 | 447 | 247 | 2003M9 | 746 | 430 | 2009M5 | 1763 | 859 |
| 1992M6 | 184 | 181 | 1998M2 | 439 | 239 | 2003M10 | 815 | 466 | 2009M6 | 1998 | 978 |
| 1992M7 | 177 | 178 | 1998M3 | 543 | 297 | 2003M11 | 861 | 487 | 2009M7 | 1798 | 880 |
| 1992M8 | 161 | 159 | 1998M4 | 501 | 276 | 2003M12 | 944 | 531 | 2009M8 | 1834 | 893 |
| 1992M9 | 179 | 171 | 1998M5 | 506 | 281 | 2004M1 | 728 | 405 | 2009M9 | 1962 | 952 |
| 1992M10 | 186 | 176 | 1998M6 | 529 | 300 | 2004M2 | 807 | 450 | 2009M10 | 2275 | 1105 |
| 1992M11 | 200 | 188 | 1998M7 | 430 | 248 | 2004M3 | 927 | 515 | 2009M11 | 2381 | 1153 |
| 1992M12 | 214 | 200 | 1998M8 | 438 | 250 | 2004M4 | 894 | 494 | 2009M12 | 2339 | 1121 |
| 1993M1 | 166 | 152 | 1998M9 | 478 | 269 | 2004M5 | 881 | 488 | 2010M1 | 1840 | 877 |
| 1993M2 | 209 | 188 | 1998M10 | 527 | 297 | 2004M6 | 942 | 525 | 2010M2 | 1644 | 774 |
| 1993M3 | 218 | 194 | 1998M11 | 545 | 309 | 2004M7 | 812 | 453 | 2010M3 | 2190 | 1039 |

续表

| 月度 | NPNNI/元 | RPNNI/元 | 月度 | NPNNI/元 | RPNNI/元 | 月度 | NPNNI/元 | RPNNI/元 | 月度 | NPNNI/元 | RPNNI/元 |
|---|---|---|---|---|---|---|---|---|---|---|---|
| 1993M4 | 227 | 197 | 1998M12 | 595 | 336 | 2004M8 | 836 | 464 | 2010M4 | 2112 | 1000 |
| 1993M5 | 232 | 199 | 1999M1 | 500 | 282 | 2004M9 | 885 | 486 | 2010M5 | 2204 | 1044 |
| 1993M6 | 244 | 211 | 1999M2 | 425 | 237 | 2004M10 | 997 | 547 | 2010M6 | 2421 | 1154 |
| 1993M7 | 225 | 196 | 1999M3 | 553 | 311 | 2004M11 | 1037 | 570 | 2010M7 | 2245 | 1066 |
| 1993M8 | 202 | 172 | 1999M4 | 506 | 287 | 2004M12 | 1119 | 615 | 2010M8 | 2289 | 1080 |
| 1993M9 | 218 | 182 | 1999M5 | 510 | 293 | 2005M1 | 865 | 473 | 2010M9 | 2436 | 1143 |
| 1993M10 | 241 | 199 | 1999M6 | 540 | 316 | 2005M2 | 760 | 408 | 2010M10 | 2303 | 1073 |
| 1993M11 | 264 | 216 | 1999M7 | 467 | 276 | 2005M3 | 957 | 519 | 2010M11 | 2440 | 1124 |
| 1993M12 | 306 | 242 | 1999M8 | 480 | 281 | 2005M4 | 1007 | 547 | 2010M12 | 2396 | 1099 |
| 1994M1 | 257 | 197 | 1999M9 | 507 | 291 | 2005M5 | 1016 | 553 | 2011M1 | 2225 | 1010 |
| 1994M2 | 263 | 194 | 1999M10 | 543 | 311 | 2005M6 | 1103 | 605 | 2011M2 | 2054 | 922 |
| 1994M3 | 308 | 226 | 1999M11 | 573 | 330 | 2005M7 | 1035 | 568 | 2011M3 | 2738 | 1231 |
| 1994M4 | 317 | 228 | 1999M12 | 636 | 367 | 2005M8 | 1062 | 582 | 2011M4 | 2457 | 1104 |
| 1994M5 | 326 | 233 | 2000M1 | 518 | 296 | 2005M9 | 1116 | 607 | 2011M5 | 2562 | 1150 |
| 1994M6 | 336 | 239 | 2000M2 | 468 | 263 | 2005M10 | 1124 | 609 | 2011M6 | 2868 | 1284 |
| 1994M7 | 298 | 212 | 2000M3 | 592 | 338 | 2005M11 | 1171 | 636 | 2011M7 | 2321 | 1034 |
| 1994M8 | 301 | 206 | 2000M4 | 553 | 318 | 2005M12 | 1192 | 645 | 2011M8 | 2352 | 1044 |
| 1994M9 | 306 | 202 | 2000M5 | 562 | 327 | 2006M1 | 974 | 520 | 2011M9 | 2490 | 1100 |
| 1994M10 | 312 | 204 | 2000M6 | 599 | 353 | 2006M2 | 945 | 502 | 2011M10 | 3003 | 1325 |
| 1994M11 | 340 | 220 | 2000M7 | 523 | 311 | 2006M3 | 1152 | 618 | 2011M11 | 3090 | 1366 |
| 1994M12 | 378 | 241 | 2000M8 | 536 | 316 | 2006M4 | 1176 | 629 | 2011M12 | 3016 | 1327 |
| 1995M1 | 331 | 205 | 2000M9 | 558 | 323 | 2006M5 | 1217 | 652 | 2012M1 | 2322 | 1008 |
| 1995M2 | 328 | 200 | 2000M10 | 611 | 355 | 2006M6 | 1347 | 725 | 2012M2 | 2515 | 1092 |
| 1995M3 | 401 | 245 | 2000M11 | 633 | 365 | 2006M7 | 1240 | 670 | 2012M3 | 3082 | 1336 |
| 1995M4 | 397 | 239 | 2000M12 | 687 | 396 | 2006M8 | 1266 | 682 | 2012M4 | 2714 | 1178 |
| 1995M5 | 401 | 240 | 2001M1 | 512 | 292 | 2006M9 | 1334 | 715 | 2012M5 | 2817 | 1226 |
| 1995M6 | 416 | 253 | 2001M2 | 584 | 332 | 2006M10 | 1307 | 700 | 2012M6 | 3128 | 1369 |
| 1995M7 | 362 | 223 | 2001M3 | 675 | 387 | 2006M11 | 1364 | 728 | 2012M7 | 2499 | 1093 |
| 1995M8 | 361 | 217 | 2001M4 | 623 | 356 | 2006M12 | 1323 | 696 | 2012M8 | 2509 | 1091 |
| 1995M9 | 365 | 215 | 2001M5 | 626 | 360 | 2007M1 | 1300 | 680 | 2012M9 | 2662 | 1153 |
| 1995M10 | 384 | 226 | 2001M6 | 659 | 383 | 2007M2 | 1110 | 575 | 2012M10 | 3249 | 1408 |
| 1995M11 | 416 | 244 | 2001M7 | 564 | 330 | 2007M3 | 1416 | 735 | 2012M11 | 3379 | 1463 |
| 1995M12 | 473 | 277 | 2001M8 | 572 | 334 | 2007M4 | 1432 | 744 | 2012M12 | 3314 | 1422 |

续表

| 月度 | NPNNI /元 | RPNNI /元 | 月度 | NPNNI /元 | RPNNI /元 | 月度 | NPNNI /元 | RPNNI /元 | 月度 | NPNNI /元 | RPNNI /元 |
|---|---|---|---|---|---|---|---|---|---|---|---|
| 1996M1 | 387 | 223 | 2001M9 | 602 | 349 | 2007M5 | 1489 | 771 | 2013M1 | 2097 | 892 |
| 1996M2 | 452 | 255 | 2001M10 | 654 | 377 | 2007M6 | 1661 | 857 | 2013M2 | 2271 | 955 |
| 1996M3 | 448 | 251 | 2001M11 | 669 | 387 | 2007M7 | 1512 | 773 | 2013M3 | 2749 | 1167 |
| 1996M4 | 441 | 244 | 2001M12 | 737 | 426 | 2007M8 | 1540 | 778 | 2013M4 | 2412 | 1022 |
| 1996M5 | 445 | 247 | 2002M1 | 622 | 358 | 2007M9 | 1644 | 828 | 2013M5 | 2494 | 1063 |
| 1996M6 | 468 | 264 | 2002M2 | 542 | 309 | 2007M10 | 1577 | 792 | 2013M6 | 2768 | 1178 |
| 1996M7 | 414 | 237 | 2002M3 | 707 | 408 | 2007M11 | 1660 | 828 | 2013M7 | 2250 | 957 |
| 1996M8 | 408 | 230 | 2002M4 | 664 | 385 | 2007M12 | 1623 | 801 | 2013M8 | 2290 | 970 |
| 1996M9 | 398 | 221 | 2002M5 | 676 | 393 | 2008M1 | 1551 | 757 | 2013M9 | 2432 | 1021 |
| 1996M10 | 450 | 250 | 2002M6 | 718 | 421 | 2008M2 | 1368 | 651 | 2013M10 | 2929 | 1229 |
| 1996M11 | 476 | 264 | 2002M7 | 610 | 360 | 2008M3 | 1805 | 864 | 2013M11 | 3041 | 1277 |
| 1996M12 | 533 | 294 | 2002M8 | 625 | 368 | 2008M4 | 1735 | 830 | 2013M12 | 2974 | 1244 |
| 1997M1 | 454 | 249 | 2002M9 | 670 | 390 | 2008M5 | 1811 | 870 | 2014M1 | 2297 | 952 |
| 1997M2 | 415 | 224 | 2002M10 | 724 | 421 | 2008M6 | 2032 | 978 | 2014M2 | 2478 | 1021 |
| 1997M3 | 526 | 287 | 2002M11 | 754 | 439 | 2008M7 | 1826 | 878 | 2014M3 | 3013 | 1248 |
| 1997M4 | 486 | 264 | 2002M12 | 821 | 477 | 2008M8 | 1832 | 882 | 2014M4 | 2625 | 1091 |
| 1997M5 | 496 | 271 | 2003M1 | 679 | 390 | 2008M9 | 1913 | 921 | 2014M5 | 2731 | 1134 |
| 1997M6 | 506 | 281 | 2003M2 | 650 | 370 | 2008M10 | 1865 | 900 | 2014M6 | 3021 | 1256 |
| 1997M7 | 432 | 243 | 2003M3 | 799 | 457 | 2008M11 | 1829 | 890 | | | |
| 1997M8 | 431 | 240 | 2003M4 | 730 | 419 | 2008M12 | 1739 | 848 | | | |

注：NPNNI 是指名义 PNNI，RPNNI 是指实际 PNNI

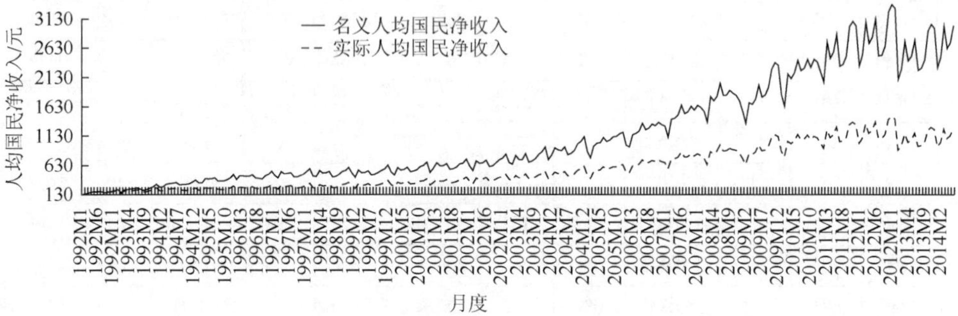


图 4.8　我国人均国民净收入测度结果

### 4.1.3　经济增长率

经济增长率是报告期总产出或总收入与基期总产出或总收入的比较，以报告期现行价格计算报告期的总产出或总收入，得出的总产出或总收入增长率是名义经济增长率，以不变价格（即基期价格）计算报告期总产出或总收入，得出的总产出或总收入增长率是实际经济增长率。在量度经济增长时，一般都采用实际经济增长率，经济增长率也称经济增长速度，它是反映一定时期经济发展水平变化程度的动态指标，也是反映一个国家经济是否具有活力的基本指标。

1. 工业增加值增长率

工业增加值增长率（industrial added value growth rate，RIAV）是报告期的工业增加值与基期的工业增加值的比值，再减去 1。如果计算报告期的工业增加值的价格是报告期的价格，则计算出来的工业增加值增长率是名义增长率；如果是基期的价格，则计算出来的工业增加值增长率是实际增长率，本书用工业增加值实际增长率来表征经济增长率，包括同比增长率和累计增长率。数据来自中经网数据库，是月度数据，其中部分缺失的 1 月和 2 月数据，本书通过插值法进行了补齐。本书实证测度的月度工业增加值增长率的数据具体见表 4.9 和图 4.9。

**表 4.9　我国工业增加值增长率测度结果**

| 月度 | TBRIAV /% | LJRIAV /% | 月度 | TBRIAV /% | LJRIAV /% | 月度 | TBRIAV /% | LJRIAV /% | 月度 | TBRIAV /% | LJRIAV /% |
|---|---|---|---|---|---|---|---|---|---|---|---|
| 1992M1 | 10.90 | | 1997M9 | 11.10 | | 2003M5 | 13.70 | 12.50 | 2009M1 | 10.70 | 10.70 |
| 1992M2 | 18.50 | | 1997M10 | 11.80 | | 2003M6 | 16.90 | 14.90 | 2009M2 | 10.80 | 9.20 |
| 1992M3 | 16.80 | | 1997M11 | 11.60 | | 2003M7 | 16.50 | 12.70 | 2009M3 | 12.30 | 9.80 |
| 1992M4 | 15.10 | | 1997M12 | 9.20 | | 2003M8 | 17.10 | 13.70 | 2009M4 | 13.90 | 11.80 |
| 1992M5 | 14.30 | | 1998M1 | 1.80 | 1.80 | 2003M9 | 16.30 | 13.10 | 2009M5 | 16.10 | 11.30 |
| 1992M6 | 16.80 | | 1998M2 | 9.50 | 6.55 | 2003M10 | 17.20 | 15.30 | 2009M6 | 19.20 | 12.60 |
| 1992M7 | 19.30 | | 1998M3 | 9.00 | 11.30 | 2003M11 | 17.90 | 16.70 | 2009M7 | 18.50 | 12.10 |
| 1992M8 | 17.60 | | 1998M4 | 7.20 | 6.70 | 2003M12 | 18.10 | 16.80 | 2009M8 | 12.80 | 7.50 |
| 1992M9 | 17.60 | | 1998M5 | 8.00 | 8.30 | 2004M1 | 7.20 | 7.20 | 2009M9 | 18.10 | 13.40 |
| 1992M10 | 18.50 | | 1998M6 | 7.90 | 7.60 | 2004M2 | 23.20 | 19.90 | 2009M10 | 17.80 | 14.10 |
| 1992M11 | 21.80 | | 1998M7 | 7.60 | 8.70 | 2004M3 | 19.40 | 16.60 | 2009M11 | 16.50 | 13.60 |
| 1992M12 | 26.90 | | 1998M8 | 7.90 | 7.80 | 2004M4 | 19.10 | 16.60 | 2009M12 | 13.70 | 12.00 |
| 1993M1 | 8.40 | | 1998M9 | 10.20 | 10.90 | 2004M5 | 17.50 | 16.00 | 2010M1 | 13.40 | 13.40 |

续表

| 月度 | TBRIAV /% | LJRIAV /% | 月度 | TBRIAV /% | LJRIAV /% | 月度 | TBRIAV /% | LJRIAV /% | 月度 | TBRIAV /% | LJRIAV /% |
|---|---|---|---|---|---|---|---|---|---|---|---|
| 1993M2 | 27.70 | | 1998M10 | 10.60 | 10.90 | 2004M6 | 16.20 | 15.30 | 2010M2 | 13.90 | 13.10 |
| 1993M3 | 21.80 | | 1998M11 | 11.00 | 11.00 | 2004M7 | 15.50 | 14.40 | 2010M3 | 13.30 | 13.00 |
| 1993M4 | 21.00 | | 1998M12 | 11.50 | 10.90 | 2004M8 | 15.90 | 15.60 | 2010M4 | 13.10 | 12.90 |
| 1993M5 | 22.70 | | 1999M1 | 17.90 | 17.90 | 2004M9 | 16.10 | 15.10 | 2010M5 | 13.70 | 12.00 |
| 1993M6 | 25.20 | | 1999M2 | 2.10 | 1.20 | 2004M10 | 15.70 | 15.10 | 2010M6 | 13.40 | 13.50 |
| 1993M7 | 21.00 | | 1999M3 | 9.00 | 9.70 | 2004M11 | 14.80 | 13.00 | 2010M7 | 13.90 | 13.10 |
| 1993M8 | 19.30 | | 1999M4 | 9.10 | 8.60 | 2004M12 | 14.40 | 13.00 | 2010M8 | 13.30 | 13.00 |
| 1993M9 | 16.00 | | 1999M5 | 8.90 | 7.90 | 2005M1 | 20.90 | 20.90 | 2010M9 | 13.30 | 16.30 |
| 1993M10 | 13.40 | | 1999M6 | 9.10 | 8.80 | 2005M2 | 7.60 | 7.20 | 2010M10 | 13.10 | 16.10 |
| 1993M11 | 16.00 | | 1999M7 | 9.30 | 9.10 | 2005M3 | 15.10 | 14.30 | 2010M11 | 13.30 | 15.80 |
| 1993M12 | 25.20 | | 1999M8 | 9.50 | 9.30 | 2005M4 | 16.00 | 14.90 | 2010M12 | 13.50 | 15.70 |
| 1994M1 | 27.70 | | 1999M9 | 8.20 | 6.80 | 2005M5 | 16.60 | 14.90 | 2011M1 | 14.20 | 14.20 |
| 1994M2 | 3.40 | | 1999M10 | 7.00 | 6.20 | 2005M6 | 16.80 | 16.00 | 2011M2 | 14.90 | 14.10 |
| 1994M3 | 16.00 | | 1999M11 | 7.60 | 7.40 | 2005M7 | 16.10 | 13.90 | 2011M3 | 14.80 | 14.40 |
| 1994M4 | 16.80 | | 1999M12 | 7.40 | 5.60 | 2005M8 | 16.00 | 15.10 | 2011M4 | 13.40 | 14.20 |
| 1994M5 | 17.60 | | 2000M1 | 8.90 | 8.90 | 2005M9 | 16.50 | 15.60 | 2011M5 | 13.30 | 14.00 |
| 1994M6 | 15.10 | | 2000M2 | 12.00 | 11.60 | 2005M10 | 16.10 | 15.40 | 2011M6 | 15.10 | 14.30 |
| 1994M7 | 15.10 | | 2000M3 | 11.90 | 10.00 | 2005M11 | 16.60 | 16.20 | 2011M7 | 14.00 | 14.30 |
| 1994M8 | 29.40 | | 2000M4 | 11.40 | 10.40 | 2005M12 | 16.50 | 16.40 | 2011M8 | 13.50 | 14.20 |
| 1994M9 | 21.80 | | 2000M5 | 11.50 | 9.60 | 2006M1 | 20.10 | 20.10 | 2011M9 | 13.80 | 14.20 |
| 1994M10 | 24.40 | | 2000M6 | 12.20 | 10.40 | 2006M2 | 17.80 | 16.10 | 2011M10 | 13.20 | 14.10 |
| 1994M11 | 23.50 | | 2000M7 | 12.80 | 10.60 | 2006M3 | 17.90 | 15.70 | 2011M11 | 12.40 | 14.00 |
| 1994M12 | 18.50 | | 2000M8 | 12.80 | 10.30 | 2006M4 | 19.50 | 16.80 | 2011M12 | 12.80 | 13.90 |
| 1995M1 | 11.40 | | 2000M9 | 12.00 | 8.80 | 2006M5 | 16.70 | 14.00 | 2012M1 | 17.05 | 12.65 |
| 1995M2 | 15.50 | | 2000M10 | 11.40 | 8.90 | 2006M6 | 15.70 | 12.70 | 2012M2 | 21.30 | 11.40 |
| 1995M3 | 16.40 | | 2000M11 | 10.60 | 7.50 | 2006M7 | 16.10 | 13.00 | 2012M3 | 11.90 | 11.60 |
| 1995M4 | 15.40 | | 2000M12 | 10.40 | 8.00 | 2006M8 | 14.70 | 10.70 | 2012M4 | 9.30 | 11.00 |
| 1995M5 | 13.10 | | 2001M1 | 2.30 | 2.30 | 2006M9 | 14.90 | 11.20 | 2012M5 | 9.60 | 10.70 |
| 1995M6 | 13.90 | | 2001M2 | 19.00 | 15.80 | 2006M10 | 14.70 | 9.80 | 2012M6 | 9.50 | 10.50 |
| 1995M7 | 13.60 | | 2001M3 | 12.10 | 9.20 | 2006M11 | 12.60 | 10.20 | 2012M7 | 9.20 | 10.30 |
| 1995M8 | 11.80 | | 2001M4 | 11.50 | 9.00 | 2006M12 | 17.60 | 16.00 | 2012M8 | 8.90 | 10.10 |
| 1995M9 | 11.40 | | 2001M5 | 10.20 | 8.70 | 2007M1 | 17.40 | 17.40 | 2012M9 | 9.20 | 10.00 |

续表

| 月度 | TBRIAV /% | LJRIAV /% | 月度 | TBRIAV /% | LJRIAV /% | 月度 | TBRIAV /% | LJRIAV /% | 月度 | TBRIAV /% | LJRIAV /% |
|---|---|---|---|---|---|---|---|---|---|---|---|
| 1995M10 | 12.90 | | 2001M6 | 10.10 | 9.30 | 2007M2 | 18.10 | 16.40 | 2012M10 | 9.60 | 10.00 |
| 1995M11 | 12.10 | | 2001M7 | 8.10 | 7.10 | 2007M3 | 19.40 | 17.50 | 2012M11 | 10.10 | 10.00 |
| 1995M12 | 14.90 | | 2001M8 | 8.10 | 7.80 | 2007M4 | 18.00 | 15.90 | 2012M12 | 10.30 | 10.00 |
| 1996M1 | 16.90 | | 2001M9 | 9.50 | 9.40 | 2007M5 | 17.50 | 14.60 | 2013M1 | 9.83 | 9.95 |
| 1996M2 | 12.20 | | 2001M10 | 8.80 | 7.50 | 2007M6 | 18.90 | 16.40 | 2013M2 | 9.37 | 9.90 |
| 1996M3 | 12.20 | | 2001M11 | 7.90 | 6.80 | 2007M7 | 17.90 | 14.40 | 2013M3 | 8.90 | 9.50 |
| 1996M4 | 13.70 | | 2001M12 | 8.70 | 7.00 | 2007M8 | 17.30 | 14.30 | 2013M4 | 9.30 | 9.40 |
| 1996M5 | 13.10 | | 2002M1 | 18.60 | 18.60 | 2007M9 | 17.40 | 15.20 | 2013M5 | 9.20 | 9.40 |
| 1996M6 | 13.80 | | 2002M2 | 2.70 | 3.70 | 2007M10 | 15.40 | 11.80 | 2013M6 | 8.90 | 9.30 |
| 1996M7 | 12.20 | | 2002M3 | 10.90 | 11.40 | 2007M11 | 17.80 | 15.70 | 2013M7 | 9.70 | 9.40 |
| 1996M8 | 10.60 | | 2002M4 | 12.10 | 11.50 | 2007M12 | 15.70 | 12.10 | 2013M8 | 10.40 | 9.50 |
| 1996M9 | 13.70 | | 2002M5 | 12.90 | 12.60 | 2008M1 | 16.00 | 16.00 | 2013M9 | 10.20 | 9.60 |
| 1996M10 | 13.30 | | 2002M6 | 12.40 | 12.60 | 2008M2 | 16.00 | 13.30 | 2013M10 | 10.30 | 9.70 |
| 1996M11 | 13.40 | | 2002M7 | 12.80 | 12.10 | 2008M3 | 14.70 | 12.20 | 2013M11 | 10.00 | 9.70 |
| 1996M12 | 14.00 | | 2002M8 | 12.70 | 12.30 | 2008M4 | 12.80 | 11.70 | 2013M12 | 9.70 | 9.70 |
| 1997M1 | 10.30 | | 2002M9 | 13.80 | 13.20 | 2008M5 | 11.40 | 11.20 | 2014M1 | 9.40 | 9.15 |
| 1997M2 | 10.40 | | 2002M10 | 14.20 | 12.30 | 2008M6 | 8.20 | 10.30 | 2014M2 | 9.10 | 8.60 |
| 1997M3 | 13.50 | | 2002M11 | 14.50 | 12.90 | 2008M7 | 5.40 | 10.10 | 2014M3 | 8.80 | 8.70 |
| 1997M4 | 11.90 | | 2002M12 | 14.90 | 12.80 | 2008M8 | 5.70 | 8.10 | 2014M4 | 8.70 | 8.70 |
| 1997M5 | 11.90 | | 2003M1 | 14.80 | 14.80 | 2008M9 | 11.00 | 14.40 | 2014M5 | 8.80 | 8.70 |
| 1997M6 | 12.10 | | 2003M2 | 19.80 | 15.90 | 2008M10 | 8.30 | 8.50 | 2014M6 | 9.20 | 8.80 |
| 1997M7 | 8.40 | | 2003M3 | 16.90 | 13.90 | 2008M11 | 7.30 | 8.20 | | | |
| 1997M8 | 10.90 | | 2003M4 | 14.90 | 13.30 | 2008M12 | 8.90 | 9.70 | | | |

注：TBRIAV 是指工业增加值同比增长率，LJRIAV 是指工业增加值累计增长率

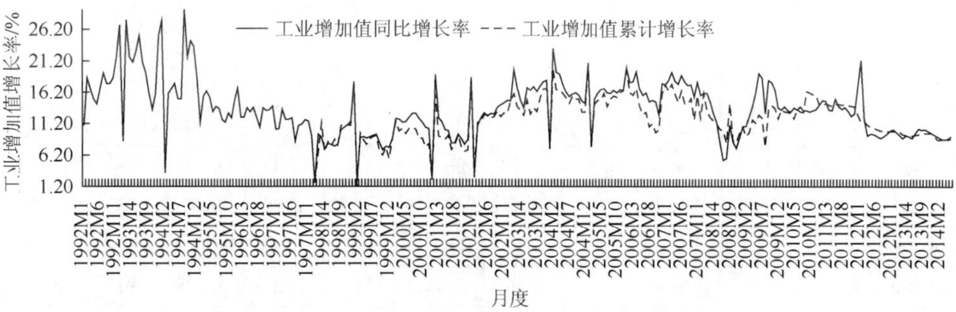


图 4.9　我国工业增加值增长率测度结果

## 2. 国内生产总值增长率

国内生产总值增长率（gross domestic product growth rate，RGDP）是报告期的国内生产总值与基期的国内生产总值的比值，再减去 1。如果计算报告期的国内生产总值的价格是报告期的价格，则计算出来的国内生产总值增长率是名义增长率；如果是基期的价格，则计算出来的国内生产总值增长率是实际增长率，本书用国内生产总值实际增长率来表征经济增长率，包括同比增长率和累计增长率。由于现成的月度统计数据，本书就利用上面得到的月度实际国内生产总值计算得到月度国内生产总值的同比增长率和累计增长率。本书实证测度的月度国内生产总值增长率的数据具体见表 4.10 和图 4.10。

**表 4.10 我国国内生产总值增长率测度结果**

| 月度 | TBRGDP /% | LJRGDP /% | 月度 | TBRGDP /% | LJRGDP /% | 月度 | TBRGDP /% | LJRGDP /% | 月度 | TBRGDP /% | LJRGDP /% |
|---|---|---|---|---|---|---|---|---|---|---|---|
| 1992M1 | — | — | 1997M9 | 13.33 | 8.97 | 2003M5 | 6.83 | 10.87 | 2009M1 | 7.49 | 7.49 |
| 1992M2 | — | — | 1997M10 | 7.63 | 8.80 | 2003M6 | 14.88 | 11.62 | 2009M2 | 7.89 | 7.67 |
| 1992M3 | — | — | 1997M11 | 11.62 | 9.13 | 2003M7 | 12.57 | 11.76 | 2009M3 | 3.20 | 5.97 |
| 1992M4 | — | — | 1997M12 | 10.12 | 9.24 | 2003M8 | 12.13 | 11.81 | 2009M4 | 6.25 | 6.04 |
| 1992M5 | — | — | 1998M1 | 4.21 | 4.21 | 2003M9 | 10.49 | 11.65 | 2009M5 | 7.04 | 6.26 |
| 1992M6 | — | — | 1998M2 | 12.32 | 8.05 | 2003M10 | 10.69 | 11.53 | 2009M6 | 8.43 | 6.67 |
| 1992M7 | — | — | 1998M3 | 8.78 | 8.32 | 2003M11 | 11.03 | 11.47 | 2009M7 | 8.40 | 6.94 |
| 1992M8 | — | — | 1998M4 | 6.78 | 7.90 | 2003M12 | 11.37 | 11.46 | 2009M8 | 9.57 | 7.28 |
| 1992M9 | — | — | 1998M5 | 6.25 | 7.54 | 2004M1 | 3.90 | 3.90 | 2009M9 | 11.77 | 7.83 |
| 1992M10 | — | — | 1998M6 | 9.25 | 7.86 | 2004M2 | 21.77 | 12.60 | 2009M10 | 7.71 | 7.81 |
| 1992M11 | — | — | 1998M7 | 5.99 | 7.57 | 2004M3 | 12.76 | 12.66 | 2009M11 | 13.67 | 8.50 |
| 1992M12 | — | — | 1998M8 | 8.23 | 7.65 | 2004M4 | 18.54 | 14.16 | 2009M12 | 16.00 | 9.25 |
| 1993M1 | 8.39 | 8.39 | 1998M9 | 12.58 | 8.25 | 2004M5 | 16.44 | 14.63 | 2010M1 | 11.92 | 11.92 |
| 1993M2 | 27.18 | 18.06 | 1998M10 | 14.45 | 9.02 | 2004M6 | 8.77 | 13.51 | 2010M2 | 14.40 | 13.07 |
| 1993M3 | 19.72 | 18.66 | 1998M11 | 8.59 | 8.97 | 2004M7 | 12.02 | 13.28 | 2010M3 | 20.83 | 15.95 |
| 1993M4 | 11.63 | 16.62 | 1998M12 | 7.69 | 8.82 | 2004M8 | 12.56 | 13.18 | 2010M4 | 16.67 | 16.13 |
| 1993M5 | 11.72 | 15.51 | 1999M1 | 18.78 | 18.78 | 2004M9 | 12.68 | 13.12 | 2010M5 | 15.47 | 15.99 |
| 1993M6 | 12.99 | 15.03 | 1999M2 | 2.80 | 10.92 | 2004M10 | 14.62 | 13.30 | 2010M6 | 12.07 | 15.22 |
| 1993M7 | 12.52 | 14.58 | 1999M3 | 8.61 | 10.04 | 2004M11 | 14.34 | 13.42 | 2010M7 | 14.30 | 15.08 |
| 1993M8 | 10.79 | 14.05 | 1999M4 | 8.26 | 9.56 | 2004M12 | 13.08 | 13.38 | 2010M8 | 14.15 | 14.96 |
| 1993M9 | 8.35 | 13.31 | 1999M5 | 8.30 | 9.29 | 2005M1 | 30.29 | 30.29 | 2010M9 | 13.32 | 14.75 |

续表

| 月度 | TBRGDP /% | LJRGDP /% | 月度 | TBRGDP /% | LJRGDP /% | 月度 | TBRGDP /% | LJRGDP /% | 月度 | TBRGDP /% | LJRGDP /% |
|---|---|---|---|---|---|---|---|---|---|---|---|
| 1993M10 | 15.65 | 13.59 | 1999M6 | 9.41 | 9.31 | 2005M2 | 1.17 | 14.96 | 2010M10 | 11.87 | 14.37 |
| 1993M11 | 17.38 | 14.03 | 1999M7 | 10.51 | 9.50 | 2005M3 | 12.33 | 13.97 | 2010M11 | 12.34 | 14.12 |
| 1993M12 | 24.44 | 15.15 | 1999M8 | 11.38 | 9.75 | 2005M4 | 11.27 | 13.25 | 2010M12 | 12.89 | 13.99 |
| 1994M1 | 29.33 | 29.33 | 1999M9 | 7.18 | 9.42 | 2005M5 | 14.06 | 13.42 | 2011M1 | 9.85 | 9.85 |
| 1994M2 | 2.88 | 14.66 | 1999M10 | 5.12 | 8.87 | 2005M6 | 15.96 | 13.89 | 2011M2 | 13.60 | 11.61 |
| 1994M3 | 16.23 | 15.23 | 1999M11 | 7.38 | 8.69 | 2005M7 | 11.67 | 13.55 | 2011M3 | 13.07 | 12.17 |
| 1994M4 | 14.69 | 15.08 | 1999M12 | 9.32 | 8.77 | 2005M8 | 11.82 | 13.31 | 2011M4 | 11.42 | 11.98 |
| 1994M5 | 15.82 | 15.24 | 2000M1 | 7.86 | 7.86 | 2005M9 | 11.48 | 13.08 | 2011M5 | 11.11 | 11.79 |
| 1994M6 | 12.17 | 14.66 | 2000M2 | 14.22 | 10.76 | 2005M10 | 17.50 | 13.63 | 2011M6 | 12.24 | 11.88 |
| 1994M7 | 5.82 | 13.10 | 2000M3 | 11.88 | 11.18 | 2005M11 | 17.73 | 14.10 | 2011M7 | 11.86 | 11.87 |
| 1994M8 | 17.27 | 13.66 | 2000M4 | 11.94 | 11.38 | 2005M12 | 10.75 | 13.73 | 2011M8 | 11.47 | 11.82 |
| 1994M9 | 9.06 | 13.09 | 2000M5 | 12.51 | 11.63 | 2006M1 | 7.21 | 7.21 | 2011M9 | 11.04 | 11.72 |
| 1994M10 | 7.15 | 12.36 | 2000M6 | 12.90 | 11.86 | 2006M2 | 19.96 | 13.12 | 2011M10 | 13.22 | 11.92 |
| 1994M11 | 6.68 | 11.69 | 2000M7 | 12.83 | 12.01 | 2006M3 | 16.08 | 14.22 | 2011M11 | 11.33 | 11.85 |
| 1994M12 | 3.94 | 10.78 | 2000M8 | 12.69 | 12.11 | 2006M4 | 12.65 | 13.81 | 2011M12 | 10.74 | 11.73 |
| 1995M1 | 6.99 | 6.99 | 2000M9 | 11.34 | 12.01 | 2006M5 | 15.37 | 14.14 | 2012M1 | −1.59 | −1.59 |
| 1995M2 | 5.26 | 6.13 | 2000M10 | 13.74 | 12.23 | 2006M6 | 17.30 | 14.72 | 2012M2 | 16.85 | 7.21 |
| 1995M3 | 10.71 | 7.81 | 2000M11 | 10.22 | 11.99 | 2006M7 | 14.50 | 14.69 | 2012M3 | 7.05 | 7.15 |
| 1992M1 | — | — | 1997M9 | 13.33 | 8.97 | 2003M5 | 6.83 | 10.87 | 2009M1 | 7.49 | 7.49 |
| 1995M4 | 7.65 | 7.77 | 2000M12 | 7.75 | 11.51 | 2006M8 | 13.80 | 14.57 | 2012M4 | 6.58 | 7.00 |
| 1995M5 | 5.90 | 7.35 | 2001M1 | −0.78 | −0.78 | 2006M9 | 14.31 | 14.54 | 2012M5 | 6.53 | 6.90 |
| 1995M6 | 8.52 | 7.57 | 2001M2 | 27.33 | 12.44 | 2006M10 | 18.79 | 15.09 | 2012M6 | 6.51 | 6.83 |
| 1995M7 | 9.27 | 7.85 | 2001M3 | 15.30 | 13.52 | 2006M11 | 18.23 | 15.46 | 2012M7 | 7.10 | 6.87 |
| 1995M8 | 9.63 | 8.10 | 2001M4 | 11.80 | 13.06 | 2006M12 | 11.50 | 15.03 | 2012M8 | 5.94 | 6.74 |
| 1995M9 | 10.47 | 8.38 | 2001M5 | 9.94 | 12.39 | 2007M1 | 26.70 | 26.70 | 2012M9 | 6.22 | 6.68 |
| 1995M10 | 10.93 | 8.68 | 2001M6 | 8.22 | 11.60 | 2007M2 | 10.96 | 18.97 | 2012M10 | 7.05 | 6.73 |
| 1995M11 | 11.03 | 8.95 | 2001M7 | 8.96 | 11.18 | 2007M3 | 15.30 | 17.59 | 2012M11 | 7.89 | 6.87 |
| 1995M12 | 14.91 | 9.60 | 2001M8 | 8.66 | 10.84 | 2007M4 | 17.88 | 17.66 | 2012M12 | 7.88 | 6.97 |
| 1996M1 | 7.37 | 7.37 | 2001M9 | 10.78 | 10.83 | 2007M5 | 17.99 | 17.73 | 2013M1 | 7.85 | 7.85 |
| 1996M2 | 26.13 | 16.62 | 2001M10 | 8.49 | 10.53 | 2007M6 | 17.88 | 17.76 | 2013M2 | 6.59 | 7.19 |
| 1996M3 | 1.67 | 10.99 | 2001M11 | 8.22 | 10.27 | 2007M7 | 16.56 | 17.58 | 2013M3 | 6.44 | 6.90 |
| 1996M4 | 7.88 | 10.13 | 2001M12 | 9.77 | 10.21 | 2007M8 | 15.26 | 17.27 | 2013M4 | 5.75 | 6.60 |
| 1996M5 | 8.49 | 9.78 | 2002M1 | 26.57 | 26.57 | 2007M9 | 16.98 | 17.24 | 2013M5 | 5.64 | 6.40 |

续表

| 月度 | TBRGDP /% | LJRGDP /% | 月度 | TBRGDP /% | LJRGDP /% | 月度 | TBRGDP /% | LJRGDP /% | 月度 | TBRGDP /% | LJRGDP /% |
|---|---|---|---|---|---|---|---|---|---|---|---|
| 1996M6 | 10.38 | 9.89 | 2002M2 | –4.31 | 10.12 | 2007M10 | 15.61 | 17.02 | 2013M6 | 4.95 | 6.12 |
| 1996M7 | 8.04 | 9.58 | 2002M3 | 8.74 | 9.59 | 2007M11 | 16.12 | 16.91 | 2013M7 | 6.58 | 6.19 |
| 1996M8 | 7.19 | 9.24 | 2002M4 | 9.06 | 9.45 | 2007M12 | 17.58 | 16.98 | 2013M8 | 8.14 | 6.45 |
| 1996M9 | 4.02 | 8.60 | 2002M5 | 10.24 | 9.62 | 2008M1 | 9.17 | 9.17 | 2013M9 | 7.75 | 6.61 |
| 1996M10 | 13.30 | 9.17 | 2002M6 | 10.96 | 9.86 | 2008M2 | 11.08 | 10.04 | 2013M10 | 6.39 | 6.58 |
| 1996M11 | 10.74 | 9.35 | 2002M7 | 10.11 | 9.90 | 2008M3 | 15.34 | 12.00 | 2013M11 | 6.42 | 6.56 |
| 1996M12 | 8.82 | 9.29 | 2002M8 | 11.10 | 10.06 | 2008M4 | 11.08 | 11.76 | 2013M12 | 6.64 | 6.57 |
| 1997M1 | 17.46 | 17.46 | 2002M9 | 13.01 | 10.43 | 2008M5 | 12.25 | 11.86 | 2014M1 | 5.87 | 5.87 |
| 1997M2 | –7.68 | 4.05 | 2002M10 | 10.08 | 10.38 | 2008M6 | 13.55 | 12.19 | 2014M2 | 5.43 | 5.64 |
| 1997M3 | 20.04 | 9.56 | 2002M11 | 11.86 | 10.55 | 2008M7 | 14.36 | 12.51 | 2014M3 | 4.89 | 5.35 |
| 1997M4 | 10.54 | 9.83 | 2002M12 | 10.51 | 10.55 | 2008M8 | 14.03 | 12.71 | 2014M4 | 6.24 | 5.58 |
| 1997M5 | 12.22 | 10.34 | 2003M1 | 8.81 | 8.81 | 2008M9 | 11.93 | 12.61 | 2014M5 | 6.26 | 5.72 |
| 1997M6 | 8.79 | 10.05 | 2003M2 | 19.74 | 13.87 | 2008M10 | 15.08 | 12.94 | 2014M6 | 7.18 | 6.00 |
| 1997M7 | 3.13 | 8.91 | 2003M3 | 11.99 | 13.15 | 2008M11 | 8.89 | 12.45 | | | |
| 1997M8 | 5.13 | 8.39 | 2003M4 | 8.63 | 11.96 | 2008M12 | 7.16 | 11.90 | | | |

注：TBRGDP 是指国内生产总值同比增长率，LJRGDP 是指国内生产总值累计增长率

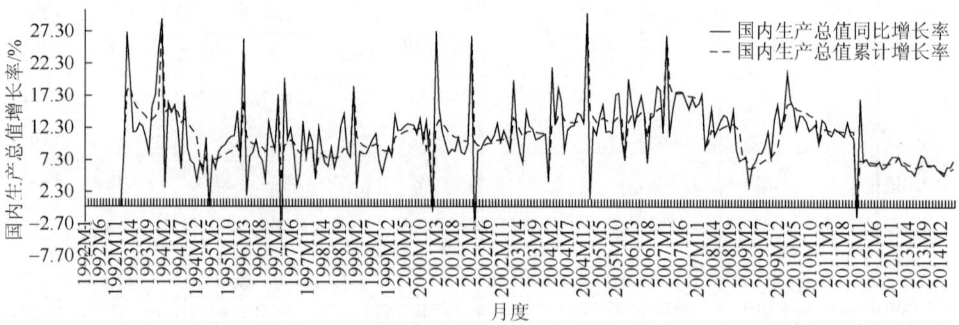


图 4.10　我国国内生产总值增长率测度结果

# 4.2　金融发展的实证测度[①]

## 4.2.1　金融规模测度

从众多研究文献来看，学者选取金融规模的测度指标主要包括金融发展在规

① 本节中国的资料如不特别提及均指中国内地的资料

模上的深度和宽度两个方面的指标，这两个指标可以很直观地衡量一国金融业发展的总体水平和成熟程度。这两个衡量金融发展的指标内涵在国内外学者多年的研究中已经趋向一致。基于这种共识，本书也主要从金融发展的深度和宽度两个方面对我国金融规模进行测度。

### 1. 金融深度测度

金融深度从微观上看是指一个国家和地区的各个经济部门在金融体系中金融资产数量增加状况，从宏观上看就是指其参与金融业的程度，可以用 FIR 等指标来刻画，反映了该地区金融业在整个国民经济中的地位，反映了一个地区经济发展进程中金融化的不断加强和深化的过程。金融深度取决于一个国家和地区的经济总体发展规模与金融业的发展规模。金融深度包括金融中介、金融市场、保险机构以及整个金融体系的金融深度。如果将国民收入记为 $Y$，某个金融体系的金融总资产记为 $A$，某个金融体系的金融深度记为 FIR，则某个金融体系的金融深度的一般计算公式如下：

$$\mathrm{FIR} = A / Y \tag{4.1}$$

整个金融体系的金融深度是指一个国家或地区各个经济部门参与整个金融体系金融资产投资的程度，也就是经济金融化程度。本书将金融资产定义为货币资产、证券资产和保险资产的和值。因此，整个金融体系的金融深度其实就是各个经济部门的金融资产投资在整个国民经济占比，即经济金融化率。根据经济部门的不同，可以将整个金融体系的金融深度分为居民部门、非金融企业部门、政府部门等经济部门的金融深度以及全体部门的金融发展总深度。考虑数据的可得性和经济意义，本书只测度整个金融体系的全体部门金融深度。

接下来，根据公式（4.1）对整个金融体系的金融深度进行测度。首先，选择合适的金融和经济指标来代表全体经济部门持有的金融资产总额与国民收入。关于全体经济部门配置的金融资产总额，本书选择月度的货币资产余额、证券总市值、原保险保费收入三者之和来表征；对国民收入，本书选择月度的 GDP 来表征。由于 GDP 的统计数据是季度数据，本书使用工业增加值的月度数据作为权重将 GDP 的季度数据分解为月度数据。这些数据全部来自中经网、国家统计局和中国人民银行网站。

其次，测度整个金融体系的金融深度。本书使用整个金融体系的金融发展总深度来表征整个金融体系的金融深度。根据 1992 年 1 月～2014 年 6 月的月度数据，使用基于公式（4.1）的测度公式：“金融资产总额/国内生产总值”计算得到整个金融体系的金融发展总深度。需要说明的是，考虑月度的 GDP 比较小，本书在测度整个金融体系的金融深度时候将其乘以 12 转化为年化数据。为了行文的简洁和美观，本书测度的整个金融体系的金融深度具体结果见表 4.11 和图 4.11。需要说明的是，图 4.11 中的虚线图是整个金融体系的金融深度测度的季节性调整数据。

**表 4.11　我国整个金融体系的金融深度测度结果**

| 月度 | FIR/% | 月度 | FIR/% | 月度 | FIR/% | 月度 | FIR/% | 月度 | FIR/% | 月度 | FIR/% |
|---|---|---|---|---|---|---|---|---|---|---|---|
| 1992M1 | 127.55 | 1995M10 | 88.81 | 1999M7 | 188.18 | 2003M4 | 248.00 | 2007M1 | 269.23 | 2010M10 | 251.42 |
| 1992M2 | 120.37 | 1995M11 | 83.29 | 1999M8 | 185.35 | 2003M5 | 254.42 | 2007M2 | 320.63 | 2010M11 | 237.90 |
| 1992M3 | 112.37 | 1995M12 | 83.17 | 1999M9 | 179.18 | 2003M6 | 227.83 | 2007M3 | 264.34 | 2010M12 | 244.69 |
| 1992M4 | 100.77 | 1996M1 | 141.68 | 1999M10 | 155.36 | 2003M7 | 238.54 | 2007M4 | 295.97 | 2011M1 | 345.62 |
| 1992M5 | 104.88 | 1996M2 | 125.13 | 1999M11 | 149.17 | 2003M8 | 234.95 | 2007M5 | 292.38 | 2011M2 | 377.58 |
| 1992M6 | 103.37 | 1996M3 | 127.83 | 1999M12 | 135.78 | 2003M9 | 226.39 | 2007M6 | 261.49 | 2011M3 | 289.79 |
| 1992M7 | 95.16 | 1996M4 | 121.88 | 2000M1 | 212.03 | 2003M10 | 200.36 | 2007M7 | 295.13 | 2011M4 | 323.90 |
| 1992M8 | 106.85 | 1996M5 | 122.46 | 2000M2 | 239.40 | 2003M11 | 192.49 | 2007M8 | 310.13 | 2011M5 | 309.54 |
| 1992M9 | 93.13 | 1996M6 | 120.06 | 2000M3 | 194.45 | 2003M12 | 179.80 | 2007M9 | 300.54 | 2011M6 | 282.65 |
| 1992M10 | 89.23 | 1996M7 | 118.80 | 2000M4 | 205.34 | 2004M1 | 285.87 | 2007M10 | 248.77 | 2011M7 | 296.65 |
| 1992M11 | 85.21 | 1996M8 | 123.29 | 2000M5 | 204.74 | 2004M2 | 261.94 | 2007M11 | 241.88 | 2011M8 | 292.92 |
| 1992M12 | 87.43 | 1996M9 | 128.93 | 2000M6 | 197.77 | 2004M3 | 234.86 | 2007M12 | 261.73 | 2011M9 | 273.63 |
| 1993M1 | 143.38 | 1996M10 | 110.97 | 2000M7 | 204.84 | 2004M4 | 241.20 | 2008M1 | 330.56 | 2011M10 | 223.17 |
| 1993M2 | 116.27 | 1996M11 | 107.75 | 2000M8 | 201.19 | 2004M5 | 245.52 | 2008M2 | 381.30 | 2011M11 | 216.08 |
| 1993M3 | 110.88 | 1996M12 | 96.23 | 2000M9 | 194.52 | 2004M6 | 232.54 | 2008M3 | 276.08 | 2011M12 | 222.21 |
| 1993M4 | 108.31 | 1997M1 | 156.43 | 2000M10 | 167.71 | 2004M7 | 235.37 | 2008M4 | 311.21 | 2012M1 | 353.51 |
| 1993M5 | 105.37 | 1997M2 | 173.84 | 2000M11 | 166.27 | 2004M8 | 229.58 | 2008M5 | 296.30 | 2012M2 | 332.27 |
| 1993M6 | 101.97 | 1997M3 | 141.84 | 2000M12 | 157.03 | 2004M9 | 221.22 | 2008M6 | 252.16 | 2012M3 | 274.67 |
| 1993M7 | 90.06 | 1997M4 | 147.15 | 2001M1 | 262.74 | 2004M10 | 194.42 | 2008M7 | 274.09 | 2012M4 | 310.76 |
| 1993M8 | 101.49 | 1997M5 | 143.87 | 2001M2 | 226.49 | 2004M11 | 189.66 | 2008M8 | 267.28 | 2012M5 | 302.60 |
| 1993M9 | 95.63 | 1997M6 | 144.82 | 2001M3 | 203.41 | 2004M12 | 176.40 | 2008M9 | 257.03 | 2012M6 | 277.13 |
| 1993M10 | 86.23 | 1997M7 | 147.34 | 2001M4 | 218.64 | 2005M1 | 244.23 | 2008M10 | 195.28 | 2012M7 | 288.56 |
| 1993M11 | 83.41 | 1997M8 | 149.79 | 2001M5 | 218.79 | 2005M2 | 281.63 | 2008M11 | 202.87 | 2012M8 | 288.64 |
| 1993M12 | 79.16 | 1997M9 | 142.31 | 2001M6 | 213.92 | 2005M3 | 228.46 | 2008M12 | 215.24 | 2012M9 | 277.63 |
| 1994M1 | 117.07 | 1997M10 | 127.84 | 2001M7 | 208.70 | 2005M4 | 241.59 | 2009M1 | 296.93 | 2012M10 | 222.81 |
| 1994M2 | 117.81 | 1997M11 | 117.94 | 2001M8 | 211.42 | 2005M5 | 240.06 | 2009M2 | 350.73 | 2012M11 | 213.44 |
| 1994M3 | 101.24 | 1997M12 | 111.06 | 2001M9 | 201.67 | 2005M6 | 226.39 | 2009M3 | 292.18 | 2012M12 | 225.46 |
| 1994M4 | 95.81 | 1998M1 | 187.63 | 2001M10 | 174.07 | 2005M7 | 237.57 | 2009M4 | 319.00 | 2013M1 | 366.50 |
| 1994M5 | 95.12 | 1998M2 | 233.57 | 2001M11 | 171.80 | 2005M8 | 235.87 | 2009M5 | 311.46 | 2013M2 | 338.66 |
| 1994M6 | 93.26 | 1998M3 | 187.47 | 2001M12 | 158.76 | 2005M9 | 228.67 | 2009M6 | 288.15 | 2013M3 | 285.97 |
| 1994M7 | 87.82 | 1998M4 | 163.18 | 2002M1 | 235.94 | 2005M10 | 189.87 | 2009M7 | 323.08 | 2013M4 | 321.85 |
| 1994M8 | 93.64 | 1998M5 | 166.02 | 2002M2 | 273.18 | 2005M11 | 185.62 | 2009M8 | 303.44 | 2013M5 | 318.05 |
| 1994M9 | 94.44 | 1998M6 | 157.83 | 2002M3 | 214.68 | 2005M12 | 184.61 | 2009M9 | 291.48 | 2013M6 | 283.89 |

续表

| 月度 | FIR/% | 月度 | FIR/% | 月度 | FIR/% | 月度 | FIR/% | 月度 | FIR/% | 月度 | FIR/% |
|---|---|---|---|---|---|---|---|---|---|---|---|
| 1994M10 | 84.42 | 1998M7 | 192.31 | 2002M4 | 233.64 | 2006M1 | 264.23 | 2009M10 | 243.23 | 2013M7 | 294.51 |
| 1994M11 | 79.38 | 1998M8 | 190.18 | 2002M5 | 228.76 | 2006M2 | 275.83 | 2009M11 | 240.36 | 2013M8 | 293.38 |
| 1994M12 | 80.31 | 1998M9 | 157.12 | 2002M6 | 225.08 | 2006M3 | 232.00 | 2009M12 | 248.06 | 2013M9 | 281.97 |
| 1995M1 | 119.12 | 1998M10 | 135.56 | 2002M7 | 232.22 | 2006M4 | 254.20 | 2010M1 | 342.65 | 2013M10 | 228.67 |
| 1995M2 | 118.85 | 1998M11 | 132.94 | 2002M8 | 230.39 | 2006M5 | 250.89 | 2010M2 | 389.83 | 2013M11 | 222.71 |
| 1995M3 | 98.88 | 1998M12 | 123.64 | 2002M9 | 217.26 | 2006M6 | 230.36 | 2010M3 | 299.65 | 2013M12 | 228.57 |
| 1995M4 | 98.14 | 1999M1 | 187.13 | 2002M10 | 194.05 | 2006M7 | 249.97 | 2010M4 | 329.04 | 2014M1 | 371.01 |
| 1995M5 | 100.00 | 1999M2 | 221.91 | 2002M11 | 186.59 | 2006M8 | 248.91 | 2010M5 | 313.59 | 2014M2 | 343.81 |
| 1995M6 | 97.52 | 1999M3 | 173.86 | 2002M12 | 172.35 | 2006M9 | 240.86 | 2010M6 | 286.74 | 2014M3 | 290.13 |
| 1995M7 | 93.53 | 1999M4 | 181.56 | 2003M1 | 259.15 | 2006M10 | 197.28 | 2010M7 | 310.96 | 2014M4 | 324.29 |
| 1995M8 | 96.05 | 1999M5 | 183.93 | 2003M2 | 271.16 | 2006M11 | 194.96 | 2010M8 | 311.45 | 2014M5 | 315.37 |
| 1995M9 | 96.79 | 1999M6 | 185.62 | 2003M3 | 224.81 | 2006M12 | 208.35 | 2010M9 | 298.16 | 2014M6 | 290.27 |

注：FIR 是指我国整个金融体系的金融相关率

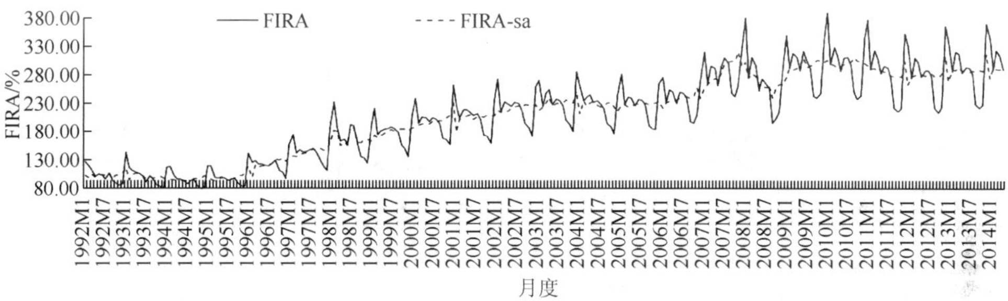


图 4.11　我国整个金融体系的金融深度测度结果

从表 4.11 和图 4.11 可知，我国整个金融体系的金融深度测度具有明显的特征，本书具体总结如下。

第一，我国整个金融体系的金融深度在总体规模上呈现了偏高的特征，虽然与 G7 国家和亚洲发达经济体还存在较大差距，但接近于其他主要发达国家和地区，并明显高于一些新兴经济体。根据测度结果可知，整个金融体系的金融深度（$FIR_B$）的均值为 209.53%（其中 1999～2012 年的平均值为 245.43%），这意味着我国国民经济参与整个金融体系投资的程度已经相当于国民经济规模的两倍多，呈现了偏高的规模特征。这首先表现在整个金融体系的金融深度在总体规模上虽然与 G7 国家和亚洲发达经济体还存在较大差距，但接近于其他主要发达国家和地区，如在 1999～2012 年卢森堡的金融深度（$FIR_B$）平均为 1301.85%、中国香港为 760.06%、荷兰为 522.89%、日本为 516.40%、爱尔兰为 461.00%、英国为 448.53%、美国为 412.58%、新加坡为 396.30%、丹麦为 374.65%、加拿大为 365.65%、德国为 361.51%、法国为 347.04%、西班牙为 345.82%、奥地利为 345.32%、比利时为 337.26%、澳大利亚为 327.55%、意大利为 305.29%、瑞典为 299.34%、芬兰为 298.65%、葡萄牙为 297.54%；其次表现为整个金融体系的金融深度在总体规模上明显高于一些新兴经济体，如在 1999～2012 年泰国的金融深度（$FIR_B$）平均为 234.15%、沙特阿拉伯为 175.69%、波兰为 136.91%、俄罗斯为 128.42%、阿根廷 121.72%、土耳其为 120.56%。这说明我国自 1992 年以来一直实行银行主导型的金融发展模式，加强了金融中介的发展，使得其速度发展能够快于其他一般国家和地区，从而对我国整个金融体系的金融深度在总体规模上超越一般的新兴经济体具有巨大拉动作用，但同时金融中介的政策支持和垄断地位相对地对金融市场发展形成抑制，使得其速度发展慢于其他一般国家和地区，从而对我国整个金融体系的金融深度在总体规模上达到发达国家和地区水平具有较大的阻力作用。

第二，我国整个金融体系的金融深度在发展趋势上呈现稳定较快上升的发展特征，增长速度实现了较快的中等以上水平，既高于一些新兴经济体和欧美发达国家，又低于另一些新兴经济体和发达国家。根据趋势线提供的数据，整个金融体系的金融深度的截距项（首端）是 90.87%，逐步上升到末端的趋势值 327.25%，年均增长 10.51 个百分点，同时根据测度结果的原始数据，整个金融体系金融深度期初值是 102.19%（1992 年的平均值），逐步上升到期末值 322.48%（2014 年 1～6 月的平均值），年均增长 9.79 个百分点，上升速度平稳较快，没有出现大起大落现象，其实我国国民经济整个金融体系化的增长速度达到了较快的中等以上水平，既高于一些新兴经济体和欧美发达国家，如 1999～2012 年马来西亚整个金融体系金融深度的增长速度年平均为 7.29 个百分点、波兰为 5.68 个百分点、俄罗斯为 3.73 个百分点、日本为 2.81 个百分点、以色列为 2.67 个百分点、澳大利亚为 2.53 个百分点、土耳其为 1.94 个百分点、美国为 1.67 个百分点、新加坡为 1.41 个百分点、加拿大为 1.27 个百分点、比利时为 1.04 个百分点、德国为 0.90 个百分点，又低于另一些新兴经济体和欧美发达国家，如 1999～2012 年卢森堡整个金融体系金融深度的增长速度年平均为 59.27 个百分点、爱尔兰为 42.45 个百分点、中国香港为 16.73 个百分点、西班牙为 15.18 个百分点、葡萄牙为 12.96 个百分点、丹麦为 12.62 个百分点、荷兰为 12.59 个百分点、泰国为 9.92 个百分点、意大利为 9.03 个百分点、英国为 8.76 个百分点、法国为 7.58 个百分点。这说明在这个阶段我国整个金融体系的金融深度的增长速度明显超过国民经济增长速度，在国民经济中的地位越来越重要，同时由于其稳健性发展较好，这在一定程度上说明我国政府对整个金融体系的监管水平也有较好的提高。

第三，我国整个金融体系的金融深度动荡变化的最大影响因素是经济周期因素，特别是国外经济周期对我国经济周期的传染影响。从表 4.11 和图 4.11 可以看出，整个金融体系金融深度的上升时间段主要出现在 1995 年 7 月～2007 年 12 月（先较快上升后平稳阶段）、2008 年 10 月～2010 年 10 月（先快速上升后平缓阶段）、2012 年 2 月～2014 年 6 月（缓慢上升阶段），这三个时间段刚好既与我国实施稳健和宽松货币政策的时间段基本吻合，又与我国证券市场牛市时间段基本吻合，虽然在 2001 年和 2004 年我国实行过短时的紧缩货币政策，但很快取消，所以我国在 1995 年 7 月～2007 年 12 月出现了长达 10 多年的较快上升期；同时，整个金融体系的金融深度的下降时间段主要出现在 1993 年 1 月～1995 年 7 月（缓慢下降阶段）、2007 年 12 月～2008 年 10 月（较快下降阶段）、2010 年 10 月～2012 年 2 月（缓慢下降阶段），这三个时间段刚好既与我国实施紧缩和适度从紧的货币政策时间段基本吻合，又与我国证券市场熊市时间段基本吻合。这说明我国整个金融体系金融深度动荡变化既受到我国货币政策周期因素的影响，又受到我国证券市场周期因素的影响。进一步分析发现，在 2005 年以前，我国整个金融体系金融深度动荡变化主要受到货币政策周期影响，之后，证券市场周期对其的影响越来越大。

2. 金融宽度测度

从实证角度来看，金融宽度理论认为金融宽度是指一个国家和地区按当地人口计算的人均金融指标，如人均金融账户拥有数量、人均金融机构网点、人均金融资产余额等，反映了该地区金融发展的程度和速度。虽然金融发展数量规模的增加对经济增长有着正相关作用，但如果不能从金融宽度，即金融服务可得性上改进则势必形成金融业务的规模局限和所有制歧视，不利于以中小企业为代表的个体和私营经济的发展，也不利于一个国家或者地区的经济结构调整与产业优化。金融宽度取决于一个国家和地区的经济总体发展规模与金融业的发展规模。金融宽度包括金融中介、金融市场、保险机构以及整个金融体系的金融宽度。

现阶段国内外对金融规模理论研究和实证研究已经从早期的金融深度研究发展到现在的金融宽度研究，同时金融发展与经济增长关系的研究也经历了从金融深度研究拓展到金融宽度研究，从以前的 Goldsmith[69]、Mckinnon[70, 71]、Shaw[72]、King 和 Levine[82]，发展到当今的 Brown 和 Maurer[141]、Jappelli 等[167]、Demirguc-Kunt 等[144]，以及国内的伍旭川[168]、李猛[142]等。

整个金融体系的金融宽度（financial breadth of financial system，FBFS）是指一个国家或地区各个经济部门从整个金融体系中获得金融服务便捷程度，也就是整个金融体系金融服务可得性。目前国内外金融宽度的实证研究是从金融中介（主要是银行）这个层面展开的，还没有查询到关于整个金融体系金融宽度的相关文献。

整个金融体系的金融宽度其实就是各个经济部门从整个金融体系中可以获得

的金融服务人均数量。根据经济部门的不同，可以将整个金融体系的金融宽度分为居民部门、非金融企业部门、政府部门等经济部门的金融宽度以及全体部门的金融发展总宽度。考虑数据的可得性和经济意义，本书只测度整个金融体系的全体部门金融宽度。

接下来，对整个金融体系的金融宽度进行测度。首先，选择合适的金融指标来代表各个经济部门获得的整个金融体系提供的金融服务人均数量。由于国外学者用到的众多金融宽度指标，我国都没有对应的统计数据，无法使用，所以本书只选择了月度的我国金融资产总额一个指标，定义为上述整理得到的货币资产、证券资产和保险资产之和。数据全部来自中国人民银行、国家统计局、银监会（中国银行业监督管理委员会）的网站。

其次，测度整个金融体系的金融宽度。本书使用整个金融体系的人均金融资产来表征整个金融体系的金融宽度。根据 1992 年 1 月～2014 年 6 月的月度数据，使用测度公式："金融资产总额/总人口"计算得到整个金融体系的名义人均金融资产，作为整个金融体系名义金融宽度（nominal FBFS，NFBFS）的一个测度指标，同时，对其除以定基比居民消费价格指数，得到整个金融体系的实际金融宽度（real FBFS，RFBFS）。为了行文的简洁和美观，本书测度的整个金融体系的金融宽度具体结果见表 4.12 和图 4.12。需要说明的是，为了便于与国外的年度指标相比较，本书将我国月度的人均原保险保费收入数据都乘以了 12，以转化为年度数据。

**表 4.12　我国整个金融体系的金融宽度测度结果**

| 月度 | NFBFS/元 | RFBFS/元 | 月度 | NFBFS/元 | RFBFS/元 | 月度 | NFBFS/元 | RFBFS/元 | 月度 | NFBFS/元 | RFBFS/元 |
|---|---|---|---|---|---|---|---|---|---|---|---|
| 1992M1 | 2 023 | 2 023 | 1997M9 | 9 131 | 5 017 | 2003M5 | 23 403 | 13 516 | 2009M1 | 63 299 | 30 593 |
| 1992M2 | 2 042 | 2 022 | 1997M10 | 9 384 | 5 187 | 2003M6 | 23 855 | 13 945 | 2009M2 | 64 548 | 31 197 |
| 1992M3 | 2 091 | 2 064 | 1997M11 | 9 458 | 5 239 | 2003M7 | 23 875 | 14 027 | 2009M3 | 68 114 | 33 019 |
| 1992M4 | 2 164 | 2 095 | 1997M12 | 9 773 | 5 418 | 2003M8 | 24 111 | 14 067 | 2009M4 | 69 489 | 33 753 |
| 1992M5 | 2 276 | 2 204 | 1998M1 | 9 952 | 5 495 | 2003M9 | 24 589 | 14 175 | 2009M5 | 71 397 | 34 785 |
| 1992M6 | 2 312 | 2 276 | 1998M2 | 12 163 | 6 623 | 2003M10 | 24 607 | 14 059 | 2009M6 | 74 852 | 36 651 |
| 1992M7 | 2 382 | 2 391 | 1998M3 | 12 089 | 6 603 | 2003M11 | 24 970 | 14 126 | 2009M7 | 77 733 | 38 062 |
| 1992M8 | 2 438 | 2 395 | 1998M4 | 10 158 | 5 581 | 2003M12 | 25 575 | 14 381 | 2009M8 | 74 453 | 36 274 |
| 1992M9 | 2 360 | 2 252 | 1998M5 | 10 420 | 5 801 | 2004M1 | 26 200 | 14 573 | 2009M9 | 76 507 | 37 127 |
| 1992M10 | 2 402 | 2 279 | 1998M6 | 10 364 | 5 881 | 2004M2 | 26 616 | 14 833 | 2009M10 | 77 997 | 37 887 |
| 1992M11 | 2 463 | 2 324 | 1998M7 | 12 076 | 6 964 | 2004M3 | 27 424 | 15 238 | 2009M11 | 80 675 | 39 071 |
| 1992M12 | 2 712 | 2 527 | 1998M8 | 12 156 | 6 948 | 2004M4 | 27 193 | 15 035 | 2009M12 | 81 765 | 39 207 |
| 1993M1 | 2 661 | 2 436 | 1998M9 | 10 968 | 6 177 | 2004M5 | 27 281 | 15 099 | 2010M1 | 82 493 | 39 320 |

续表

| 月度 | NFBFS /元 | RFBFS /元 | 月度 | NFBFS /元 | RFBFS /元 | 月度 | NFBFS /元 | RFBFS /元 | 月度 | NFBFS /元 | RFBFS /元 |
|---|---|---|---|---|---|---|---|---|---|---|---|
| 1993M2 | 2 722 | 2 455 | 1998M10 | 11 051 | 6 237 | 2004M6 | 27 614 | 15 390 | 2010M2 | 83 817 | 39 477 |
| 1993M3 | 2 713 | 2 411 | 1998M11 | 11 224 | 6 353 | 2004M7 | 27 600 | 15 414 | 2010M3 | 85 851 | 40 720 |
| 1993M4 | 2 862 | 2 484 | 1998M12 | 11 384 | 6 437 | 2004M8 | 27 735 | 15 381 | 2010M4 | 85 394 | 40 423 |
| 1993M5 | 2 852 | 2 446 | 1999M1 | 11 432 | 6 451 | 2004M9 | 28 286 | 15 516 | 2010M5 | 84 939 | 40 248 |
| 1993M6 | 2 905 | 2 508 | 1999M2 | 11 509 | 6 412 | 2004M10 | 28 339 | 15 545 | 2010M6 | 85 334 | 40 679 |
| 1993M7 | 2 886 | 2 517 | 1999M3 | 11 738 | 6 592 | 2004M11 | 28 755 | 15 821 | 2010M7 | 87 767 | 41 672 |
| 1993M8 | 2 924 | 2 491 | 1999M4 | 11 747 | 6 664 | 2004M12 | 28 859 | 15 862 | 2010M8 | 89 612 | 42 294 |
| 1993M9 | 2 974 | 2 477 | 1999M5 | 12 004 | 6 899 | 2005M1 | 29 516 | 16 127 | 2010M9 | 91 291 | 42 830 |
| 1993M10 | 3 046 | 2 518 | 1999M6 | 12 819 | 7 502 | 2005M2 | 29 887 | 16 040 | 2010M10 | 93 585 | 43 601 |
| 1993M11 | 3 233 | 2 640 | 1999M7 | 12 643 | 7 467 | 2005M3 | 30 563 | 16 552 | 2010M11 | 93 824 | 43 236 |
| 1993M12 | 3 555 | 2 815 | 1999M8 | 12 791 | 7 479 | 2005M4 | 30 665 | 16 657 | 2010M12 | 94 760 | 43 451 |
| 1994M1 | 3 332 | 2 543 | 1999M9 | 13 061 | 7 487 | 2005M5 | 30 754 | 16 739 | 2011M1 | 95 508 | 43 360 |
| 1994M2 | 3 422 | 2 530 | 1999M10 | 12 997 | 7 451 | 2005M6 | 31 478 | 17 272 | 2011M2 | 96 361 | 43 229 |
| 1994M3 | 3 451 | 2 529 | 1999M11 | 13 164 | 7 592 | 2005M7 | 31 477 | 17 271 | 2011M3 | 98 556 | 44 314 |
| 1994M4 | 3 461 | 2 492 | 1999M12 | 13 292 | 7 666 | 2005M8 | 32 078 | 17 566 | 2011M4 | 98 239 | 44 125 |
| 1994M5 | 3 541 | 2 529 | 2000M1 | 13 682 | 7 820 | 2005M9 | 32 684 | 17 773 | 2011M5 | 97 900 | 43 933 |
| 1994M6 | 3 577 | 2 544 | 2000M2 | 13 972 | 7 837 | 2005M10 | 32 738 | 17 732 | 2011M6 | 100 059 | 44 791 |
| 1994M7 | 3 616 | 2 568 | 2000M3 | 14 354 | 8 182 | 2005M11 | 33 359 | 18 122 | 2011M7 | 99 352 | 44 256 |
| 1994M8 | 3 897 | 2 665 | 2000M4 | 14 550 | 8 370 | 2005M12 | 33 778 | 18 277 | 2011M8 | 99 386 | 44 131 |
| 1994M9 | 3 993 | 2 638 | 2000M5 | 14 754 | 8 573 | 2006M1 | 34 815 | 18 596 | 2011M9 | 98 318 | 43 437 |
| 1994M10 | 3 996 | 2 612 | 2000M6 | 15 179 | 8 954 | 2006M2 | 35 254 | 18 737 | 2011M10 | 98 833 | 43 608 |
| 1994M11 | 4 098 | 2 650 | 2000M7 | 15 302 | 9 099 | 2006M3 | 36 174 | 19 400 | 2011M11 | 98 468 | 43 510 |
| 1994M12 | 4 608 | 2 935 | 2000M8 | 15 419 | 9 078 | 2006M4 | 36 678 | 19 632 | 2011M12 | 98 814 | 43 487 |
| 1995M1 | 4 409 | 2 738 | 2000M9 | 15 498 | 8 981 | 2006M5 | 37 459 | 20 070 | 2012M1 | 100 059 | 43 433 |
| 1995M2 | 4 357 | 2 658 | 2000M10 | 15 651 | 9 079 | 2006M6 | 38 070 | 20 499 | 2012M2 | 101 848 | 44 235 |
| 1995M3 | 4 434 | 2 705 | 2000M11 | 16 070 | 9 256 | 2006M7 | 38 314 | 20 693 | 2012M3 | 103 191 | 44 747 |
| 1995M4 | 4 512 | 2 718 | 2000M12 | 16 474 | 9 480 | 2006M8 | 38 959 | 20 979 | 2012M4 | 103 460 | 44 903 |
| 1995M5 | 4 646 | 2 784 | 2001M1 | 16 732 | 9 543 | 2006M9 | 39 725 | 21 284 | 2012M5 | 104 597 | 45 532 |
| 1995M6 | 4 701 | 2 855 | 2001M2 | 16 447 | 9 371 | 2006M10 | 40 671 | 21 770 | 2012M6 | 106 363 | 46 548 |
| 1995M7 | 4 812 | 2 956 | 2001M3 | 17 091 | 9 796 | 2006M11 | 41 944 | 22 384 | 2012M7 | 104 945 | 45 881 |
| 1995M8 | 4 917 | 2 965 | 2001M4 | 17 290 | 9 890 | 2006M12 | 43 468 | 22 877 | 2012M8 | 105 396 | 45 843 |
| 1995M9 | 5 015 | 2 955 | 2001M5 | 17 390 | 9 998 | 2007M1 | 45 695 | 23 882 | 2012M9 | 107 539 | 46 585 |
| 1995M10 | 5 122 | 3 016 | 2001M6 | 17 880 | 10 404 | 2007M2 | 46 461 | 24 041 | 2012M10 | 106 990 | 46 378 |

续表

| 月度 | NFBFS /元 | RFBFS /元 | 月度 | NFBFS /元 | RFBFS /元 | 月度 | NFBFS /元 | RFBFS /元 | 月度 | NFBFS /元 | RFBFS /元 |
|---|---|---|---|---|---|---|---|---|---|---|---|
| 1995M11 | 5 203 | 3 055 | 2001M7 | 17 148 | 10 029 | 2007M3 | 48 851 | 25 354 | 2012M11 | 106 599 | 46 140 |
| 1995M12 | 5 916 | 3 456 | 2001M8 | 17 614 | 10 291 | 2007M4 | 51 595 | 26 805 | 2012M12 | 110 417 | 47 368 |
| 1996M1 | 6 014 | 3 460 | 2001M9 | 17 687 | 10 241 | 2007M5 | 53 003 | 27 454 | 2013M1 | 113 648 | 48 323 |
| 1996M2 | 6 198 | 3 492 | 2001M10 | 17 583 | 10 151 | 2007M6 | 52 893 | 27 288 | 2013M2 | 113 724 | 47 821 |
| 1996M3 | 6 271 | 3 518 | 2001M11 | 17 768 | 10 278 | 2007M7 | 55 407 | 28 331 | 2013M3 | 116 273 | 49 340 |
| 1996M4 | 6 499 | 3 604 | 2001M12 | 18 080 | 10 448 | 2007M8 | 59 321 | 29 972 | 2013M4 | 115 560 | 48 937 |
| 1996M5 | 6 588 | 3 661 | 2002M1 | 18 696 | 10 772 | 2007M9 | 61 357 | 30 908 | 2013M5 | 118 089 | 50 305 |
| 1996M6 | 6 799 | 3 840 | 2002M2 | 18 848 | 10 741 | 2007M10 | 62 867 | 31 574 | 2013M6 | 116 955 | 49 795 |
| 1996M7 | 7 009 | 4 015 | 2002M3 | 19 340 | 11 167 | 2007M11 | 64 328 | 32 083 | 2013M7 | 116 765 | 49 664 |
| 1996M8 | 7 168 | 4 037 | 2002M4 | 19 768 | 11 448 | 2007M12 | 68 072 | 33 614 | 2013M8 | 118 373 | 50 140 |
| 1996M9 | 7 315 | 4 052 | 2002M5 | 19 707 | 11 447 | 2008M1 | 65 267 | 31 847 | 2013M9 | 120 836 | 50 728 |
| 1996M10 | 7 606 | 4 226 | 2002M6 | 20 586 | 12 066 | 2008M2 | 66 431 | 31 594 | 2013M10 | 120 068 | 50 390 |
| 1996M11 | 7 810 | 4 331 | 2002M7 | 20 678 | 12 206 | 2008M3 | 63 442 | 30 385 | 2013M11 | 121 418 | 50 980 |
| 1996M12 | 7 811 | 4 306 | 2002M8 | 21 031 | 12 377 | 2008M4 | 65 097 | 31 146 | 2013M12 | 121 862 | 50 959 |
| 1997M1 | 8 096 | 4 441 | 2002M9 | 21 260 | 12 388 | 2008M5 | 64 680 | 31 071 | 2014M1 | 124 344 | 51 537 |
| 1997M2 | 8 228 | 4 433 | 2002M10 | 21 283 | 12 376 | 2008M6 | 61 757 | 29 726 | 2014M2 | 123 652 | 50 933 |
| 1997M3 | 8 515 | 4 638 | 2002M11 | 21 314 | 12 407 | 2008M7 | 62 256 | 29 936 | 2014M3 | 126 183 | 52 246 |
| 1997M4 | 8 774 | 4 760 | 2002M12 | 21 459 | 12 454 | 2008M8 | 60 882 | 29 305 | 2014M4 | 125 418 | 52 129 |
| 1997M5 | 8 753 | 4 777 | 2003M1 | 22 283 | 12 792 | 2008M9 | 61 155 | 29 437 | 2014M5 | 127 018 | 52 744 |
| 1997M6 | 8 991 | 4 987 | 2003M2 | 22 297 | 12 685 | 2008M10 | 58 780 | 28 378 | 2014M6 | 130 593 | 54 305 |
| 1997M7 | 9 025 | 5 082 | 2003M3 | 22 734 | 13 012 | 2008M11 | 59 901 | 29 153 | | | |
| 1997M8 | 9 145 | 5 104 | 2003M4 | 22 873 | 13 118 | 2008M12 | 60 434 | 29 471 | | | |

注：NFBFS 是指名义人均金融资产，RFBFS 是指实际人均金融资产

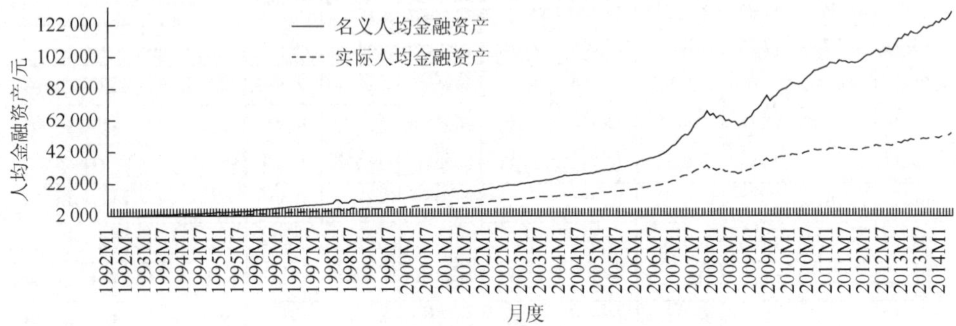


图 4.12　我国整个金融体系的金融宽度测度结果

从表 4.12 和图 4.12 可知，我国整个金融体系的金融宽度测度具有明显的特征，本书具体总结如下。

第一，我国整个金融体系的金融宽度在总体规模上呈现了相对较高的规模特征，已经达到中等发达国家的平均水平。也就是说，虽然我国整个金融体系的金融宽度规模与欧美主要发达国家还存在很大的差距，但是与中等发达国家和地区的平均水平基本相当，与我国人均 GDP 在世界中等发达国家和新兴经济国家与地区中排名居中的地位基本一致，略高一点。根据测度结果可知，整个金融体系的人均名义和实际金融资产均值分别为 39 637.66 元和 19 150.24 元（其中 1999～2012 年的均值分别为 47 863.02 元和 41 673.16 元），按照美元计算分别为 5745.88 美元和 4860.63 美元（其中 1999～2012 年的均值分别 6770.33 美元和 5838.89 美元）。这反映了我国整个金融体系的人均金融资产相对于其人均 GDP 在世界上排名呈现了较高的规模特征。

首先，这个现象表现在整个金融体系的金融宽度在总体规模上与欧美发达国家还存在很大的差距。在 1999～2012 年世界主要发达国家和地区整个金融体系的人均名义和实际金融资产的平均值分别是 136 423.24 美元和 118 658.38 美元，分别是中国对应年份平均值的 20.15 倍和 20.32 倍，两者的差距巨大。下面分别对这些国家和地区在 1999～2012 年的人均名义和实际金融资产的平均值进行列示（按照名义值从大到小的顺序排列）：瑞士为 235 208.53 美元和 219 788.90 美元、中国香港为 221 002.61 美元和 227 713.57 美元、爱尔兰为 220 664.12 美元和 167 383.61 美元、荷兰为 210 170.09 美元和 177 518.01 美元、日本为 194 836.31 美元和 199 610.83 美元、丹麦为 183 013.87 美元和 154 634.57 美元、美国为 178 159.43 美元和 148 832.21 美元、英国为 159 646.35 美元和 130 977.84 美元、瑞典为 137 115.86 美元和 120 297.34 美元、奥地利为 134 584.38 美元和 115 117.47 美元、加拿大为 133 491.95 美元和 113 196.02 美元、新加坡为 133 010.69 美元和 119 137.66 美元、澳大利亚为 128 194.54 美元和 99 159.31 美元、德国为 123 616.17 美元和 110 230.66 美元、比利时为 121 935.98 美元和 104 075.16 美元、法国为 119 934.49 美元和 104 854.88 美元、芬兰为 110 185.18 美元和 97 063.09 美元、西班牙为 93 915.65 美元和 73 396.87 美元、意大利为 92 626.21 美元和 77 786.39 美元、以色列为 60 633.06 美元和 52 578.56 美元、葡萄牙为 55 546.17 美元和 44 643.25 美元、韩国为 49 356.86 美元和 37 685.57 美元、新西兰为 40 886.01 美元和 33 461.00 美元。

其次，这个现象表现在整个金融体系的金融宽度在总体规模上与世界中等发达国家和地区的平均水平基本相当。在 1999～2012 年世界中等发达国家和新兴经济国家与地区整个金融体系的人均名义和实际金融资产的平均值分别是 12 889.05 美元和 8599.81 美元，分别是中国对应年份平均值的 1.90 倍和 1.47 倍，两者的差距也较大。下面分别对这些国家和地区在 1999～2012 年的人均名义和实际金融资产的平均值进行列示（按照名义值从大到小的顺序排列）：马来西亚为 31 631.43 美元和 25 575.32 美元、沙特阿拉伯为 24 381.26 美元和 22 293.45 美元、南非为 18 153.57 美元和 12 365.92 美元、巴西为 15 696.93 美元和 8089.57 美元、波兰为 14 539.38 美元和 10 495.96 美元、俄罗斯为 11 213.48 美元和 3486.22 美元、土耳其为 10 506.26 美元和 1610.75 美元、墨西哥为 9749.02 美元和 5986.83 美元、泰国为 8013.83 美元和 6548.11 美元；阿根廷为 7629.84 美元和 4926.17 美元、印度尼西亚为 1777.98 美元和 947.31 美元、印度为 1375.60 美元和 872.10 美元。

总之，我国整个金融体系的金融宽度在总体规模上与我国人均 GDP 规模在世界上的排名基本一致，略微高一些，说明我国整个金融体系的金融宽度在规模上略微领先于国民经济增长。

第二，我国整个金融体系的金融宽度在增长速度上呈现过快上升的特征，在世界所有国家和地区中居于前列。也就是说，我国整个金融体系的金融宽度增长速度不但明显超过了几乎所有的发达国家和地区，而且在中等发达国家和新兴经济国家与地区中处于前列。根据测度结果可知，整个金融体系的人均名义和实际金融资产分别从期初的 2022.57 元和 2022.57 元，逐步上升到期末值的 130 593.34 元和 54 305.30 元，年均名义和实际增长速度分别为 282.52%和 114.89%（其中 1999～2012 年的年均增长速度分别为 56.21%和 39.84%），这说明我国整个金融体系的金融宽度不但波动较平稳，而且增长速度过快。

首先，这个现象表现在我国整个金融体系的金融宽度在增长速度上已经明显超过了世界几乎所有的发达国家和地区。在 1999～2012 年世界主要发达国家和地区整个金融体系的人均名义和实际金融资产增长速度的平均值分别是 12.62%和 8.00%，中国对应年份的平均值分别是它们的 4.45 倍和 4.98 倍，因此在增长速度上中国拉开世界主要发达国家和地区非常大的距离。下面分别对这些国家和地区在 1999～2012 年的人均名义和实际金融资产增长速度的平均值进行列示（按照名义值从大到小的顺序排列）：爱尔兰为 43.69%和 28.87%、瑞典为 29.72%和 23.90%、卢森堡为 26.86%和 19.13%、韩国为 23.37%和 14.55%、新西兰为 15.13%和 8.62%、丹麦为 14.12%和 8.72%、葡萄牙为 13.81%和 7.72%、加拿大为 11.88%和 7.24%、新加坡为 11.64%和 7.07%、荷兰为 11.13%和 6.68%、意大利为 10.10%和 5.53%、法国为 9.43%和 5.95%、以色列为 8.29%和 4.45%、中国香港为 7.90%和 6.47%、英国为 7.48%和 2.65%、比利时为 6.54%和 2.92%、瑞士为 6.14%和 4.86%、奥地利为 5.34%和 3.08%、德国为 5.08%和 2.67%、美国为 4.41%和 1.09%、日本为 3.35%和 3.76%、芬兰为 2.24%和 0.07%。

其次，这个现象表现在我国整个金融体系的金融宽度的增长速度在中等发达国家和新兴经济国家与地区中处于前列。在 1999～2012 年世界中等发达国家和新兴经济国家与地区整个金融体系的人均名义和实际金融资产增长速度的平均值分别是 24.68%和 10.57%，中国对应年份平均值分别是它们的 2.91 倍和 4.87 倍，因此中国在增长速度上也拉开世界中等发达国家和新兴经济国家与地区较大的距离。下面分别对这些国家在 1999～2012 年的人均名义和实际金融资产增长速度的平均值进行列示（按照名义值从大到小的顺序排列）：巴西为 58.76%和 26.80%、俄罗斯为 48.16%和 16.54%、印度为 41.07%和 13.82%、泰国为 27.92%和 17.74%、波兰为 27.76%和 18.39%、印度尼西亚为 22.87%和 4.15%、澳大利亚为 20.38%和 11.31%、西班牙为 19.77%和 11.28%、土耳其为 18.93%和 3.41%、马来西亚为 17.81%和 12.53%、南非为 9.98%和 1.39%、沙特阿拉伯为 7.35%和 3.22%、阿根廷为 1.35%和–4.66%。

第三，我国整个金融体系的金融宽度在发展趋势上出现了明显的结构变化，2006 年 4 月是分界点。这主要表现在以下两个方面：首先，在 2006 年 4 月之前，我国整个金融体系的金融宽度呈现平稳向上的斜线发展趋势，但在这之后出现了一个很大的波峰和波谷，接着呈现了以更高斜率的平稳向上的斜线发展趋势；其次，在 2006 年 4 月之前，我国整个金融体系的金融宽度的名义和实际波动率分别是 9706.92 和 5170.97，而之后的分别是 10 211.48 和 4473.30，后者是前者的 1.05 倍和 0.87 倍。这说明我国整个金融体系的金融宽度的增长速度在金融危机之后名义上加快了，同时波动也加剧，但实际上是变慢，同时波动也变缓，因此，可以发现它在发展趋势上也受到货币政策周期、证券市场周期等实体经济周期共同影响。

总之，我国整个金融体系的金融宽度的增长速度存在过高现象，虽然这有可能是我国充分发挥后发优势而自然形成的高速度，但也有可能是刺激性经济政策而人为制造的高速度，如果是后者，则会超过国民经济的需要，可能引发通货膨胀和资产泡沫，因此，随着我国经济增长步入中高速增长阶段，政府需要减少对经济的过度干预，采取有力措施把金融资产增长速度调整到与经济增长相适应的水平上来。

### 4.2.2 金融结构测度

从已有的文献来看，学者在实证分析中主要使用金融资产结构，即证券资产余额占金融总资产的比率来测度金融结构调整，应该说该比率描述了中国改革开放以来的金融结构变化的主要方面[121]。但著者认为这个指标不能完全描述我国金融结构的调整，因此本书使用金融体系结构、金融市场结构、金融资产结构和金融融资结构四个指标来测度我国金融结构调整，从而更加全面和深入地刻画我国金融结构变化。

1. 金融体系结构测度

从实证分析来看，金融体系结构（financial system structure，FSS），又称为金融产业结构，是指一个国家和地区的金融机构体系中的各个金融机构子体系自身拥有的金融要素（如总资产、净资产、机构数量和员工数量、创造的增加值等）在整个金融体系中的占比。考虑数据的可得性、代表性和可比性，本书只测度了金融体系结构中的各个金融机构子体系自身拥有的净资产在整个金融体系中的占比。

1）金融体系结构测度的数据选取和处理

选择合适的金融指标来代表各个金融体系金融机构拥有的金融要素数量。由于国外学者用到的众多金融要素指标，我国都没有对应的统计数据，无法使用，所以本书只选择了月度的我国金融机构自身拥有的净资产一个指标，这包括银行业净资产、证券公司净资产和保险公司净资产三个具体指标，其他金融机构如信托公司、期货公司、基金公司等金融机构由于没有相应的统计和规模比较小，本书没有包括进来。银行业净资产数据来自我国银监会网站，由于只有部分月度，其中的季度数据，本书使用中国人民银行公布的银行概览和其他存款性公司概览中总资产的月度数据作为权重进行了分解；证券公司净资产来自我国证券业协会，由于只有部分月度数据，其中的季度数据本书使用线性插值法进行了分解；保险公司净资产来自我国保监会（中国保险监督管理委员会）网站，由于只有部分月度数据，其中的季度数据本书使用线性插值法进行了分解。

2）金融体系结构实际测度过程

本书使用非银行金融机构净资产（即证券公司和保险公司净资产之和）在整个金融机构体系净资产中的占比来表征金融体系结构。根据 2003 年 1 月～2014 年 6 月的月度数据，使用测度公式："非银行金融机构净资产/整个金融机构体系净资产"计算得到非银行金融机构净资产占比，作为金融体系结构的一个测度指标。为了行文的简洁和美观，本书测度的金融体系结构具体结果见表 4.13 和图 4.13。

**表 4.13 我国金融体系结构测度结果**

| 月度 | FSS /% | 月度 | FSS /% | 月度 | FSS /% | 月度 | FSS /% | 月度 | FSS /% | 月度 | FSS /% |
|---|---|---|---|---|---|---|---|---|---|---|---|
| 2003M1 | 15.33 | 2004M12 | 14.83 | 2006M11 | 11.72 | 2008M10 | 15.96 | 2010M9 | 16.20 | 2012M8 | 14.48 |
| 2003M2 | 15.52 | 2005M1 | 14.91 | 2006M12 | 11.94 | 2008M11 | 16.04 | 2010M10 | 16.17 | 2012M9 | 14.63 |
| 2003M3 | 15.63 | 2005M2 | 14.80 | 2007M1 | 12.80 | 2008M12 | 15.82 | 2010M11 | 15.84 | 2012M10 | 14.39 |
| 2003M4 | 16.02 | 2005M3 | 14.85 | 2007M2 | 13.64 | 2009M1 | 16.60 | 2010M12 | 15.90 | 2012M11 | 14.30 |
| 2003M5 | 16.04 | 2005M4 | 13.96 | 2007M3 | 14.20 | 2009M2 | 16.39 | 2011M1 | 15.72 | 2012M12 | 14.56 |
| 2003M6 | 15.90 | 2005M5 | 13.94 | 2007M4 | 15.05 | 2009M3 | 16.25 | 2011M2 | 15.61 | 2013M1 | 14.36 |
| 2003M7 | 16.73 | 2005M6 | 13.60 | 2007M5 | 15.47 | 2009M4 | 16.94 | 2011M3 | 15.63 | 2013M2 | 14.20 |

续表

| 月度 | FSS /% | 月度 | FSS /% | 月度 | FSS /% | 月度 | FSS /% | 月度 | FSS /% | 月度 | FSS /% |
|---|---|---|---|---|---|---|---|---|---|---|---|
| 2003M8 | 16.73 | 2005M7 | 13.41 | 2007M6 | 16.01 | 2009M5 | 17.00 | 2011M4 | 15.29 | 2013M3 | 14.27 |
| 2003M9 | 16.71 | 2005M8 | 13.26 | 2007M7 | 16.09 | 2009M6 | 16.96 | 2011M5 | 15.08 | 2013M4 | 14.29 |
| 2003M10 | 16.77 | 2005M9 | 13.10 | 2007M8 | 16.49 | 2009M7 | 16.97 | 2011M6 | 15.80 | 2013M5 | 14.43 |
| 2003M11 | 16.96 | 2005M10 | 12.45 | 2007M9 | 17.21 | 2009M8 | 16.77 | 2011M7 | 15.38 | 2013M6 | 14.22 |
| 2003M12 | 17.12 | 2005M11 | 12.38 | 2007M10 | 17.06 | 2009M9 | 16.94 | 2011M8 | 15.22 | 2013M7 | 14.26 |
| 2004M1 | 17.23 | 2005M12 | 12.11 | 2007M11 | 17.39 | 2009M10 | 16.85 | 2011M9 | 15.22 | 2013M8 | 14.18 |
| 2004M2 | 17.13 | 2006M1 | 12.27 | 2007M12 | 17.69 | 2009M11 | 16.93 | 2011M10 | 15.10 | 2013M9 | 14.14 |
| 2004M3 | 17.04 | 2006M2 | 12.41 | 2008M1 | 17.32 | 2009M12 | 17.09 | 2011M11 | 14.88 | 2013M10 | 13.94 |
| 2004M4 | 17.00 | 2006M3 | 12.46 | 2008M2 | 17.01 | 2010M1 | 16.80 | 2011M12 | 14.97 | 2013M11 | 13.87 |
| 2004M5 | 17.01 | 2006M4 | 11.92 | 2008M3 | 16.75 | 2010M2 | 16.60 | 2012M1 | 14.74 | 2013M12 | 13.66 |
| 2004M6 | 17.03 | 2006M5 | 12.14 | 2008M4 | 16.94 | 2010M3 | 16.65 | 2012M2 | 14.73 | 2014M1 | 13.48 |
| 2004M7 | 17.07 | 2006M6 | 12.14 | 2008M5 | 16.87 | 2010M4 | 16.47 | 2012M3 | 14.79 | 2014M2 | 13.40 |
| 2004M8 | 16.73 | 2006M7 | 11.89 | 2008M6 | 16.68 | 2010M5 | 16.53 | 2012M4 | 14.57 | 2014M3 | 13.54 |
| 2004M9 | 16.47 | 2006M8 | 11.93 | 2008M7 | 16.21 | 2010M6 | 16.76 | 2012M5 | 14.44 | 2014M4 | 13.56 |
| 2004M10 | 15.45 | 2006M9 | 12.09 | 2008M8 | 16.09 | 2010M7 | 16.16 | 2012M6 | 14.93 | 2014M5 | 13.55 |
| 2004M11 | 15.18 | 2006M10 | 11.67 | 2008M9 | 16.27 | 2010M8 | 16.33 | 2012M7 | 14.70 | 2014M6 | 14.03 |

注：FSS 是指非银行金融机构净资产在整个金融机构体系净资产中所占比例

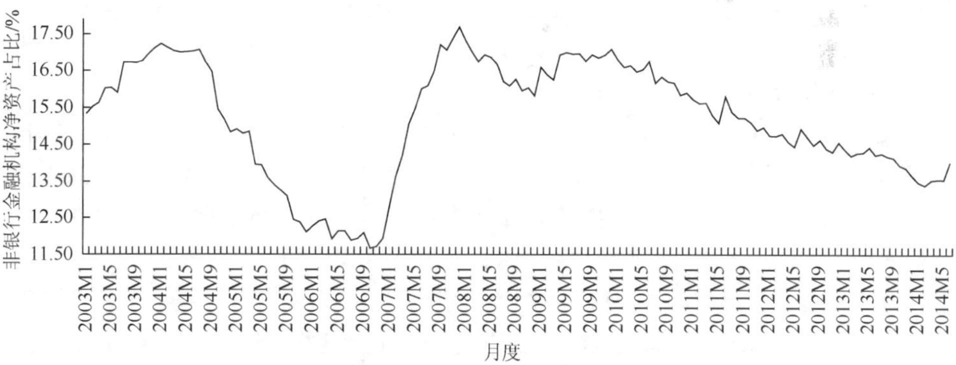


图 4.13　我国金融体系结构的测度结果

3）金融体系结构测度结果分析

从表 4.13 和图 4.13 可知，我国金融体系结构具有明显的特征，本书具体总结如下。

第一，我国金融体系结构在总体水平上出现明显偏低特征。根据测度结果可知，我国非银行金融机构净资产在整个金融机构体系净资产中占比的平均值为15.19%，明显偏低。这说明我国金融体系结构还处于与国民经济不相称的低水平发展阶段，需要我国加强对非银行金融机构，特别是证券公司的改革开放和发展支持，做大做强非银行金融机构，从而改善我国金融体系结构。

第二，我国金融体系结构在发展趋势上呈现了先周期波动后逐步下降的趋势，分界点是 2009 年 12 月。从图 4.13 可以看出，我国金融体系结构在 2003 年 1 月～2009 年 11 月这个时间段上具有周期波动趋势特征，期间出现了两次波峰（即 2004 年 1 月和 2007 年 12 月），对应的指标值分别是 17.23%和 17.69%，一次波谷（即 2006 年），对应的指标值是 11.67%；然后在 2009 年 12 月～2014 年 6 月这个时间段上具有逐步下降的趋势特征，根据我国体系结构测度结构图的趋势线提供的数据，这个时间段内，我国金融体系结构的截距项（首端）是 17.68%，逐步下降到末端的趋势值 13.35%，年均下降 0.72 个百分点，下降速度非常快。这说明我国非银行金融机构在金融竞争中处于劣势地位，需要加强改革开放，引入世界证券公司，从而促进和提高我国的证券发展水平。

第三，我国金融体系结构动荡变化的最大影响因素是股市周期，说明证券公司还没有改变靠天吃饭的局面。从表 4.13 和图 4.13 可以看出，金融体系结构的上升时间段主要出现在 2003 年 1 月～2004 年 7 月和 2006 年 10 月～2007 年 12 月，这两个时间段刚好与我国股市牛市时间段基本吻合；同时，金融体系结构的下降时间段主要出现在 2004 年 7 月～2005 年 12 月和 2009 年 12 月～2014 年 2 月，这两个时间段刚好与我国股市熊市时间段基本吻合。这说明我国金融体系结构动荡变化主要受到我国股市周期的影响。

总之，我国金融体系结构无论从总体水平、发展趋势还是影响因素来讲，都呈现出与我国国民经济发展不相称、不成熟的发展特征。首先，我国由于一直实行的是银行主导型金融发展模式，银行业在整个金融体系结构中居于垄断地位，赚取大量的垄断利润，从而能够大量增加其净资产，在一定程度上挤压了非银行金融机构的发展空间，造成我国金融体系结构的低水平发展；其次，我国银行业通过 20 世纪末的不良资产剥离改革、21 世纪初的股票上市等现代化改革，逐步建立了现代企业制度，竞争力空前提高，从而在制度上保证其能够获得可观的利润；再次，我国非银行金融机构，特别是证券公司由于还没有改变靠天吃饭的发展格局，无法对银行机构的垄断地位发动有力的挑战，因此，我国需要加强对证券公司的改革开放和发展支持，减少对其的管制，增强其创新能力和动力，以最终达到改善我国金融体系结构的目的。

### 2. 金融市场结构测度

从实证分析来看，金融市场结构（financial market structure，FMS），又称为金融交易结构，是指一个国家和地区的金融市场体系中的各个金融子市场体系的金融要素（如成交价格、成交额、成交量等）在整个金融市场体系中的占比。考虑数据的可得性、代表性和可比性，本书只测度了金融市场结构中的各个金融子市场体系的成交额在整个金融市场体系中的占比。

1）金融市场结构测度的数据选取和处理

选择合适的金融指标来代表各个金融市场体系的金融要素数量。由于众多的金融市场的金融要素指标无法进行跨市场比较，所以本书只选择了月度的我国金融市场的成交额一个指标，这包括货币市场交易额、证券市场交易额两个具体指标，其他金融市场如保险市场、期货市场等金融市场由于没有相应的统计和规模比较小，本书没有包括进来。货币市场交易额包括银行间同业拆借市场交易额、银行间回购市场交易额、银行间债券现券交易额三个细分指标，数据来自我国货币市场交易中心网站、国泰安数据库等；证券市场交易额包括股票市场交易额、债券市场交易额和基金市场交易额三个细分指标，数据来自我国上海和深圳证券交易所以及锐思数据库。

2）金融市场结构实际测度过程

本书使用非银行间市场交易额（即证券市场交易额）在整个金融市场体系交易额中的占比来表征金融市场结构。根据 1999 年 1 月～2014 年 6 月的月度数据，使用测度公式："非银行间市场交易额/整个金融市场交易额"计算得到非银行间市场交易额占比，作为金融市场结构的一个测度指标。为了行文的简洁和美观，本书测度的金融市场结构具体结果见表 4.14 和图 4.14。

**表 4.14　我国金融市场结构测度结果**

| 月度 | FMS /% | 月度 | FMS /% | 月度 | FMS /% | 月度 | FMS /% | 月度 | FMS /% | 月度 | FMS /% |
|---|---|---|---|---|---|---|---|---|---|---|---|
| 1999M1 | 53.99 | 2001M8 | 38.75 | 2004M3 | 18.07 | 2006M10 | 13.06 | 2009M5 | 16.75 | 2011M12 | 62.55 |
| 1999M2 | 58.15 | 2001M9 | 38.93 | 2004M4 | 26.17 | 2006M11 | 14.95 | 2009M6 | 17.44 | 2012M1 | 14.73 |
| 1999M3 | 66.02 | 2001M10 | 39.33 | 2004M5 | 19.93 | 2006M12 | 22.05 | 2009M7 | 24.18 | 2012M2 | 20.08 |
| 1999M4 | 59.46 | 2001M11 | 33.20 | 2004M6 | 21.36 | 2007M1 | 32.75 | 2009M8 | 16.51 | 2012M3 | 17.21 |
| 1999M5 | 65.25 | 2001M12 | 31.41 | 2004M7 | 24.93 | 2007M2 | 29.71 | 2009M9 | 16.21 | 2012M4 | 16.21 |
| 1999M6 | 80.86 | 2002M1 | 34.83 | 2004M8 | 21.16 | 2007M3 | 33.85 | 2009M10 | 17.17 | 2012M5 | 15.99 |
| 1999M7 | 76.84 | 2002M2 | 28.17 | 2004M9 | 26.94 | 2007M4 | 38.87 | 2009M11 | 21.91 | 2012M6 | 14.26 |
| 1999M8 | 66.38 | 2002M3 | 39.36 | 2004M10 | 26.80 | 2007M5 | 45.38 | 2009M12 | 15.52 | 2012M7 | 14.21 |
| 1999M9 | 59.93 | 2002M4 | 29.02 | 2004M11 | 24.21 | 2007M6 | 38.94 | 2010M1 | 15.69 | 2012M8 | 14.72 |
| 1999M10 | 52.18 | 2002M5 | 27.43 | 2004M12 | 20.82 | 2007M7 | 24.41 | 2010M2 | 12.69 | 2012M9 | 14.28 |

续表

| 月度 | FMS /% | 月度 | FMS /% | 月度 | FMS /% | 月度 | FMS /% | 月度 | FMS /% | 月度 | FMS /% |
|---|---|---|---|---|---|---|---|---|---|---|---|
| 1999M11 | 48.81 | 2002M6 | 34.12 | 2005M1 | 19.42 | 2007M8 | 34.16 | 2010M3 | 13.46 | 2012M10 | 15.24 |
| 1999M12 | 60.85 | 2002M7 | 24.02 | 2005M2 | 21.29 | 2007M9 | 28.56 | 2010M4 | 16.69 | 2012M11 | 14.46 |
| 2000M1 | 80.83 | 2002M8 | 20.62 | 2005M3 | 16.88 | 2007M10 | 27.17 | 2010M5 | 10.74 | 2012M12 | 14.26 |
| 2000M2 | 82.86 | 2002M9 | 21.81 | 2005M4 | 16.94 | 2007M11 | 16.93 | 2010M6 | 9.67 | 2013M1 | 15.88 |
| 2000M3 | 86.75 | 2002M10 | 24.98 | 2005M5 | 11.87 | 2007M12 | 19.68 | 2010M7 | 10.13 | 2013M2 | 16.13 |
| 2000M4 | 77.82 | 2002M11 | 32.57 | 2005M6 | 14.31 | 2008M1 | 25.72 | 2010M8 | 11.59 | 2013M3 | 14.93 |
| 2000M5 | 71.23 | 2002M12 | 31.78 | 2005M7 | 13.04 | 2008M2 | 15.15 | 2010M9 | 12.83 | 2013M4 | 12.75 |
| 2000M6 | 73.96 | 2003M1 | 30.83 | 2005M8 | 15.77 | 2008M3 | 15.72 | 2010M10 | 16.28 | 2013M5 | 17.87 |
| 2000M7 | 67.72 | 2003M2 | 25.41 | 2005M9 | 14.54 | 2008M4 | 16.36 | 2010M11 | 15.22 | 2013M6 | 19.11 |
| 2000M8 | 68.43 | 2003M3 | 23.75 | 2005M10 | 11.29 | 2008M5 | 19.29 | 2010M12 | 14.02 | 2013M7 | 20.14 |
| 2000M9 | 53.99 | 2003M4 | 34.17 | 2005M11 | 10.80 | 2008M6 | 12.37 | 2011M1 | 19.14 | 2013M8 | 19.99 |
| 2000M10 | 55.15 | 2003M5 | 29.79 | 2005M12 | 10.77 | 2008M7 | 14.14 | 2011M2 | 23.50 | 2013M9 | 21.81 |
| 2000M11 | 60.89 | 2003M6 | 29.46 | 2006M1 | 13.91 | 2008M8 | 7.81 | 2011M3 | 21.50 | 2013M10 | 22.76 |
| 2000M12 | 56.69 | 2003M7 | 23.14 | 2006M2 | 11.96 | 2008M9 | 8.69 | 2011M4 | 18.42 | 2013M11 | 22.03 |
| 2001M1 | 58.47 | 2003M8 | 18.44 | 2006M3 | 9.80 | 2008M10 | 8.28 | 2011M5 | 15.33 | 2013M12 | 22.81 |
| 2001M2 | 37.36 | 2003M9 | 22.90 | 2006M4 | 15.41 | 2008M11 | 11.43 | 2011M6 | 16.95 | 2014M1 | 23.32 |
| 2001M3 | 59.95 | 2003M10 | 22.07 | 2006M5 | 21.05 | 2008M12 | 13.21 | 2011M7 | 20.11 | 2014M2 | 26.02 |
| 2001M4 | 57.81 | 2003M11 | 22.60 | 2006M6 | 16.01 | 2009M1 | 13.57 | 2011M8 | 18.29 | 2014M3 | 18.93 |
| 2001M5 | 54.00 | 2003M12 | 27.79 | 2006M7 | 14.98 | 2009M2 | 21.14 | 2011M9 | 16.00 | 2014M4 | 19.14 |
| 2001M6 | 51.20 | 2004M1 | 29.61 | 2006M8 | 11.64 | 2009M3 | 16.29 | 2011M10 | 15.19 | 2014M5 | 17.76 |
| 2001M7 | 40.21 | 2004M2 | 29.69 | 2006M9 | 11.36 | 2009M4 | 18.65 | 2011M11 | 16.97 | 2014M6 | 18.62 |

注：FMS 是指非银行间市易交易额在整个金融市场体系交易额中的占比

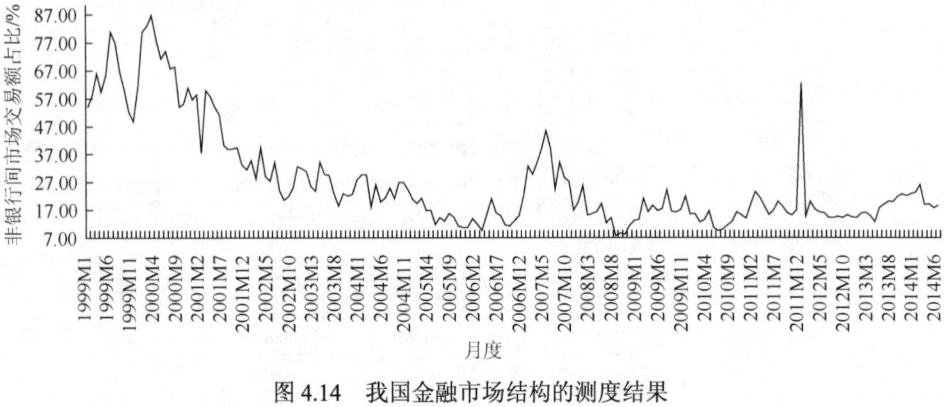


图 4.14　我国金融市场结构的测度结果

3）金融市场结构测度结果分析

从表 4.14 和图 4.14 可知，我国金融市场结构具有明显的特征，本书具体总结如下。

第一，我国金融市场结构在总体水平上呈现明显偏低的特征。根据测度结果可知，我国非银行间市场交易额在整个金融市场交易额中占比的平均值为 27.63%，特别到了我国金融市场结构基本稳定的 2005 年 5 月以后，平均值只有 19.30%，明显偏低。这说明我国金融市场结构还处于与国民经济不相称的低水平发展阶段，需要我国加强对证券市场的改革开放和发展支持，做大做强证券市场，从而改善我国金融市场结构。

第二，我国金融市场结构在发展趋势上呈现了逐步下降后基本平稳波动的趋势，分界点是 2005 年 5 月。从图 4.14 可以看出，我国金融市场结构在发展趋势上可以分为两个阶段：首先，我国金融市场结构呈现逐步下降发展趋势的早期阶段（1999 年 1 月～2005 年 5 月），根据我国金融市场结构测度结果图的趋势线提供的数据，这个时间段内，我国金融市场结构的截距项（首端）是 71.77%，逐步下降到末端的趋势值 11.12%，年均下降 9.45 个百分点，下降速度非常快；其次，我国金融市场结构呈现基本平稳波动发展趋势的现代阶段（2005 年 6 月～2014 年 6 月），虽然在 2007 年 5 月和 2011 年 12 月出现了两个较大的波峰，但时间非常短暂，在这个时间段里大部分时间保持在 18%左右的水平，基本平稳。这可能由于银行间市场起步时间比较晚，如 1996 年我国才有正式的银行间拆借交易市场，并明显晚于证券市场建立的时间，我国银行间市场在早期阶段进行了高速成长，利用后发优势大力追赶，并很快超越证券市场交易规模；而在现代阶段，我国银行间市场交易和证券市场交易处于一个相持阶段，表明我国已经形成了银行间市场交易强（占比约 82%）、证券市场交易弱（占比约 18%）的基本稳定的金融市场结构。这说明我国非银行间市场在金融竞争中处于劣势地位，需要加强改革开放，借鉴世界先进证券市场经验，促进和提高我国的证券市场发展水平。

第三，我国金融市场结构动荡变化的最大影响因素是股市周期，说明证券业还没有改变靠天吃饭的局面。从表 4.14 和图 4.14 可以看出，金融市场结构的上升时间段主要出现在 2000 年和 2007 年，这两个时间段刚好与我国股市牛市时间段基本吻合；同时，金融市场结构的下降时间段主要出现在 1999 年、2005 年和 2008 年，这三个时间段刚好与我国股市熊市时间段基本吻合。这说明我国金融市场结构动荡变化主要受到我国股市周期的影响。

总之，我国金融市场结构无论从总体水平、发展趋势还是影响因素来讲，都呈现出与我国国民经济发展不相称、不成熟的发展特征。首先，我国由于一直实行的是银行主导型金融发展模式，银行间市场在整个金融市场结构中居于垄断地位，在一定程度上挤压了非银行间市场的发展空间，造成我国金融市场结构的低水平发展；其次，我国银行业通过 20 世纪末的不良资产剥离改革、21 世纪初的股票上市等现代化改革，逐步建立了现代企业制度，竞争力空前提高，从而在组织和制度上保证我国银行间市场的繁荣；再次，我国非银行间市场，特别是证券市场由于还没有摆脱股市周期影响，无法对银行间市场的垄断地位发动有力的挑战，因此，我国需要加强对证券市场的改革开放和发展支持，减少对其的管制，增强其创新能力和动力，以最终达到改善我国金融市场结构的目的。

### 3. 金融资产结构测度

从实证分析来看，金融资产结构（financial assets structure，FAS），又称为金融投资结构，是指一个国家和地区全体经济部门在金融体系中的各个金融子体系的金融要素（如金融资产、金融负债等）在整个金融体系中的占比。考虑数据的可得性、代表性和可比性，本书只测度了金融资产结构中的各个金融子市场体系的金融资产在整个金融体系中的占比。

1）金融资产结构测度的数据选取和处理

选择合适的金融指标来代表全体经济部门在各个金融体系拥有的金融要素数量。由于众多的金融体系要素指标无法进行跨市场比较，所以本书只选择了我国全体经济部门拥有的月度金融资产一个指标，这包括货币资产、证券资产和保险资产三个具体指标，其他的期货、互换、远期等衍生品资产由于没有相应的统计和规模比较小，本书没有包括进来。货币资产包括现金和各项存款，本书用货币供应量来表征，数据来自我国中国人民银行网站、国泰安数据库等；证券资产包括股票资产、债券资产，本书分别用股票总市值和债券总余额来表征，数据来自我国上海和深圳证券交易所以及锐思数据库。

2）金融资产结构实际测度过程

本书使用非货币资产（即证券资产和保险资产）在整个金融总资产中的占比来表征金融资产结构。根据 1992 年 1 月～2014 年 6 月的月度数据，使用测度公式：“非货币资产/金融总资产”计算得到非货币资产占比，作为金融资产结构的一个测度指标。为了行文的简洁和美观，本书测度的金融资产结构具体结果见表 4.15 和图 4.15。

**表 4.15 我国金融资产结构测度结果**

| 月度 | FAS /% | 月度 | FAS /% | 月度 | FAS /% | 月度 | FAS /% | 月度 | FAS /% | 月度 | FAS /% |
|---|---|---|---|---|---|---|---|---|---|---|---|
| 1992M1 | 10.30 | 1995M10 | 15.89 | 1999M7 | 27.63 | 2003M4 | 26.36 | 2007M1 | 35.77 | 2010M10 | 38.82 |
| 1992M2 | 10.69 | 1995M11 | 15.42 | 1999M8 | 27.80 | 2003M5 | 26.75 | 2007M2 | 35.76 | 2010M11 | 38.48 |
| 1992M3 | 11.39 | 1995M12 | 13.25 | 1999M9 | 27.63 | 2003M6 | 26.07 | 2007M3 | 37.83 | 2010M12 | 38.19 |
| 1992M4 | 12.10 | 1996M1 | 13.11 | 1999M10 | 27.13 | 2003M7 | 26.15 | 2007M4 | 40.72 | 2011M1 | 37.76 |
| 1992M5 | 14.61 | 1996M2 | 13.09 | 1999M11 | 26.94 | 2003M8 | 26.11 | 2007M5 | 42.27 | 2011M2 | 38.32 |
| 1992M6 | 14.61 | 1996M3 | 13.26 | 1999M12 | 26.22 | 2003M9 | 25.62 | 2007M6 | 40.70 | 2011M3 | 37.74 |
| 1992M7 | 14.77 | 1996M4 | 14.42 | 2000M1 | 27.63 | 2003M10 | 25.43 | 2007M7 | 43.42 | 2011M4 | 37.49 |
| 1992M8 | 14.58 | 1996M5 | 14.38 | 2000M2 | 29.19 | 2003M11 | 25.75 | 2007M8 | 46.24 | 2011M5 | 36.53 |

续表

| 月度 | FAS /% | 月度 | FAS /% | 月度 | FAS /% | 月度 | FAS /% | 月度 | FAS /% | 月度 | FAS /% |
|---|---|---|---|---|---|---|---|---|---|---|---|
| 1992M9 | 11.57 | 1996M6 | 15.63 | 2000M3 | 29.98 | 2003M12 | 26.49 | 2007M9 | 47.18 | 2011M6 | 36.31 |
| 1992M10 | 11.16 | 1996M7 | 16.48 | 2000M4 | 30.20 | 2004M1 | 26.76 | 2007M10 | 49.18 | 2011M7 | 36.54 |
| 1992M11 | 11.71 | 1996M8 | 16.51 | 2000M5 | 30.85 | 2004M2 | 27.54 | 2007M11 | 49.41 | 2011M8 | 35.97 |
| 1992M12 | 11.46 | 1996M9 | 17.10 | 2000M6 | 31.13 | 2004M3 | 27.98 | 2007M12 | 51.69 | 2011M9 | 34.55 |
| 1993M1 | 13.26 | 1996M10 | 18.98 | 2000M7 | 32.21 | 2004M4 | 26.93 | 2008M1 | 48.40 | 2011M10 | 35.22 |
| 1993M2 | 14.39 | 1996M11 | 20.01 | 2000M8 | 32.09 | 2004M5 | 26.63 | 2008M2 | 48.44 | 2011M11 | 34.64 |
| 1993M3 | 13.63 | 1996M12 | 18.56 | 2000M9 | 31.22 | 2004M6 | 25.95 | 2008M3 | 44.75 | 2011M12 | 33.50 |
| 1993M4 | 16.70 | 1997M1 | 19.03 | 2000M10 | 32.02 | 2004M7 | 26.04 | 2008M4 | 45.51 | 2012M1 | 33.77 |
| 1993M5 | 15.29 | 1997M2 | 19.68 | 2000M11 | 32.77 | 2004M8 | 25.69 | 2008M5 | 44.23 | 2012M2 | 34.56 |
| 1993M6 | 16.24 | 1997M3 | 21.48 | 2000M12 | 33.11 | 2004M9 | 26.08 | 2008M6 | 40.46 | 2012M3 | 33.23 |
| 1993M7 | 15.30 | 1997M4 | 22.93 | 2001M1 | 32.66 | 2004M10 | 25.99 | 2008M7 | 40.51 | 2012M4 | 33.88 |
| 1993M8 | 15.76 | 1997M5 | 22.45 | 2001M2 | 32.21 | 2004M11 | 26.26 | 2008M8 | 38.28 | 2012M5 | 33.73 |
| 1993M9 | 15.90 | 1997M6 | 23.08 | 2001M3 | 33.37 | 2004M12 | 26.08 | 2008M9 | 37.86 | 2012M6 | 32.57 |
| 1993M10 | 15.48 | 1997M7 | 22.77 | 2001M4 | 33.20 | 2005M1 | 25.43 | 2008M10 | 35.10 | 2012M7 | 32.18 |
| 1993M11 | 17.27 | 1997M8 | 22.76 | 2001M5 | 34.12 | 2005M2 | 26.11 | 2008M11 | 35.85 | 2012M8 | 32.04 |
| 1993M12 | 15.02 | 1997M9 | 21.55 | 2001M6 | 33.65 | 2005M3 | 25.59 | 2008M12 | 35.56 | 2012M9 | 31.97 |
| 1994M1 | 16.62 | 1997M10 | 22.95 | 2001M7 | 31.81 | 2005M4 | 25.62 | 2009M1 | 35.32 | 2012M10 | 32.13 |
| 1994M2 | 17.12 | 1997M11 | 22.68 | 2001M8 | 31.96 | 2005M5 | 25.19 | 2009M2 | 35.47 | 2012M11 | 31.48 |
| 1994M3 | 16.41 | 1997M12 | 22.82 | 2001M9 | 30.97 | 2005M6 | 24.97 | 2009M3 | 36.16 | 2012M12 | 32.65 |
| 1994M4 | 15.25 | 1998M1 | 23.08 | 2001M10 | 30.46 | 2005M7 | 25.11 | 2009M4 | 36.48 | 2013M1 | 32.94 |
| 1994M5 | 14.76 | 1998M2 | 37.17 | 2001M11 | 30.94 | 2005M8 | 25.42 | 2009M5 | 36.90 | 2013M2 | 32.92 |
| 1994M6 | 13.42 | 1998M3 | 36.55 | 2001M12 | 30.13 | 2005M9 | 25.39 | 2009M6 | 37.66 | 2013M3 | 31.76 |
| 1994M7 | 11.71 | 1998M4 | 24.23 | 2002M1 | 27.23 | 2005M10 | 25.39 | 2009M7 | 39.71 | 2013M4 | 31.64 |
| 1994M8 | 16.01 | 1998M5 | 25.00 | 2002M2 | 27.49 | 2005M11 | 25.60 | 2009M8 | 36.68 | 2013M5 | 32.33 |
| 1994M9 | 16.39 | 1998M6 | 24.27 | 2002M3 | 28.24 | 2005M12 | 25.89 | 2009M9 | 37.10 | 2013M6 | 30.46 |
| 1994M10 | 14.64 | 1998M7 | 33.78 | 2002M4 | 28.75 | 2006M1 | 25.89 | 2009M10 | 38.29 | 2013M7 | 30.86 |
| 1994M11 | 14.73 | 1998M8 | 33.77 | 2002M5 | 27.43 | 2006M2 | 26.66 | 2009M11 | 39.72 | 2013M8 | 31.24 |
| 1994M12 | 12.89 | 1998M9 | 24.32 | 2002M6 | 29.05 | 2006M3 | 26.82 | 2009M12 | 39.85 | 2013M9 | 31.42 |
| 1995M1 | 12.96 | 1998M10 | 24.18 | 2002M7 | 28.57 | 2006M4 | 27.05 | 2010M1 | 38.34 | 2013M10 | 31.46 |
| 1995M2 | 13.41 | 1998M11 | 24.22 | 2002M8 | 28.66 | 2006M5 | 27.92 | 2010M2 | 38.46 | 2013M11 | 31.84 |
| 1995M3 | 14.47 | 1998M12 | 24.06 | 2002M9 | 28.15 | 2006M6 | 27.96 | 2010M3 | 38.78 | 2013M12 | 31.30 |
| 1995M4 | 14.03 | 1999M1 | 23.83 | 2002M10 | 27.72 | 2006M7 | 28.55 | 2010M4 | 37.69 | 2014M1 | 31.12 |
| 1995M5 | 15.00 | 1999M2 | 23.10 | 2002M11 | 26.96 | 2006M8 | 28.81 | 2010M5 | 36.54 | 2014M2 | 31.14 |
| 1995M6 | 14.62 | 1999M3 | 23.77 | 2002M12 | 26.27 | 2006M9 | 29.06 | 2010M6 | 35.49 | 2014M3 | 30.46 |
| 1995M7 | 15.21 | 1999M4 | 23.42 | 2003M1 | 26.68 | 2006M10 | 30.72 | 2010M7 | 37.26 | 2014M4 | 30.61 |
| 1995M8 | 15.56 | 1999M5 | 24.61 | 2003M2 | 26.89 | 2006M11 | 31.72 | 2010M8 | 37.60 | 2014M5 | 30.60 |
| 1995M9 | 15.58 | 1999M6 | 28.25 | 2003M3 | 26.39 | 2006M12 | 33.76 | 2010M9 | 37.29 | 2014M6 | 30.24 |

注：FAS 是指全社会拥有的非货币资产在整个金融总资产中所占比例

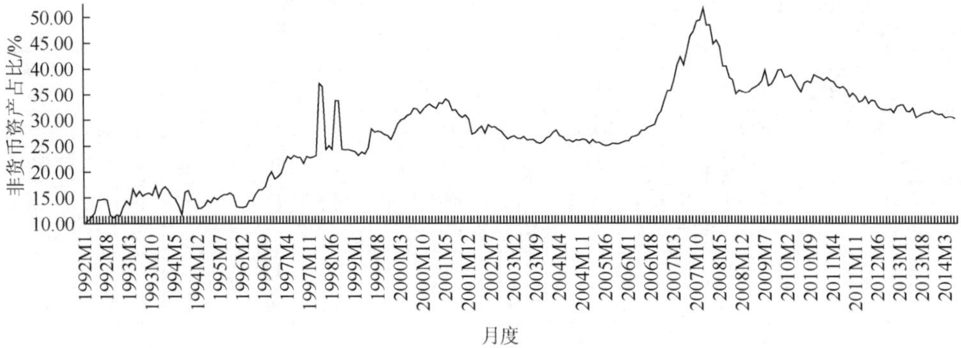


图 4.15 我国金融资产结构的测度结果

3）金融资产结构测度结果分析

从表 4.15 和图 4.15 可知，我国金融资产结构具有明显的特征，本书具体总结如下。

第一，我国金融资产结构在总体水平上呈现明显偏低的特征，不但与主要发达国家和地区有巨大的差距，而且在中等发达国家和新兴经济国家与地区中居于末位。根据测度结果可知，我国金融资产结构均值为 27.69%（其中 1999～2012 年的均值为 32.33%），这意味着我国全体经济部门以非货币资产方式持有的金融资产只占 3 成左右，相对于其他国家而言这个总体水平是明显偏低的。首先，这个现象表现在金融资产结构在总体水平上与世界主要发达国家和地区还存在巨大的差距。在 1999～2012 年世界发达国家和地区非货币资产占比平均值是 63.33%，是中国对应年份平均值的 1.96 倍，两者的差距巨大。下面分别对这些国家和地区在 1999～2012 年的非货币资产占比平均值进行列示（按照从大到小的顺序排列）：丹麦为 81.10%、美国为 80.84%、澳大利亚为 73.41%、瑞典为 72.20%、韩国为 70.82%、英国为 69.04%、芬兰为 69.02%、新加坡为 69.00%、荷兰为 65.13%、瑞士为 65.05%、加拿大为 64.97%、意大利为 64.20%、法国为 63.85%、中国香港为 63.00%、比利时为 62.17%、以色列为 61.68%、日本为 57.45%、西班牙为 56.74%、爱尔兰为 56.33%、卢森堡为 55.12%、葡萄牙为 53.48%、奥地利为 51.02%、德国为 50.54%、新西兰为 43.77%。其次，这个现象表现在金融资产结构在总体水平上与世界上主要中等发达国家和新兴经济国家与地区也存在巨大的差距，并处于末位。在 1999～2012 年世界主要中等发达国家和新兴经济国家与地区金融市场的非货币资产占比平均值是 63.95%，是中国对应年份平均值的 1.98 倍，两者的差距也巨大。下面分别对这些国家与地区在 1999～2012 年非货币资产占比的平均值进行列示（按照从大到小的顺序排列）：南非为 78.99%、阿根廷为 72.94%、墨西哥为 71.63%、巴西为 69.22%、沙特阿拉伯为 67.16%、马来西亚为 65.44%、俄罗斯为 64.57%、波兰为 63.32%、土耳其为 61.22%、印度尼西亚为 55.01%、印度为 49.16%、泰国为 48.74%。总之，我国金融资产结构在总体水平上与世界主要发达国家和地区、主要中等发达国家和新兴经济国家与地区都存在巨大的差距，这既与我国银行主导的金融发展模式有密切关系，又与我国不重视证券市场发展的政策导向有着很大的关系，如“政策市”“圈钱市”现象。这说明我国金融资产结构还处于与国民经济不相称的低水平发展阶段，需要我国加强对证券体系的改革开放和政策支持，提高证券资产投资收益率，从而改善我国金融资产结构。

第二，我国金融资产结构在发展趋势上呈现了螺旋式上升的发展特征，其增长速度在世界主要国家和地区中排名居中。从图 4.15 可以看出，我国金融资产结构虽然波动比较频繁，但总体趋势是向上升的；同时，其增长速度也是较快的，在世界主要发达国家和地区、中等发达国家和新兴经济国家与地区中排名中等。根据我国金融资产结构测度结果图的趋势线提供的数据，我国金融资产结构的截距项（首端）是 15.29%，逐步上升到末端的趋势值 39.99%，年均增长 1.10 个百分点，增长速度较快；根据实际测度结果，我国金融资产结构逐步从最初的 1992 年的平均值为 12.41%，逐步发展到 2014 年的平均值为 30.69%，年均增长 0.81 个百分点，其中 1999～2012 年年均增长 0.49 个百分点，在世界主要国家和地区中排名中等，下面把世界主要国家和地区的金融资产结构 1992～2012 年的增长速度列示如下（按照从大到小的顺序排列）：卢森堡为 0.0698%、爱尔兰为 0.0504%、泰国为 0.0472%、印度为 0.0207%、瑞典为 0.0151%、墨西哥为 0.0114%、以色列为 0.0093%、波兰为 0.0092%、奥地利为 0.0088%、马来西亚为 0.0044%、日本为 0.0043%、印度尼西亚为 0.0042%、丹麦为 0.0039%、葡萄牙为 0.0009%、巴西为 0.0005%、德国为–0.0005%、比利时为–0.0015%、西班牙为–0.0017%、新加坡为–0.0028%、美国为–0.0034%、中国香港为–0.0053%、法国为–0.0055%、新西兰为–0.0058%、南非为–0.0060%、韩国为–0.0063%、英国为–0.0064%、澳大利亚为–0.0078%、荷兰为–0.0090%、加拿大为–0.0120%、阿根廷为–0.0122%、意大利为–0.0127%、俄罗斯为–0.0135%、瑞士为–0.0155%、土耳其为–0.0169%、芬兰为–0.0201%、沙特阿拉伯为–0.0214%。总之，我国金融资产结构总体趋势是上升的，增长速度是在世界主要国家和地区中排名是中等的，这说明这些年来我国证券体系的改革开放取得一定的成效，使其增长速度得以快于金融中介体系，但我国证券体系还需要进一步改革和发展，争取早日达到与国民经济相称的水平。

第三，我国金融资产结构动荡变化过于剧烈，显得不成熟，且最大影响因素是股市周期，还没有改变靠天吃饭的局面。从表 4.15 和图 4.15 可以看出，我国金融资产结构上升时间段主要出现在 1996 年 3 月～2001 年 5 月、2005 年 6 月～2007 年 12 月和 2008 年 10 月～2009 年 12 月，这三个时间段刚好与我国股市牛市时间段基本吻合；同时，金融资产结构的下降时间段主要出现在 2001 年 5 月～2005 年 6 月、2007 年 12 月～2008 年 10 月和 2009 年 12 月～2014 年 6 月，这三个时间段刚好与我国股市熊市时间段基本吻合。这说明我国金融资产结构动荡变化主要受到我国股市周期的影响。

总之，我国金融资产结构无论从总体水平还是影响因素来讲，都呈现出与我国国民经济发展不相称的低水平发展特征和过于剧烈的波动特征。究其原因，本书认为有以下四点：首先，政策原因。我国政府实行的金融压抑政策一直以来都没有完全放松，并多次实行货币超发的扩张性货币政策，使得金融中介能够利用货币资产获得天然的垄断优势，从而使得金融市场在为投资者提供低风险、高收益的证券资产等非货币资产时存在政策等方面的多重障碍。其次，模式原因。我国金融业实行的银行主导型金融发展模式，使得金融中介形成了金融体系的垄断利益集团，在一定程度上挤压了金融市场等的发展空间，造成我国金融资产结构的低水平发展。再次，制度原因。我国银行业通过 20 世纪末的不良资产剥离改革、21 世纪初的股票上市等现代化改革，逐步建立了现代企业制度，竞争力空前提高，而反观我国的证券业在制度上还没有明显的进步，缺乏创新，从而无法提供能够对货币资产形成强有力挑战的证券资产。最后，体制原因。由于我国自 1993 年以来一直实行分业经营体制，我国银行等金融中介能够利用其规模大、业务范围广的组织特征，为其提供更好的竞争力。因此，我国需要加强对证券体系的改革开放和发展支持，减少对其的管制，增强其创新能力和动力，以最终达到改善我国金融资产结构的目的。

#### 4. 金融融资结构测度

从实证分析来看，金融融资结构（financial financing structure，FFS），又称为金融筹资结构，是指一个国家和地区全体经济部门从金融体系中的各个金融子体系获得金融要素（如贷款、股票融资等）在整个金融体系中的占比。考虑数据的可得性、代表性和可比性，本书只测度了金融融资结构中的各个金融子市场体系的金融融资额在整个金融体系金融融资额中的占比。

1）金融融资结构测度的数据选取和处理

选择合适的金融指标来代表全体经济部门从各个金融体系获得的金融要素数量。由于众多的金融体系要素指标无法进行跨市场比较，所以本书只选择了我国全体经济部门从金融体系获得的月度金融融资一个指标，这包括金融中介融资、金融市场融资和保险机构融资三个具体指标，其他的信托融资、基金融资等由于没有相应的统计和规模比较小且存在一定的重复性，本书没有包括进来。金融中介融资包括金融中介机构本外币各类融资额，本书采用金融机构本外币各项新增贷款余额来表征，这个数据只有 2002 年到现在的月度数据，2002 之前的月度数据用金融机构新增人民币各项贷款来替代，因为这个时段的新增外币贷款在整个本外币贷款中占比非常小，不会影响数据的一致性，同时为了避免数据出现异方差和受到季节性因素的影响，对新增各项贷款公式进行了修改，即将传统使用的计算公式 $\Delta Loan_t = Loan_t - Loan_{t-1}$ 修改为 $\Delta Loan_t = (Loan_t - Loan_{t-12})/12$ 的形式，类似于 12 个月的移动平均值，数据来自中国人民银行网站、国泰安数据库等；金融市场融资包括股票融资、债券融资，本书分别用国内股票融资额和债券发行额来表征，数据来自我国上海和深圳证券交易所以及锐思数据库；保险机构融资，本书用保险机构原保险保费支出来表征，数据来自保监会网站。

2）金融融资结构实际测度过程

本书使用非金融中介融资（即金融市场融资和保险机构融资）在整个金融融资中的占比来表征金融融资结构。根据 1992 年 1 月～2014 年 6 月的月度数据，使用测度公式："非金融中介融资/金融总融资"计算得到非金融中介融资占比，作为金融融资结构的一个测度指标。为了行文的简洁和美观，本书测度的金融融资结构具体结果见表 4.16 和图 4.16。

**表 4.16　我国金融融资结构测度结果**

| 月度 | FFS /% | 月度 | FFS /% | 月度 | FFS /% | 月度 | FFS /% | 月度 | FFS /% | 月度 | FFS /% |
|---|---|---|---|---|---|---|---|---|---|---|---|
| 1992M1 | 15.14 | 1995M10 | 21.44 | 1999M7 | 19.10 | 2003M4 | 27.88 | 2007M1 | 66.76 | 2010M10 | 34.64 |
| 1992M2 | 15.37 | 1995M11 | 21.84 | 1999M8 | 14.90 | 2003M5 | 31.17 | 2007M2 | 34.93 | 2010M11 | 35.06 |
| 1992M3 | 15.68 | 1995M12 | 18.52 | 1999M9 | 43.90 | 2003M6 | 33.93 | 2007M3 | 73.37 | 2010M12 | 24.15 |
| 1992M4 | 15.33 | 1996M1 | 14.27 | 1999M10 | 17.98 | 2003M7 | 37.83 | 2007M4 | 52.81 | 2011M1 | 24.36 |
| 1992M5 | 14.95 | 1996M2 | 14.02 | 1999M11 | 26.91 | 2003M8 | 39.98 | 2007M5 | 53.53 | 2011M2 | 21.71 |
| 1992M6 | 15.22 | 1996M3 | 14.05 | 1999M12 | 36.41 | 2003M9 | 31.64 | 2007M6 | 49.29 | 2011M3 | 49.40 |
| 1992M7 | 14.61 | 1996M4 | 13.92 | 2000M1 | 4.42 | 2003M10 | 21.82 | 2007M7 | 50.05 | 2011M4 | 41.98 |
| 1992M8 | 14.32 | 1996M5 | 14.52 | 2000M2 | 14.04 | 2003M11 | 34.35 | 2007M8 | 70.04 | 2011M5 | 39.11 |
| 1992M9 | 14.49 | 1996M6 | 14.82 | 2000M3 | 15.91 | 2003M12 | 47.49 | 2007M9 | 55.31 | 2011M6 | 37.35 |
| 1992M10 | 14.17 | 1996M7 | 14.56 | 2000M4 | 35.27 | 2004M1 | 14.03 | 2007M10 | 45.73 | 2011M7 | 37.14 |
| 1992M11 | 13.77 | 1996M8 | 14.15 | 2000M5 | 29.42 | 2004M2 | 32.56 | 2007M11 | 48.98 | 2011M8 | 36.89 |
| 1992M12 | 14.34 | 1996M9 | 14.39 | 2000M6 | 29.90 | 2004M3 | 41.52 | 2007M12 | 70.93 | 2011M9 | 27.30 |
| 1993M1 | 9.28 | 1996M10 | 14.15 | 2000M7 | 22.25 | 2004M4 | 28.01 | 2008M1 | 52.58 | 2011M10 | 31.24 |
| 1993M2 | 8.64 | 1996M11 | 14.01 | 2000M8 | 22.33 | 2004M5 | 29.46 | 2008M2 | 56.83 | 2011M11 | 34.60 |
| 1993M3 | 8.56 | 1996M12 | 15.97 | 2000M9 | 34.31 | 2004M6 | 50.33 | 2008M3 | 64.94 | 2011M12 | 34.38 |

续表

| 月度 | FFS /% | 月度 | FFS /% | 月度 | FFS /% | 月度 | FFS /% | 月度 | FFS /% | 月度 | FFS /% |
|---|---|---|---|---|---|---|---|---|---|---|---|
| 1993M4 | 8.04 | 1997M1 | 13.39 | 2000M10 | 51.98 | 2004M7 | 35.97 | 2008M4 | 62.07 | 2012M1 | 13.01 |
| 1993M5 | 8.56 | 1997M2 | 12.02 | 2000M11 | 42.33 | 2004M8 | 32.39 | 2008M5 | 47.35 | 2012M2 | 28.82 |
| 1993M6 | 8.58 | 1997M3 | 13.38 | 2000M12 | 47.29 | 2004M9 | 37.50 | 2008M6 | 37.22 | 2012M3 | 37.43 |
| 1993M7 | 8.10 | 1997M4 | 14.14 | 2001M1 | 18.84 | 2004M10 | 42.86 | 2008M7 | 43.81 | 2012M4 | 29.75 |
| 1993M8 | 7.92 | 1997M5 | 17.45 | 2001M2 | 16.51 | 2004M11 | 39.78 | 2008M8 | 48.71 | 2012M5 | 32.19 |
| 1993M9 | 8.01 | 1997M6 | 16.14 | 2001M3 | 36.52 | 2004M12 | 48.66 | 2008M9 | 55.46 | 2012M6 | 36.70 |
| 1993M10 | 8.01 | 1997M7 | 13.89 | 2001M4 | 33.97 | 2005M1 | 40.40 | 2008M10 | 47.17 | 2012M7 | 35.28 |
| 1993M11 | 7.93 | 1997M8 | 13.76 | 2001M5 | 21.91 | 2005M2 | 34.41 | 2008M11 | 36.39 | 2012M8 | 34.21 |
| 1993M12 | 7.68 | 1997M9 | 16.40 | 2001M6 | 28.18 | 2005M3 | 54.90 | 2008M12 | 44.44 | 2012M9 | 33.02 |
| 1994M1 | 10.12 | 1997M10 | 15.69 | 2001M7 | 38.60 | 2005M4 | 48.28 | 2009M1 | 21.07 | 2012M10 | 28.73 |
| 1994M2 | 10.27 | 1997M11 | 16.16 | 2001M8 | 36.51 | 2005M5 | 49.79 | 2009M2 | 31.08 | 2012M11 | 32.07 |
| 1994M3 | 11.53 | 1997M12 | 19.16 | 2001M9 | 31.47 | 2005M6 | 47.14 | 2009M3 | 39.54 | 2012M12 | 30.76 |
| 1994M4 | 10.89 | 1998M1 | 21.10 | 2001M10 | 41.33 | 2005M7 | 49.09 | 2009M4 | 49.35 | 2013M1 | 26.34 |
| 1994M5 | 11.17 | 1998M2 | 3.16 | 2001M11 | 33.53 | 2005M8 | 52.16 | 2009M5 | 40.40 | 2013M2 | 24.18 |
| 1994M6 | 12.30 | 1998M3 | 5.44 | 2001M12 | 43.48 | 2005M9 | 57.99 | 2009M6 | 44.75 | 2013M3 | 31.56 |
| 1994M7 | 13.57 | 1998M4 | 7.87 | 2002M1 | 4.93 | 2005M10 | 60.21 | 2009M7 | 46.87 | 2013M4 | 34.28 |
| 1994M8 | 13.33 | 1998M5 | 21.03 | 2002M2 | 5.15 | 2005M11 | 62.31 | 2009M8 | 44.04 | 2013M5 | 34.90 |
| 1994M9 | 13.88 | 1998M6 | 5.73 | 2002M3 | 22.85 | 2005M12 | 62.27 | 2009M9 | 56.47 | 2013M6 | 21.94 |
| 1994M10 | 14.85 | 1998M7 | 4.22 | 2002M4 | 40.93 | 2006M1 | 43.62 | 2009M10 | 42.12 | 2013M7 | 35.06 |
| 1994M11 | 15.81 | 1998M8 | 57.85 | 2002M5 | 24.91 | 2006M2 | 69.41 | 2009M11 | 47.43 | 2013M8 | 32.94 |
| 1994M12 | 13.74 | 1998M9 | 27.88 | 2002M6 | 36.06 | 2006M3 | 67.16 | 2009M12 | 42.40 | 2013M9 | 29.76 |
| 1995M1 | 19.55 | 1998M10 | 14.23 | 2002M7 | 43.79 | 2006M4 | 50.09 | 2010M1 | 34.34 | 2013M10 | 29.86 |
| 1995M2 | 21.69 | 1998M11 | 10.09 | 2002M8 | 28.01 | 2006M5 | 63.33 | 2010M2 | 29.27 | 2013M11 | 20.61 |
| 1995M3 | 20.56 | 1998M12 | 50.08 | 2002M9 | 43.62 | 2006M6 | 62.68 | 2010M3 | 52.28 | 2013M12 | 24.36 |
| 1995M4 | 22.38 | 1999M1 | 8.57 | 2002M10 | 23.11 | 2006M7 | 50.08 | 2010M4 | 46.21 | 2014M1 | 19.90 |
| 1995M5 | 23.31 | 1999M2 | 11.69 | 2002M11 | 20.03 | 2006M8 | 50.57 | 2010M5 | 38.11 | 2014M2 | 20.38 |
| 1995M6 | 23.63 | 1999M3 | 10.16 | 2002M12 | 35.06 | 2006M9 | 61.45 | 2010M6 | 46.96 | 2014M3 | 31.41 |
| 1995M7 | 23.48 | 1999M4 | 12.12 | 2003M1 | 10.89 | 2006M10 | 58.63 | 2010M7 | 44.26 | 2014M4 | 34.40 |
| 1995M8 | 23.21 | 1999M5 | 14.99 | 2003M2 | 14.08 | 2006M11 | 47.98 | 2010M8 | 43.08 | 2014M5 | 30.00 |
| 1995M9 | 21.73 | 1999M6 | 16.25 | 2003M3 | 14.05 | 2006M12 | 56.79 | 2010M9 | 42.61 | 2014M6 | 29.61 |

注：FFS 是指全社会从非金融中介筹集的金融融资在整个金融总融资中所占比例

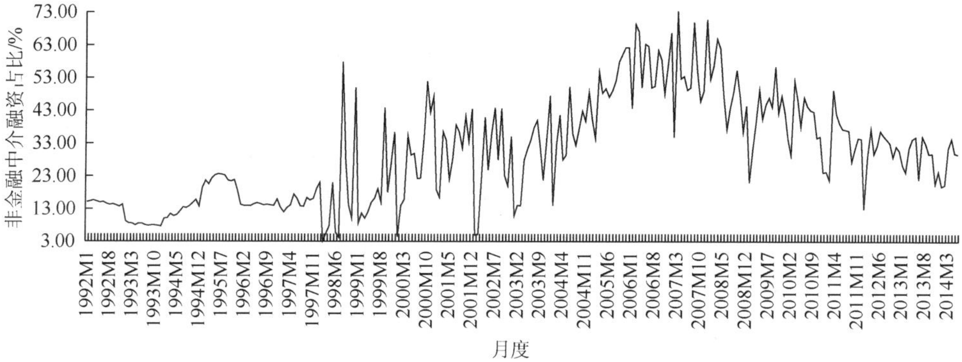


图 4.16　我国金融融资结构的测度结果

3）金融融资结构测度结果分析

从表 4.16 和图 4.16 可知，我国金融融资结构具有明显的特征，本书具体总结如下。

第一，我国金融融资结构在总体水平上呈现了明显偏低的特征，不但与主要发达国家和地区有巨大的差距，而且在中等发达国家和新兴经济国家与地区中居于末位。根据测度结果可知，我国金融融资结构均值为 30.32%（其中 1992～1996 年的均值为 14.37%），这意味着我国全体经济部门以非贷款形式进行融资占到 3 成左右，相对于其他国家而言这个总体水平是明显偏低的。首先，这个现象表现在金融融资结构在总体水平上与世界主要发达国家和地区还存在巨大的差距。在 1992～1996 年世界发达国家和地区非金融中介融资占比平均值是 82.68%，是中国对应年份平均值的 5.75 倍，两者的差距巨大。下面分别对这些国家和地区在 1992～1996 年的非金融中介融资占比平均值进行列示（按照从大到小的顺序排列）：美国为 97.13%、加拿大为 95.03%、澳大利亚为 92.06%、丹麦为 91.51%、卢森堡为 88.61%、荷兰为 88.32%、瑞士为 87.47%、新西兰为 85.46%、西班牙为 84.78%、日本为 84.72%、芬兰为 84.30%、法国为 84.13%、挪威为 83.91%、比利时为 82.01%、意大利为 81.45%、葡萄牙为 70.26%、奥地利为 61.80%、德国为 45.34%。其次，这个现象表现在金融融资结构在总体水平上与世界上主要中等发达国家和新兴经济国家与地区也存在巨大的差距，并处于末位。在 1992～1996 年世界主要中等发达国家和新兴经济国家与地区金融市场的非金融中介融资占比平均值是 80.76%，是中国对应年份平均值的 5.62 倍，两者的差距也巨大。下面分别对这些国家与地区在 1992～1996 年非金融中介融资占比的平均值进行列示（按照从大到小的顺序排列）：印度为 91.85%、马来西亚为 88.79%、墨西哥为 86.61%、阿根廷为 81.10%、巴西为 77.45%、泰国为 76.79%、印度尼西亚为 62.76%。总之，我国金融融资结构在总体水平上与世界主要发达国家和地区、主要中等发达国家和新兴经济国家与地区都存在巨大的差距，这既与我国银行主导的金融发展模式有密切关系，又与我国不重视证券市场发展的政策导向有着很大的关系，如“政策市”“圈钱市”现象。这说明我国金融融资结构还处于与国民经济不相称的低水平发展阶段，需要我国加强对证券体系的改革开放和政策支持，提高证券资产投资收益率，从而改善我国金融融资结构。

第二，我国金融融资结构在发展趋势上呈现了周期式上升的发展特征，其增长速度与世界其他国家和地区相比显得缓慢。从图 4.16 可以看出，我国金融融资结构虽然周期性波动比较频繁，但总体趋势是向上升的，其增长速度很缓慢。根据我国金融融资结构测度结果图的趋势线提供的数据，我国金融融资结构的截距项（首端）是 13.49%，逐步上升到末端的趋势值 47.02%，年均增长 1.49 个百分点，增长速度较慢；根据实际测度结果，我国金融融资结构逐步从最初的 1992 年的平均值为 13.16%，逐步发展到 2014 年的平均值为 24.78%，年均增长 0.52 个百分点，其中 1999～2012 年年均增长 0.80 个百分点，在世界主要国家和地区中排名非常靠后，下面把世界主要国家和地区的金融融资结构 1992～1996 年的增长速度列示如下（按照从大到小的顺序排列）：德国为 24.33%、比利时为 12.53%、阿根廷为 8.51%、奥地利为 8.47%、葡萄牙为 6.72%、法国为 5.93%、日本为 5.74%、巴西为 5.72%、墨西哥为 5.36%、西班牙为 5.34%、意大利为 4.87%、卢森堡为 3.81%、荷兰为 3.04%、丹麦为 2.57%、印度尼西亚为 2.04%、瑞士为 1.78%、马来西亚为 1.56%、印度为 1.54%、土耳其为 0.81%、泰国为 0.28%、美国为–0.63%、挪威为–0.79%、澳大利亚为–1.26%、加拿大为–2.18%、新西兰为–2.76%。总之，我国金融融资结构总体趋势是上升的，增长速度是在世界主要国家和地区中排名是靠后的，这说明这些年来我国证券体系的改革开放取得一定的成效，主要是证券资产投资取得一定的突破，而在证券融资方面的改革开放还没有实质性进展，如证券发行的审核制没有改革，使其增长速度慢于金融中介体系，因此，我国证券体系在证券融资领域还需要进一步改革和发展，争取早日达到与国民经济相称的水平。

第三，我国金融融资结构动荡变化过于剧烈，显得不成熟，且最大影响因素是股市周期，还没有改变靠天吃饭的局面。从表 4.16 和图 4.16 可以看出，我国金融融资结构上升时间段主要出现在 1996 年 3 月～2001 年 5 月、2005 年 6 月～2007 年 12 月和 2008 年 10 月～2009 年 12 月，这三个时间段刚好与我国股市牛市时间段基本吻合；同时，金融融资结构的下降时间段主要出现在 2001 年 5 月～2005 年 6 月、2007 年 12 月～2008 年 10 月和 2009 年 12 月～2014 年 6 月，这三个时间段刚好与我国股市熊市时间段基本吻合。这说明我国金融融资结构动荡变化主要受到我国股市周期的影响。

总之，我国金融融资结构无论从总体水平还是从影响因素来讲，都呈现出与我国国民经济发展不相称的低水平发展特征和过于剧烈的波动特征。究其原因，本书认为有以下四点：首先，政策原因。我国政府实行的金融压抑政策一直以来都没有完全放松，并多次实行货币超发的扩张性货币政策，使得金融中介能够利用信贷获得天然的垄断优势，从而使得金融市场在为融资者提供低成本的证券融资等非金融机构融资时存在政策等方面的多重障碍。其次，模式原因。我国金融业实行的银行主导型金融发展模式，使得金融中介形成了金融体系的垄断利益集团，在一定程度上挤压了金融市场等的发展空间，造成我国金融融资结构的低水平发展。再次，制度原因。我国银行业通过 20 世纪末的不良资产剥离改革、21 世纪初的股票上市等现代化改革，逐步建立了现代企业制度，竞争力空前提高，而反观我国的证券业在制度上还没有明显的进步，缺乏创新，从而无法提供能够对金融中介融资形成强有力挑战的证券融资。最后，体制原因。由于我国自 1993 年以来一直实行分业经营体制，我国银行等金融中介能够利用其规模大、业务范围广的组织特征，为其提供更好的竞争力。因此，我国需要加强对证券体系的改革开放和发展支持，减少对其的管制，增强其创新能力和动力，以最终达到改善我国金融融资结构的目的。

### 4.2.3　金融效率测度

综观目前对金融效率测度的文献，可以发现金融效率测度主要从微观效率、中观效率和宏观效率三个层次展开。金融发展的微观效率测度，也就是金融管理效率测度，主要测度金融体系的市场占有率、资产利润率等指标；金融发展的中观效率测度，也就是金融分配效率测度，金融发展的宏观效率测度，也就是金融功能效率测度，两者都可以通过借鉴 Pagano 的纳入金融要素的经济增长模型来测度[73]。

Pagano 利用最简单的内生经济增长模型（AK 模型）就清楚地刻画出了一个金融发展–经济增长联结机制的模型[73]，这成为后续关于金融发展–经济增长命题的理论研究和实证研究的基准模型。该模型给出了稳态中的经济增速表达式为

$$Y = A\phi S - \delta \tag{4.2}$$

其中，$Y$ 为稳态中的经济增长率；$A$ 为资本边际生产率；$S$ 为国民储蓄率；$\phi$ 为储蓄向投资转化的效率；$\delta$ 为折旧率。

从这个关系式中可以看到，金融发展对经济增长的影响分为直接效应和间接效应，从而金融效率就有直接效率和间接效率之分，因此，本书对金融分配效率和金融功能效率的测度都分别从直接效率和间接效率进行测度。首先，直接效应

是指金融发展对经济增长的直接影响因素产生的效应，其对应的就是直接效率。如果$\phi$代表金融资源转化为实体资源的效率，$S$ 代表金融资源动员效率，那么可以把两者归入金融发展对经济增长的直接效率。其次，间接效应是指金融发展对经济增长的间接因素产生的效应，其对应的就是间接效率。间接因素主要包括影响金融资源动员因素，以及金融资源转化和资本边际生产率的因素，如果用$Z$代表金融资源分置效率，则其表征了间接因素之一的影响金融资源动员的因素，如果用$X$代表金融资源投向效率，则其表征了间接因素之二的金融资源转化和资本边际生产率的因素，因此，本书将金融资源分置效率和金融资源投向效率归入金融发展对经济增长的间接效率。下面分别对金融效率的三个层次进行测度。

### 1. 金融资源管理效率测度

由于本书研究的主旨是从宏观角度实证分析金融发展和经济增长的周期相关关系，所以微观效率即金融资源管理效率不是本书关注的重点，没有进行实证测度，将来有需要的时候，再行测度。

### 2. 金融资源分配效率测度

本书认为第二个层次的金融效率——金融分配效率可以从直接效率和间接效率两个方面进行测度，即对应测度金融资源动员效率和金融资源分置效率。金融资源动员效率大体可以概括为一个国家和地区金融体系将其各个经济部门持有的可支配收入动员到金融体系中的效率，其测度指标主要包括金融中介的货币资产投资动员效率、金融市场的证券资产投资动员效率和保险机构的保险资产投资动员效率；金融资源分置效率大体可以概括为一个国家和地区的金融体系在消费和投资之间引致一个最优的比例的效率，这是一种间接的金融资源效率，必须通过直接的金融资源动员效率才能对经济增长发挥作用。

1）整个金融体系金融资源动员效率测度

整个金融体系的金融资源动员效率是指一个国家或者地区的整个金融体系动员各个经济部门的可支配收入以金融资产这种金融资源形式持有的效率。本书将金融资产定义为货币资产、证券资产和保险资产的和值。因此，整个金融体系的金融资源动员效率其实就是金融资产投资动员效率，主要包括货币资产投资动员效率、证券资产投资动员效率和保险资产投资动员效率。根据经济部门的不同，可以将整个金融体系的金融资源动员效率分为居民部门、非金融企业部门、政府部门等经济部门的金融资源动员效率以及金融资源动员总效率。本书只测度整个金融体系的居民部门金融资源动员效率和全体部门金融资源动员总效率。如果将居民可支配收入（或国民收入）记为 $Y$，金融资产投资额记为 $F$，整个金融体系的金融资源动员效率记为 $r$，则整个金融体系的金融资源动员效率的一般计算公式如下：

$$r = F / Y \tag{4.3}$$

根据中国金融资产投资的实际情况，本书对这个公式进行修改。这主要是因为在中国居民持有的金融资产投资额和全体部门持有的金融资产总投资额已经明显超过对应的居民可支配收入和国民收入的水平，从而这个计算公式就无法灵敏地反映出可支配收入和国民收入向金融资产转移的成分。同时，由于居民可支配收入和国民收入是增量和流量，无法同居民持有的金融资产投资额和全体部门持有的金融资产总投资额的存量形式相对应，为此，在本书中使用居民部门持有的金融资产投资增量和全体部门金融资产总投资增量分别与居民可支配收入和国民收入的比值作为整个金融体系的金融资源动员效率的度量，这更能反映国内各个经济部门在收入中对金融资产投资的比例。因此，本书将整个金融体系的金融资源动员效率的计算公式修改如下：

$$r' = \Delta F / Y \tag{4.4}$$

接下来，根据公式（4.4）对整个金融体系的金融资源动员效率进行测度。首先，选择合适的金融和经济指标来代表在整个金融体系中居民持有的金融资产投资额及增量、全体部门持有的金融资产总投资额及增量，以及可支配收入和国民收入。

关于整个金融体系的居民部门持有的金融资产投资额和全体部门持有的金融资产总投资额，本书选择了月度的居民部门持有的人均金融资产投资额和全体部门持有的人均金融资产总投资额来分别表征。对于居民部门持有的人均金融资产投资额，可以通过在测度金融中介、金融市场和保险机构的金融资源动员效率时得到居民持有的人均金融资产投资额相加得到，也就是说：“居民部门持有的人均金融资产投资额=居民部门持有的人均货币资产投资额+居民部门持有的人均证券资产投资额+居民部门持有的人均保险资产投资额”；对于全体部门持有的人均金融资产总投资额，也可通过类似的方法得到，也就是说：“全体部门持有的人均金融资产总投资额=全体部门持有的人均货币资产总投资额+全体部门持有的人均证券资产总投资额+全体部门持有的人均保险资产总投资额”。类似地，也可以得到居民部门持有的人均金融资产投资增量和全体部门持有的人均金融资产总投资增量。

关于居民可支配收入和国民收入，本书分别选择月度的中国居民人均可支配收入和人均国内生产总值来表征，这两个指标的计算方法与金融资产投资动员效率使用的方法一样，这里不再赘述。数据来源也一样。

其次，测度整个金融体系的金融资源动员效率。本书使用整个金融体系的居民部门金融资源动员效率和全体部门金融资源动员总效率两个指标来表征整个金融体系的金融资源动员效率。第一，测度整个金融体系的居民部门金融资源动员效率。根据 1992 年 1 月～2014 年 6 月的月度数据，使用基于公式（4.4）的测度公式：“居民部门持有的人均金融资产投资增量/居民人均可支配收入”计算得到整个金融体系的居民部门金融资源动员效率。第二，测度整个金融体系的全体部门金融资源动员效率。根据同样的数据，使用基于公式（4.4）的测度公式：“全体部门持有的人均金融资产总投资增量/人均国内生产总值”计算得到整个金融体系的全体部门金融资源动员总效率。为了行文的简洁和美观，本书测度的整个金融体系的金融资源动员效率具体结果见表 4.17 和图 4.17。

**表 4.17　整个金融体系的金融资源动员效率测度结果**

| 月度 | 居民部门/% | 全体部门/% | 月度 | 居民部门/% | 全体部门/% | 月度 | 居民部门/% | 全体部门/% | 月度 | 居民部门/% | 全体部门/% |
|---|---|---|---|---|---|---|---|---|---|---|---|
| 1992M1 | 28.15 | 36.67 | 1997M9 | 36.59 | 28.94 | 2003M5 | 46.35 | 40.77 | 2009M1 | −3.93 | −7.98 |
| 1992M2 | 26.92 | 34.34 | 1997M10 | 33.21 | 24.78 | 2003M6 | 37.44 | 31.33 | 2009M2 | −9.14 | −9.01 |
| 1992M3 | 27.17 | 33.16 | 1997M11 | 29.69 | 21.08 | 2003M7 | 35.09 | 32.69 | 2009M3 | 20.58 | 21.37 |
| 1992M4 | 27.68 | 30.99 | 1997M12 | 29.96 | 22.70 | 2003M8 | 33.00 | 30.71 | 2009M4 | 22.50 | 21.53 |
| 1992M5 | 30.84 | 34.66 | 1998M1 | 31.01 | 35.45 | 2003M9 | 32.50 | 31.21 | 2009M5 | 32.25 | 30.72 |
| 1992M6 | 31.26 | 34.46 | 1998M2 | 70.85 | 76.27 | 2003M10 | 31.44 | 27.72 | 2009M6 | 64.29 | 51.63 |
| 1992M7 | 31.11 | 31.96 | 1998M3 | 64.96 | 56.04 | 2003M11 | 34.91 | 28.74 | 2009M7 | 72.47 | 65.43 |
| 1992M8 | 30.90 | 35.99 | 1998M4 | 32.95 | 22.85 | 2003M12 | 37.31 | 29.54 | 2009M8 | 59.14 | 56.42 |
| 1992M9 | 26.65 | 27.58 | 1998M5 | 38.57 | 27.16 | 2004M1 | 31.65 | 44.15 | 2009M9 | 63.15 | 59.01 |
| 1992M10 | 25.76 | 25.55 | 1998M6 | 31.78 | 21.59 | 2004M2 | 34.50 | 43.55 | 2009M10 | 78.09 | 60.33 |
| 1992M11 | 26.32 | 23.90 | 1998M7 | 68.04 | 49.24 | 2004M3 | 46.22 | 41.21 | 2009M11 | 85.32 | 62.05 |
| 1992M12 | 29.74 | 21.08 | 1998M8 | 65.32 | 47.74 | 2004M4 | 47.41 | 38.98 | 2009M12 | 78.66 | 64.85 |
| 1993M1 | 32.75 | 34.34 | 1998M9 | 37.10 | 26.83 | 2004M5 | 40.59 | 35.60 | 2010M1 | 53.30 | 79.68 |
| 1993M2 | 33.08 | 28.96 | 1998M10 | 28.56 | 20.98 | 2004M6 | 39.91 | 32.52 | 2010M2 | 64.42 | 89.46 |
| 1993M3 | 29.41 | 25.36 | 1998M11 | 28.79 | 21.44 | 2004M7 | 35.07 | 32.50 | 2010M3 | 63.89 | 61.93 |
| 1993M4 | 32.73 | 26.36 | 1998M12 | 22.26 | 18.02 | 2004M8 | 32.93 | 30.69 | 2010M4 | 67.01 | 61.72 |
| 1993M5 | 27.40 | 21.17 | 1999M1 | 21.09 | 26.14 | 2004M9 | 33.16 | 29.66 | 2010M5 | 49.87 | 50.38 |
| 1993M6 | 29.45 | 20.77 | 1999M2 | −7.88 | −10.49 | 2004M10 | 29.83 | 26.13 | 2010M6 | 39.75 | 35.80 |
| 1993M7 | 28.05 | 15.76 | 1999M3 | −3.92 | −4.20 | 2004M11 | 31.25 | 25.77 | 2010M7 | 36.18 | 36.10 |
| 1993M8 | 29.20 | 17.02 | 1999M4 | 35.47 | 25.36 | 2004M12 | 26.22 | 21.13 | 2010M8 | 58.62 | 53.13 |
| 1993M9 | 33.09 | 19.90 | 1999M5 | 36.01 | 25.41 | 2005M1 | 20.57 | 28.19 | 2010M9 | 52.94 | 48.83 |
| 1993M10 | 33.15 | 18.45 | 1999M6 | 50.39 | 35.50 | 2005M2 | 21.37 | 32.55 | 2010M10 | 53.00 | 42.19 |
| 1993M11 | 35.97 | 20.08 | 1999M7 | 14.15 | 10.20 | 2005M3 | 25.31 | 23.13 | 2010M11 | 44.33 | 33.84 |
| 1993M12 | 34.07 | 18.98 | 1999M8 | 14.54 | 10.79 | 2005M4 | 33.46 | 28.50 | 2010M12 | 40.16 | 34.14 |

续表

| 月度 | 居民部门/% | 全体部门/% | 月度 | 居民部门/% | 全体部门/% | 月度 | 居民部门/% | 全体部门/% | 月度 | 居民部门/% | 全体部门/% |
|---|---|---|---|---|---|---|---|---|---|---|---|
| 1994M1 | 27.79 | 23.87 | 1999M9 | 39.57 | 29.75 | 2005M5 | 32.15 | 28.37 | 2011M1 | 42.53 | 47.82 |
| 1994M2 | 31.92 | 24.42 | 1999M10 | 32.38 | 24.13 | 2005M6 | 35.37 | 28.76 | 2011M2 | 36.74 | 50.79 |
| 1994M3 | 32.68 | 22.09 | 1999M11 | 29.22 | 22.58 | 2005M7 | 33.08 | 30.33 | 2011M3 | 38.60 | 38.70 |
| 1994M4 | 33.79 | 17.11 | 1999M12 | 24.21 | 19.96 | 2005M8 | 36.39 | 33.00 | 2011M4 | 48.50 | 43.74 |
| 1994M5 | 34.69 | 19.12 | 2000M1 | 32.76 | 35.30 | 2005M9 | 33.86 | 31.56 | 2011M5 | 45.36 | 42.29 |
| 1994M6 | 31.72 | 18.12 | 2000M2 | 34.40 | 43.31 | 2005M10 | 29.82 | 26.40 | 2011M6 | 53.01 | 42.71 |
| 1994M7 | 29.76 | 18.24 | 2000M3 | 37.70 | 36.27 | 2005M11 | 30.69 | 26.05 | 2011M7 | 36.48 | 35.92 |
| 1994M8 | 36.37 | 23.82 | 2000M4 | 47.41 | 40.51 | 2005M12 | 30.45 | 27.47 | 2011M8 | 28.77 | 30.15 |
| 1994M9 | 35.35 | 24.50 | 2000M5 | 42.40 | 38.86 | 2006M1 | 38.95 | 40.54 | 2011M9 | 18.27 | 20.89 |
| 1994M10 | 33.59 | 20.41 | 2000M6 | 34.43 | 31.75 | 2006M2 | 29.44 | 42.49 | 2011M10 | 12.18 | 13.03 |
| 1994M11 | 30.21 | 17.07 | 2000M7 | 38.41 | 36.28 | 2006M3 | 43.80 | 37.78 | 2011M11 | 11.13 | 11.22 |
| 1994M12 | 25.94 | 18.68 | 2000M8 | 37.10 | 34.90 | 2006M4 | 50.96 | 42.40 | 2011M12 | 9.40 | 10.12 |
| 1995M1 | 27.83 | 28.99 | 2000M9 | 31.54 | 31.52 | 2006M5 | 54.45 | 45.50 | 2012M1 | 13.40 | 17.55 |
| 1995M2 | 27.68 | 25.87 | 2000M10 | 32.32 | 29.00 | 2006M6 | 55.64 | 40.49 | 2012M2 | 17.12 | 19.48 |
| 1995M3 | 27.02 | 22.17 | 2000M11 | 35.77 | 30.90 | 2006M7 | 51.98 | 45.47 | 2012M3 | 15.03 | 13.67 |
| 1995M4 | 36.87 | 23.11 | 2000M12 | 33.52 | 30.99 | 2006M8 | 52.51 | 44.62 | 2012M4 | 22.21 | 17.15 |
| 1995M5 | 38.22 | 24.08 | 2001M1 | 34.57 | 49.04 | 2006M9 | 51.38 | 43.33 | 2012M5 | 26.22 | 20.56 |
| 1995M6 | 38.30 | 23.60 | 2001M2 | 26.00 | 34.71 | 2006M10 | 50.10 | 39.04 | 2012M6 | 24.23 | 17.41 |
| 1995M7 | 40.16 | 23.53 | 2001M3 | 37.29 | 33.41 | 2006M11 | 55.09 | 40.45 | 2012M7 | 20.43 | 16.61 |
| 1995M8 | 35.11 | 20.25 | 2001M4 | 41.46 | 35.61 | 2006M12 | 58.18 | 46.88 | 2012M8 | 22.20 | 17.54 |
| 1995M9 | 32.48 | 20.14 | 2001M5 | 40.71 | 34.01 | 2007M1 | 53.81 | 64.94 | 2012M9 | 29.12 | 24.69 |
| 1995M10 | 35.37 | 19.92 | 2001M6 | 40.50 | 33.24 | 2007M2 | 65.94 | 77.81 | 2012M10 | 26.14 | 17.88 |
| 1995M11 | 32.72 | 18.06 | 2001M7 | 24.08 | 23.30 | 2007M3 | 77.43 | 68.75 | 2012M11 | 26.50 | 17.10 |
| 1995M12 | 28.25 | 18.86 | 2001M8 | 28.24 | 27.29 | 2007M4 | 117.06 | 85.94 | 2012M12 | 32.80 | 24.47 |
| 1996M1 | 28.74 | 39.05 | 2001M9 | 26.96 | 25.49 | 2007M5 | 112.48 | 86.36 | 2013M1 | 28.32 | 45.43 |
| 1996M2 | 34.53 | 37.51 | 2001M10 | 20.77 | 19.99 | 2007M6 | 106.29 | 73.92 | 2013M2 | 31.62 | 36.79 |
| 1996M3 | 36.86 | 38.04 | 2001M11 | 19.79 | 17.12 | 2007M7 | 112.72 | 91.50 | 2013M3 | 33.63 | 33.10 |
| 1996M4 | 50.30 | 37.95 | 2001M12 | 16.47 | 14.43 | 2007M8 | 131.05 | 106.81 | 2013M4 | 36.19 | 34.61 |
| 1996M5 | 48.08 | 36.78 | 2002M1 | 18.36 | 25.09 | 2007M9 | 127.30 | 106.27 | 2013M5 | 38.73 | 37.48 |
| 1996M6 | 49.96 | 37.66 | 2002M2 | 27.84 | 34.95 | 2007M10 | 123.28 | 88.19 | 2013M6 | 30.24 | 26.46 |
| 1996M7 | 51.17 | 37.82 | 2002M3 | 31.09 | 24.33 | 2007M11 | 126.73 | 84.51 | 2013M7 | 33.12 | 30.85 |
| 1996M8 | 51.31 | 39.33 | 2002M4 | 39.96 | 29.87 | 2007M12 | 128.40 | 94.99 | 2013M8 | 35.47 | 33.30 |
| 1996M9 | 47.73 | 41.05 | 2002M5 | 34.16 | 27.74 | 2008M1 | 87.25 | 98.33 | 2013M9 | 33.25 | 32.13 |

续表

| 月度 | 居民部门/% | 全体部门/% | 月度 | 居民部门/% | 全体部门/% | 月度 | 居民部门/% | 全体部门/% | 月度 | 居民部门/% | 全体部门/% |
|---|---|---|---|---|---|---|---|---|---|---|---|
| 1996M10 | 50.65 | 36.71 | 2002M6 | 41.55 | 30.40 | 2008M2 | 93.19 | 114.56 | 2013M10 | 32.04 | 25.69 |
| 1996M11 | 49.05 | 36.42 | 2002M7 | 46.15 | 40.24 | 2008M3 | 66.62 | 63.47 | 2013M11 | 37.27 | 28.00 |
| 1996M12 | 33.79 | 23.86 | 2002M8 | 45.26 | 38.04 | 2008M4 | 76.71 | 64.82 | 2013M12 | 26.09 | 22.41 |
| 1997M1 | 39.19 | 40.38 | 2002M9 | 43.51 | 37.09 | 2008M5 | 60.66 | 53.57 | 2014M1 | 25.29 | 30.13 |
| 1997M2 | 37.70 | 43.83 | 2002M10 | 39.64 | 34.30 | 2008M6 | 44.84 | 36.15 | 2014M2 | 19.91 | 28.70 |
| 1997M3 | 41.85 | 38.00 | 2002M11 | 36.80 | 31.50 | 2008M7 | 30.24 | 30.22 | 2014M3 | 22.14 | 23.92 |
| 1997M4 | 54.24 | 38.70 | 2002M12 | 32.95 | 27.57 | 2008M8 | 1.15 | 7.26 | 2014M4 | 27.93 | 27.00 |
| 1997M5 | 51.26 | 36.13 | 2003M1 | 39.11 | 41.26 | 2008M9 | −4.69 | −0.07 | 2014M5 | 22.09 | 23.45 |
| 1997M6 | 48.90 | 35.86 | 2003M2 | 27.54 | 42.43 | 2008M10 | −23.17 | −12.83 | 2014M6 | 36.37 | 32.89 |
| 1997M7 | 44.29 | 33.53 | 2003M3 | 36.98 | 34.25 | 2008M11 | −22.91 | −13.83 | | | |
| 1997M8 | 43.88 | 32.99 | 2003M4 | 38.96 | 34.31 | 2008M12 | −36.98 | −26.15 | | | |

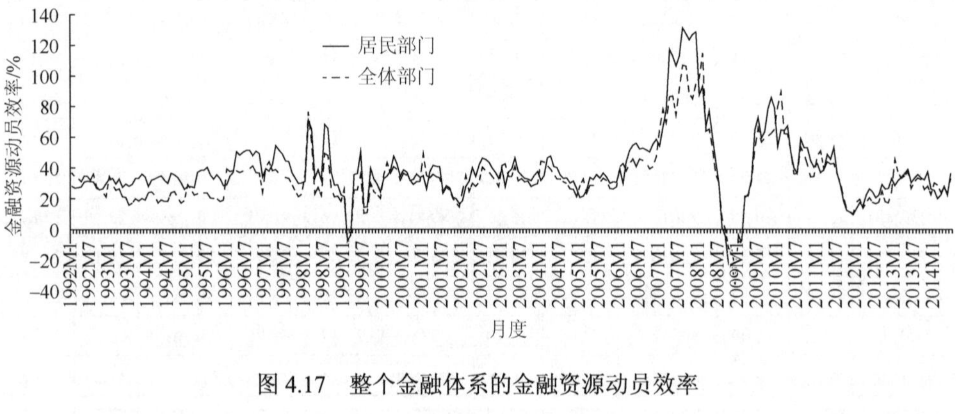


图 4.17 整个金融体系的金融资源动员效率

从表 4.17 和图 4.17 可知，整个金融体系的居民部门金融资源动员效率虽然随时间不同呈现剧烈周期波动的特征，但从总体上来看保持了逐步上升的发展趋势。根据测度结果可知，整个金融体系的居民部门金融资源动员效率的均值为 38.62%，根据趋势线提供的数据，始端的趋势值 34.29%，逐步发展到末端的趋势值 42.98%，年均增长 0.386 个百分点；整个金融体系的全体部门金融资源动员总效率也呈现随时间波动的特征，但从总体上来看也保持了逐步上升的发展趋势。根据测度结果可知，整个金融体系的全体部门金融资源动员效率的均值为 33.90%，根据趋势线提供的数据，始端的趋势值 27.00%，逐步发展到末端的趋势值 40.80%，年均增长 0.613 个百分点。这说明在 1992 年 1 月～2014 年 6 月，中国整个金融体系的居民部门金融资源动员效率在总体规模上看明显高于全体部门金融资源动员总效率，平均每年高出 4.72 个百分点；从发展趋势上来看，整个金融体系对居民金融资源动员效率增长速度则显著低于金融资源动员总效率，平均每年低了 0.227 个百分点。因此，我国整个金融体系在提高金融资源动员效率时应该将重点放在对非居民金融资源的动员效率的提高上。

2）金融资源分置效率测度

（1）金融资源分置效率测度模型的设定。根据云鹤等[164]的研究，金融体系对金融资源的分置会影响金融资源的动员能力，其实质是改变了总需求中的消费与投资之间的结构比例（假定金融体系的金融资源转化效率不变），进而改变了经济体系中消费与资本之间的结构比例，所以，金融体系影响金融资源的动员能力的功能称为金融体系的金融资源分置功能，其对应的金融效率就称为金融资源分置效率。

以下构造金融资源分置效率的计算公式。借鉴云鹤等[164]的研究，首先，构建金融效率型生产函数，具体形式如下：

$$y=\left(\frac{c}{k}\right)^{\xi} f(k) \tag{4.5}$$

其中，$c/k$ 是“消费-资本比”；$\xi$ 是“消费-资本比”的生产弹性；一般生产函数 $y=f(k)$，$y$ 是人均产出，$k$ 是人均资本，应该满足 $f'(k)>0$ ，$f''(k)>0$ 。之所以称式（4.5）为金融效率型生产函数，是因为这个生产函数精巧地蕴含了金融发展的经由 $k$ 产生的直接效率以及经由 $c/k$ 产生的间接效率。当参数 $\xi$ 等于 0 时，该生产函数蜕变为一般生产函数；当该参数 $\xi$ 大于 0 时，“消费-资本比”对国民产出具有正向作用，参数的绝对值越大，若提高“消费-资本比”则将产生越显著的产出效应，这表明经济体系中的“消费-资本比”过于偏低，金融体系则应当对此“过于偏低状况”负责；当参数 $\xi$ 小于 0 时，“消费-资本比”对国民产出具有负向作用，参数的绝对值越大，若降低“消费-资本比”则将产生越显著的产出效应，这表明经济体系中的“消费-资本比”过于偏高，金融体系同样应当对此“过于偏高状况”负责。

基于上述逻辑分析，可以基于参数 $\xi$ 来构造金融体系的金融资源分置效率函数 $Z=g$（$\xi$）。这个函数满足当“消费-资本比”的生产弹性参数的绝对值趋于无穷大时，金融资源分置效率趋于 0；当该参数的绝对值趋于无穷小时，金融资源分置效率趋于 1 。因此，最终可以设定金融资源分置效率的计算公式如下：

$$Z=g(\xi)=1/\mathrm{e}^{|\xi|} \tag{4.6}$$

为了便于进行计量分析，本书最终设定金融效率型生产函数的具体形式如下：

$$y=\left(\frac{c}{k}\right)^{\xi}k^{\alpha} \tag{4.7}$$

在公式（4.7）两边同时取对数，可得到生产函数的计量方程形式：

$$\ln(y_t)=\xi\ln\left(\frac{c_t}{k_t}\right)+\alpha\ln(k_t)+\varepsilon_t \tag{4.8}$$

（2）金融资源分置效率的实证测度。为了对式（4.8）进行估计，必须先收集和整理数据，涉及人均实际消费（$c_t$）、人均实际资本（$k_t$）、人均实际国内生产总值（$y_t$）和“消费-资本比”（$c_t/k_t$）四个变量的月度数据，下面分别介绍如下。

第一，人均实际消费（$c_t$）月度数据的收集和整理。本书使用支出法国内生产总值中的名义最终消费来表征，考虑该变量只有年度数据，本书用月度的全社会消费品零售总额作为权重，将其分解，从而得到 1992 年 1 月～2013 年 12 月的月度数据；接着使用定基比居民消费价格指数（consumer price index，CPI）将名义最终消费变成实际值；最后，将实际最终消费除以总人口，得到人均实际消费的月度数据。

第二，人均实际资本（$k_t$）月度数据的收集和整理。本书根据单豪杰的方法计算得到资本存量来表征[169]，该变量只有年度数据。本书首先把支出法国内生产总值中的年度的名义固定资本形成总额使用固定资产投资价格指数变成实际值；然后采用月度的固定资产投资额（不含农户）为权重，把实际固定资本形成总额分解成月度数据；接着基于月度的实际固定资本形成总额，使用单豪杰的方法计算得到 1992 年 1 月～2013 年 12 月的实际资本存量的月度数据[169]；最后将实际资本存量除以总人口，得到人均实际资本存量的月度数据。需要说明的是，本书估计出来的资本存量是生产性资本存量，没有包括存货投资、土地等资本。

第三，人均实际国内生产总值（$y_t$）月度数据的收集和整理。本书使用支出法国内生产总值来表征，考虑该变量只有年度数据，尝试采用以下方法分解成月度数据。根据支出法核算体系，支出法国内生产总值由最终消费、最终资本形成和净货物与服务出口三部分组成，本书将这三个组成部分分别进行月度分解，然后加总得到支出法国内生产总值月度数据。首先，最终消费直接采用人均实际最终消费的月度数据；其次，最终资本形成也直接采用固定资产投资额（不含农户）为权重分解得到月度数据，其计算过程与固定资本形成总额一样；再次，净货物与服务出口采用月度的进出口差额为权重分解成月度数据，然后先后除以 CPI 和总人口，最终得到人均实际净货物与服务出口月度数据；最后，将人均实际最终消费、人均实际最终资本形成和人均实际净货物与服务出口相加得到人均实际国内生产总值。

第四，“消费-资本比”（$c_t/k_t$）月度数据的收集和整理。本书直接使用人均实际最终消费（$c_t$）与人均实际资本（$k_t$）的比值来表示。

为了行文的简洁和美观，本书收集和整理的月度数据具体结果没有直接在正文中列出，这里只这列出它们的描述性统计量，具体见表 4.18。

**表 4.18　各个变量的描述性统计量**

| 变量 | 观测值 | 均值 | 中值 | 最大值 | 最小值 | 标准差 | 偏度 | 峰度 | JB 统计量 | 概率 | 总和 | 离差平方和 |
|---|---|---|---|---|---|---|---|---|---|---|---|---|
| $y_t$ | 264 | 425.70 | 397 | 912 | 133 | 203.62 | 0.45 | 2.10 | 17.68 | 0.000 1 | 112 385 | 10 903 863 |
| $c_t$ | 264 | 228.61 | 227 | 443 | 109 | 79.02 | 0.30 | 2.16 | 11.76 | 0.002 8 | 60 353 | 1 642 215 |
| $k_t$ | 264 | 14 906 | 11 010 | 43 150 | 3 490 | 10 768 | 0.97 | 2.83 | 42.00 | 0.000 0 | $3.9\times10^6$ | $3.1\times10^{10}$ |
| $c_t/k_t$ | 264 | 0.020 2 | 0.021 4 | 0.037 7 | 0.008 8 | 0.007 5 | −0.02 | 2.03 | 10.37 | 0.005 6 | 5.336 5 | 0.014 8 |

根据上面收集和整理的数据，本书决定使用时变参数（time-varying parameter，TVP）的状态空间模型对 $\xi$ 和 $\alpha$ 进行动态估计，在实证分析中具体采用的状态空间模型形式列示如下：

第一，量测方程（signal equation）为

$$\ln(y)=\text{sv}1\times\ln(c/k)+\text{sv}2\times\ln(k)+\{\text{var}=\exp[c(1)]\} \tag{4.9}$$

第二，状态方程（sate equations）为

$$\text{sv1=sv1(−1)} \tag{4.10}$$

$$\text{sv2=sv2(−1)} \tag{4.11}$$

基于上述状态空间模型，使用 EViews8.0 进行具体的实证，具体结果见表 4.19，并将估计结果代入式（4.6），得到我国金融资源分置效率的估计结果。

**表 4.19　金融效率型生产函数估计的最终结果**

| 固定参数 | 系数 | 标准差 | Z-统计量 | 概率 |
|---|---|---|---|---|
| $c$（1） | −5.6730 | 0.0665 | −85.3300 | 0.0000 |
| 时变参数 | 最终状态 | 根均方误差 | Z-统计量 | 概率 |
| $\xi$ | 0.7099*** | 0.0251 | 28.3250 | 0.0000 |
| $\alpha$ | 0.9369*** | 0.0107 | 87.5965 | 0.0000 |

***表示在 1%的水平上显著

从表 4.19 可以看出，根据 Z-统计量的检验结果，各个固定参数和时变参数的最终估计结果都在 1%的显著水平上显著，这个说明时变参数的状态空间模型的参数估计是比较可靠的。具体来说，资本的生产弹性最高，最终状态达到了 0.9369，“消费-资本比”的生产弹性与资本的接近，最终状态达到了 0.7099。金融效率生

产函数的时变系数和金融资源分置动态效率的具体估计结果见表 4.20。需要说明的是，这里去掉了前面两期不太稳定的数据，所以表 4.20 的数据是从 1992 年 3 月开始的。

（3）金融资源分置效率实证结果分析。从表 4.20 和图 4.18 可以看出，金融资源分置效率呈现明显的时变特征，在不同历史阶段，我国金融体系的金融资源分置效率是各不相同的，大体可以划分为四个阶段。

**表 4.20　金融效率生产函数的时变系数和金融资源分置动态效率测度结果**

| 月度 | $\xi$ | $\alpha$ | $Z$ | 月度 | $\xi$ | $\alpha$ | $Z$ | 月度 | $\xi$ | $\alpha$ | $Z$ |
|---|---|---|---|---|---|---|---|---|---|---|---|
| 1992M3 | 1.183 | 1.128 | 0.307 | 1999M7 | 0.891 | 1.008 | 0.410 | 2006M11 | 1.467 | 1.250 | 0.231 |
| 1992M4 | 1.189 | 1.130 | 0.305 | 1999M8 | 0.888 | 1.007 | 0.412 | 2006M12 | 1.475 | 1.254 | 0.229 |
| 1992M5 | 1.207 | 1.138 | 0.299 | 1999M9 | 0.879 | 1.003 | 0.415 | 2007M1 | 1.490 | 1.260 | 0.225 |
| 1992M6 | 1.248 | 1.154 | 0.287 | 1999M10 | 0.875 | 1.001 | 0.417 | 2007M2 | 1.522 | 1.274 | 0.218 |
| 1992M7 | 1.249 | 1.155 | 0.287 | 1999M11 | 0.874 | 1.001 | 0.417 | 2007M3 | 1.528 | 1.276 | 0.217 |
| 1992M8 | 1.221 | 1.144 | 0.295 | 1999M12 | 0.873 | 1.000 | 0.418 | 2007M4 | 1.530 | 1.277 | 0.217 |
| 1992M9 | 1.202 | 1.136 | 0.301 | 2000M1 | 0.866 | 0.997 | 0.421 | 2007M5 | 1.524 | 1.275 | 0.218 |
| 1992M10 | 1.188 | 1.130 | 0.305 | 2000M2 | 0.856 | 0.993 | 0.425 | 2007M6 | 1.497 | 1.264 | 0.224 |
| 1992M11 | 1.159 | 1.118 | 0.314 | 2000M3 | 0.851 | 0.991 | 0.427 | 2007M7 | 1.450 | 1.244 | 0.235 |
| 1992M12 | 1.181 | 1.127 | 0.307 | 2000M4 | 0.840 | 0.987 | 0.432 | 2007M8 | 1.383 | 1.216 | 0.251 |
| 1993M1 | 1.217 | 1.142 | 0.296 | 2000M5 | 0.829 | 0.982 | 0.436 | 2007M9 | 1.302 | 1.183 | 0.272 |
| 1993M2 | 1.221 | 1.144 | 0.295 | 2000M6 | 0.819 | 0.978 | 0.441 | 2007M10 | 1.216 | 1.147 | 0.296 |
| 1993M3 | 1.233 | 1.150 | 0.291 | 2000M7 | 0.802 | 0.970 | 0.449 | 2007M11 | 1.135 | 1.113 | 0.322 |
| 1993M4 | 1.243 | 1.154 | 0.288 | 2000M8 | 0.783 | 0.963 | 0.457 | 2007M12 | 1.074 | 1.088 | 0.342 |
| 1993M5 | 1.258 | 1.160 | 0.284 | 2000M9 | 0.772 | 0.958 | 0.462 | 2008M1 | 1.019 | 1.065 | 0.361 |
| 1993M6 | 1.253 | 1.158 | 0.286 | 2000M10 | 0.761 | 0.953 | 0.467 | 2008M2 | 0.981 | 1.049 | 0.375 |
| 1993M7 | 1.244 | 1.154 | 0.288 | 2000M11 | 0.747 | 0.947 | 0.474 | 2008M3 | 0.949 | 1.036 | 0.387 |
| 1993M8 | 1.235 | 1.151 | 0.291 | 2000M12 | 0.723 | 0.937 | 0.485 | 2008M4 | 0.922 | 1.025 | 0.398 |
| 1993M9 | 1.228 | 1.148 | 0.293 | 2001M1 | 0.722 | 0.937 | 0.486 | 2008M5 | 0.904 | 1.017 | 0.405 |
| 1993M10 | 1.154 | 1.117 | 0.315 | 2001M2 | 0.719 | 0.935 | 0.487 | 2008M6 | 0.885 | 1.010 | 0.413 |
| 1993M11 | 1.060 | 1.078 | 0.347 | 2001M3 | 0.717 | 0.934 | 0.488 | 2008M7 | 0.869 | 1.003 | 0.420 |
| 1993M12 | 1.009 | 1.057 | 0.365 | 2001M4 | 0.713 | 0.933 | 0.490 | 2008M8 | 0.855 | 0.997 | 0.425 |
| 1994M1 | 1.022 | 1.063 | 0.360 | 2001M5 | 0.710 | 0.932 | 0.492 | 2008M9 | 0.842 | 0.992 | 0.431 |
| 1994M2 | 1.014 | 1.060 | 0.363 | 2001M6 | 0.705 | 0.929 | 0.494 | 2008M10 | 0.830 | 0.987 | 0.436 |
| 1994M3 | 1.006 | 1.056 | 0.366 | 2001M7 | 0.700 | 0.928 | 0.496 | 2008M11 | 0.817 | 0.981 | 0.442 |
| 1994M4 | 0.996 | 1.052 | 0.369 | 2001M8 | 0.694 | 0.925 | 0.500 | 2008M12 | 0.805 | 0.976 | 0.447 |
| 1994M5 | 0.985 | 1.048 | 0.373 | 2001M9 | 0.691 | 0.923 | 0.501 | 2009M1 | 0.792 | 0.971 | 0.453 |
| 1994M6 | 0.922 | 1.022 | 0.398 | 2001M10 | 0.686 | 0.921 | 0.504 | 2009M2 | 0.789 | 0.970 | 0.454 |
| 1994M7 | 0.813 | 0.976 | 0.444 | 2001M11 | 0.686 | 0.922 | 0.503 | 2009M3 | 0.780 | 0.966 | 0.458 |
| 1994M8 | 0.828 | 0.983 | 0.437 | 2001M12 | 0.689 | 0.923 | 0.502 | 2009M4 | 0.774 | 0.963 | 0.461 |

续表

| 月度 | $\xi$ | $\alpha$ | $Z$ | 月度 | $\xi$ | $\alpha$ | $Z$ | 月度 | $\xi$ | $\alpha$ | $Z$ |
|---|---|---|---|---|---|---|---|---|---|---|---|
| 1994M9 | 0.807 | 0.974 | 0.446 | 2002M1 | 0.700 | 0.928 | 0.496 | 2009M5 | 0.768 | 0.961 | 0.464 |
| 1994M10 | 0.818 | 0.978 | 0.442 | 2002M2 | 0.715 | 0.934 | 0.489 | 2009M6 | 0.762 | 0.959 | 0.467 |
| 1994M11 | 0.791 | 0.967 | 0.453 | 2002M3 | 0.722 | 0.937 | 0.486 | 2009M7 | 0.760 | 0.958 | 0.468 |
| 1994M12 | 0.803 | 0.972 | 0.448 | 2002M4 | 0.732 | 0.941 | 0.481 | 2009M8 | 0.757 | 0.957 | 0.469 |
| 1995M1 | 0.760 | 0.955 | 0.468 | 2002M5 | 0.739 | 0.944 | 0.478 | 2009M9 | 0.754 | 0.955 | 0.470 |
| 1995M2 | 0.710 | 0.934 | 0.492 | 2002M6 | 0.743 | 0.946 | 0.476 | 2009M10 | 0.752 | 0.954 | 0.472 |
| 1995M3 | 0.692 | 0.926 | 0.500 | 2002M7 | 0.746 | 0.947 | 0.474 | 2009M11 | 0.750 | 0.954 | 0.472 |
| 1995M4 | 0.697 | 0.928 | 0.498 | 2002M8 | 0.751 | 0.949 | 0.472 | 2009M12 | 0.747 | 0.952 | 0.474 |
| 1995M5 | 0.715 | 0.935 | 0.489 | 2002M9 | 0.757 | 0.951 | 0.469 | 2010M1 | 0.745 | 0.952 | 0.475 |
| 1995M6 | 0.735 | 0.944 | 0.479 | 2002M10 | 0.762 | 0.954 | 0.467 | 2010M2 | 0.745 | 0.951 | 0.475 |
| 1995M7 | 0.744 | 0.948 | 0.475 | 2002M11 | 0.766 | 0.955 | 0.465 | 2010M3 | 0.744 | 0.951 | 0.475 |
| 1995M8 | 0.748 | 0.949 | 0.474 | 2002M12 | 0.764 | 0.955 | 0.466 | 2010M4 | 0.743 | 0.951 | 0.476 |
| 1995M9 | 0.757 | 0.953 | 0.469 | 2003M1 | 0.763 | 0.954 | 0.466 | 2010M5 | 0.740 | 0.949 | 0.477 |
| 1995M10 | 0.769 | 0.958 | 0.464 | 2003M2 | 0.773 | 0.958 | 0.461 | 2010M6 | 0.734 | 0.947 | 0.480 |
| 1995M11 | 0.782 | 0.963 | 0.457 | 2003M3 | 0.784 | 0.963 | 0.456 | 2010M7 | 0.731 | 0.945 | 0.482 |
| 1995M12 | 0.765 | 0.956 | 0.465 | 2003M4 | 0.799 | 0.969 | 0.450 | 2010M8 | 0.729 | 0.945 | 0.482 |
| 1996M1 | 0.819 | 0.979 | 0.441 | 2003M5 | 0.809 | 0.973 | 0.445 | 2010M9 | 0.727 | 0.944 | 0.483 |
| 1996M2 | 0.825 | 0.981 | 0.438 | 2003M6 | 0.824 | 0.980 | 0.439 | 2010M10 | 0.726 | 0.943 | 0.484 |
| 1996M3 | 0.839 | 0.987 | 0.432 | 2003M7 | 0.839 | 0.986 | 0.432 | 2010M11 | 0.723 | 0.942 | 0.485 |
| 1996M4 | 0.852 | 0.992 | 0.427 | 2003M8 | 0.853 | 0.992 | 0.426 | 2010M12 | 0.720 | 0.941 | 0.487 |
| 1996M5 | 0.858 | 0.995 | 0.424 | 2003M9 | 0.861 | 0.996 | 0.423 | 2011M1 | 0.720 | 0.941 | 0.487 |
| 1996M6 | 0.860 | 0.995 | 0.423 | 2003M10 | 0.874 | 1.001 | 0.417 | 2011M2 | 0.721 | 0.942 | 0.486 |
| 1996M7 | 0.864 | 0.997 | 0.422 | 2003M11 | 0.884 | 1.005 | 0.413 | 2011M3 | 0.720 | 0.941 | 0.487 |
| 1996M8 | 0.866 | 0.998 | 0.420 | 2003M12 | 0.892 | 1.009 | 0.410 | 2011M4 | 0.718 | 0.940 | 0.488 |
| 1996M9 | 0.866 | 0.998 | 0.421 | 2004M1 | 0.901 | 1.012 | 0.406 | 2011M5 | 0.716 | 0.940 | 0.489 |
| 1996M10 | 0.866 | 0.998 | 0.420 | 2004M2 | 0.895 | 1.010 | 0.409 | 2011M6 | 0.716 | 0.939 | 0.489 |
| 1996M11 | 0.866 | 0.998 | 0.421 | 2004M3 | 0.910 | 1.016 | 0.403 | 2011M7 | 0.714 | 0.939 | 0.490 |
| 1996M12 | 0.896 | 1.011 | 0.408 | 2004M4 | 0.921 | 1.021 | 0.398 | 2011M8 | 0.713 | 0.938 | 0.490 |
| 1997M1 | 0.898 | 1.012 | 0.407 | 2004M5 | 0.933 | 1.026 | 0.394 | 2011M9 | 0.712 | 0.938 | 0.491 |
| 1997M2 | 0.898 | 1.012 | 0.407 | 2004M6 | 0.949 | 1.033 | 0.387 | 2011M10 | 0.712 | 0.938 | 0.491 |
| 1997M3 | 0.898 | 1.012 | 0.407 | 2004M7 | 0.966 | 1.040 | 0.381 | 2011M11 | 0.711 | 0.937 | 0.491 |
| 1997M4 | 0.898 | 1.012 | 0.407 | 2004M8 | 0.983 | 1.047 | 0.374 | 2011M12 | 0.711 | 0.938 | 0.491 |
| 1997M5 | 0.897 | 1.011 | 0.408 | 2004M9 | 1.005 | 1.056 | 0.366 | 2012M1 | 0.710 | 0.937 | 0.491 |
| 1997M6 | 0.896 | 1.011 | 0.408 | 2004M10 | 1.025 | 1.065 | 0.359 | 2012M2 | 0.714 | 0.939 | 0.490 |
| 1997M7 | 0.904 | 1.014 | 0.405 | 2004M11 | 1.050 | 1.075 | 0.350 | 2012M3 | 0.713 | 0.938 | 0.490 |
| 1997M8 | 0.905 | 1.014 | 0.405 | 2004M12 | 1.065 | 1.081 | 0.345 | 2012M4 | 0.713 | 0.938 | 0.490 |
| 1997M9 | 0.907 | 1.015 | 0.404 | 2005M1 | 1.083 | 1.089 | 0.339 | 2012M5 | 0.712 | 0.938 | 0.491 |

续表

| 月度 | ξ | α | Z | 月度 | ξ | α | Z | 月度 | ξ | α | Z |
|---|---|---|---|---|---|---|---|---|---|---|---|
| 1997M10 | 0.907 | 1.015 | 0.404 | 2005M2 | 1.107 | 1.099 | 0.331 | 2012M6 | 0.711 | 0.938 | 0.491 |
| 1997M11 | 0.907 | 1.015 | 0.404 | 2005M3 | 1.127 | 1.107 | 0.324 | 2012M7 | 0.711 | 0.937 | 0.491 |
| 1997M12 | 0.889 | 1.008 | 0.411 | 2005M4 | 1.143 | 1.114 | 0.319 | 2012M8 | 0.711 | 0.937 | 0.491 |
| 1998M1 | 0.889 | 1.008 | 0.411 | 2005M5 | 1.159 | 1.121 | 0.314 | 2012M9 | 0.710 | 0.937 | 0.492 |
| 1998M2 | 0.890 | 1.008 | 0.411 | 2005M6 | 1.176 | 1.128 | 0.308 | 2012M10 | 0.710 | 0.937 | 0.492 |
| 1998M3 | 0.893 | 1.010 | 0.409 | 2005M7 | 1.196 | 1.137 | 0.302 | 2012M11 | 0.710 | 0.937 | 0.492 |
| 1998M4 | 0.893 | 1.010 | 0.409 | 2005M8 | 1.216 | 1.145 | 0.296 | 2012M12 | 0.710 | 0.937 | 0.492 |
| 1998M5 | 0.897 | 1.011 | 0.408 | 2005M9 | 1.235 | 1.153 | 0.291 | 2013M1 | 0.709 | 0.937 | 0.492 |
| 1998M6 | 0.901 | 1.013 | 0.406 | 2005M10 | 1.253 | 1.161 | 0.286 | 2013M2 | 0.709 | 0.937 | 0.492 |
| 1998M7 | 0.902 | 1.013 | 0.406 | 2005M11 | 1.268 | 1.167 | 0.281 | 2013M3 | 0.709 | 0.936 | 0.492 |
| 1998M8 | 0.902 | 1.013 | 0.406 | 2005M12 | 1.269 | 1.167 | 0.281 | 2013M4 | 0.709 | 0.936 | 0.492 |
| 1998M9 | 0.901 | 1.013 | 0.406 | 2006M1 | 1.292 | 1.177 | 0.275 | 2013M5 | 0.709 | 0.936 | 0.492 |
| 1998M10 | 0.901 | 1.013 | 0.406 | 2006M2 | 1.309 | 1.184 | 0.270 | 2013M6 | 0.709 | 0.936 | 0.492 |
| 1998M11 | 0.897 | 1.011 | 0.408 | 2006M3 | 1.335 | 1.195 | 0.263 | 2013M7 | 0.709 | 0.937 | 0.492 |
| 1998M12 | 0.899 | 1.012 | 0.407 | 2006M4 | 1.358 | 1.205 | 0.257 | 2013M8 | 0.709 | 0.936 | 0.492 |
| 1999M1 | 0.902 | 1.013 | 0.406 | 2006M5 | 1.375 | 1.212 | 0.253 | 2013M9 | 0.709 | 0.937 | 0.492 |
| 1999M2 | 0.902 | 1.013 | 0.406 | 2006M6 | 1.392 | 1.219 | 0.249 | 2013M10 | 0.709 | 0.937 | 0.492 |
| 1999M3 | 0.902 | 1.013 | 0.406 | 2006M7 | 1.406 | 1.225 | 0.245 | 2013M11 | 0.709 | 0.937 | 0.492 |
| 1999M4 | 0.901 | 1.013 | 0.406 | 2006M8 | 1.421 | 1.231 | 0.242 | 2013M12 | 0.710 | 0.937 | 0.492 |
| 1999M5 | 0.902 | 1.013 | 0.406 | 2006M9 | 1.435 | 1.237 | 0.238 | | | | |
| 1999M6 | 0.895 | 1.010 | 0.409 | 2006M10 | 1.450 | 1.243 | 0.235 | | | | |

注：ξ 是“消费-资本比”的生产弹性，α 是资本的生产弹性，Z 是我国金融资源分置效率

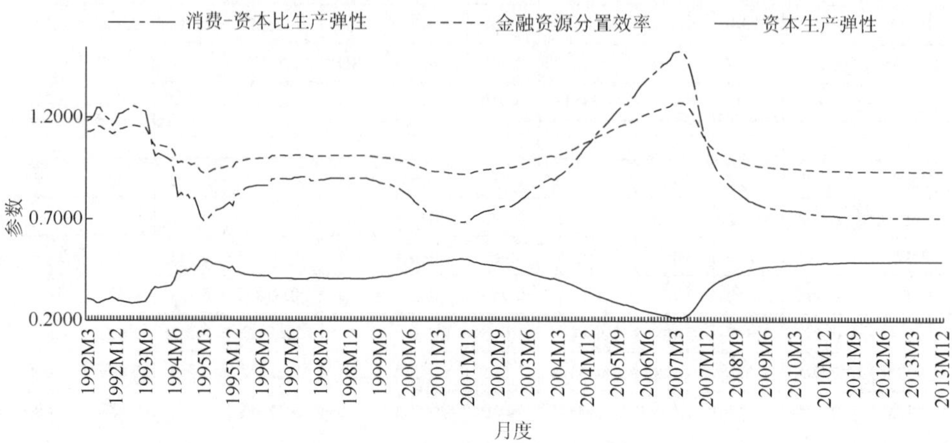


图 4.18　金融效率型生产函数的时变系数和金融资源分置动态效率

第一个阶段（1992 年 3 月～1995 年 3 月）是中国金融资源分置效率快速提高阶段。在这个阶段，我国金融资源分置效率在最初年份 1992 年平均只有 0.30，比较偏低，但经过 1993 年和 1994 年的发展，到了 1995 年就提高到了约 0.50，取得了很大的进步，下面有必要分析其原因。1993 年，中国进行了新中国成立后的第三次工资制度改革，这次改革的主要成果是在收入分配中构建了按劳分配制度，打破了平均主义局面，逐步使职员的报酬与实际贡献相一致，建立起正常的工资增长机制。这次改革使得居民收入增加，居民消费增长，从而提高了“消费-资本比”，由于“消费-资本比”的生产弹性估计结果自始至终都大于 0，所以“消费-资本比”的提高产生比较显著的产出效应，这表明原来的经济体系中的“消费-资本比”过于偏低，主要是消费不足造成的。虽然消费不足的原因多种多样，但金融体系过低的金融资源分置效率则应当对“消费不足状况”负有直接责任。

第二个阶段（1995 年 4 月～2001 年 10 月）是中国金融资源分置效率高位停滞阶段。在这个阶段，金融资源分置效率平均值高达 0.44，比较高，其中最小值出现在 1997 年 11 月，仍然达到 0.40，最大值出现在 2001 年 10 月，高达 0.50。我国金融体系的金融资源分置效率在这么长时间里始终维持高位是我国最近 20 多年以来非常鲜见的，有必要分析其形成机理。1998 年发生了亚洲金融危机，对我国经济造成重大打击，但在党和国家领导人的正确领导下，不但成功抵御住金融危机，而且实现了经济“软着陆”。这个阶段经济政策的总抓手是扩大内需和扩大政府投资并举，在扩大内需上推出了如连续 7 次加工资、大学扩招和教育“市场化”、停止福利分房、医疗市场化等增加居民消费的重大举措，在扩大政府投资上推出了如西部大开发、发行巨量国债、加强基层设施建设的重大政策措施，从而维持了较优的“消费-资本比”，由于“消费-资本比”的生产弹性估计结果在这个阶段自始至终都大于 0，所以较优的“消费-资本比”产生较好的产出效应，在一定程度上抵消亚洲金融危机对我国产出的冲击，使得经济能够成功实现“软着陆”，并具有优于其他亚洲国家的表现。因此，著者认为金融体系较高的金融资源分置效率是我国经济具有上述良好表现的主要原因之一，也正是在这个阶段，我国金融业进行了财政注资、剥离不良资产等改革，提升了其金融资源优化配置能力。

第三个阶段（2001 年 11 月～2007 年 4 月）是中国金融资源分置快速下降阶段。在这个阶段，我国金融体系的金融资源分置效率平均值只有 0.36，比较偏低，其中最大值出现在这个阶段开始的 2001 年 11 月，为 0.50，最低值出现在这个阶段结束的 2007 年 4 月，为 0.22，算下来年均下降 0.05，非常迅速。下降的原因何在，下面著者提供一己之见。在这个阶段，我国党和政府领导进行换届，新任政府将前任政府现行的以扩大内需和扩大政府投资并举为核心内容的经济政策修改为扩大政府投资为核心内容的经济政策，推动了基础设施、房地产投资的高速增长，而在扩大内需方面，我国几乎没有出台任何有重大影响力的政策措施，甚至在通货膨胀长期较高的情况下几乎没有集中对政府机关和事业单位工作人员系统加过工资，这就使得资本对产出的贡献越来越高，而金融资源分置效率对产出的贡献快速下降。由于“消费-资本比”的生产弹性估计结果自始至终都大于 0 ，所以金融资源分置效率的快速下降来源于“消费-资本比”快速下降，这说明金融体系应对此负有较大的责任，将其拥有的金融资源分置职能被政府部门大量替代。

第四个阶段（2007 年 5 月～2013 年 12 月）是中国金融资源分置稳定恢复阶段。在这个阶段，我国金融体系的金融资源分置效率平均值从前一阶段的 0.36 恢复到 0.45，恢复得比较高，其中最小值出现在这个阶段开始的 2007 年 5 月，为 0.22，最大值出现在这个阶段快结束的 2013 年 5 月，为 0.49，整个 2013 年度维持在 0.49 这个水平上，这样算下来，年均恢复 0.05，非常迅速。究其原因，本书认为政府部门在 21 世纪初开始实施的投资拉动的经济快速增长的粗放模式在 2007 年 4 月走到了尽头，随后爆发的世界金融危机与经济危机对世界各国和中国经济造成重大打击，更是雪上加霜，正是在这样的背景下，我国政府推出了扩大内需的十项措施和“四万亿”经济刺激计划等一系列增加消费的措施，使得“消费-资本比”较快恢复到历史最好水平上下，由于“消费-资本比”的生产弹性估计结果在这个阶段自始至终都大于 0，所以较高的“消费-资本比”产生较好的产出效应，在一定程度上抵消世界金融危机对我国产出的冲击，助推经济增长速度从高速增长成功换挡到中高速增长，经济增长方式从投资拉动的粗放模式正在成功转型到以创新驱动的集约模式，这些都说明了金融体系较高的金融资源分置效率是最主要原因之一。

### 3. 金融功能效率测度

本书认为第三个层次的金融效率——金融功能效率也可以从直接效率和间接效率两个方面进行测度，即对应测度金融资源转化效率（financial resources transformation efficiency，FRTE）和金融资源投向效率（financial resources investment efficiency，FRIE）。金融资源转化效率大体可以概括为一个国家和地区金融体系将其配置的金融资源转化为实体资源的效率，其测度指标主要包括金融中介的存贷款转化效率、金融市场的证券融资效率、保险机构的保险融资效率；金融资源投向效率，又称资本配置效率，大体可以概括为一个国家和地区的金融体系将金融资源投向资本回报率较高的效率，这是一种间接的金融资源效率，必须通过直接的金融资源转化效率才能对经济增长发挥作用。具体来说，金融发展理论认为一个国家或地区的金融体系的基本职能是实现金融资源的优化配置，金融发展会促进经济增长，其具体途径是金融发展促进了资本配置效率的提高，进而促进经济增长。资本配置效率是衡量金融体系宏观效率的一个重要指标。资本配置效率的提高意味着在高资本回报率的部门和企业内继续追加投资，在低资本回报率的部门和企业及时削减资本流入。

1）金融资源转化效率测度

在很多研究中的普遍做法是，以非国有经济获得银行贷款的比率，表示整个金融体系的金融资源转化效率，这种做法至少存在三个问题：第一，鉴于我国国有经济在整体经济中的主导地位，如果使用这个指标来表征整个金融体系的金融资源转化效率，就无法反映金融发展对我国主导经济部门经济增长的影响效率；第二，鉴于我国金融体系发展比较健全，如果使用这个指标来表征整个金融体系的金融资源转化效率，就无视了证券市场和保险机构的作用，容易出现以偏概全的错误；第三，这个指标反映的是使用存量指标计算出来的金融资源转化效率，即存量效率，而不是人们更关注的增量效率。针对这些问题，学者提出了不同的解决方案，如王志强和孙刚[121]、陈志刚和师文明[170]、邓淇中和张晟嘉[171]等使用了存贷比的指标，虽然有效克服了第一个问题，但第二个和第三个问题没有得到有效解决，而周德才等[172]使用了金融体系筹资总量占其能够配置的金融资源总量的比率来表示，较好地解决了上述三个问题，本书遵循了这一做法。

具体来说，关于金融资源转化效率，从我国现有研究文献可以看出，主要有三种测度方法：一是金融资源来源存量向运用存量的转化效率，如存贷比，这个测度方法由于无法在除金融中介之外的金融体系推广，本书选用它作为测度金融资源转化效率的辅助指标；二是金融资源来源存量向运用增量的转化效率，如存款余额与新增贷款之比、证券市值与证券融资量之比等，这个测度方法由于在整个金融体系以及各个子体系中都可以使用，本书选用它作为测度金融资源转化效率的关键指标；三是金融资源来源增量向运用增量的转化效率，如新增存款与新增贷款之比，这个测度方法由于存在诸多缺陷，本书不作选用。

整个金融体系的金融资源转化效率是指一个国家或地区的整个金融体系将其配置的金融资源来源转化为对实体经济的金融资源运用的效率。如果将金融总资源记为 Assets，金融筹资总额记为 Capital，整个金融体系的金融资源转化效率记为 FRTE，则本书使用以下公式来测度整个金融体系的金融资源转化效率：

$$\mathrm{FRTE} = \mathrm{Capital}/\mathrm{Assets} \tag{4.12}$$

接下来，根据公式（4.12）对整个金融体系的金融资源转化效率进行测度。首先，选择合适的金融指标来代表整个金融体系的金融资源总额和金融筹资总额。关于整个金融体系的金融资源总额，本书采用“金融机构本外币各项存款余额+证券总市值+保险资产余额”来表征，关于金融筹资总额，采用“金融机构本外币各项新增贷款+证券筹资总额+原保险保费支出”来表征。

其次，测度整个金融体系的金融资源转化效率。根据 1992 年 1 月～2014 年 6 月的月度数据，使用基于公式（4.12）的测度公式：“金融筹资总额/金融总资源”计算得到整个金融体系的金融资源转化效率。为了行文的简洁和美观，本书测度的整个金融体系的金融资源转化效率具体结果见表 4.21 和图 4.19。

**表 4.21 整个金融体系的金融资源转化效率测度结果**

| 月度 | FRTE /% | 月度 | FRTE /% | 月度 | FRTE /% | 月度 | FRTE /% | 月度 | FRTE /% | 月度 | FRTE /% |
|---|---|---|---|---|---|---|---|---|---|---|---|
| 1992M1 | 3.75 | 1995M10 | 2.78 | 1999M7 | 1.54 | 2003M4 | 1.59 | 2007M1 | 2.14 | 2010M10 | 1.75 |
| 1992M2 | 3.66 | 1995M11 | 2.72 | 1999M8 | 1.46 | 2003M5 | 1.68 | 2007M2 | 1.14 | 2010M11 | 1.84 |
| 1992M3 | 3.61 | 1995M12 | 2.79 | 1999M9 | 2.20 | 2003M6 | 1.87 | 2007M3 | 2.70 | 2010M12 | 1.54 |
| 1992M4 | 3.59 | 1996M1 | 3.10 | 1999M10 | 1.49 | 2003M7 | 1.99 | 2007M4 | 1.51 | 2011M1 | 1.45 |
| 1992M5 | 3.46 | 1996M2 | 3.07 | 1999M11 | 1.67 | 2003M8 | 2.15 | 2007M5 | 1.57 | 2011M2 | 1.33 |
| 1992M6 | 3.50 | 1996M3 | 3.04 | 1999M12 | 1.58 | 2003M9 | 1.92 | 2007M6 | 1.55 | 2011M3 | 1.85 |
| 1992M7 | 3.46 | 1996M4 | 2.95 | 2000M1 | 1.04 | 2003M10 | 1.70 | 2007M7 | 1.56 | 2011M4 | 1.62 |
| 1992M8 | 3.42 | 1996M5 | 2.91 | 2000M2 | 1.14 | 2003M11 | 1.99 | 2007M8 | 2.47 | 2011M5 | 1.54 |
| 1992M9 | 3.45 | 1996M6 | 2.88 | 2000M3 | 1.16 | 2003M12 | 2.35 | 2007M9 | 1.60 | 2011M6 | 1.37 |
| 1992M10 | 3.43 | 1996M7 | 2.81 | 2000M4 | 1.50 | 2004M1 | 1.46 | 2007M10 | 1.30 | 2011M7 | 1.38 |
| 1992M11 | 3.38 | 1996M8 | 2.78 | 2000M5 | 1.27 | 2004M2 | 1.88 | 2007M11 | 1.33 | 2011M8 | 1.39 |
| 1992M12 | 2.89 | 1996M9 | 2.78 | 2000M6 | 1.06 | 2004M3 | 2.15 | 2007M12 | 2.18 | 2011M9 | 1.22 |
| 1993M1 | 3.13 | 1996M10 | 2.69 | 2000M7 | 0.87 | 2004M4 | 1.79 | 2008M1 | 1.48 | 2011M10 | 1.30 |
| 1993M2 | 3.10 | 1996M11 | 2.66 | 2000M8 | 0.81 | 2004M5 | 1.81 | 2008M2 | 1.61 | 2011M11 | 1.40 |
| 1993M3 | 3.04 | 1996M12 | 2.40 | 2000M9 | 0.91 | 2004M6 | 2.38 | 2008M3 | 2.01 | 2011M12 | 1.43 |
| 1993M4 | 2.96 | 1997M1 | 2.97 | 2000M10 | 1.23 | 2004M7 | 1.81 | 2008M4 | 1.84 | 2012M1 | 1.03 |
| 1993M5 | 3.02 | 1997M2 | 2.96 | 2000M11 | 1.02 | 2004M8 | 1.68 | 2008M5 | 1.35 | 2012M2 | 1.22 |
| 1993M6 | 2.98 | 1997M3 | 2.84 | 2000M12 | 1.03 | 2004M9 | 1.77 | 2008M6 | 1.18 | 2012M3 | 1.42 |
| 1993M7 | 3.00 | 1997M4 | 2.86 | 2001M1 | 0.73 | 2004M10 | 1.91 | 2008M7 | 1.35 | 2012M4 | 1.25 |
| 1993M8 | 2.98 | 1997M5 | 3.00 | 2001M2 | 0.73 | 2004M11 | 1.78 | 2008M8 | 1.52 | 2012M5 | 1.29 |
| 1993M9 | 2.96 | 1997M6 | 2.95 | 2001M3 | 0.93 | 2004M12 | 2.06 | 2008M9 | 1.78 | 2012M6 | 1.39 |
| 1993M10 | 2.98 | 1997M7 | 2.86 | 2001M4 | 0.91 | 2005M1 | 1.77 | 2008M10 | 1.59 | 2012M7 | 1.37 |
| 1993M11 | 2.98 | 1997M8 | 2.84 | 2001M5 | 0.80 | 2005M2 | 1.57 | 2008M11 | 1.22 | 2012M8 | 1.36 |
| 1993M12 | 2.91 | 1997M9 | 2.84 | 2001M6 | 0.85 | 2005M3 | 2.23 | 2008M12 | 1.49 | 2012M9 | 1.32 |
| 1994M1 | 2.75 | 1997M10 | 2.72 | 2001M7 | 1.04 | 2005M4 | 1.89 | 2009M1 | 1.15 | 2012M10 | 1.23 |
| 1994M2 | 2.64 | 1997M11 | 2.71 | 2001M8 | 0.95 | 2005M5 | 1.81 | 2009M2 | 1.37 | 2012M11 | 1.30 |
| 1994M3 | 2.63 | 1997M12 | 2.25 | 2001M9 | 0.89 | 2005M6 | 1.47 | 2009M3 | 1.70 | 2012M12 | 1.23 |
| 1994M4 | 2.64 | 1998M1 | 2.31 | 2001M10 | 1.01 | 2005M7 | 1.46 | 2009M4 | 2.01 | 2013M1 | 1.18 |
| 1994M5 | 2.63 | 1998M2 | 1.82 | 2001M11 | 0.88 | 2005M8 | 1.48 | 2009M5 | 1.73 | 2013M2 | 1.15 |
| 1994M6 | 2.66 | 1998M3 | 1.85 | 2001M12 | 1.32 | 2005M9 | 1.67 | 2009M6 | 1.95 | 2013M3 | 1.28 |
| 1994M7 | 2.72 | 1998M4 | 1.84 | 2002M1 | 0.79 | 2005M10 | 1.73 | 2009M7 | 1.96 | 2013M4 | 1.34 |
| 1994M8 | 2.53 | 1998M5 | 2.10 | 2002M2 | 0.78 | 2005M11 | 1.86 | 2009M8 | 1.96 | 2013M5 | 1.33 |

续表

| 月度 | FRTE /% | 月度 | FRTE /% | 月度 | FRTE /% | 月度 | FRTE /% | 月度 | FRTE /% | 月度 | FRTE /% |
|---|---|---|---|---|---|---|---|---|---|---|---|
| 1994M9 | 2.57 | 1998M6 | 1.80 | 2002M3 | 0.99 | 2005M12 | 1.84 | 2009M9 | 2.51 | 2013M6 | 1.14 |
| 1994M10 | 2.67 | 1998M7 | 1.74 | 2002M4 | 1.26 | 2006M1 | 1.28 | 2009M10 | 1.86 | 2013M7 | 1.38 |
| 1994M11 | 2.62 | 1998M8 | 4.01 | 2002M5 | 1.06 | 2006M2 | 2.26 | 2009M11 | 2.02 | 2013M8 | 1.33 |
| 1994M12 | 2.83 | 1998M9 | 2.33 | 2002M6 | 1.41 | 2006M3 | 2.14 | 2009M12 | 1.86 | 2013M9 | 1.27 |
| 1995M1 | 3.03 | 1998M10 | 1.92 | 2002M7 | 1.65 | 2006M4 | 1.43 | 2010M1 | 1.70 | 2013M10 | 1.26 |
| 1995M2 | 2.80 | 1998M11 | 1.83 | 2002M8 | 1.32 | 2006M5 | 1.94 | 2010M2 | 1.60 | 2013M11 | 1.11 |
| 1995M3 | 2.93 | 1998M12 | 3.20 | 2002M9 | 1.77 | 2006M6 | 2.08 | 2010M3 | 2.34 | 2013M12 | 1.14 |
| 1995M4 | 2.75 | 1999M1 | 1.52 | 2002M10 | 1.30 | 2006M7 | 1.59 | 2010M4 | 2.12 | 2014M1 | 1.12 |
| 1995M5 | 2.70 | 1999M2 | 1.56 | 2002M11 | 1.25 | 2006M8 | 1.61 | 2010M5 | 1.88 | 2014M2 | 1.11 |
| 1995M6 | 2.66 | 1999M3 | 1.48 | 2002M12 | 1.61 | 2006M9 | 2.02 | 2010M6 | 2.23 | 2014M3 | 1.26 |
| 1995M7 | 2.66 | 1999M4 | 1.52 | 2003M1 | 1.21 | 2006M10 | 1.83 | 2010M7 | 2.07 | 2014M4 | 1.33 |
| 1995M8 | 2.64 | 1999M5 | 1.52 | 2003M2 | 1.25 | 2006M11 | 1.42 | 2010M8 | 2.02 | 2014M5 | 1.23 |
| 1995M9 | 2.83 | 1999M6 | 1.48 | 2003M3 | 1.32 | 2006M12 | 1.66 | 2010M9 | 2.00 | 2014M6 | 1.20 |

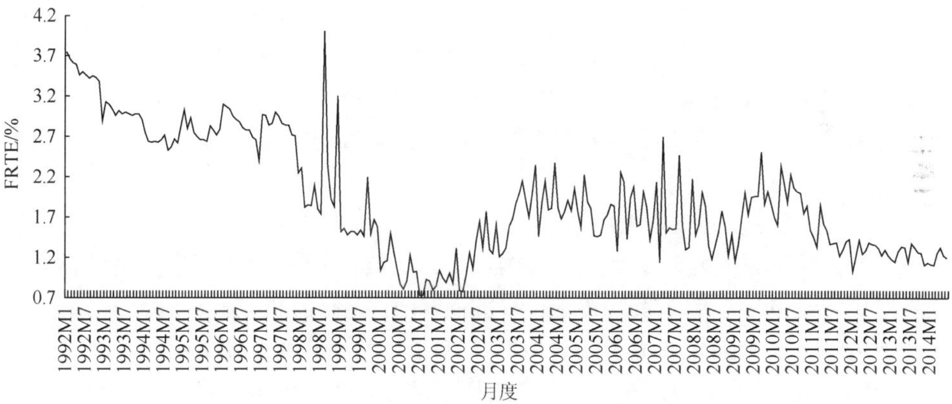


图 4.19　整个金融体系的金融资源转化效率测度结果

从表 4.21 和图 4.19 可以看出来，我国整个金融体系的金融资源转化效率呈现以下特征：第一，我国整个金融体系的金融资源转化效率在总体水平上比较低，与发达国家存在较大差距。根据测度结果可知，整个金融体系的金融资源转化效率的均值为 1.93%，这意味着我国整个金融体系每个月会将金融总资源的 1.93%转化为金融筹集，但总体水平还是比较低，而美国已经平均达到了 4%以上，差距是非常明显的。因此，我国整个金融体系需要逐步提高金融资源转化效率，缩小与欧美发达国家的差距。

第二，我国整个金融体系的金融资源转化效率在发展趋势上呈现先下降后平稳的折线发展特征。首先，在 1992 年 1 月～2001 年 2 月，我国整个金融体系的金融资源转化效率一直呈现快速下降的发展趋势。根据图 4.19 的趋势线提供的数据，整个金融体系的金融资源效率的截距项（首端）是 3.62%，逐步下降到末端的趋势值–2.08%，年均下降 0.43 个百分点，下降速度非常快。这说明在这个阶段我国金融业正处于快速扩张规模的成长阶段，从而导致我国整个金融体系的金融资源转化效率呈现快速下降的发展趋势。接着，在 2001 年 3 月～2014 年 6 月，我国整个金融体系的金融资源转化效率一直呈现平稳发展态势，虽然在 2007 年和 2009 年有较高的效率，主要是受到我国经济周期和经济增长的影响，因为 2007 年我国达到了经济繁荣的顶点，通过金融体系的筹资量也达到了有史以来的顶点，同样，2008 年发生世界金融危机，我国政府不得不在 2009～2010 年超发货币保证经济增长。

第三，我国整个金融体系的金融资源转化效率在波动稳定上出现了结构变化特征。在 2001 年 2 月之前，我国整个金融体系还处于需要完善和成熟的成长阶段，在很大程度上导致了整个金融体系的金融资源转化效率剧烈波动，甚至出现直线下降现象，这说明其波动结构在这个时间段内还没有达到稳定水平；但在 2001 年 2 月之后，我国整个金融体系开始走向完善和成熟，金融资源转化效率波动逐步平稳，虽然也有较高的波动，但大起大落现象少见，大多围绕 1.56%的均值上下波动，这说明其波动结构这个时间段内逐步达到平稳水平。因此，这从一个侧面说明经过 30 多年的发展，我国整个金融体系以 2001 年为转折点开始步入完善和成熟的发展阶段。

2）金融资源投向效率测度

（1）金融资源投向效率测度模型的设定。根据云鹤等[164]的研究，金融体系对经济增长和经济发展的主要功能之一就是提高了实体经济的资本边际生产率，其实质则是改变了金融资源流量的使用结构（这似乎等价地改变了金融资源存量的有效规模），进而促进了实体经济生产结构的变迁，故金融体系影响资本边际生产率的功能可以称为金融体系的金融资源优化转化功能，其对应的金融效率就称为金融资源投向效率，也称资本配置效率。

关于金融资源投向效率，国内外学者主要使用两种方法进行测度：一是基于新古典经济学中的一般均衡理论的资本边际收益率间接测度法。这种方法的基本机理是当不同行业的资本配置效率存在差异时，资本在这些行业间自由流动，进行配置时，使得各个行业的资本边际收益率趋于一致，即“资本边际收益率均一化”。基于此准则，Desai 和 Martin 测算了苏联 8 个工业行业的资本边际收益率[173]，Ueda 研究了韩国的资本配置效率[174]，Caselli 和 Feyrer 对富裕国家和贫穷国家的资本配置效率进行了比较研究[175]；在国内，龚六堂和谢丹阳对我国不同省份 1970～1984 年的资本边际回报率差异进行了实证分析[176]，才国伟和舒元在构建了一种新测算法后，实际测算基于 1978～2006 年我国省区数据的资本配置效率[177]。这些思路方法由于其诸多的不足，特别是没有直接检验金融体系与资本配置效率之间的关系，限制了它的使用。

二是基于行业投资反应系数模型的资本配置效率直接测度法。正是为了解决上述方法存在的问题，Wurgler 首次尝试构造出直接估算资本配置效率的模型——行业投资反应系数模型，然后选取 65 个国家的面板数据实证分析金融市场发展程度对资本配置效率的影响，结果发现金融市场发展程度与行业投资反应系数显著正相关，即金融市场越发达，资本配置效率越高[90]，后来 Wurgler 提出的资本配置效率衡量模型得到了理论界的认同，如 Almeida 和 Wolfenzon 直接采用 Wurgler 模型，检验了外部融资需求对资本配置效率的影响，结果发现，即使在管理层对现金流正当使用“有限承诺”（limited pledgeability）的情形下，外部融资需求依然可以通过资本在不同投资项目之间的重新配置而提高社会整体的资本配置效率[178]。在国内，基于 Wurgler 方法，韩立岩和蔡红艳测度了我国 39 个工业行业 1991～1999 年的资本配置效率，发现我国 20 世纪 90 年代资本配置效率处于较低水平，且多数年份与其盈利能力并无关系[179]，韩立岩和王哲兵再次基于此方法，考察了我国 1993～2002 年的资本配置效率，发现其仍处于较低水平[180]，方军雄采用同样方法研究我国市场化进程对资本配置效率的影响，发现随着市场化进程的深入，我国资本配置的效率有所改善[181]，王永剑和刘春杰采用面板数据模型测算了我国及各区域的资本配置效率，认为加入 WTO（World Trade Organization，世界贸易组织）后，我国的资本配置效率整体水平得到普遍快速提升，尤其是中部区域提升速度最快[182]。

下面构造金融资源投向效率的计算公式。按照 Wurgler 理论，一个国家或者地区的金融市场的发展效率高低，可以通过这个国家或者地区的资本配置效率的高低来衡量[90]。从行业角度看，拥有较高资本配置效率的国家或者地区往往表现为资本流出低成长的行业、流入高成长的行业。同样地，从一个国家的不同地区角度来看，资本配置效率的高低也可以通过资本在该国不同地区间的流动来考察，即资本流出低成长地区、流入高成长地区。根据 Wurgler 理论[90]，国内外学者普遍使用的资本配置模型的具体形式概括如下：

$$\ln(I_{i,t}/I_{i,t-1}) = \alpha_i + \eta_i \ln(V_{i,t}/V_{i,t-1}) + \varepsilon_{i,t} \tag{4.13}$$

其中，$I$ 为固定资产存量；$V$ 为行业或者地区效益指标，如行业或者地区的工业增加值、利润等指标；$i$ 为行业或者地区的编号；$t$ 为时期；$\eta_i$ 为弹性指标，表明第 $t$ 期固定资产变化对效应指标的弹性水平。

潘文卿和张伟进一步具体化为如下的形式[183]：

$$\ln(I_{i,t}/I_{i,t-1}) = \alpha_i + \eta_i \ln(Y_{i,t}/Y_{i,t-1}) + \varepsilon_{i,t} \tag{4.14}$$

其中，$I$是固定资本形成；$Y$是国内生产总值，其他与式（4.13）同。

由于仅对我国的总量情况进行分析，不区分行业和地区，所以本书对式（4.14）进行修改，具体如下：

$$\ln(I_t) = \alpha + \eta \ln(Y_t) + \varepsilon_t \tag{4.15}$$

对式（4.15）两边同时取微分，就可以得到：$\mathrm{d}I_t/I_t = \eta \times \mathrm{d}Y_t/Y_t$，进而就可以得到$\eta = \dfrac{\mathrm{d}I_t/I_t}{\mathrm{d}Y_t/Y_t}$，这说明$\eta$是固定资本形成对国内生产总值的弹性，因此，$\eta$可以作为资本配置效率测度指标，也就是金融资产投向效率测度指标。

（2）金融资源投向效率的实证测度。为了对式（4.15）进行估计，必须先收集和整理数据，涉及实际固定资本形成总额（$I_t$）、实际国内生产总值（$Y_t$）两个变量的月度数据，分别介绍如下。

第一，实际固定资本形成总额（$I_t$）月度数据的收集和整理。首先把支出法国内生产总值中的年度的名义固定资本形成总额使用固定资产投资价格指数变成实际值；然后采用月度的固定资产投资额（不含农户）为权重，把实际固定资本形成总额分解成月度数据，得到实际固定资本形成总额的月度数据。

第二，实际国内生产总值（$Y_t$）月度数据的收集和整理。本书使用支出法国内生产总值来表征，考虑该变量只有年度数据，尝试采用以下方法分解成月度数据。根据支出法核算体系，支出法国内生产总值由最终消费、最终资本形成和净货物与服务出口三部分组成，本书将这三个组成部分分别进行月度分解，然后加总得到支出法国内生产总值月度数据。首先，最终消费就直接采用实际最终消费的月度数据；其次，最终资本形成也直接采用固定资产投资额（不含农户）为权重分解得到的月度数据，其计算过程与固定资本形成总额一样；再次，净货物与服务出口采用月度的进出口差额为权重分解成月度数据，然后先后除以 CPI，最终得到实际净货物与服务出口月度数据；最后，将实际最终消费、实际最终资本形成和实际净货物与服务出口相加得到实际国内生产总值。这里这列出它们的描述性统计量，具体见表 4.22。

**表 4.22　各个变量的描述性统计量**

| 变量 | 观测值 | 均值 | 中值 | 最大值 | 最小值 | 标准差 | 偏度 | 峰度 | JB 统计量 | 概率 | 总和 | 离差平方和 |
|---|---|---|---|---|---|---|---|---|---|---|---|---|
| $I_t$ | 264 | 2 207 | 1 662 | 6 591 | 116 | 204 | 1 628 | 0.65 | 25 | 0.00 | 582 532 | 697 000 000 |
| $Y_t$ | 264 | 8 049 | 5 792 | 23 379 | 1 799 | 79 | 5 463 | 0.93 | 39 | 0.00 | 2 124 970 | 7 850 000 000 |

根据上面收集和整理的数据，本书决定使用时变参数的状态空间模型对$\eta$进

行动态估计，在实证分析中具体采用的状态空间模型形式列示如下：

第一，量测方程（signal equation）为

$$\ln(I) = C(1) + \text{sv}1 \times \ln(Y) + \{\text{var} = \exp[c(2)]\} \tag{4.16}$$

第二，状态方程（sate equations）为

$$\text{sv}1 = \text{sv}1\ (-1) \tag{4.17}$$

基于上述状态空间模型，使用 EViews8.0 进行具体的实证，最终估计见表 4.23，而我国金融资源投向效率的动态估计结果，即系数 $\eta$ 的动态估计结果，具体可见表 4.24 和图 4.20。

**表 4.23　我国金融体系资本配置效率模型的最终结果**

| 固定参数 | 系数 | 标准差 | Z-统计量 | 概率 |
|---|---|---|---|---|
| $c$（1） | 0.010 24*** | 0.000 0 | 292 | 0.000 0 |
| $c$（2） | −11.993 0*** | 0.000 0 | −580 998 | 0.000 0 |
| 时变参数 | 最终状态 | 根均方误差 | Z-统计量 | 概率 |
| $\xi$ | 0.856 0*** | 0.000 0 | 49 197 | 0.000 0 |

***表示在 1%的水平上显著

从表 4.23 可以看出，根据 Z-统计量的检验结果，各个固定参数和时变参数的最终估计结果都在 1%的显著水平上显著，这个说明时变参数的状态空间模型的参数估计是比较可靠的。具体来说，金融资源投向效率最终状态达到了 0.8560。

（3）金融资源投向效率实证结果分析。从表 4.24 和图 4.20 可以看出，我国金融体系的金融资源投向效率在不同历史阶段是各不相同的，呈现以下的一些特征。

第一，我国金融体系的金融资源投向效率在总体水平上已经到达一定的规模水平，但与发达国家存在较大差距。根据测度结果可知，金融体系的金融资源投向效率的均值为 0.8491，这意味着我国经济体系每增长 1 个百分点的产出，就会促进固定资产投资增加 0.8491 个百分点。但从总体水平上来看，我国金融资源投向效率还是较低，而美国已经平均达到了 1.2 以上，差距是非常明显的。因此，我国金融体系应逐步提高金融资源投向效率，缩小与欧美发达国家差距。

第二，我国金融体系的金融资源投向效率在发展趋势上呈现了波浪式上升的特征，但增长速度比较缓慢。与许多学者得出的我国金融体系的金融资源投向效率总体上呈下降发展趋势的结论不同，本书发现其总体上呈上升的发展趋势。根据图 4.20 的趋势线提供的数据，金融体系的金融资源投向效率的截距项（首端）是 0.8365，逐步上升到末端的趋势值 0.8635，年均上升 0.0012，上升速度

非常缓慢。

第三，我国金融体系金融资源投向效率变化的最大影响因素是实体经济周期。从表 4.24 和图 4.20 可以看出，可以我国金融体系金融资源投向效率发展划分为四个阶段：首先，第一阶段是快速上升阶段（1992 年 1 月～1994 年 7 月）。在这个阶段，由于邓小平的南方谈话，我国政府大力加强改革开放，实施宽松的财政政策和货币政策，推动我国经济步入快速发展的快车道，从而也促进我国金融体系金融资源投向效率快速上升。第二阶段是快速下降阶段（1994 年 8 月～1997 年 11 月）。经过上一个阶段 2 年多的高速发展，我国经济已经开始过热，因此，在这个阶段，我国政府实行了“适度从紧”的财政政策和货币政策，使得经济增长速度迅速回归正常水平，从而也导致了我国金融体系金融资源投向效率快速下降。第三阶段是缓慢上升阶段（1997 年 12 月～2007 年 6 月）。在这个阶段，由于受到亚洲金融危机的冲击，我国经济受到了重大打击，我国政府实施了宽松的财政政策和货币政策，使得经济增长速度缓慢上升，并维持了一个自改革开放以来的经济增长最长上升期，从而也引致我国金融体系金融资源投向效率缓慢上升，并维持了一个自改革开放以来的投向效率最长上升期。第四阶段是缓慢下降阶段（2007 年 7 月～2013 年 12 月）。由于我国经济经历上一个阶段的长期的高速增长，在这个阶段已经出现了经济过热，为此我国政府实施了稳健的财政政策和从紧的货币政策，使得我国经济增长速度有所下降，但接下来爆发世界金融危机，我国经济遭受了重创，经济增长速度进一步下降，虽然我国政府在 2009 年后实施了宽松的财政政策和货币政策，使得我国经济成功实现“软着陆”，但由于我国靠投资拉动的粗放式经济发展模式已经走到了尽头，这些政策措施并没有让我国经济增长速度重新回到高速增长轨道，这也就导致了我国金融资源投向效率缓慢下降。

**表 4.24　我国金融体系的金融资源投向效率测度结果**

| 月度 | $\eta$ | 月度 | $\eta$ | 月度 | $\eta$ | 月度 | $\eta$ | 月度 | $\eta$ | 月度 | $\eta$ |
|---|---|---|---|---|---|---|---|---|---|---|---|
| 1992M1 | 0.8243 | 1995M9 | 0.8433 | 1999M5 | 0.8425 | 2003M1 | 0.8491 | 2006M9 | 0.8590 | 2010M5 | 0.8566 |
| 1992M2 | 0.8243 | 1995M10 | 0.8431 | 1999M6 | 0.8425 | 2003M2 | 0.8493 | 2006M10 | 0.8591 | 2010M6 | 0.8566 |
| 1992M3 | 0.8257 | 1995M11 | 0.8428 | 1999M7 | 0.8426 | 2003M3 | 0.8496 | 2006M11 | 0.8593 | 2010M7 | 0.8565 |
| 1992M4 | 0.8260 | 1995M12 | 0.8432 | 1999M8 | 0.8427 | 2003M4 | 0.8498 | 2006M12 | 0.8594 | 2010M8 | 0.8565 |
| 1992M5 | 0.8268 | 1996M1 | 0.8428 | 1999M9 | 0.8427 | 2003M5 | 0.8501 | 2007M1 | 0.8596 | 2010M9 | 0.8564 |
| 1992M6 | 0.8275 | 1996M2 | 0.8421 | 1999M10 | 0.8428 | 2003M6 | 0.8504 | 2007M2 | 0.8597 | 2010M10 | 0.8564 |
| 1992M7 | 0.8274 | 1996M3 | 0.8421 | 1999M11 | 0.8430 | 2003M7 | 0.8506 | 2007M3 | 0.8599 | 2010M11 | 0.8564 |
| 1992M8 | 0.8289 | 1996M4 | 0.8419 | 1999M12 | 0.8432 | 2003M8 | 0.8509 | 2007M4 | 0.8599 | 2010M12 | 0.8564 |

续表

| 月度 | $\eta$ | 月度 | $\eta$ | 月度 | $\eta$ | 月度 | $\eta$ | 月度 | $\eta$ | 月度 | $\eta$ |
|---|---|---|---|---|---|---|---|---|---|---|---|
| 1992M9 | 0.8300 | 1996M5 | 0.8418 | 2000M1 | 0.8433 | 2003M9 | 0.8511 | 2007M5 | 0.8600 | 2011M1 | 0.8563 |
| 1992M10 | 0.8313 | 1996M6 | 0.8418 | 2000M2 | 0.8435 | 2003M10 | 0.8514 | 2007M6 | 0.8600 | 2011M2 | 0.8563 |
| 1992M11 | 0.8325 | 1996M7 | 0.8416 | 2000M3 | 0.8437 | 2003M11 | 0.8516 | 2007M7 | 0.8600 | 2011M3 | 0.8563 |
| 1992M12 | 0.8335 | 1996M8 | 0.8414 | 2000M4 | 0.8439 | 2003M12 | 0.8517 | 2007M8 | 0.8599 | 2011M4 | 0.8563 |
| 1993M1 | 0.8355 | 1996M9 | 0.8413 | 2000M5 | 0.8441 | 2004M1 | 0.8521 | 2007M9 | 0.8598 | 2011M5 | 0.8563 |
| 1993M2 | 0.8358 | 1996M10 | 0.8410 | 2000M6 | 0.8443 | 2004M2 | 0.8525 | 2007M10 | 0.8597 | 2011M6 | 0.8563 |
| 1993M3 | 0.8371 | 1996M11 | 0.8409 | 2000M7 | 0.8444 | 2004M3 | 0.8527 | 2007M11 | 0.8595 | 2011M7 | 0.8563 |
| 1993M4 | 0.8382 | 1996M12 | 0.8414 | 2000M8 | 0.8445 | 2004M4 | 0.8530 | 2007M12 | 0.8593 | 2011M8 | 0.8563 |
| 1993M5 | 0.8396 | 1997M1 | 0.8411 | 2000M9 | 0.8446 | 2004M5 | 0.8532 | 2008M1 | 0.8592 | 2011M9 | 0.8563 |
| 1993M6 | 0.8402 | 1997M2 | 0.8411 | 2000M10 | 0.8448 | 2004M6 | 0.8535 | 2008M2 | 0.8590 | 2011M10 | 0.8563 |
| 1993M7 | 0.8410 | 1997M3 | 0.8409 | 2000M11 | 0.8449 | 2004M7 | 0.8538 | 2008M3 | 0.8588 | 2011M11 | 0.8563 |
| 1993M8 | 0.8417 | 1997M4 | 0.8409 | 2000M12 | 0.8451 | 2004M8 | 0.8540 | 2008M4 | 0.8586 | 2011M12 | 0.8562 |
| 1993M9 | 0.8422 | 1997M5 | 0.8409 | 2001M1 | 0.8453 | 2004M9 | 0.8543 | 2008M5 | 0.8584 | 2012M1 | 0.8561 |
| 1993M10 | 0.8429 | 1997M6 | 0.8409 | 2001M2 | 0.8453 | 2004M10 | 0.8545 | 2008M6 | 0.8582 | 2012M2 | 0.8561 |
| 1993M11 | 0.8434 | 1997M7 | 0.8406 | 2001M3 | 0.8454 | 2004M11 | 0.8547 | 2008M7 | 0.8581 | 2012M3 | 0.8561 |
| 1993M12 | 0.8435 | 1997M8 | 0.8406 | 2001M4 | 0.8456 | 2004M12 | 0.8548 | 2008M8 | 0.8579 | 2012M4 | 0.8561 |
| 1994M1 | 0.8440 | 1997M9 | 0.8405 | 2001M5 | 0.8457 | 2005M1 | 0.8551 | 2008M9 | 0.8578 | 2012M5 | 0.8561 |
| 1994M2 | 0.8444 | 1997M10 | 0.8405 | 2001M6 | 0.8459 | 2005M2 | 0.8554 | 2008M10 | 0.8577 | 2012M6 | 0.8561 |
| 1994M3 | 0.8444 | 1997M11 | 0.8404 | 2001M7 | 0.8460 | 2005M3 | 0.8557 | 2008M11 | 0.8576 | 2012M7 | 0.8561 |
| 1994M4 | 0.8447 | 1997M12 | 0.8408 | 2001M8 | 0.8461 | 2005M4 | 0.8559 | 2008M12 | 0.8575 | 2012M8 | 0.8561 |
| 1994M5 | 0.8448 | 1998M1 | 0.8408 | 2001M9 | 0.8463 | 2005M5 | 0.8561 | 2009M1 | 0.8575 | 2012M9 | 0.8561 |
| 1994M6 | 0.8451 | 1998M2 | 0.8407 | 2001M10 | 0.8464 | 2005M6 | 0.8562 | 2009M2 | 0.8574 | 2012M10 | 0.8561 |
| 1994M7 | 0.8463 | 1998M3 | 0.8406 | 2001M11 | 0.8465 | 2005M7 | 0.8564 | 2009M3 | 0.8574 | 2012M11 | 0.8561 |
| 1994M8 | 0.8461 | 1998M4 | 0.8406 | 2001M12 | 0.8467 | 2005M8 | 0.8566 | 2009M4 | 0.8573 | 2012M12 | 0.8560 |
| 1994M9 | 0.8460 | 1998M5 | 0.8406 | 2002M1 | 0.8469 | 2005M9 | 0.8568 | 2009M5 | 0.8573 | 2013M1 | 0.8560 |
| 1994M10 | 0.8458 | 1998M6 | 0.8406 | 2002M2 | 0.8471 | 2005M10 | 0.8570 | 2009M6 | 0.8573 | 2013M2 | 0.8560 |
| 1994M11 | 0.8456 | 1998M7 | 0.8408 | 2002M3 | 0.8473 | 2005M11 | 0.8572 | 2009M7 | 0.8572 | 2013M3 | 0.8560 |
| 1994M12 | 0.8454 | 1998M8 | 0.8410 | 2002M4 | 0.8475 | 2005M12 | 0.8573 | 2009M8 | 0.8572 | 2013M4 | 0.8560 |
| 1995M1 | 0.8453 | 1998M9 | 0.8412 | 2002M5 | 0.8477 | 2006M1 | 0.8576 | 2009M9 | 0.8571 | 2013M5 | 0.8560 |
| 1995M2 | 0.8451 | 1998M10 | 0.8414 | 2002M6 | 0.8479 | 2006M2 | 0.8578 | 2009M10 | 0.8571 | 2013M6 | 0.8560 |
| 1995M3 | 0.8449 | 1998M11 | 0.8416 | 2002M7 | 0.8480 | 2006M3 | 0.8580 | 2009M11 | 0.8569 | 2013M7 | 0.8561 |
| 1995M4 | 0.8446 | 1998M12 | 0.8417 | 2002M8 | 0.8482 | 2006M4 | 0.8582 | 2009M12 | 0.8568 | 2013M8 | 0.8561 |

续表

| 月度 | η | 月度 | η | 月度 | η | 月度 | η | 月度 | η | 月度 | η |
|---|---|---|---|---|---|---|---|---|---|---|---|
| 1995M5 | 0.8442 | 1999M1 | 0.8418 | 2002M9 | 0.8484 | 2006M5 | 0.8584 | 2010M1 | 0.8568 | 2013M9 | 0.8561 |
| 1995M6 | 0.8438 | 1999M2 | 0.8420 | 2002M10 | 0.8486 | 2006M6 | 0.8586 | 2010M2 | 0.8567 | 2013M10 | 0.8561 |
| 1995M7 | 0.8435 | 1999M3 | 0.8422 | 2002M11 | 0.8488 | 2006M7 | 0.8587 | 2010M3 | 0.8567 | 2013M11 | 0.8561 |
| 1995M8 | 0.8434 | 1999M4 | 0.8423 | 2002M12 | 0.8489 | 2006M8 | 0.8588 | 2010M4 | 0.8566 | 2013M12 | 0.8560 |

注：η 是指我国资本配置效率，即金融资源投向效率

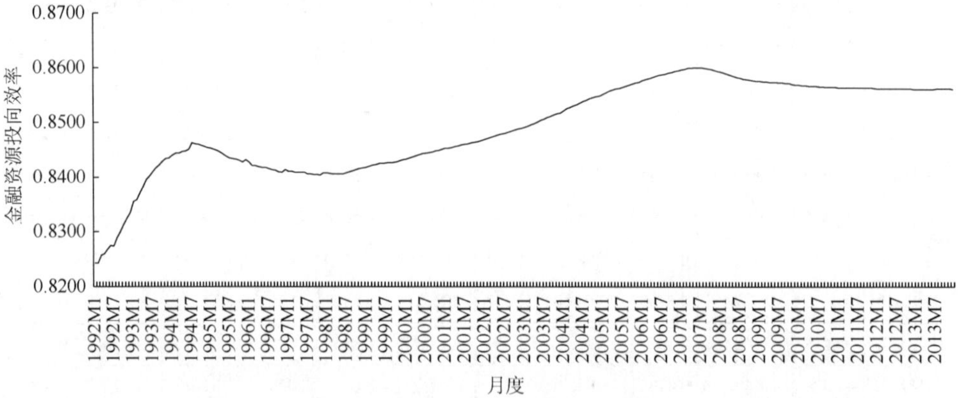


图 4.20　我国金融体系的金融资源投向动态效率测度结果

## 4.3　金融发展指数测度与分析

### 4.3.1　指标选择与数据说明及处理

1. 指标选择

前面虽然对数据的来源、选择和处理作过分散的说明，但不够全面，本节对本书用到的相关数据进行全面系统的解释和说明。

1）经济增长变量选取

GDP 指标能充分反映一个国家或地区的综合经济发展能力，国内外学者一般选择 GDP 指标来反映经济增长。国外学者通常采用两种 GDP 指标来衡量一个国或地区的经济增长。

第一，使用人均 GDP 来表征经济增长。一些学者使用人均 GDP 来表征经济增长，如 Demetriades 和 Hussein[128]、Odedokun[184]等。

第二，选取 GDP 的增长率来代表经济增长。一些学者使用 GDP 增长率来表征经济增长，如 Darrat[185]、Ram[186]。

Heston 通过研究发现使用人均 GDP 指标比 GDP 指标可能产生的错误更少，因为有些可能影响 GDP 水平的估计误差也会影响对人口的估计，这样误差就可能抵消。同时使用人均 GDP 指标可以排除人口扩张对经济增长的影响[187]。

综合考虑上述情况，本书决定选择人均 GDP 增长率指标来刻画我国经济增长。因此，本书选择人均国内生产总值的对数同比增长率作为衡量经济增长的指标变量。取对数的目的是消除数据的异方差，记为 RGDP。其具体计算公式如下：

$$\mathrm{RGDP}_t=\ln(\mathrm{GDP}_t)-\ln(\mathrm{GDP}_{t-12}) \tag{4.18}$$

下面涉及的变量，如果需要计算其增长率，也采取式（4.18）相同的计算方法。

2）控制变量选取

与多数经验分析一样，本书也需要选择实证检验所需要的影响经济增长的控制变量指标。本书选择 2 个影响经济增长的最重要因素作为控制变量，即人均全社会固定资产投资完成额（不含农户）（以下简称投资，记为 INV）和我国零售商品价格指数（以下简称价格指数，记为 RPI）。

3）金融发展指标的选取

在金融发展指标方面，本书选择金融规模扩张、结构调整和效率变化 3 个方面的指标分别来衡量金融发展情况。其中，金融发展的规模扩张用金融相关率指标 FIR 来表示，FIR 等于全部金融资产总量除以 GDP，全部金融资产总量包括广义货币 M2、债券余额、股票市值和保费收入 4 部分。金融发展的结构调整用股票总市值和债券余额之和占全部金融资产总量的比率 FSR 来表示，该比率描述了我国改革开放以来的金融结构变化的主要方面。金融发展的效率变化用全部金融体系筹资总量占全部金融资产总量的比率 CRR 来表示，该指标描述了金融体系将金融资产转化为投资的效率，全部金融体系筹资总量包括金融机构新增本外币贷款（包括新增人民币贷款和新增外币贷款两部分）、债券发行总额、股票筹资额，这里没有包括保险投资是为了避免重复计算，因为保险资金运用余额有 90%以上投入金融体系。

2. 数据说明及处理

1）数据说明

考虑我国许多金融市场从 20 世纪 90 年代才开始出现，且很多的金融和经济数据从 1992 年开始才有月度数据和季度数据，因此本书采用月度数据，样本区间为 1993 年 1 月～2014 年 3 月，样本量是 255 个。我国工业增加值、投资、价格指数、广义货币供应量、金融机构新增本币贷款、金融机构新增外币贷款、股市总市值、境内股市筹资额、原保险保费收入等月度数据都来自中经网数据库。国内生产总值的季度数据和总人口的年度数据也来自中经网数据库，本书用工业增加值加权将国内生产总值的季度数据分解，得到其月度数据。债券发行额和兑付额月度数据来自我国债券信息网，债券余额、债券发行额和债券兑付额年度数据来自我国金融统计年鉴各期，债券余额的月度数据通过公式：“当月债券余额=上月债券余额+当月债券发行额–当月债券兑付额”递推计算得到。缺少少量早期月度数据的金融和经济指标主要通过以下方法得到：首先从锐思数据库进行补齐，如果还缺少，就采用 EViews7.0 软件中的数据频率转换方法将年度数据转换成月度数据加以补充。需要说明的是，广义货币 M2 只有 1996 年 1 月～2013 年 6 月的月度数据，对 1993 年 1 月～1995 年 12 月的月度数据，本书通过公式：“M2=金融机构人民币各项存款+M0”估算得到，并用年度数据进行校正，利用已有的数据对这种方法进行检验，发现平均误差率小于 0.0074%，表明计算方法可靠。总人口 2014 年的数据缺失，考虑最近 3 年我国总人口增长速度非常稳定，本书用前 3 年的平均增长率预测了 2014 年的总人口。鉴于人均国内生产总值、人均投资均呈现明显的季节性，本书首先使用 X12 方法对其进行季节调整。为了研究的方便和简洁，本书对原始数据做季节性调整的处理后，仍使用其原有标记符号。

2）数据处理

本书对金融发展指标数据的处理分三步完成：第一步，选择金融规模扩张、结构调整和效率变化 3 个方面的金融指标分别衡量金融发展；第二步，对 3 个方面的金融发展指标进行季节性调整，并进行标准化处理，以消除量纲的影响；第三步，使用计量法，估算出 3 个方面指标的共同成分作为金融发展指数（financial development index，FDI）。

### 4.3.2 我国金融发展指数的构建与分析

1. 我国金融发展指数的构建

1）构建我国金融发展指数的方法简介

本书拟采用多变量动态马尔科夫状态转移因子模型来构建我国金融发展指数。由于篇幅的限制，对多变量动态马尔科夫状态转移因子模型不进行全面系统的介绍，有兴趣的学者可以阅读 Kim 和 Nelson 的相关著作[188]。本书参考 Kim 和 Nelson 的做法[188]，采用以下的模型。

量测方程：
$$\Delta y_{i,t} = \gamma_t \Delta c_t + e_{i,t}, i = 1,2,\cdots,N; t = 1,2,\cdots,T \tag{4.19}$$

状态方程：
$$\begin{cases} \Delta c_t = \phi_1(\Delta c_t - \mu_{S_{t-1}}) + \phi_2(\Delta c_{t-2} - \mu_{S_{t-2}}) + w_t \\ e_{i,t} = \psi_{i1} e_{i,t-1} + \psi_{i2} e_{i,t-2} + v_i \end{cases} \tag{4.20}$$

其中，$w_t$～i.i.d.N(0,1)；$v_i$～i.i.d.N$(0,\sigma_i^2)$。方程中的经济变量含义如下：$\{\Delta y_{i,t}\}$表示可观测变量；$\{\Delta c_t\}$表示协动指数；$\{e_{i,t}\}$是量测方程的误差项；$\mu_{S_t}$是状态转换变量，服从以下过程。

$$\mu_{S_t} = \mu_0 + \mu_1 S_t, S_t = \{0,1\}$$
$$\mathrm{pr}(S_t = 1 \mid S_{t-1} = 1) = p, \mathrm{pr}(S_t = 0 \mid S_{t-1} = 0) = q \tag{4.21}$$

上述模型是以经过中心化处理的数据为基础的，因此需要把估计结果还原，即

$$\Delta C_t = \Delta c_t + \delta \tag{4.22}$$

其中，$\delta$ 是 $\Delta C_t$ 的均值。

在利用多变量动态马尔科夫状态转移因子模型估计我国金融发展指数的过程中，首先将经过中心化处理的数据通过 Kim 滤波得到公因子 $\{\Delta c_t\}$ 的序列，由此可以根据式（4.23）生成一个描述股市周期景气的指数 $C_t$：

$$C_t = C_{t-1} + \Delta c_t + \delta \tag{4.23}$$

2）我国金融发展指数构建

鉴于周德才等在构建我国股市金融状况指数时使用的模型方法就是多变量动态马尔科夫状态转移因子模型[189~191]，所以本书根据已经构建金融状况指数的经验，构建我国金融发展指数，具体见图 4.21。

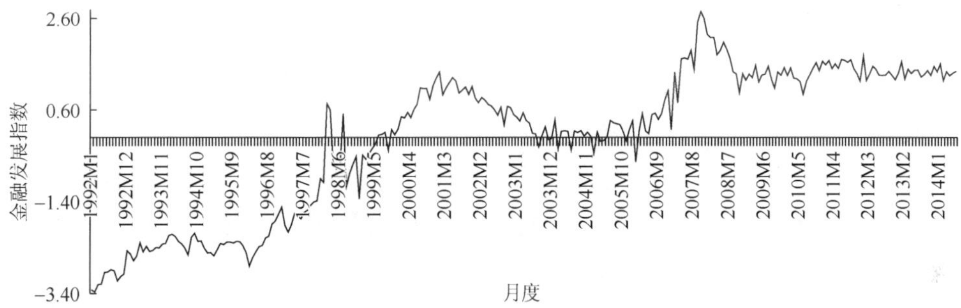


图 4.21　我国金融发展指数

## 2. 我国金融发展指数的分析

从图 4.21 可知，金融发展指数较好地描述了我国 1993 年以来的金融发展情况，可以大致地将我国 1993 年以来的金融发展状况划分为 7 个阶段。

（1）第一个阶段，我国金融发展萌芽阶段（1993 年 1 月～1995 年 12 月）。在这个阶段，我国无论是金融还是经济领域实行的都是计划经济体制，这在很大程度上阻碍了金融发展。虽然在这个阶段不同的时期金融发展呈现一定的波动，但总体上这个阶段的金融发展是较为缓慢的，甚至是停滞不前的。

（2）第二阶段，我国金融发展起步发展阶段（1996 年 1 月～2000 年 12 月）。在这个阶段，我国由于在银行业逐步建立现代商业银行制度，推动我国金融发展进入起步阶段，且金融发展速度非常迅速。虽然期间受到亚洲金融危机的影响出现快速回落，但很快就回调了。

（3）第三阶段，我国金融发展停滞倒退阶段（2001 年 1 月～2005 年 12 月）。在这个阶段，由于金融体制改革和金融市场发展没有取得明显进步，我国金融发展出现了停滞不前，甚至倒退。

（4）第四阶段，我国金融发展高速推进阶段（2006 年 1 月～2007 年 12 月）。在这个阶段，我国实施一系列金融改革开放政策和金融业发展措施，如股市的股权分置改革、国有大型商业银行上市、人民币汇率逐渐实行自由浮动等，这些政策措施使得这个阶段我国金融发展非常迅速，并达到前所未有的高度。

（5）第五阶段，我国金融发展快速回落阶段（2008 年 1 月～2008 年 12 月）。在这个阶段，由于受到由美国金融危机引发的世界金融危机的冲击，我国金融发展出现快速回落，且幅度很大。

（6）第六阶段，我国金融发展低速复苏阶段（2009 年 1 月～2012 年 1 月）。在这个阶段，为了应对世界金融危机对我国的冲击，我国出台一系列有利于金融发展的政策措施，如推出金融期货、创业板、融资融券等，这在一定程度上促进我国金融发展从金融危机中解脱出来，实现一定程度的复苏，但幅度较小，并在后期出现了小幅度的回落。

（7）第七阶段，我国金融发展徘徊不前阶段（2012 年 2 月～2014 年 6 月）。在这个阶段，我国在前期为应对金融危机出台的刺激政策的后遗症逐渐显现，使我国金融发展呈现了徘徊不前的阶段特征。

## 4.4 本 章 小 结

本章首先对经济增长的内涵进行界定，并进行实证测度。由于学术界对经济增长的测度内涵和测度没有分歧，本书在研究上从简，分别从总产出、总收入和经济增长率三个方面进行测度。总产出分别用月度的工业增加值、国内生产总值两个指标进行测度和表征；总收入分别用月度的国民总收入、国民净收入进行测度和表征；经济增长率则分别用月度的工业增加值增长率、国内生产总值增长率进行测度和表征。这些研究为后面研究金融发展和经济增长的周期关系打下良好的基础。

其次对金融发展的内涵进行界定，并进行实证测度。由于金融发展还没有现成的统计数据进行测度，再加上对其的内涵存在较大的争议，本章对金融发展的内涵和测度进行综合、全面、系统的研究。这个研究把金融发展划分为金融规模、金融结构和金融效率三个层次：金融规模从金融深度和金融宽度两个方面分别进行了分析，而每个方面又从金融中介、金融市场、保险机构和整个金融体系四个对象进行实证测度；金融结构则从金融体系效率、金融市场效率、金融资产效率和金融融资效率四个方面进行研究；金融效率则分金融资源管理效率、金融资源分配效率和金融资源功能效率三个方面进行研究，后两个方面又分别从直接效率和间接效率两个角度进行分析，而每个直接角度又分别从金融中介、金融市场、保险机构和整个金融体系四个对象进行实证测度。本章通过实证分析发现我国金融发展总体水平还是比较落后，与我国国民经济总体不相称。这些研究为后面研究对金融发展和经济增长的周期关系打下坚实基础。

最后，对本书所有选择的数据及处理方法进行了系统说明，简单介绍了金融发展指数的构建方法且进行了实证测度，并对我国金融发展指数分七个阶段进行了分析。

# 第 5 章　我国金融发展与经济增长周期关系的实证检验

## 5.1　我国金融发展与经济增长周期关系实证检验概述

金融是现代经济的核心，现代经济增长的实践证明了金融发展在经济增长和发展中的重要作用。鉴于该研究主题的重大意义，本书对金融发展和经济增长之间的关系进行实证检验。已有的文献主要采用时域方法研究金融发展和经济增长的相关关系，本书与此不同，主要采用时域和频域相结合的方法，本章对两者之间周期关系的存在性、领先/滞后关系以及影响系数的符号和大小进行系统研究。

### 5.1.1　实证检验方法的简要介绍

1. 其他周期分解方法的缺陷分析

在金融和经济指标周期成分分解中，学者目前使用的方法有很多种，如增长率直接法、趋势分解法［主要是 HP（Hodrick-Prescott）和 BP（band-pass）滤波法］、卡尔曼滤波法和维纳滤波法等，这些方法都存在这样或者那样的缺陷，不适合本书对金融发展与经济增长周期关系的实证检验。

（1）增长率直接法。增长率直接法是使用人工直接观察来确定时间序列中周期波动的方法，是研究经济波动经常采用的统计方法。这种方法由于主观随意大，不具备科学性和客观性，适用于粗略的经验研究。

（2）趋势分解法。趋势分解法是利用 HP、BP 等滤波工具将时间序列分解成趋势成分和周期成分。这种方法优点是能够简单快捷地将时间序列进行有效分解，但缺点是不能根据不同的时间频率，对时间序列进行多个层次的周期分解。一般来讲，趋势分解法只能分解出一个周期时间序列，无法满足本书要分解出短周期、中周期、长周期和全周期四个周期时间序列的要求。另外，这种方法要求时间序列是平稳的，但实际上金融和经济时间序列基本上是非平稳和非线性的。

（3）卡尔曼滤波法。卡尔曼滤波是方差已知的情况下能够从一系列存在时间序列数据中，估计动态系统的状态。具体来说，就是以最小均方差作为滤波估计的最佳准则来寻求一套递推估计的算法，它利用前一时刻的状态估计值和当前时刻的观测值来共同确定当前状态的估计值。它需要知道系统的运动规律以建立准确的状态方程。但金融和经济时间序列是一个非平稳、非线性的时间序列，很难用一个确定的方程来描述其状态和行为，因此采用这种方法来对金融与经济时间序列进行趋势成分和周期成分分析也存在较大的难度。

（4）维纳滤波法。维纳滤波法是指寻找线性滤波器的最佳冲击响应或传递函数，使得滤波器的输出波形作为输入波形的最佳估计。但其只适于平稳过程，不适于非平稳过程，并且维纳滤波需要噪声和有用信号的先验知识，如它们的自相关函数、功率谱密度等。由于实际中这些先验知识很难得到或者过于简化，所以往往使理论上最优的维纳滤波达不到要求[191]。

### 2. 小波变换方法

1）小波变换方法的优势

由于金融和经济中存在很多偶然因素，所以金融和经济时间序列数据中存在许多周期波。这些不同的周期波严重影响了进一步的分析和处理，因此，要想将金融和经济时间序列进行周期分解，就必须预先滤波。但是，经济时间序列本身具有非平稳、非线性的特点，采用传统的去滤波处理方法往往存在上述诸多缺陷。小波变换理论是根据时-频局部化的要求而发展起来的，特别适合非平稳、非线性信号的处理。

小波变换具有其他分析方法无法比拟的优势，即多尺度分析特性。该方法克服了传统的计量分析方法时域和频域不能兼顾的缺点，可以同时从时域和频域两个角度分析经济时间序列。小波变换就是利用一组带通滤波器对变量进行滤波，该过程具有自适性，即能适当地选择尺度参数和平移参数，往往在低频部分具有较高的频率分辨率和较低的时间分辨率，而在高频部分具有较高的时间分辨率和较低的频率分辨率，因此小波变换在时域和频域都能够准确描述变量特征。

2）小波变换方法的基本模型

小波变换模型特征如下：若函数 $g(t)$ 满足相关条件，将 $g(t)$ 进行伸缩和平移变换，就可以得到小波函数。

$$\int_{-\infty}^{\infty} g(t)\mathrm{d}t = 0, \quad \int_R \left|\psi(\theta)\right|^2 / \left|\theta\right| \mathrm{d}\theta < \infty \tag{5.1}$$

其中，$g(t)$ 称为小波基函数或小波母函数；$\psi(\theta)$ 是 $g(t)$ 的傅里叶变换。

在连续情况下，小波函数为

$$g_{a,b} = a^{-1/2} \cdot g[(t-b)/a] \tag{5.2}$$

其中，$a$ 称为尺度参数（$a>0$）；$b$ 称为平移参数。

将定义在任意 $L^2(R)$ 空间上的函数 $f(t)$ 在小波基下展开，这是把原函数变换成小波序列的过程，称为函数 $f(t)$ 的小波变换，表达式为

$$\mathrm{WT}_t(a,b) = < f, g_{a,b} > = a^{-1/2} \cdot \int_R f(t) g[(t-b)/a] \mathrm{d}t \tag{5.3}$$

其中，$\mathrm{WT}_t(a,b)$ 为小波变换系数。

真实金融和宏观经济时间序列往往为离散数据，根据小波变换定义，将连续变化的尺度参数 $a$（$a>0$）和平移参数 $b$ 在一些离散点上取值，就可得到离散情况下的小波变换。常用的离散化方法是将尺度参数按幂级数进行离散化，即取 $a_m = a_0^m$（$m$ 为整数，一般 $a$=2），对 $b$ 进行均匀取值以覆盖整个时间轴，其中小波母函数为

$$g_{m,n}(t) = 2^{-m/2} g(2^{-m} t - n) \tag{5.4}$$

$$\mathrm{WT}_t(m,n) = < f, g_{m,n} > = 2^{-m/2} \cdot \int_R f(t) g(2^{-m} t - n) \mathrm{d}t \tag{5.5}$$

由于篇幅限制，本书仅对小波变换法作简要介绍，详细内容参考文献[192]。

3. 谱分析模型

为进一步研究金融发展与经济增长之间的周期关系，本书引入谱分析方法对我国金融发展与经济增长的周期关系进行经验分析。谱分析方法有单变量模型和多变量模型两种，单变量谱分析模型适用于研究单个经济时间序列的周期波动分量特征，而多变量谱分析模型利用交叉谱密度函数（又称互谱密度函数）等工具，研究两个经济时间序列中各个频率分量的周期波动分量关系，如相关关系和超前滞后期等。

谱分析或频域分析法的主要思想是，把时间序列作为多个不同频率的规则波（正弦波或余弦波）的叠加，在各频域上比较不同频率波方差的大小，通过研究和比较各分量的周期变化，分解时间序列的频率结构，了解时间序列的主要波动特征，从而发现时间序列主要的波动周期。因此谱分析方法在经济时间序列中广泛用于确定经济变量的固定长度周期。时域分析中将序列作为一个整体加以研究，因而混淆了不同周期波动分量的作用效果，谱分析弥补了这个不足，且为说明经济波动的内在机制和研究经济波动的对策提供了依据。

时间序列分析产生以来，主要有两种方法对时间序列进行分析和预测。一种是直接分析数据随时间变化的结构特征，即时域分析法；另一种是把时间序列看成不同谐波的叠加，研究时间序列在频域里的结构特征，即频域分析法或谱分析方法。相对于时域分析方法，谱分析方法具有的优点如下：①将经济波动指标分解成具有不同周期长度的周期函数，有助于分别研究不同经济周期的特殊形态；②计算、判断过程都有具体的标准，在运用过程中可以避免分析者的主观性；③不损失样本点，所有数据都参与方程估计。因此谱分析弥补了时域分析中因将序列作为一个整体加以研究而混淆不同周期波动分量的作用效果的不足，且为说

明经济波动的原因和内在机制以及为经济波动的对策研究提供依据，故本书在此选择谱分析方法。谱分析方法主要包括单变量谱分析和交叉谱分析两种方法。

1）单变量谱分析

单变量谱分析就是消除某个经济时间序列中的季节和趋势因素，对所得到的循环项进行谱估计，用估计得到的谱密度函数找到时间序列中分解的主要频率分量，进而了解该时间序列的周期波动分量特征。

谱定义首先假定过程是协方差平稳的，而且样本容量也不小于 200。根据谱分析方法的基本原理，对于一个具有任意协方差平稳随机过程的时间序列 $y_t\ (t=0,1,2,\cdots,N)$，通常可以用傅里叶级数来拟合，即

$$y_t = A_0 + \sum\nolimits_{m=1}^{n}(A_m \cos 2\pi mt / N + B_m \sin 2\pi mt/N) + \varepsilon_t \tag{5.6}$$

其中，$t$=1,2,…,$N$ 为时间点，为总体样本，且 $N$=2$n$, $m$=1,2,…,$n$；频率 $m/N$ 是以 1/$N$ 为基波的第 $m$ 次谐波，$\varepsilon_t$ 为随机误差项，并且

$$A_m = \frac{1}{N}\sum\nolimits_{t=1}^{N} X_t \cos 2\pi mt / N \qquad (m=1,2,\cdots,n) \tag{5.7}$$

$$B_m = \frac{1}{N}\sum\nolimits_{t=1}^{N} X_t \sin 2\pi mt / N \qquad (m=1,2,\cdots,n) \tag{5.8}$$

谱密度 $I(f_m)$ 可表示为

$$I(f_m) = N(A_m^2 + B_m^2) \qquad (m=1,2,\cdots,n) \tag{5.9}$$

2）交叉谱分析

交叉谱分析是指对两个或两个以上平稳时间序列在各频域上的相关关系进行互谱分析，主要对某两个指标波长相关性程度进行评估，进而分析两个时间序列的各相应频谱分量之间周期波动分量的关系。另外，交叉谱分析包含一致性和相位等交叉谱统计量，可用于分析两个指标之间领先/滞后关系。

设两个时间序列分别为 $\{x_t\}$ 和 $\{y_t\}$，则交叉协方差 $C_{xy}$ 和 $C_{yx}$ 的计算公式如下：

$$C_{xy} = \frac{1}{n}\sum\nolimits_{t=1}^{n-k}(x_t - \overline{x})(y_{t+k} - \overline{y}) \tag{5.10}$$

$$C_{yx} = \frac{1}{n}\sum\nolimits_{t=1}^{n-k}(x_{t+k} - \overline{x})(y_t - \overline{y}) \tag{5.11}$$

其中，$\overline{x}$ 是 $\{x_t\}$ 的均值；$\overline{y}$ 是 $\{y_t\}$ 的均值。

则交叉谱的实部（记为 $P$）和虚部（记为 $Q$）的计算公式如下：

$$P_j = \frac{1}{2}\sum\nolimits_{k=1}^{m}\lambda_k[C_{xy}(k) + C_{yx}(k)]\cos(\pi jk / m) \qquad (m=1,2,\cdots,n) \tag{5.12}$$

$$Q_j = \frac{1}{2}\sum\nolimits_{k=1}^{m}\lambda_k[C_{xy}(k) - C_{yx}(k)]\sin(\pi jk / m) \qquad (m=1,2,\cdots,n) \tag{5.13}$$

其中，$\lambda_k$ 是权因子，通过窗函数计算出来，常见的窗函数包括汉宁窗和曾帕窗等。

进而可以计算出交叉谱的一些统计量，包括振幅（记为 $A$）、相位（记为 $H$）、一致性（记为 $C$）和领先滞后关系[$L(T)$]，其计算公式如下：

$$A_j = (P_j^2 + Q_j^2)^{1/2} \tag{5.14}$$

$$H_j = \arctan(-Q_j / P_j) \tag{5.15}$$

$$C_j = A_j^2 / (s_{x_j} \times s_{y_j}) \tag{5.16}$$

$$L(T_j) = H_j (T_j / 2\pi) \tag{5.17}$$

其中，$T_j$ 为周期长度。

由于篇幅限制，本书仅对谱分析方法作简要介绍，详细内容参考文献[193]。

### 5.1.2　指标选择与数据说明

1. 指标的选择

与多数经验分析一样，本书也需要选择实证检验所需要的金融发展和经济增长指标。在经济增长相关指标方面，本书选择人均国内生产总值（以下简称国内生产总值，记为 GDP）作为衡量经济增长的指标变量，并选择另外 2 个影响经济增长的最重要因素作为控制变量，即人均固定资产投资完成额（不含农户，以下简称投资，记为 INV）和我国零售商品价格指数（以下简称价格指数，记为 RPI）。在金融发展指标方面，本书选择第 4 章构建的金融发展指数（FDI）来表征。

2. 数据说明

我国从 20 世纪 90 年代才开始出现股票市场，且很多重要的金融和经济数据从 1992 年开始才有月度和季度数据，因此本书采用月度数据，样本区间为 1992 年 1 月～2014 年 6 月，样本量是 270 个。我国月度数据都来自中经网数据库。国内生产总值的季度数据和总人口的年度数据也来自中经网数据库，本书采用工业增加值加权将国内生产总值的季度数据分解，得到其月度数据。

3. 数据处理

鉴于国内生产总值（GDP）、投资（INV）、价格指数（RPI）均呈现明显的季节性，本书首先使用 X12 方法对其进行季节调整。为了研究的方便和简洁，本书对原始数据做季节性调整处理后，仍使用其原有标记符号。经过上述数据处理，便得到这些数据的描述性统计量，具体见表 5.1。

**表 5.1　实证检验相关数据的描述性统计量**

| 指标 | 均值 | 中位数 | 最大值 | 最小值 | 标准差 | 偏度 | 峰度 | JB 统计量 | 相应概率 | 总和 | 离差平方和 | 观测量 |
|---|---|---|---|---|---|---|---|---|---|---|---|---|
| GDP | 1 315.9 | 838.34 | 3 789.84 | 164.55 | 1 036.7 | 0.92 | 2.56 | 40.60 | 0.00 | 355 292 | $2.89\times10^8$ | 270 |
| INV | 696.81 | 267.77 | 3 181.59 | 23.68 | 829.88 | 1.42 | 3.87 | 99.35 | 0.00 | 188 139 | $1.85\times10^8$ | 270 |
| RPI | 103.45 | 101.61 | 124.81 | 96.60 | 6.09 | 1.70 | 5.57 | 203.79 | 0.00 | 27 933 | 9 976 | 270 |
| FDI | 0.00 | 0.41 | 2.75 | –3.37 | 1.57 | –0.61 | 2.04 | 27.36 | 0.00 | 0 | 662 | 270 |

接着，为了消除数据中可能存在的异方差，使其趋势线性化，在不改变原始数据的计量关系的情况下对数据进行取自然对数处理［金融发展指数（FDI）除外］。为了研究的方便和简洁，本书对季节性调整后的数据进行对数化处理后，仍使用其原有标记符号。经过上述数据处理，便得到这些数据的样本值，具体见图 5.1。

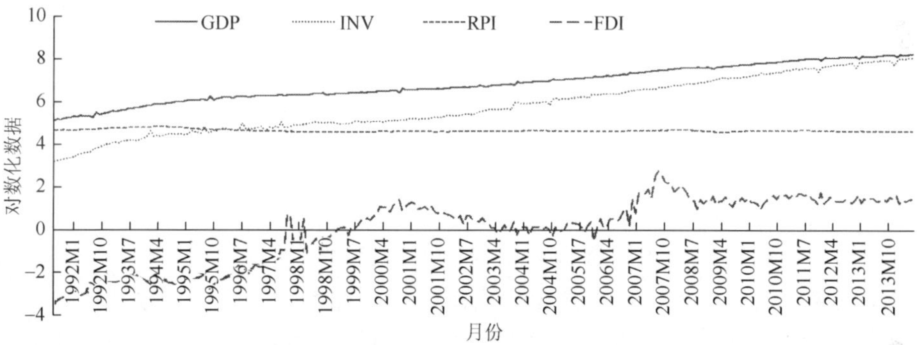


图 5.1　实证分析相关数据对数化后图示

### 5.1.3　小波变换法对金融和经济指标的周期分解处理

1. 金融和经济指标的小波变换法周期分解一般做法

小波变换是利用一组带通滤波器将变量滤波，再分解到各个二进制频带中去。通过小波变换将时间序列分解，就可以得到不同尺度下的分量谱图，尺度取值为 $2^a$。小波分解后的第 1 层尺度为 $2^1$，是 1～2 个月的波动分量，即频率为 0.5～1 的分量；第 2 层尺度为 $2^2$，是 3～4 个月的波动分量，即频率为 0.25～0.5 的分量；以此类推，一直到事先设定的最大尺寸波动分量。

2. 我国金融和经济指标的小波变换法周期分解具体做法

从石柱鲜等的研究可知[194]，我国经济增长周期一般为 1.5～8 年，也就是 18～96 个月。因此，根据我国金融和经济周期波动分量的特征与长短进行周期的划分，并依据样本量的大小，将小波变换的最大尺度取为 $2^7$=128 个月。一般来说，小波分解后的第 1～3 层，即 1～8 个月的波动分量主要包含序列中的随机因素和不规则因素；第 4～7 层，即 9～128 个月的波动分量主要包含序列中的短、中、长周期因素；而第 7 层以外的分量，即 128 个月以上的波动分量，作为序列的长期趋势。鉴于本书研究的是金融发展和经济增长之间的周期关系，此处重点分析小波分解后 9～128 个月的波动分量，并将第 4 层和第 5 层（即 9～32 个月）的波动分量叠加作为短周期波动分量，将第 6 层（即 33～64 个月）的波动分量作为中周期波动分量，将第 7 层（即 65～128 个月）的波动分量作为长周期波动分量，而将这 4 层分量叠加作为全周期波动分量。为了论述的方便，本书将各个指标的短、中、长、全周期波动分量分别在原来的标记后面加上字母 S、M、L、A，如 GDP 的短、中、长、全周期波动分量分别记为 GDPS、GDPM、GDPL、GDPA，其他变量以此类推。

## 5.2 短周期序列的金融发展与经济增长周期关系的实证检验

### 5.2.1 基于小波变换法分解的短周期序列

本书将国内生产总值（GDP）、金融发展指数（FDI）、投资（INV）、价格指数（RPI）进行小波变换，将第 4 层和第 5 层（即 9～32 个月）波动分量叠加，分解出国内生产总值（GDPS）、金融发展指数（FDIS）、投资（INVS）、价格指数（RPIS）四个短周期波动分量序列，并将其列示如图 5.2～图 5.5 所示。通过短周期波动分量谱图可以清楚地看出，小波分解能够有效地剔除上述四个金融和经济数据在短周期内的不规则因素与随机因素的影响，并去除长期趋势。所以将上述四个金融和经济数据进行小波分解后的短周期波动分量序列是平稳时间序列，可以直接进行波动分量的相互关系的实证检验。

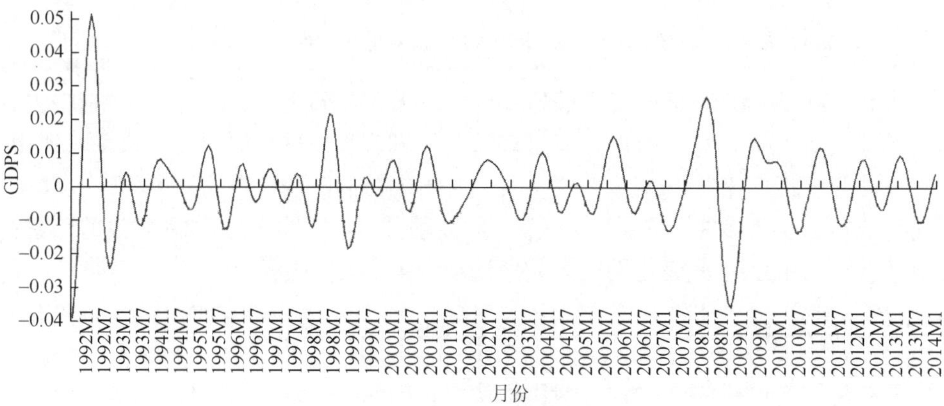


图 5.2　我国人均国内生产总值的短周期波动分量序列图

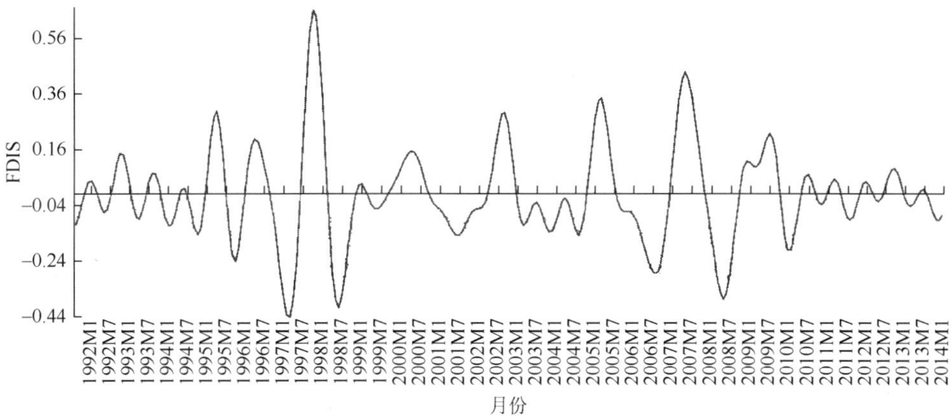


图 5.3　我国金融发展指数的短周期波动分量序列图

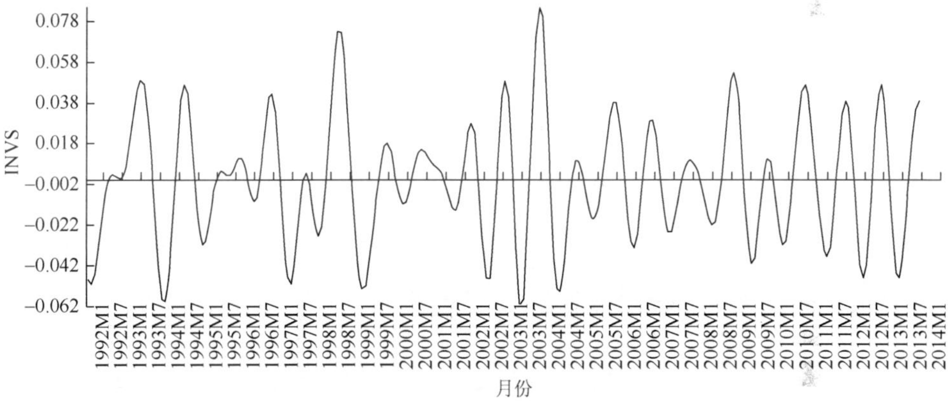


图 5.4　我国人均固定资产投资的短周期波动分量序列图

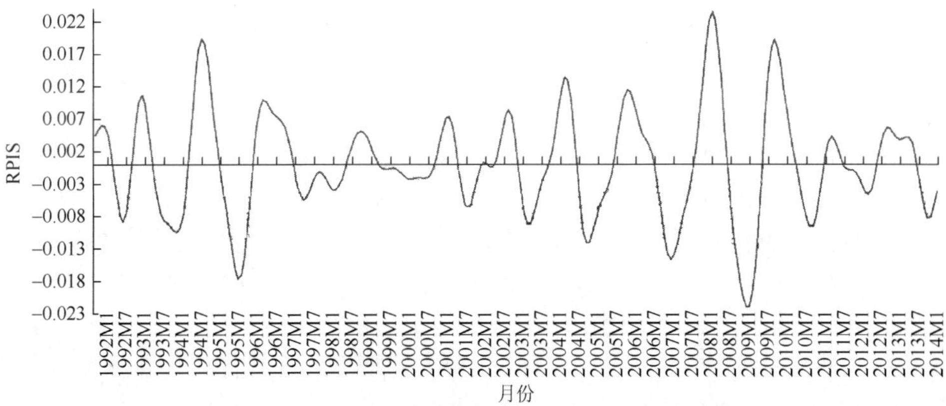


图 5.5　我国零售商品价格指数的短周期波动分量序列图

### 5.2.2 基于单位根检验法的实证检验

下面的实证检验要求变量为平稳的经济时间序列，因此本书首先对序列进行单位根检验，检验结果见表 5.2。如表 5.2 所示，国内生产总值（GDPS）、金融发展指数（FDIS）、投资（INVS）和价格指数（RPIS）的短周期波动分量序列都在 1%的显著性水平上通过了 ADF（augmented Dickey-fuller）平稳性检验；同时，这四个短周期波动分量也在 1%的显著水平上通过 PP（Philips-Peron）平稳性检验。这说明国内生产总值（GDPS）、金融发展指数（FDIS）、投资（INVS）和价格指数（RPIS）的短周期波动分量序列都是平稳序列，可以进行相互关系的实证检验。

**表 5.2 短周期波动分量序列的单位根检验**

| 变量 | ADF 检验 | | | | PP 检验 | | | |
|---|---|---|---|---|---|---|---|---|
| | （$c$，$t$，$n$） | $T$统计量 | 概率 | 平稳性 | （$c$，$t$） | $T$统计量 | 概率 | 平稳性 |
| GDPS | （0，0，1） | –29.282 7 | 0.000 0 | 平稳 | （0，0） | –6.641 7 | 0.000 0 | 平稳 |
| FDIS | （0，0，1） | –21.477 | 0.000 0 | 平稳 | （0，0） | –5.112 32 | 0.000 0 | 平稳 |
| INVS | （0，0，1） | –34.544 4 | 0.000 0 | 平稳 | （0，0） | –6.026 44 | 0.000 0 | 平稳 |
| RPIS | （0，0，1） | –21.185 5 | 0.000 0 | 平稳 | （0，0） | –4.863 62 | 0.000 0 | 平稳 |

### 5.2.3 基于格兰杰因果检验法的实证检验

本书对 GDPS、FDIS、INVS、RPIS 这 4 个短周期波动分量序列分别进行格兰杰因果关系检验。本书展示了 GDPS、FDIS、INVS 和 RPIS 四个指标在短周期波动分量上的因果关系，结果见表 5.3。从表 5.3 可以看出：在 9～32 个月的短周期波动分量中，在 5%的显著性水平下，滞后 4 阶的国内生产总值（GDPS）和金融发展指数（FDIS）双向拒绝原假设，说明它们之间存在双向格兰杰因果关系，在短周期波动分量上它们具有相互影响的关系；同时，其余变量之间也都在 5%的显著水平下拒绝原假设，说明它们之间也存在显著的因果关系，在短周期波动分量上它们具有相互影响的关系。

本书利用格兰杰因果关系检验法发现，金融发展和经济增长在短周期波动分量上存在双向因果关系。相对本书的研究目标而言，格兰杰因果关系的实证检验只是指出了金融发展和经济增长短周期关系的存在性，还需要进一步分析其大小以及领先/滞后关系。为此，5.2.4 节和 5.2.5 节分别利用交叉谱分析法和 VAR 模型进一步研究金融发展和经济增长的短周期波动分量序列之间的领先/滞后关系以及影响系数的符号与大小。

**表 5.3　短周期波动分量序列的格兰杰因果关系检验结果**

| 原假设 | 自由量 | *F* 统计量 | 概率值 | 结果 |
|---|---|---|---|---|
| FDIS 不是 GDPS 的原因 | 266 | 17.81 | 0.0000 | 拒绝 |
| GDPS 不是 FDIS 的原因 | 266 | 2.68 | 0.0322 | 拒绝 |
| INVS 不是 GDPS 的原因 | 266 | 22.16 | 0.0000 | 拒绝 |
| GDPS 不是 INVS 的原因 | 266 | 14.10 | 0.0000 | 拒绝 |
| RPIS 不是 GDPS 的原因 | 266 | 11.16 | 0.0000 | 拒绝 |
| GDPS 不是 RPIS 的原因 | 266 | 4.46 | 0.0017 | 拒绝 |
| INVS 不是 FDIS 的原因 | 266 | 2.93 | 0.0215 | 拒绝 |
| FDIS 不是 INVS 的原因 | 266 | 4.12 | 0.0030 | 拒绝 |
| RPIS 不是 FDIS 的原因 | 266 | 85.10 | 0.0000 | 拒绝 |
| FDIS 不是 RPIS 的原因 | 266 | 21.45 | 0.0000 | 拒绝 |
| RPIS 不是 INVS 的原因 | 266 | 9.90 | 0.0000 | 拒绝 |
| INVS 不是 RPIS 的原因 | 266 | 4.77 | 0.0010 | 拒绝 |

### 5.2.4　基于交叉谱分析法的实证检验

1. 准备工作

为进一步识别金融发展和经济增长短周期波动分量序列之间的领先/滞后关系，本书使用交叉谱方法做深入的实证检验。如果计算出的领先/滞后指标值为正，表明在时间上金融发展领先于经济增长；若领先/滞后指标值为负，表明金融发展滞后于经济增长；若领先/滞后指标值为零，表明金融发展与经济增长同步。本书在实证检验时使用的软件是 MATLAB 8.0。

2. 参数选择和估计

参考董文泉等的研究[193]，本书采用曾帕窗，窗参数选择 28，频率点选择 135，利用 MATLAB 8.0 对金融发展和经济增长短周期波动分量周期关系进行交叉谱分析，即计算振幅、一致性、相位以及领先/滞后关系等统计量。本书对频率大于 0.0444（即大于 12 个月）的特征指标进行重点分析，具体结果见表 5.4。

**表 5.4　金融发展与经济增长短周期波动分量的交叉谱分析结果**

| 频率 | 周期月数 | FDIS 的谱 | GDPS 的谱 | 交叉谱 | | 振幅 | 一致性 | 位相 | |
|---|---|---|---|---|---|---|---|---|---|
| | | | | 实部 | 虚部 | | | 角度 | 领先/滞后 |
| 0.500 0 | 135.0 | 2.27E−02 | 8.80E−05 | 4.75E−04 | 2.20E−04 | 0.000 52 | 0.137 | −0.43 | −9.32 |
| 0.333 3 | 90.0 | 2.77E−02 | 1.01E−04 | 4.68E−04 | 4.29E−04 | 0.000 63 | 0.144 | −0.74 | −10.62 |
| 0.250 0 | 67.5 | 3.50E−02 | 1.20E−04 | 4.54E−04 | 6.14E−04 | 0.000 76 | 0.139 | −0.93 | −10.03 |
| 0.200 0 | 54.0 | 4.29E−02 | 1.43E−04 | 4.30E−04 | 7.60E−04 | 0.000 87 | 0.125 | −1.06 | −9.08 |

续表

| 频率 | 周期月数 | FDIS 的谱 | GDPS 的谱 | 交叉谱 | | 振幅 | 一致性 | 位相 | |
|---|---|---|---|---|---|---|---|---|---|
| | | | | 实部 | 虚部 | | | 角度 | 领先/滞后 |
| 0.166 7 | 45.0 | 5.00E–02 | 1.66E–04 | 3.92E–04 | 8.55E–04 | 0.000 94 | 0.106 | –1.14 | –8.17 |
| 0.142 9 | 38.6 | 5.50E–02 | 1.88E–04 | 3.41E–04 | 8.90E–04 | 0.000 95 | 0.088 | –1.20 | –7.40 |
| 0.125 0 | 33.8 | 5.72E–02 | 2.06E–04 | 2.80E–04 | 8.65E–04 | 0.000 91 | 0.070 | –1.26 | –6.76 |
| 0.111 1 | 30.0 | 5.64E–02 | 2.17E–04 | 2.15E–04 | 7.90E–04 | 0.000 82 | 0.055 | –1.31 | –6.23 |
| 0.100 0 | 27.0 | 5.29E–02 | 2.20E–04 | 1.54E–04 | 6.80E–04 | 0.000 70 | 0.042 | –1.35 | –5.79 |
| 0.090 9 | 24.5 | 4.74E–02 | 2.16E–04 | 1.06E–04 | 5.55E–04 | 0.000 57 | 0.031 | –1.38 | –5.40 |
| 0.083 3 | 22.5 | 4.08E–02 | 2.05E–04 | 7.58E–05 | 4.33E–04 | 0.000 44 | 0.023 | –1.40 | –5.00 |
| 0.0769 | 20.8 | 3.38E–02 | 1.87E–04 | 6.26E–05 | 3.25E–04 | 0.000 33 | 0.017 | –1.38 | –4.56 |
| 0.071 4 | 19.3 | 2.71E–02 | 1.64E–04 | 6.24E–05 | 2.38E–04 | 0.000 25 | 0.014 | –1.31 | –4.03 |
| 0.066 7 | 18.0 | 2.10E–02 | 1.38E–04 | 6.83E–05 | 1.71E–04 | 0.000 18 | 0.012 | –1.19 | –3.41 |
| 0.062 5 | 16.9 | 1.58E–02 | 1.11E–04 | 7.34E–05 | 1.20E–04 | 0.000 14 | 0.011 | –1.02 | –2.75 |
| 0.058 8 | 15.9 | 1.14E–02 | 8.48E–05 | 7.34E–05 | 8.36E–05 | 0.000 11 | 0.013 | –0.85 | –2.15 |
| 0.055 6 | 15.0 | 7.99E–03 | 6.15E–05 | 6.68E–05 | 5.64E–05 | 0.000 09 | 0.016 | –0.70 | –1.67 |
| 0.052 6 | 14.2 | 5.36E–03 | 4.22E–05 | 5.51E–05 | 3.65E–05 | 0.000 07 | 0.019 | –0.58 | –1.32 |
| 0.050 0 | 13.5 | 3.42E–03 | 2.71E–05 | 4.12E–05 | 2.23E–05 | 0.000 05 | 0.024 | –0.50 | –1.07 |
| 0.047 6 | 12.9 | 2.06E–03 | 1.63E–05 | 2.78E–05 | 1.27E–05 | 0.000 03 | 0.028 | –0.43 | –0.88 |
| 0.045 5 | 12.3 | 1.16E–03 | 9.08E–06 | 1.70E–05 | 6.74E–06 | 0.000 02 | 0.032 | –0.38 | –0.74 |
| 0.043 5 | 11.7 | 6.07E–04 | 4.66E–06 | 9.34E–06 | 3.29E–06 | 9.9E–06 | 0.035 | –0.34 | –0.63 |
| 0.041 7 | 11.3 | 2.90E–04 | 2.18E–06 | 4.60E–06 | 1.48E–06 | 4.83E–06 | 0.037 | –0.31 | –0.56 |
| 0.040 0 | 10.8 | 1.25E–04 | 9.21E–07 | 2.01E–06 | 6.23E–07 | 2.11E–06 | 0.039 | –0.30 | –0.52 |
| 0.038 5 | 10.4 | 4.76E–05 | 3.44E–07 | 7.74E–07 | 2.51E–07 | 8.14E–07 | 0.040 | –0.31 | –0.52 |
| 0.037 0 | 10.0 | 1.57E–05 | 1.12E–07 | 2.58E–07 | 9.90E–08 | 2.76E–07 | 0.043 | –0.37 | –0.58 |
| 0.035 7 | 9.6 | 4.34E–06 | 3.06E–08 | 7.23E–08 | 3.91E–08 | 8.22E–08 | 0.051 | –0.50 | –0.76 |
| 0.034 5 | 9.3 | 9.72E–07 | 6.70E–09 | 1.66E–08 | 1.55E–08 | 2.27E–08 | 0.079 | –0.75 | –1.11 |
| 0.033 3 | 9.0 | 1.93E–07 | 1.12E–09 | 3.25E–09 | 6.43E–09 | 7.2E–09 | 0.240 | –1.10 | –1.58 |
| 0.032 3 | 8.7 | 9.06E–08 | 2.23E–10 | 1.06E–09 | 3.56E–09 | 3.71E–09 | 0.682 | –1.28 | –1.78 |
| 0.031 3 | 8.4 | 1.23E–07 | 2.71E–10 | 9.02E–10 | 3.45E–09 | 3.57E–09 | 0.382 | –1.32 | –1.77 |
| 0.030 3 | 8.2 | 1.71E–07 | 4.69E–10 | 8.59E–10 | 4.38E–09 | 4.47E–09 | 0.248 | –1.38 | –1.79 |
| 0.029 4 | 7.9 | 2.10E–07 | 6.68E–10 | 6.96E–10 | 5.17E–09 | 5.21E–09 | 0.193 | –1.44 | –1.82 |
| 0.028 6 | 7.7 | 2.30E–07 | 8.19E–10 | 3.24E–10 | 5.07E–09 | 5.08E–09 | 0.137 | –1.51 | –1.85 |
| 0.027 8 | 7.5 | 2.26E–07 | 9.05E–10 | –3.12E–10 | 4.00E–09 | 4.01E–09 | 0.079 | 1.49 | 1.78 |
| 0.027 0 | 7.3 | 2.01E–07 | 9.36E–10 | –1.07E–09 | 2.44E–09 | 2.66E–09 | 0.038 | 1.16 | 1.34 |
| 0.026 3 | 7.1 | 1.65E–07 | 9.31E–10 | –1.63E–09 | 1.04E–09 | 1.93E–09 | 0.024 | 0.57 | 0.64 |
| 0.025 6 | 6.9 | 1.28E–07 | 8.98E–10 | –1.74E–09 | 1.84E–10 | 1.75E–09 | 0.027 | 0.10 | 0.12 |

续表

| 频率 | 周期月数 | FDIS 的谱 | GDPS 的谱 | 交叉谱 | | 振幅 | 一致性 | 位相 | |
|---|---|---|---|---|---|---|---|---|---|
| | | | | 实部 | 虚部 | | | 角度 | 领先/滞后 |
| 0.025 0 | 6.8 | 9.90E–08 | 8.35E–10 | –1.42E–09 | 1.36E–10 | 1.42E–09 | 0.024 | –0.10 | –0.10 |
| 0.024 4 | 6.6 | 7.74E–08 | 7.34E–10 | –8.66E–10 | 1.64E–10 | 8.81E–10 | 0.014 | –0.19 | –0.20 |
| 0.023 8 | 6.4 | 6.03E–08 | 5.96E–10 | –3.57E–10 | 1.24E–10 | 3.78E–10 | 0.004 | –0.33 | –0.34 |
| 0.023 3 | 6.3 | 4.47E–08 | 4.38E–10 | –3.76E–11 | 1.05E–10 | 1.11E–10 | 0.001 | –1.23 | –1.22 |
| 0.022 7 | 6.1 | 2.98E–08 | 2.86E–10 | 9.07E–11 | 9.69E–11 | 1.33E–10 | 0.002 | 0.82 | 0.80 |
| 0.022 2 | 6.0 | 1.73E–08 | 1.63E–10 | 1.01E–10 | 7.53E–11 | 1.26E–10 | 0.006 | 0.64 | 0.61 |
| 0.021 7 | 5.9 | 8.37E–09 | 7.87E–11 | 6.89E–11 | 4.00E–11 | 7.97E–11 | 0.010 | 0.53 | 0.49 |
| 0.021 3 | 5.7 | 3.28E–09 | 3.15E–11 | 3.58E–11 | 8.06E–12 | 3.67E–11 | 0.013 | 0.22 | 0.20 |
| 0.020 8 | 5.6 | 9.99E–10 | 9.97E–12 | 1.58E–11 | 9.31E–12 | 1.83E–11 | 0.034 | –0.53 | –0.48 |
| 0.020 4 | 5.5 | 3.57E–10 | 2.51E–12 | 8.11E–12 | 1.47E–11 | 1.68E–11 | 0.314 | –1.07 | –0.93 |
| 0.020 0 | 5.4 | 5.14E–10 | 1.11E–12 | 7.67E–12 | 1.79E–11 | 1.95E–11 | 0.667 | –1.17 | –1.00 |
| 0.019 6 | 5.3 | 1.04E–09 | 2.04E–12 | 9.58E–12 | 2.66E–11 | 2.83E–11 | 0.378 | –1.23 | –1.03 |
| 0.019 2 | 5.2 | 1.70E–09 | 4.02E–12 | 1.12E–11 | 4.13E–11 | 4.28E–11 | 0.269 | –1.31 | –1.08 |
| 0.018 9 | 5.1 | 2.31E–09 | 6.40E–12 | 1.18E–11 | 5.61E–11 | 5.73E–11 | 0.222 | –1.36 | –1.11 |
| 0.018 5 | 5.0 | 2.73E–09 | 8.58E–12 | 1.05E–11 | 6.30E–11 | 6.38E–11 | 0.174 | –1.41 | –1.12 |
| 0.018 2 | 4.9 | 2.85E–09 | 1.01E–11 | 6.21E–12 | 5.71E–11 | 5.74E–11 | 0.115 | –1.46 | –1.14 |
| 0.017 9 | 4.8 | 2.68E–09 | 1.08E–11 | –1.22E–12 | 4.06E–11 | 4.06E–11 | 0.057 | 1.54 | 1.18 |
| 0.017 5 | 4.7 | 2.31E–09 | 1.09E–11 | –9.39E–12 | 2.08E–11 | 2.28E–11 | 0.021 | 1.15 | 0.87 |
| 0.017 2 | 4.7 | 1.87E–09 | 1.07E–11 | –1.45E–11 | 5.85E–12 | 1.56E–11 | 0.012 | 0.38 | 0.28 |
| 0.016 9 | 4.6 | 1.45E–09 | 1.01E–11 | –1.42E–11 | 7.58E–13 | 1.42E–11 | 0.014 | –0.05 | –0.04 |
| 0.016 7 | 4.5 | 1.11E–09 | 9.11E–12 | –9.10E–12 | 7.27E–13 | 9.13E–12 | 0.008 | –0.08 | –0.06 |
| 0.016 4 | 4.4 | 8.35E–10 | 7.64E–12 | –2.43E–12 | 1.69E–12 | 2.96E–12 | 0.001 | 0.61 | 0.43 |
| 0.016 1 | 4.4 | 6.17E–10 | 5.81E–12 | 2.71E–12 | 3.25E–12 | 4.23E–12 | 0.005 | –0.88 | –0.61 |
| 0.015 9 | 4.3 | 4.37E–10 | 3.92E–12 | 4.94E–12 | 3.15E–12 | 5.86E–12 | 0.020 | –0.57 | –0.39 |
| 0.015 6 | 4.2 | 2.90E–10 | 2.30E–12 | 4.75E–12 | 2.18E–12 | 5.22E–12 | 0.041 | –0.43 | –0.29 |
| 0.015 4 | 4.2 | 1.78E–10 | 1.15E–12 | 3.41E–12 | 1.26E–12 | 3.64E–12 | 0.064 | –0.35 | –0.23 |
| 0.015 2 | 4.1 | 9.86E–11 | 4.88E–13 | 2.03E–12 | 6.98E–13 | 2.15E–12 | 0.096 | –0.33 | –0.22 |
| 0.014 9 | 4.0 | 4.90E–11 | 1.75E–13 | 1.10E–12 | 3.78E–13 | 1.17E–12 | 0.159 | –0.33 | –0.21 |
| 0.014 7 | 4.0 | 2.55E–11 | 6.32E–14 | 6.82E–13 | 1.25E–13 | 6.93E–13 | 0.298 | –0.18 | –0.11 |

3. 实证结果分析

根据我国金融发展和经济增长短期周期关系的实证检验结果，得出以下两个结论。

（1）在短周期波动分量序列上我国金融发展与经济增长之间的一致性比较低。从表 5.4 的一致性指标可以看出，随着周期月数的减少（即频率的减少），金融发展指数（FDIS）和国内生产总值（GDPS）的一致性呈现周期性波动，在频率点为 0.3333（即 90 个月）时达到最大值 0.144，但平均值只有 0.0979，总的来说偏小，说明在短周期波动分量上金融发展与经济增长之间的相互影响不太显著。

（2）在短周期波动分量序列上我国金融发展与经济增长的领先/滞后关系呈现了波浪式的互有领先/滞后特征，但总体上金融发展略微滞后于经济增长。从表 5.4 的相位可以看出，金融发展指数（FDIS）与国内生产总值（GDPS）的角度和领先/滞后值基本上是负数，并且随着周期月数的减少（即频率的减少），其角度和领先/滞后（即时差）值呈现前期快速上涨后期周期波动的特征，其中时差的最小值、最大值、中位值和平均值分别为–10.6221、1.7820、–0.9346、–1.8629。因此，总的来说，在短周期波动分量序列上金融发展略微滞后于经济增长，滞后期平均约为 2 个月，两者时差月数的波动范围在–10～–1 个月。

### 5.2.5 基于 VAR 模型的实证检验

1. 参数估计

基于 5.2.1 节使用的小波变换法分解出来的金融发展指数（FDIS）和国内生产总值（GDPS）的短周期波动分量序列，并引入控制变量投资（INVS）和价格指数（RPIS），本书使用 VAR 模型估计金融发展和经济增长在短周期波动分量序列上的周期系数，使用的软件是 EViews8.0。

根据上面的分析，在短周期波动分量上滞后 4 阶的金融发展指数（FDIS）、投资（INVS）、价格指数（RPIS）和国内生产总值（GDPS）之间存在双向因果关系，因此本书使用滞后 4 阶的 VAR 模型估计它们之间的周期关系，估计结果见表 5.5。

**表 5.5 金融发展和经济增长短周期静态关系的 VAR 估计结果**

| 滞后项 | GDPS | FDIS | INVS | RPIS |
|---|---|---|---|---|
| GDPS（–1） | 3.404 691 | 0.545 098 | –0.349 298 | –0.004 297 |
| | （0.012 3） | （0.1978） | （0.036 8） | （0.009 0） |
| | [277.902]*** | [2.755 37]*** | [–9.498 37]*** | [–0.479 48] |
| GDPS（–2） | –4.769 928 | –0.939 883 | 0.988 893 | 0.013 196 |
| | （0.031 7） | （0.511 1） | （0.095 0） | （0.023 2） |
| | [–150.701]*** | [–1.838 95]* | [10.408 6]*** | [0.570 02] |

续表

| 滞后项 | GDPS | FDIS | INVS | RPIS |
|---|---|---|---|---|
| GDPS（−3） | 3.207 372 | 0.486 787 | −1.012 368 | −0.013 732 |
| | −0.030 56 | −0.493 49 | −0.091 73 | −0.022 35 |
| | [104.950]*** | [0.986 42] | [−11.035 9]*** | [−0.614 33] |
| GDPS（−4） | −0.886 373 | 0.012 291 | 0.369 799 | 0.005 823 |
| | （0.011 1） | （0.179 0） | （0.033 3） | （0.008 1） |
| | [−79.958 5]*** | [0.068 66] | [11.113 6]*** | [0.718 20] |
| FDIS（−1） | −0.004 982 | 3.582 991 | −0.011 667 | −0.007 424 |
| | （0.001 0） | （0.016 7） | （0.003 1） | （0.000 8） |
| | [−4.826 61]*** | [214.970]*** | [−3.765 61]*** | [−9.833 37]*** |
| FDIS（−2） | 0.013 535 | −5.130 191 | 0.039 49 | 0.019 312 |
| | （0.002 9） | （0.046 6） | （0.008 7） | （0.002 1） |
| | [4.690 11]*** | [−110.091]*** | [4.558 82]*** | [9.149 20]*** |
| FDIS（−3） | −0.013 079 | 3.450 534 | −0.045 348 | −0.017 934 |
| | （0.002 9） | （0.046 9） | （0.008 7） | （0.002 1） |
| | [−4.499 31]*** | [73.511 9]*** | [−5.197 34]*** | [−8.434 85]*** |
| FDIS（−4） | 0.004 682 | −0.927 647 | 0.018 334 | 0.005 851 |
| | （0.001 1） | （0.017 1） | （0.003 2） | （0.000 8） |
| | [4.433 61]*** | [−54.394 8]*** | [5.783 35]*** | [7.574 12]*** |
| INVS（−1） | 0.037 19 | 0.387 336 | 3.552 063 | −0.008 411 |
| | （0.005 9） | （0.095 1） | （0.017 7） | （0.004 3） |
| | [6.315 88]*** | [4.073 71]*** | [200.970]*** | [−1.953 01]** |
| INVS（−2） | −0.103 909 | −1.062 282 | −5.092 24 | 0.019 928 |
| | （0.016 1） | （0.259 3） | （0.048 2） | （0.011 8） |
| | [−6.470 37]*** | [−4.096 45]*** | [−105.639]*** | [1.696 55]* |
| INVS（−3） | 0.102 532 | 1.056 011 | 3.452 57 | −0.016 929 |
| | （0.016 2） | （0.262 1） | （0.048 7） | （0.011 9） |
| | [6.317 13]*** | [4.029 22]*** | [70.866 9]*** | [−1.426 03] |
| INVS（−4） | −0.037 711 | −0.386 851 | −0.940 802 | 0.003 974 |
| | （0.006 1） | （0.097 8） | （0.018 2） | （0.004 4） |
| | [−6.224 30]*** | [−3.954 14]*** | [−51.731 5]*** | [0.896 86] |
| RPIS（−1） | 0.174 986 | 1.520 288 | 0.790 36 | 3.585 499 |
| | （0.024 2） | （0.391 2） | （0.072 7） | （0.017 7） |
| | [7.223 72]*** | [3.886 65]*** | [10.869 8]*** | [202.366]*** |

续表

| 滞后项 | GDPS | FDIS | INVS | RPIS |
|---|---|---|---|---|
| RPIS（–2） | –0.440 512 | –7.995 791 | –2.180 121 | –5.204 835 |
| | （0.065 8） | （1.061 7） | （0.197 4） | （0.048 1） |
| | [–6.699 66]*** | [–7.530 90]*** | [–11.046 2]*** | [–108.226]*** |
| RPIS（–3） | 0.401 523 | 11.272 68 | 2.070 381 | 3.596 399 |
| | （0.064 2） | （1.037 3） | （0.192 8） | （0.047 0） |
| | [6.250 31]*** | [10.867 0]*** | [10.736 9]*** | [76.540 0]*** |
| RPIS（–4） | –0.127 328 | –5.158 283 | –0.677 798 | –1.007 041 |
| | （0.022 7） | （0.366 0） | （0.068 0） | （0.016 6） |
| | [–5.617 23]*** | [–14.092 8]*** | [–9.961 82]*** | [–60.740 3]*** |

注：小括号中的数字是标准差，中括号中的数字是 $T$ 统计量，***、**、*分别表示在 1%、5%和 10%的水平上显著

2. 实证结果分析

从表 5.5 可以看出：①在短周期波动分量上，金融发展指数（FDIS）的滞后 1～4 阶都在 1%的显著水平上对国内生产总值（GDPS）有显著影响，其 1～4 阶滞后总影响系数为 0.000 156，表明短期的金融发展对经济增长有显著的正向影响，但总影响比较弱小；国内生产总值（GDPS）的滞后 1 阶和 2 阶分别在 1%和 10%的显著水平上对金融发展指数（FDIS）有显著影响，其总影响系数为 0.104 293，表明短期内经济增长也对金融发展有显著的正向影响，且总影响系数较大。②除了价格指数（RPIS）对国内生产总值（GDPS）只有单向显著影响，投资（INVS）和国内生产总值（GDPS）之间存在双向且显著的影响。总之，在短周期波动分量上，在考虑控制变量影响的情况下，金融发展与经济增长之间都存在双向的显著影响，但前者对后者的总体影响较弱，后者对前者的总体影响较强，这与格兰杰因果检验和交叉谱分析的结论基本吻合。

3. 国内生产总值对来自各个变量单位冲击的脉冲响应分析

本书用广义脉冲响应函数分析来自国内生产总值（GDPS）、金融发展指数（FDIS）、投资（INVS）和价格指数（RPIS）短周期波动分量序列的随机扰动项的一个标准差冲击对国内生产总值（GDPS）的影响，期数选择为 329 期，因为这些广义脉冲响应函数值衰减比较慢，一直到 329 期以后所有变量的脉冲函数值都才小于 0.0001，具体结果可见图 5.6～图 5.9。对这些脉冲响应函数值的估计分析如下。

（1）在短周期波动分量序列上国内生产总值（GDPS）对其自身具有正向影响并排名第一，同时波动呈现较迅速的周期性衰减特征。从图 5.6 可以看出，首先，国内生产总值（GDPS）对其自身是排名第一的影响因素，国内生产总值（GDPS）

对自身脉冲响应函数累计值的绝对值在全部变量脉冲函数累计值的绝对值之和中占比为 45.30%，成为国内生产总值（GDPS）第一大影响因素；其次，国内生产总值（GDPS）对其自身产生正向影响，这表现在国内生产总值（GDPS）对自身的广义脉冲响应函数值的总和与平均值分别是 0.002 000 和 0.000 006；再次，随着时间的推移，国内生产总值（GDPS）的广义脉冲响应函数值呈现较迅速的周期性衰减特征，这表现为它一开始就迅速上升，在第 5 期达到全局最大值 0.000 963，接着直线下降，在第 11 期达到全局最小值–0.000 913，然后经过了 100 多期才逐步平稳，接近于 0。总之，经济增长惯性是短期内国内生产总值（GDPS）的第一大影响因素，且影响方向总体是正向的，并呈现了较迅速的周期性衰减特征。

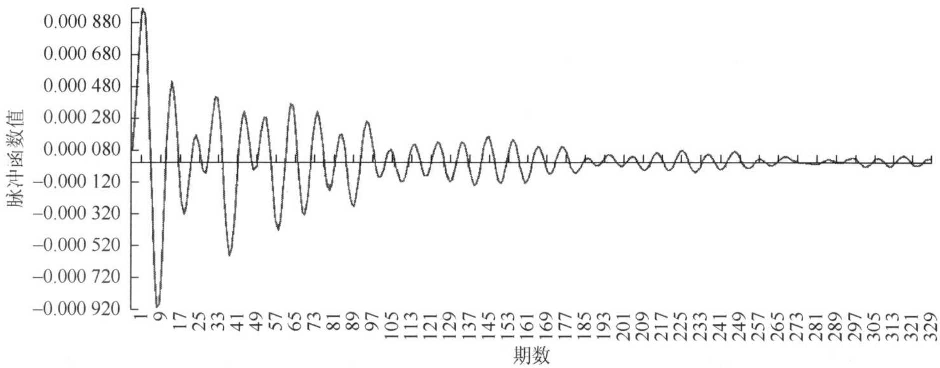


图 5.6　在短周期上我国国内生产总值（GDPS）对自身的广义脉冲响应图

（2）在短周期波动分量序列上金融发展指数（FDIS）对国内生产总值（GDPS）具有正向影响并排名第三，同时波动呈现较快的周期性衰减特征。从图 5.7 可以看出，首先，金融发展指数（FDIS）是国内生产总值（GDPS）的第三大影响因素，国内生产总值（GDPS）对来自金融发展指数（FDIS）单位冲击的脉冲响应函数累计值的绝对值在全部变量脉冲函数累计值的绝对值之和中占比为 16.37%，成为国内生产总值（GDPS）第三大影响因素；其次，金融发展指数（FDIS）从总体上对国内生产总值（GDPS）产生正向影响，这表现在国内生产总值（GDPS）对来自金融发展指数（FDIS）单位冲击的广义脉冲响应值的总和与平均值分别是 0.000 723 和 0.000 002；再次，随着时间的推移，国内生产总值（GDPS）对来自金融发展指数（FDIS）单位冲击的广义脉冲响应函数值呈现较快的周期性衰减特征，这表现为它一开始就较快上升，经历了 1 个小周期后，在第 14 期达到全局最大值 0.000 842，接着直线下降，在第 21 期达到全局最小值–0.001 180，然后经过了多个逐渐变小的周期后才逐步平稳，接近于 0。总之，金融发展指数（FDIS）是国内生产总值（GDPS）的第三大影响因素，且影响方向总体是正向的，并呈现了较快的周期性波动特征。

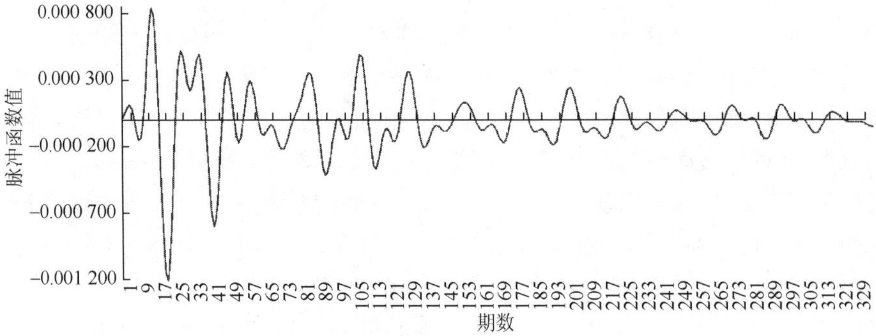


图 5.7　在短周期上我国国内生产总值（GDPS）对来自金融发展指数（FDIS）单位冲击的脉冲响应图

（3）在短周期波动分量序列上投资（INVS）对国内生产总值（GDPS）具有负向影响并排名第四，同时波动呈现较快的周期性衰减特征。从图 5.8 可以看出，首先，投资（INVS）是国内生产总值（GDPS）的第四大影响因素，国内生产总值（GDPS）对来自投资（INVS）单位冲击的脉冲响应函数累计值的绝对值在全部变量脉冲函数累计值的绝对值之和中占比为 16.30%，成为国内生产总值（GDPS）第四大影响因素；其次，投资（INVS）从总体上对国内生产总值（GDPS）产生负向影响，这表现在国内生产总值（GDPS）对来自投资（INVS）单位冲击的广义脉冲响应值的总和与平均值分别是−0.000 720 和−0.000 002；再次，随着时间的推移，国内生产总值（GDPS）对来自投资（INVS）单位冲击的广义脉冲响应函数值呈现较快的周期性波动特征，这表现为它在一开始略微上升后就迅速下降，在第 13 期达到全局最小值−0.000 918，接着直线上升，在第 19 期达到全局最大值 0.001 297，然后经过了多个逐渐变小的周期后才逐步平稳，接近于 0。总之，投资（INVS）是国内生产总值（GDPS）的第四大影响因素，且影响方向总体是负向的，并呈现了较快的周期性波动特征。

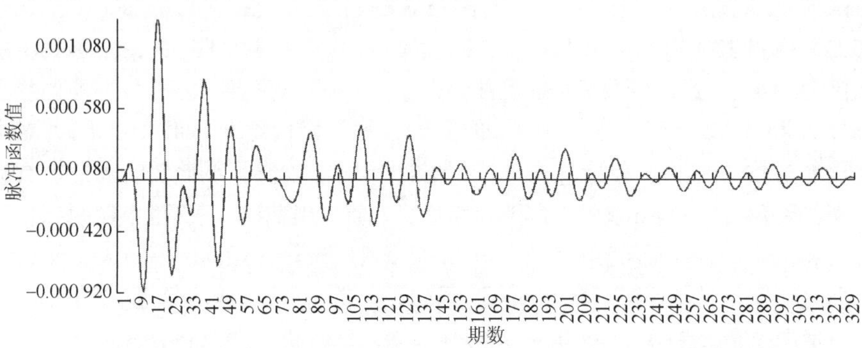


图 5.8　在短周期上我国国内生产总值（GDPS）对来自投资（INVS）单位冲击的脉冲响应图

（4）在短周期波动分量序列上价格指数（RPIS）对国内生产总值（GDPS）具有正向影响并排名第二，同时波动呈现较慢的周期性衰减特征。从图 5.9 可以看出，首先，价格指数（RPIS）是国内生产总值（GDPS）的第二大影响因素，国内生产总值（GDPS）对来自价格指数（RPIS）单位冲击的脉冲响应函数累计值的绝对值在全部变量脉冲函数累计值的绝对值之和中占比为 22.03%，成为国内生产总值（GDPS）第二大影响因素；其次，价格指数（RPIS）从总体上对国内生产总值（GDPS）产生正向影响，这表现在国内生产总值（GDPS）对来自价格指数（RPIS）单位冲击的广义脉冲响应值的总和与平均值都是 0.000 003；再次，随着时间的推移，国内生产总值（GDPS）对来自价格指数（RPIS）单位冲击的广义脉冲响应函数值呈现较慢的周期性波动特征，这表现为它一开始就迅速上升，在第 7 期达到全局最大值 0.000 533，接着直线下降，在第 14 期达到全局最小值 –0.000 697，然后经过了大量的逐渐变小的周期后才逐步平稳，接近于 0。总之，价格指数（RPIS）是国内生产总值（GDPS）的第二大影响因素，且影响方向总体是正向的，并呈现了较慢的周期性波动特征。

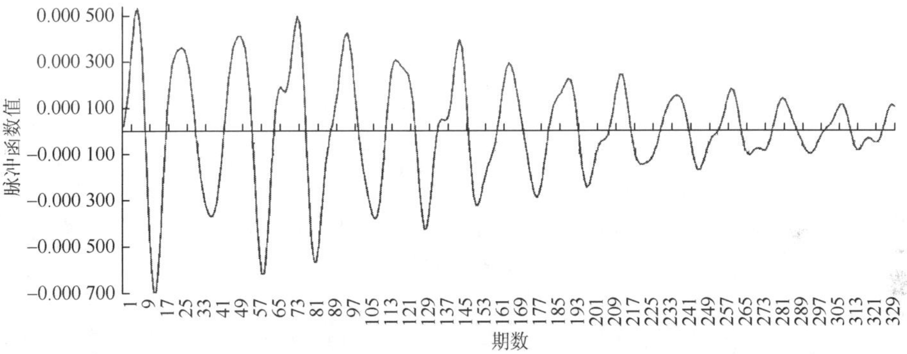


图 5.9　在短周期上我国国内生产总值（GDPS）对来自价格指数（RPIS）单位冲击的脉冲响应图

### 4. 金融发展指数对来自各个变量单位冲击的脉冲响应分析

本书用广义脉冲响应函数分析来自国内生产总值（GDPS）、金融发展指数（FDIS）、投资（INVS）和价格指数（RPIS）短周期波动分量序列的随机扰动项的一个标准差冲击对金融发展指数（FDIS）的影响，期数选择为 329 期，这是为了保持与上面分析一致，具体结果可见图 5.10～图 5.13。对这些脉冲响应函数值的估计分析如下。

（1）在短周期波动分量序列上国内生产总值（GDPS）对金融发展指数（FDIS）具有正向影响并排名第三，同时波动呈现较快的周期性衰减特征。从图 5.10 可以看出，首先，国内生产总值（GDPS）对金融发展指数（FDIS）是排名第三的影响因素，金融发展指数（FDIS）对来自国内生产总值（GDPS）单位冲击的脉冲响应函数累计值的绝对值在全部变量脉冲函数累计值的绝对值之和中占比为15.35%，成为金融发展指数（FDIS）第三大影响因素；其次，国内生产总值（GDPS）对金融发展指数（FDIS）产生正向影响，这表现在金融发展指数（FDIS）对来自国内生产总值（GDPS）单位冲击的脉冲响应函数值，大部分时候是正的，且平均值是 0.000 044；再次，随着时间的推移，国内生产总值（GDPS）的广义脉冲响应函数值呈现较快的周期性波动，这表现为它一开始就迅速上升，在第 7 期达到全局最大值 0.007 879，接着直线下降，在第 14 期达到全局最小值–0.007 482，然后经过了几个逐渐变小的周期后才逐步平稳，接近于 0。总之，国内生产总值（GDPS）是金融发展指数（FDIS）的第三大影响因素，且影响方向总体是正向的，并呈现了较快的周期性衰减特征。

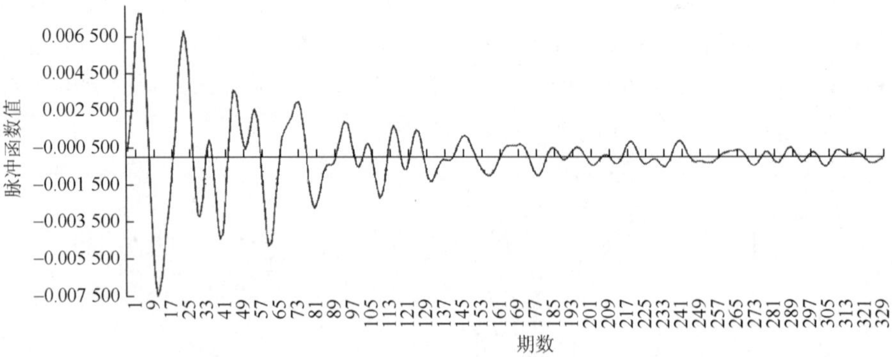


图 5.10　在短周期上我国金融发展指数（FDIS）对来自国内生产总值（GDPS）单位冲击的脉冲响应图

（2）在短周期波动分量序列上金融发展指数（FDIS）对其自身具有正向影响并排名第一，同时波动呈现较快的周期性衰减特征。从图 5.11 可以看出，首先，金融发展指数（FDIS）自身是金融发展指数（FDIS）的第一大影响因素，金融发展指数（FDIS）对来自其自身的单位冲击的脉冲响应函数累计值的绝对值在全部变量脉冲函数累计值的绝对值之和中占比为 52.26%，成为金融发展指数（FDIS）第一大影响因素；其次，金融发展指数（FDIS）从总体上对其自身产生正向影响，这表现在金融发展指数（FDIS）对来自其自身单位冲击的广义脉冲响应值，大部分时候是正的，且平均值是 0.000 151；再次，随着时间的推移，金融发展指数（FDIS）对来自其自身单位冲击的广义脉冲响应函数值呈现较快的周期性波动衰减特征，这表现为它一开始就迅速上升，在第 6 期达到全局最大值 0.024 315，接着直线下降，在第 14 期达到全局最小值–0.022 494，然后经过了几个逐渐变小的周期后才逐步平稳，接近于 0。总之，金融发展指数（FDIS）是其自身的第一大影响因素，且影响方向总体是正向的，并呈现了较快的周期性波动衰减特征。

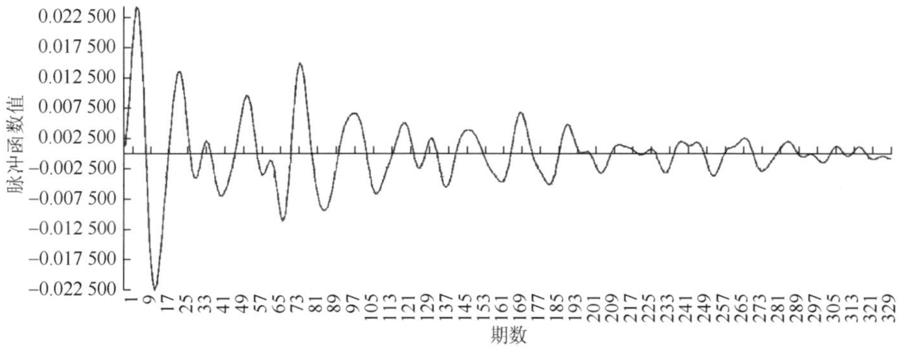


图 5.11　在短周期上我国金融发展指数（FDIS）对来自其自身单位冲击的脉冲响应图

（3）在短周期波动分量序列上投资（INVS）对金融发展指数（FDIS）具有负向影响并排名第二，同时波动呈现较慢的周期性衰减特征。从图 5.12 可以看出，首先，投资（INVS）是金融发展指数（FDIS）的第二大影响因素，金融发展指数（FDIS）对来自投资（INVS）单位冲击的脉冲响应函数累计值的绝对值在全部变量脉冲函数累计值的绝对值之和中占比为 24.39%，成为金融发展指数（FDIS）第二大影响因素；其次，投资（INVS）从总体上对金融发展指数（FDIS）产生负向影响，这表现在金融发展指数（FDIS）对来自投资（INVS）单位冲击的广义脉冲响应值，大部分时候是正的，且平均值是–0.000 071；再次，随着时间的推移，金融发展指数（FDIS）对来自投资（INVS）单位冲击的广义脉冲响应函数值呈现较慢的周期性波动衰减特征，这表现为它一开始就迅速下降，在第 6 期达到全局最小值–0.008 705，接着直线上升，在 12 期达到局部的最大值 0.007 449，又经过 2 个波峰后，在第 45 期达到全局最大值 0.009 187，然后经过了很多个逐渐变小的周期后才逐步平稳，接近于 0。总之，投资（INVS）是金融发展指数（FDIS）的第二大影响因素，且影响方向总体是负向的，并呈现了较慢的周期性波动衰减特征。

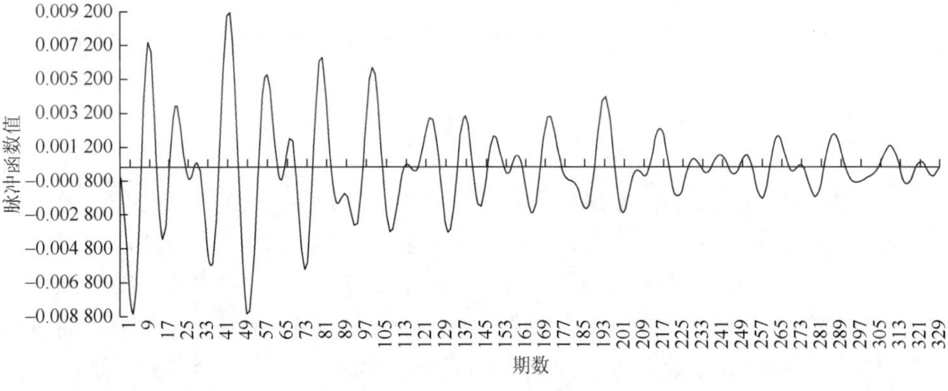


图 5.12　在短周期上我国金融发展指数（FDIS）对来自投资（INVS）单位冲击的脉冲响应图

（4）在短周期波动分量序列上价格指数（RPIS）对金融发展指数（FDIS）具有负向影响并排名第四，同时波动呈现较慢的周期性衰减特征。从图 5.13 可以看出，首先，价格指数（RPIS）是金融发展指数（FDIS）的第四大影响因素，金融发展指数（FDIS）对来自价格指数（RPIS）单位冲击的脉冲响应函数累计值的绝对值在全部变量脉冲函数累计值的绝对值之和中占比为 8.00%，成为金融发展指数（FDIS）第四大影响因素；其次，价格指数（RPIS）从总体上对金融发展指数（FDIS）产生负向影响，这表现在金融发展指数（FDIS）对来自价格指数（RPIS）单位冲击的广义脉冲响应值，大部分时候是负的，且平均值是–0.000 023；再次，随着时间的推移，金融发展指数（FDIS）对来自价格指数（RPIS）单位冲击的广义脉冲响应函数值呈现较慢的周期性波动衰减特征，这表现为它一开始小幅度上升后就迅速下降，在第 11 期达到全局最小值–0.020 631，接着直线上升，在 17 期达到局部的最大值 0.020 736，又经过 2 个小波峰后，在第 45 期达到全局最大值 0.021 980，然后经过了大量的逐渐变小的周期后才逐步平稳，接近于 0。总之，价格指数（RPIS）是金融发展指数（FDIS）的第四大影响因素，且影响方向总体是负向的，并呈现了较慢的周期性波动衰减特征。

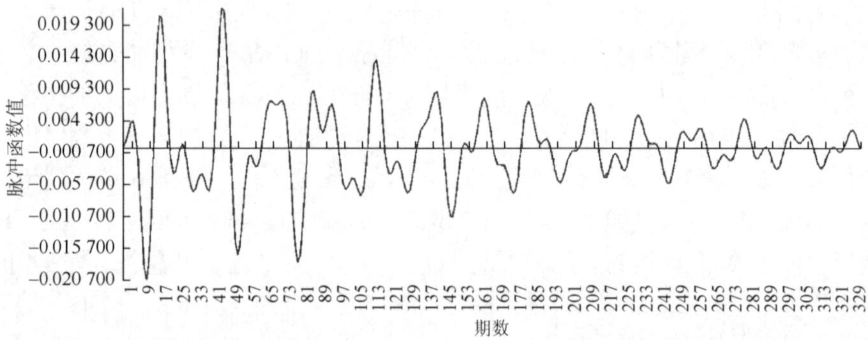


图 5.13 在短周期上我国金融发展指数（FDIS）对来自价格指数（RPIS）单位冲击的脉冲响应图

## 5.3 中周期序列的金融发展与经济增长周期关系的实证检验

### 5.3.1 基于小波变换法分解的中周期序列

本书将国内生产总值（GDP）、金融发展指数（FDI）、投资（INV）、价格指数（RPI）进行小波变换，将第 6 层（即 33～64 个月）波动分量叠加，分解出国内生产总值（GDPM）、金融发展指数（FDIM）、投资（INVM）、价格指数（RPIM）四个中周期波动分量序列，并将其列示如图 5.14～图 5.17 所示。通过中周期波动分量谱图可以清楚地看出，小波分解能够有效地剔除上述四个金融和经济数据在中周期内的不规则因素与随机因素的影响，并去除长期趋势。

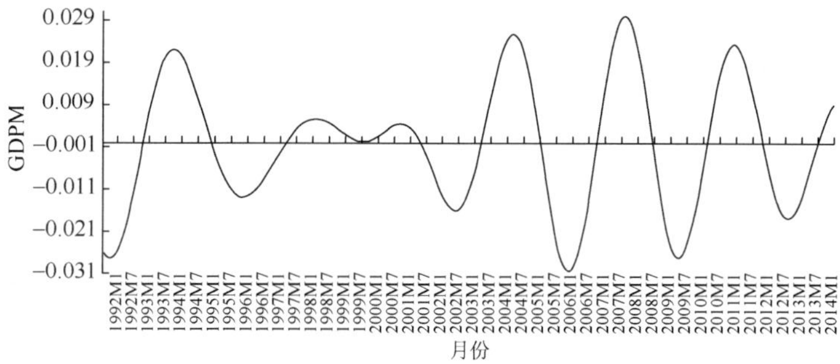


图5.14　我国人均国内生产总值的中周期波动分量序列图

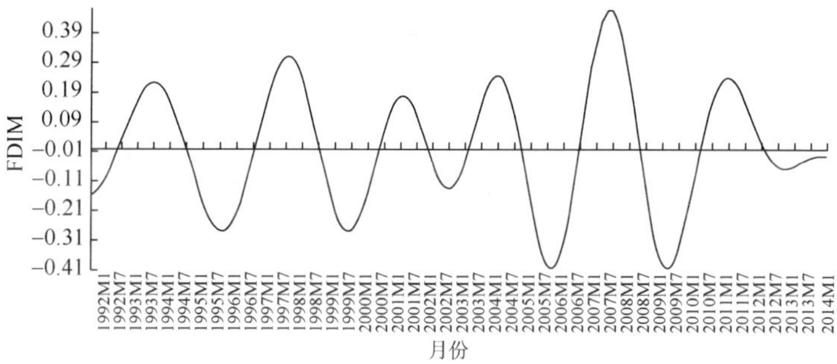


图5.15　我国金融发展指数的中周期波动分量序列图

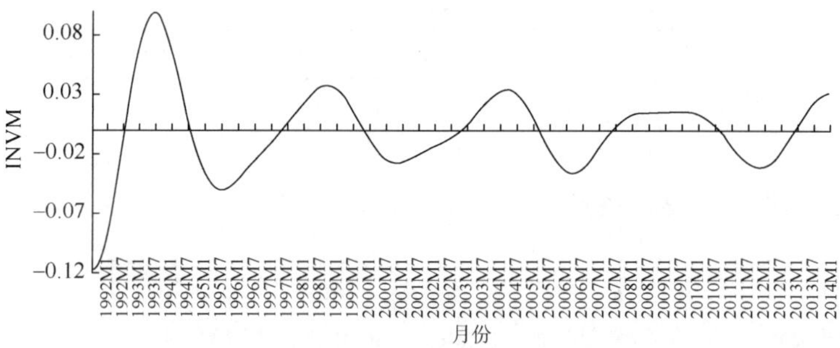


图5.16　我国人均固定资产投资的中周期波动分量序列图

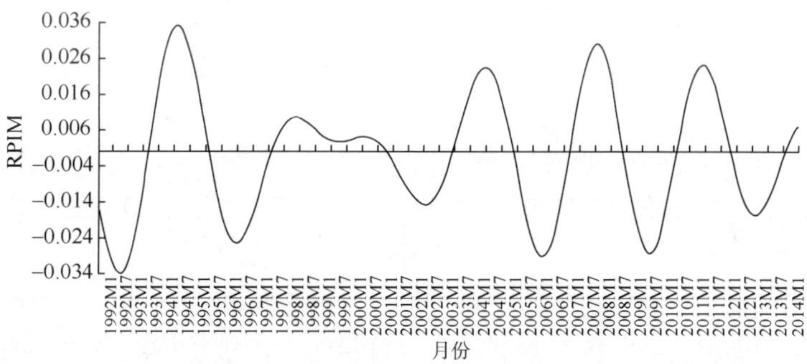


图5.17　我国零售商品价格指数的中周期波动分量序列图

### 5.3.2 基于单位根检验法的实证检验

下面的实证检验要求变量为平稳的经济时间序列，因此本书首先对序列进行单位根检验，检验结果见表 5.6。如表 5.6 所示，国内生产总值（GDPM）、金融发展指数（FDIM）、投资（INVM）和价格指数（RPIM）的中周期波动分量序列都在 1%的显著性水平上通过了 ADF 平稳性检验；同时，这四个中周期波动分量也在 1%的显著水平上通过 PP 平稳性检验。这说明国内生产总值（GDPM）、金融发展指数（FDIM）、投资（INVM）和价格指数（RPIM）进行小波分解后的中周期波动分量序列是平稳时间序列，可以直接进行波动分量的相互关系的实证检验。

**表 5.6　中周期波动分量序列的单位根检验**

| 变量 | ADF 检验 | | | | PP 检验 | | | |
|---|---|---|---|---|---|---|---|---|
| | （$c$，$t$，$n$） | $T$ 统计量 | 概率 | 平稳性 | （$c$，$t$） | $T$ 统计量 | 概率 | 平稳性 |
| GDPM | （0，0，1） | −64.160 04 | 0.000 1 | 平稳 | （0，0） | −3.790 837 | 0.000 2 | 平稳 |
| FDIM | （0，0，1） | −56.341 9 | 0.000 1 | 平稳 | （0，0） | −3.646 482 | 0.000 3 | 平稳 |
| INVM | （0，0，1） | −43.815 72 | 0.000 1 | 平稳 | （0，0） | −3.997 118 | 0.000 1 | 平稳 |
| RPIM | （0，0，1） | −64.899 75 | 0.000 1 | 平稳 | （0，0） | −3.533 108 | 0.000 5 | 平稳 |

### 5.3.3 基于格兰杰因果检验法的实证检验

本书对 GDPM、FDIM、INVM、RPIM 这 4 个中周期波动分量序列分别进行格兰杰因果关系检验。本书展示了 GDPM、FDIM、INVM 和 RPIM 四个指标在中周期波动分量上的因果关系，结果见表 5.7。从表 5.7 可以看出：在 33～64 个月的中周期波动分量中，在 1%的显著性水平下，滞后 1 阶的国内生产总值（GDPM）和金融发展指数（FDIM）双向拒绝原假设，说明它们之间存在双向格兰杰因果关系，在中周期波动分量上它们具有相互影响的关系；同时，除了国内生产总值（GDPM）和价格指数（RPIM）之间的关系，其余变量之间也都在 5%的显著水平下拒绝原假设，说明它们之间存在显著的因果关系，在中周期波动分量上它们具有相互影响的关系。

本书利用格兰杰因果关系检验法发现，金融发展和经济增长在中周期波动分量上存在双向因果关系。相对本书的研究目标而言，格兰杰因果关系的实证检验只是指出了金融发展和经济增长中周期关系的存在性，还需要进一步分析其大小以及领先/滞后关系。为此，5.3.4 节和 5.3.5 节分别利用交叉谱分析法和 VAR 模型进一步研究金融发展和经济增长的中周期波动分量序列之间的领先/滞后关系以及影响系数的符号与大小。

**表 5.7　中周期波动分量序列的格兰杰因果关系检验结果**

| 原假设 | 自由量 | $F$ 统计量 | 概率值 | 结果 |
| --- | --- | --- | --- | --- |
| FDIM 不是 GDPM 的原因 | 269 | 50.90 | 0.0000 | 拒绝 |
| GDPM 不是 FDIM 的原因 | 269 | 59.07 | 0.0000 | 拒绝 |
| INVM 不是 GDPM 的原因 | 269 | 4.15 | 0.0427 | 拒绝 |
| GDPM 不是 INVM 的原因 | 269 | 11.47 | 0.0008 | 拒绝 |
| RPIM 不是 GDPM 的原因 | 269 | 1.57 | 0.2106 | 接受 |
| GDPM 不是 RPIM 的原因 | 269 | 2.86 | 0.0921 | 接受 |
| INVM 不是 FDIM 的原因 | 269 | 17.30 | 0.0000 | 拒绝 |
| FDIM 不是 INVM 的原因 | 269 | 17.96 | 0.0000 | 拒绝 |
| RPIM 不是 FDIM 的原因 | 269 | 42.59 | 0.0000 | 拒绝 |
| FDIM 不是 RPIM 的原因 | 269 | 38.43 | 0.0000 | 拒绝 |
| RPIM 不是 INVM 的原因 | 269 | 65.37 | 0.0000 | 拒绝 |
| INVM 不是 RPIM 的原因 | 269 | 50.86 | 0.0000 | 拒绝 |

## 5.3.4　基于交叉谱分析法的实证检验

1. 准备工作

为进一步识别金融发展和经济增长中周期波动分量序列之间的领先/滞后关系，本书使用交叉谱方法做深入的实证检验。如果计算出的领先/滞后指标值为正，表明在时间上金融发展领先于经济增长；若领先/滞后指标值为负，表明金融发展滞后于经济增长；若领先/滞后指标值为零，表明金融发展与经济增长同步。本书在实证检验时使用的软件是 MATLAB 8.0。

2. 参数选择和估计

参考董文泉等的研究[193]，本书采用曾帕窗，窗参数选择 23，频率点选择 135，利用 MATLAB 8.0 对金融发展和经济增长中周期波动分量周期关系进行交叉谱分析，即计算振幅、一致性、相位以及领先/滞后关系等统计量。本书对频率大于 0.0444（即大于 12 个月）的特征指标进行重点分析，具体结果见表 5.8。

表 5.8 金融发展与经济增长中周期波动分量的交叉谱分析结果

| 频率 | 对应月数 | FDIM 的谱 | GDPM 的谱 | 交叉谱 | | 振幅 | 一致性 | 位相 | |
|---|---|---|---|---|---|---|---|---|---|
| | | | | 实部 | 虚部 | | | 角度 | 领先/滞后 |
| 0.500 0 | 135.0 | 9.83E–04 | 1.87E–01 | 1.21E–02 | –3.63E–04 | 0.012 15 | 0.804 | 0.03 | 0.64 |
| 0.333 3 | 90.0 | 9.34E–04 | 1.78E–01 | 1.15E–02 | –6.83E–04 | 0.011 56 | 0.804 | 0.06 | 0.85 |
| 0.250 0 | 67.5 | 8.58E–04 | 1.63E–01 | 1.06E–02 | –9.28E–04 | 0.010 62 | 0.804 | 0.09 | 0.94 |
| 0.200 0 | 54.0 | 7.61E–04 | 1.45E–01 | 9.36E–03 | –1.08E–03 | 0.009 43 | 0.804 | 0.11 | 0.98 |
| 0.166 7 | 45.0 | 6.51E–04 | 1.24E–01 | 7.99E–03 | –1.12E–03 | 0.008 07 | 0.804 | 0.14 | 1.00 |
| 0.142 9 | 38.6 | 5.36E–04 | 1.03E–01 | 6.56E–03 | –1.08E–03 | 0.006 65 | 0.804 | 0.16 | 1.00 |
| 0.125 0 | 33.8 | 4.25E–04 | 8.14E–02 | 5.18E–03 | –9.61E–04 | 0.005 27 | 0.803 | 0.18 | 0.99 |
| 0.111 1 | 30.0 | 3.23E–04 | 6.20E–02 | 3.93E–03 | –8.04E–04 | 0.004 01 | 0.803 | 0.20 | 0.96 |
| 0.100 0 | 27.0 | 2.35E–04 | 4.52E–02 | 2.85E–03 | –6.31E–04 | 0.002 92 | 0.802 | 0.22 | 0.94 |
| 0.090 9 | 24.5 | 1.63E–04 | 3.14E–02 | 1.97E–03 | –4.66E–04 | 0.002 03 | 0.802 | 0.23 | 0.91 |
| 0.083 3 | 22.5 | 1.08E–04 | 2.08E–02 | 1.30E–03 | –3.23E–04 | 0.001 34 | 0.801 | 0.24 | 0.87 |
| 0.076 9 | 20.8 | 6.76E–05 | 1.30E–02 | 8.12E–04 | –2.10E–04 | 0.000 84 | 0.801 | 0.25 | 0.84 |
| 0.071 4 | 19.3 | 3.99E–05 | 7.68E–03 | 4.79E–04 | –1.28E–04 | 0.000 50 | 0.801 | 0.26 | 0.80 |
| 0.066 7 | 18.0 | 2.21E–05 | 4.24E–03 | 2.65E–04 | –7.23E–05 | 0.000 27 | 0.802 | 0.27 | 0.76 |
| 0.062 5 | 16.9 | 1.14E–05 | 2.18E–03 | 1.36E–04 | –3.78E–05 | 0.000 14 | 0.804 | 0.27 | 0.73 |
| 0.058 8 | 15.9 | 5.42E–06 | 1.04E–03 | 6.48E–05 | –1.82E–05 | 0.000 07 | 0.807 | 0.27 | 0.69 |
| 0.055 6 | 15.0 | 2.35E–06 | 4.48E–04 | 2.81E–05 | –7.94E–06 | 0.000 03 | 0.811 | 0.28 | 0.66 |
| 0.052 6 | 14.2 | 9.19E–07 | 1.74E–04 | 1.10E–05 | –3.11E–06 | 0.000 01 | 0.817 | 0.28 | 0.62 |
| 0.050 0 | 13.5 | 3.16E–07 | 5.93E–05 | 3.78E–06 | –1.07E–06 | 0.000 00 | 0.824 | 0.28 | 0.59 |
| 0.047 6 | 12.9 | 9.27E–08 | 1.73E–05 | 1.11E–06 | –3.17E–07 | 0.000 00 | 0.832 | 0.28 | 0.57 |
| 0.045 5 | 12.3 | 2.24E–08 | 4.15E–06 | 2.68E–07 | –7.79E–08 | 0.000 00 | 0.840 | 0.28 | 0.55 |
| 0.043 5 | 11.7 | 4.18E–09 | 7.69E–07 | 5.00E–08 | –1.51E–08 | 5.22E–08 | 0.849 | 0.29 | 0.55 |
| 0.041 7 | 11.3 | 5.79E–10 | 1.05E–07 | 6.92E–09 | –2.11E–09 | 7.23E–09 | 0.864 | 0.30 | 0.53 |
| 0.040 0 | 10.8 | 1.07E–10 | 1.92E–08 | 1.34E–09 | –2.76E–11 | 1.34E–09 | 0.869 | 0.02 | 0.04 |
| 0.038 5 | 10.4 | 1.75E–10 | 3.29E–08 | 2.14E–09 | 5.48E–10 | 2.21E–09 | 0.849 | –0.25 | –0.41 |
| 0.037 0 | 10.0 | 4.37E–10 | 8.30E–08 | 5.23E–09 | 1.46E–09 | 5.43E–09 | 0.812 | –0.27 | –0.43 |
| 0.035 7 | 9.6 | 8.71E–10 | 1.67E–07 | 1.03E–08 | 3.00E–09 | 1.07E–08 | 0.789 | –0.28 | –0.44 |
| 0.034 5 | 9.3 | 1.41E–09 | 2.74E–07 | 1.65E–08 | 4.98E–09 | 1.73E–08 | 0.771 | –0.29 | –0.43 |
| 0.033 3 | 9.0 | 1.95E–09 | 3.82E–07 | 2.28E–08 | 6.83E–09 | 2.38E–08 | 0.759 | –0.29 | –0.42 |
| 0.032 3 | 8.7 | 2.41E–09 | 4.71E–07 | 2.81E–08 | 7.88E–09 | 2.92E–08 | 0.752 | –0.27 | –0.38 |
| 0.031 3 | 8.4 | 2.73E–09 | 5.31E–07 | 3.21E–08 | 7.53E–09 | 3.30E–08 | 0.749 | –0.23 | –0.31 |
| 0.030 3 | 8.2 | 2.95E–09 | 5.68E–07 | 3.49E–08 | 5.58E–09 | 3.54E–08 | 0.746 | –0.16 | –0.21 |
| 0.029 4 | 7.9 | 3.10E–09 | 5.92E–07 | 3.69E–08 | 2.35E–09 | 3.70E–08 | 0.746 | –0.06 | –0.08 |
| 0.028 6 | 7.7 | 3.19E–09 | 6.09E–07 | 3.82E–08 | –1.42E–09 | 3.82E–08 | 0.750 | 0.04 | 0.05 |

续表

| 频率 | 对应月数 | FDIM 的谱 | GDPM 的谱 | 交叉谱 | | 振幅 | 一致性 | 位相 | |
|---|---|---|---|---|---|---|---|---|---|
| | | | | 实部 | 虚部 | | | 角度 | 领先/滞后 |
| 0.027 8 | 7.5 | 3.19E−09 | 6.12E−07 | 3.82E−08 | −4.77E−09 | 3.85E−08 | 0.757 | 0.12 | 0.15 |
| 0.027 0 | 7.3 | 3.04E−09 | 5.86E−07 | 3.62E−08 | −6.93E−09 | 3.69E−08 | 0.764 | 0.19 | 0.22 |
| 0.026 3 | 7.1 | 2.70E−09 | 5.23E−07 | 3.21E−08 | −7.57E−09 | 3.30E−08 | 0.770 | 0.23 | 0.26 |
| 0.025 6 | 6.9 | 2.20E−09 | 4.27E−07 | 2.61E−08 | −6.86E−09 | 2.70E−08 | 0.774 | 0.26 | 0.28 |
| 0.025 0 | 6.8 | 1.62E−09 | 3.14E−07 | 1.92E−08 | −5.34E−09 | 1.99E−08 | 0.779 | 0.27 | 0.29 |
| 0.024 4 | 6.6 | 1.07E−09 | 2.06E−07 | 1.26E−08 | −3.61E−09 | 1.31E−08 | 0.785 | 0.28 | 0.29 |
| 0.023 8 | 6.4 | 6.21E−10 | 1.19E−07 | 7.37E−09 | −2.11E−09 | 7.67E−09 | 0.793 | 0.28 | 0.29 |
| 0.023 3 | 6.3 | 3.14E−10 | 5.99E−08 | 3.75E−09 | −1.06E−09 | 3.89E−09 | 0.805 | 0.28 | 0.28 |
| 0.022 7 | 6.1 | 1.36E−10 | 2.57E−08 | 1.63E−09 | −4.52E−10 | 1.69E−09 | 0.820 | 0.27 | 0.26 |
| 0.022 2 | 6.0 | 4.92E−11 | 9.19E−09 | 5.97E−10 | −1.59E−10 | 6.17E−10 | 0.842 | 0.26 | 0.25 |
| 0.021 7 | 5.9 | 1.48E−11 | 2.74E−09 | 1.84E−10 | −4.33E−11 | 1.89E−10 | 0.875 | 0.23 | 0.22 |
| 0.021 3 | 5.7 | 4.37E−12 | 8.01E−10 | 5.61E−11 | −6.65E−12 | 5.65E−11 | 0.912 | 0.12 | 0.11 |
| 0.020 8 | 5.6 | 2.66E−12 | 5.00E−10 | 3.41E−11 | 4.78E−12 | 3.44E−11 | 0.890 | −0.14 | −0.12 |
| 0.020 4 | 5.5 | 4.37E−12 | 8.35E−10 | 5.37E−11 | 1.34E−11 | 5.53E−11 | 0.838 | −0.24 | −0.21 |
| 0.020 0 | 5.4 | 8.75E−12 | 1.67E−09 | 1.06E−10 | 2.77E−11 | 1.09E−10 | 0.815 | −0.26 | −0.22 |
| 0.019 6 | 5.3 | 1.61E−11 | 3.08E−09 | 1.93E−10 | 5.09E−11 | 2.00E−10 | 0.805 | −0.26 | −0.22 |
| 0.019 2 | 5.2 | 2.59E−11 | 4.99E−09 | 3.10E−10 | 8.20E−11 | 3.21E−10 | 0.795 | −0.26 | −0.21 |
| 0.018 9 | 5.1 | 3.69E−11 | 7.14E−09 | 4.41E−10 | 1.15E−10 | 4.55E−10 | 0.786 | −0.25 | −0.21 |
| 0.018 5 | 5.0 | 4.73E−11 | 9.16E−09 | 5.64E−10 | 1.39E−10 | 5.81E−10 | 0.778 | −0.24 | −0.19 |
| 0.018 2 | 4.9 | 5.56E−11 | 1.07E−08 | 6.64E−10 | 1.43E−10 | 6.79E−10 | 0.772 | −0.21 | −0.17 |
| 0.017 9 | 4.8 | 6.13E−11 | 1.18E−08 | 7.34E−10 | 1.21E−10 | 7.44E−10 | 0.766 | −0.16 | −0.13 |
| 0.017 5 | 4.7 | 6.46E−11 | 1.23E−08 | 7.76E−10 | 7.29E−11 | 7.79E−10 | 0.762 | −0.09 | −0.07 |
| 0.017 2 | 4.7 | 6.60E−11 | 1.26E−08 | 7.95E−10 | 8.45E−12 | 7.95E−10 | 0.760 | −0.01 | −0.01 |
| 0.016 9 | 4.6 | 6.57E−11 | 1.25E−08 | 7.91E−10 | −5.77E−11 | 7.93E−10 | 0.762 | 0.07 | 0.05 |
| 0.016 7 | 4.5 | 6.32E−11 | 1.21E−08 | 7.58E−10 | −1.10E−10 | 7.66E−10 | 0.767 | 0.14 | 0.10 |
| 0.0164 | 4.4 | 5.77E−11 | 1.11E−08 | 6.90E−10 | −1.39E−10 | 7.04E−10 | 0.771 | 0.20 | 0.14 |
| 0.016 1 | 4.4 | 4.93E−11 | 9.55E−09 | 5.87E−10 | −1.41E−10 | 6.04E−10 | 0.774 | 0.23 | 0.16 |
| 0.015 9 | 4.3 | 3.88E−11 | 7.53E−09 | 4.61E−10 | −1.22E−10 | 4.77E−10 | 0.778 | 0.26 | 0.18 |
| 0.015 6 | 4.2 | 2.78E−11 | 5.39E−09 | 3.30E−10 | −9.14E−11 | 3.42E−10 | 0.783 | 0.27 | 0.18 |
| 0.015 4 | 4.2 | 1.80E−11 | 3.48E−09 | 2.15E−10 | −6.02E−11 | 2.23E−10 | 0.793 | 0.27 | 0.18 |
| 0.015 2 | 4.1 | 1.07E−11 | 2.04E−09 | 1.28E−10 | −3.46E−11 | 1.33E−10 | 0.814 | 0.26 | 0.17 |
| 0.014 9 | 4.0 | 5.99E−12 | 1.13E−09 | 7.42E−11 | −1.67E−11 | 7.60E−11 | 0.857 | 0.22 | 0.14 |
| 0.014 7 | 4.0 | 3.81E−12 | 6.99E−10 | 4.89E−11 | −4.81E−12 | 4.92E−11 | 0.909 | 0.10 | 0.06 |

注：FDIM 和 GDPM 分别指金融发展指数和经济增长中周期系列

3. 实证结果分析

根据我国金融发展和经济增长中期周期关系的实证检验结果，得出以下两个结论。

（1）在中周期波动分量序列上我国金融发展与经济增长之间的一致性非常高。从表 5.8 的一致性指标可以看出，随着周期月数的减少（即频率的减少），金融发展指数（FDIM）和国内生产总值（GDPM）的一致性呈现了螺旋式上升趋势，在频率点为 0.0208（即 5.7 个月）时达到最大值 0.9115，且平均值高达 0.8019，总的来说非常高，说明在中周期波动分量上金融发展与经济增长之间的相互影响非常显著。

（2）在中周期波动分量序列上我国金融发展与经济增长的领先/滞后关系呈现了波浪式的互有领先/滞后特征，但总体上金融发展略微领先于经济增长。从表 5.8 的相位可以看出，金融发展指数（FDIM）与国内生产总值（GDPM）的角度和领先/滞后值基本上是负数，并且随着周期月数的减少（即频率的减少），其角度和领先/滞后（即时差）值呈现波浪式上涨，其中时差的最小值、最大值、中位值和平均值分别为–0.4353、0.9990、0.1814、0.2605。因此，总的来说，在中周期波动分量序列上金融发展略微领先于经济增长，领先期平均约为 0.3 个月，两者时差月数的波动范围在 0.5～1 个月。

### 5.3.5 基于 VAR 模型的实证检验

1. 参数估计

基于 5.3.1 节使用小波变换法分解出来的金融发展指数（FDIM）和国内生产总值（GDPM）的中周期波动分量，并引入控制变量投资（INVM）和价格指数（RPIM），本书使用 VAR 模型估计金融发展和经济增长在中周期波动分量序列上的周期系数，使用的软件是 EViews8.0。

根据上面的分析，在中周期波动分量上，1 阶滞后的金融发展指数（FDIM）、投资（INVM）、价格指数（RPIM）和国内生产总值（GDPM）之间基本上存在双向因果关系，因此本书使用滞后 1 阶的 VAR 模型估计它们之间的周期关系，估计结果见表 5.9。

2. 实证结果分析

从表 5.9 可以看出：①在中周期波动分量上，金融发展指数（FDIM）的 1 阶滞后在 1%的显著水平上对国内生产总值（GDPM）有显著影响，影响系数为 0.007 784，表明中周期的金融发展对经济增长有显著的正向影响，但影响较弱；国内生产总值（GDPM）的 1 阶滞后也在 1%的显著水平上对金融发展指数（FDIM）

有显著影响，其总影响系数为–1.183 333，表明中周期的经济增长对金融发展负向影响，且影响较大。②投资（INVM）、价格指数（RPIM）和国内生产总值（GDPM）之间也存在显著的相关关系。总之，在中周期波动分量上，在考虑控制变量影响的情况下，金融发展对经济增长存在显著的正向弱影响，而经济增长对金融发展存在显著的负向强影响，这与格兰杰因果检验和交叉谱分析的结论基本吻合。

**表 5.9　金融发展和经济增长中周期关系的 VAR 估计结果**

| 滞后项 | GDPM | FDIM | INVM | RPIM |
|---|---|---|---|---|
| GDPM（–1） | 0.884 102 | –1.183 333 | 0.048 844 | –0.139 27 |
| | （0.025 3） | （0.352 2） | （0.029 0） | （0.025 2） |
| | [34.949 2]*** | [–3.359 62]*** | [1.683 21]* | [–5.534 17]*** |
| FDIM（–1） | 0.007 784 | 1.061 281 | 0.019 261 | 0.009 327 |
| | （0.000 9） | （0.013 2） | （0.001 1） | （0.000 9） |
| | [8.238 73]*** | [80.672 7]*** | [17.771 0]*** | [9.923 54]*** |
| INVM（–1） | 0.018 361 | –0.024 883 | 1.009 285 | 0.043 235 |
| | （0.004 2） | （0.057 8） | （0.004 8） | （0.004 1） |
| | [4.425 22]*** | [–0.430 72] | [212.056]*** | [10.474 5]*** |
| RPIM（–1） | –0.004 388 | –0.075 902 | –0.322 896 | 0.982 696 |
| | （0.017 7） | （0.246 1） | （0.020 3） | （0.017 6） |
| | [–0.248 29] | [–0.308 46] | [–15.927 5]*** | [55.894 7]*** |

注：小括号中的数字是标准差，中括号中的数字是 $T$ 统计量，***、**、*分别表示在 1%、5%和 10%的水平上显著

3. 国内生产总值对来自各个变量单位冲击的脉冲响应函数分析

本书用广义脉冲响应函数分析来自国内生产总值（GDPM）、金融发展指数（FDIM）、投资（INVM）和价格指数（RPIM）中周期波动分量序列的随机扰动项的一个标准差冲击对国内生产总值（GDPM）的影响，期数选择为 197 期，因为这些广义脉冲响应函数值衰减比较慢，一直到 197 期以后所有变量的脉冲函数值都才小于 0.0001，具体结果可见图 5.18～图 5.21。对这些脉冲响应函数值的估计分析如下。

（1）在中周期波动分量序列上国内生产总值（GDPM）对其自身具有正向影响并排名第二，同时波动呈现较迅速的下降特征。从图 5.18 可以看出，首先，国内生产总值（GDPM）对其自身是排名第二的影响因素，国内生产总值（GDPM）对来自自身单位冲击的脉冲响应函数累计值的绝对值在全部变量脉冲函数累计值的绝对值之和中占比为 24.25%，成为国内生产总值（GDPM）第二大影响因素；

其次，国内生产总值（GDPM）对其自身产生正向影响，这表现在国内生产总值（GDPM）对来自自身单位冲击的广义脉冲响应函数值，大部分时候为正数，且总和与平均值分别是 0.016 854 50 和 0.000 085 56；再次，随着时间的推移，国内生产总值（GDPM）对来自自身单位冲击的广义脉冲响应函数值呈现先直线下降后趋于平稳的特征，这表现为它在第 1 期达到全局最大值 0.001 917，接着直线下降，在第 77 期达到全局最小值–0.000 629，然后经过了 100 多期才逐步平稳，接近于 0。总之，在中周期上经济增长惯性是国内生产总值（GDPM）的第二大影响因素，且影响方向总体是正向的，并呈现了 L 形发展趋势特征。

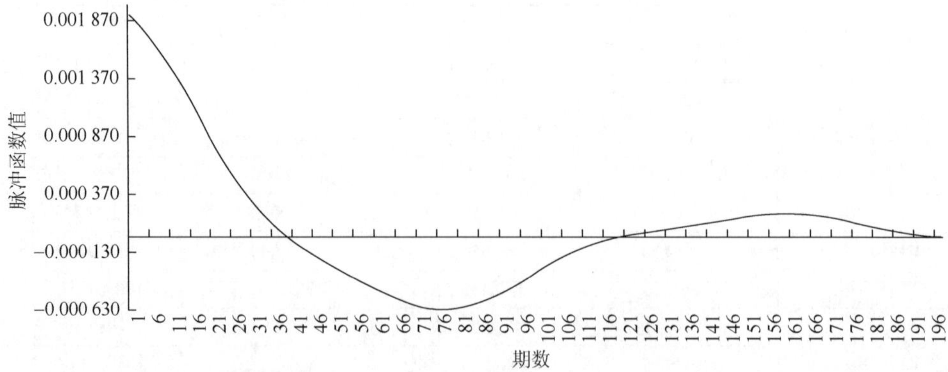


图 5.18 在中周期上我国国内生产总值（GDPM）对来自自身单位冲击的脉冲响应图

（2）在中周期波动分量序列上金融发展指数（FDIM）对国内生产总值（GDPM）具有正向影响并排名第一，同时其波动呈现较快速的周期性衰减特征。从图 5.19 可以看出，首先，金融发展指数（FDIM）是国内生产总值（GDPM）的第一大影响因素，国内生产总值（GDPM）对来自金融发展指数（FDIM）单位冲击的脉冲响应函数累计值的绝对值在全部变量脉冲函数累计值的绝对值之和中占比为 55.74%，成为国内生产总值（GDPM）的第一大影响因素；其次，金融发展指数（FDIM）从总体上对国内生产总值（GDPM）产生正向影响，这表现在国内生产总值（GDPM）对来自金融发展指数（FDIM）单位冲击的广义脉冲响应值，大部分时候为正数，且总和与平均值分别是 0.038 748 78 和 0.000 196 69；再次，随着时间的推移，国内生产总值（GDPM）对来自金融发展指数（FDIM）单位冲击的广义脉冲响应函数值呈现较快速的先增后减的周期性波动特征，这表现为它一开始就迅速上升，在第 28 和 29 期达到全局最大值 0.001 089，接着迅速下降，在第 109 期达到全局最小值–0.000 344，然后经过了 60 多期才逐步平稳，接近于 0。总之，在中周期上金融发展指数（FDIM）是国内生产总值（GDPM）的第一大影响因素，且影响方向总体是正向的，并呈现了较迅速的先增后减的周期性波动衰减特征。

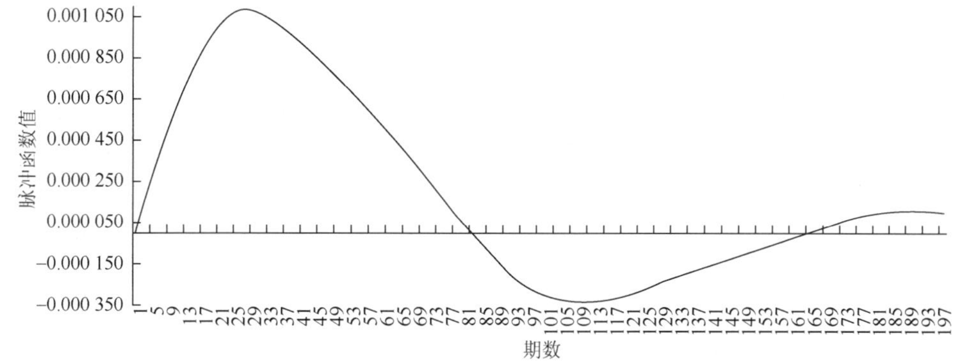


图 5.19　在中周期上我国国内生产总值（GDPM）对来自金融发展指数（FDIM）单位冲击的脉冲响应图

（3）在中周期波动分量序列上投资（INVM）对国内生产总值（GDPM）具有负向影响并排名第四，但其影响非常微弱，同时呈现了较缓慢的周期性波动衰减特征。从图 5.20 可以看出，首先，投资（INVM）是国内生产总值（GDPM）的第四大影响因素，但非常微弱，国内生产总值（GDPM）对来自投资（INVM）单位冲击的脉冲响应函数累计值的绝对值在全部变量脉冲响应函数累计值的绝对值之和中占比为 8.39%，成为国内生产总值（GDPM）第四大影响因素，但影响非常微弱；其次，投资（INVM）从总体上对国内生产总值（GDPM）产生负向影响，这表现在国内生产总值（GDPM）对来自投资（INVM）单位冲击的广义脉冲响应值，大部分时候为负数，且总和与平均值分别是–0.005 833 54 和–0.000 029 61；再次，随着时间的推移，国内生产总值（GDPM）对来自投资（INVM）单位冲击的广义脉冲响应函数值呈现较缓慢周期性波动衰减特征，这表现为它一开始较快上升，在第 10 期达到局部最大值 0.000 161，接着迅速下降，在第 38 期达到全局的最小值–0.000 519，然后又迅速上升，经过 3 个周期波动后达到平稳，接近于 0。总之，

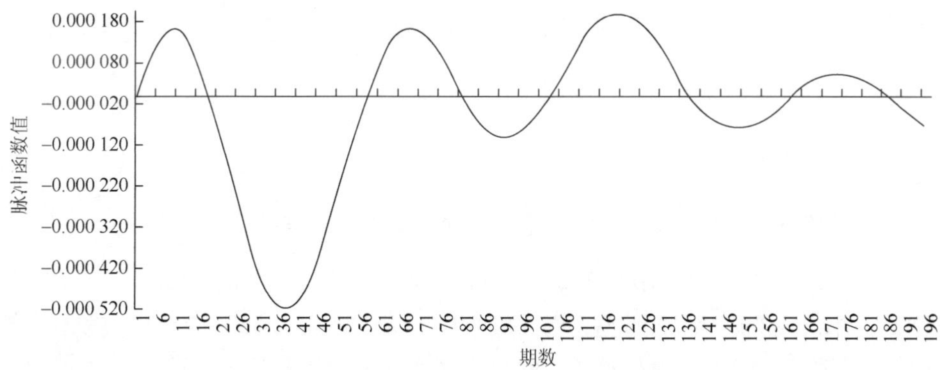


图 5.20　在中周期上我国国内生产总值（GDPM）对来自投资（INVM）单位冲击的脉冲响应图

在中周期上投资（INVM）是国内生产总值（GDPM）的最小影响因素，且影响方向总体是负向的，并呈现了较缓慢的周期性波动衰减特征。

（4）在中周期波动分量序列上价格指数（RPIM）对国内生产总值（GDPM）具有正向影响并排名第三，同时波动呈现较快的周期性波动衰减特征。从图 5.21 可以看出，首先，价格指数（RPIM）是国内生产总值（GDPM）的第三大影响因素，国内生产总值（GDPM）对来自价格指数（RPIM）单位冲击的脉冲响应函数累计值的绝对值在全部变量脉冲函数累计值的绝对值之和中占比为 11.62%，成为国内生产总值（GDPM）第三大影响因素；其次，价格指数（RPIM）从总体上对国内生产总值（GDPM）产生正向影响，但影响比较弱，这表现在国内生产总值（GDPM）对来自价格指数（RPIM）单位冲击的广义脉冲响应值，大部分时候为正数，且总和与平均值分别是 0.008 074 55 和 0.000 040 99；再次，随着时间的推移，国内生产总值（GDPM）对来自价格指数（RPIM）单位冲击的广义脉冲响应函数值呈现较快的周期性波动衰减特征，这表现为它一开始较快下降，在第 17 期达到局部最小值，接着迅速上升，在第 48 期达到全局最大值 0.000 544，然后迅速下降，在经过 2 个周期后达到平稳，接近于 0。总之，在中周期上价格指数（RPIM）是国内生产总值（GDPM）第三大影响因素，且影响方向总体是正向的，但影响非常弱小，几乎全部接近于 0，并呈现了较快的周期性波动衰减特征。

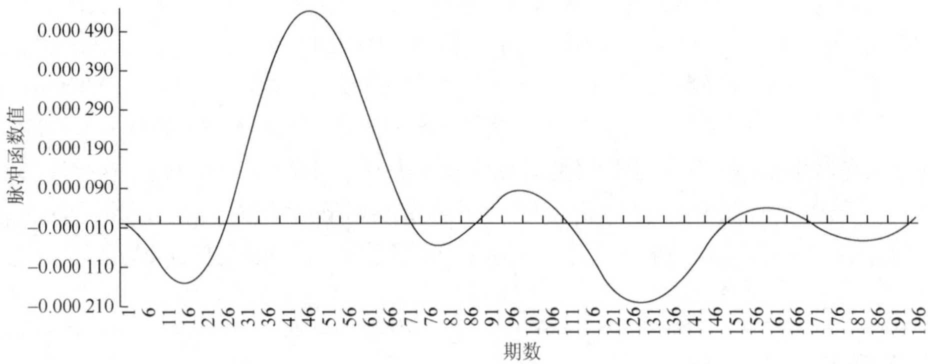


图 5.21 在中周期上我国国内生产总值（GDPM）对来自价格指数（RPIM）单位冲击的脉冲响应图

4. 金融发展指数对来自各个变量单位冲击的脉冲响应分析

本书用广义脉冲响应函数分析来自国内生产总值（GDPM）、金融发展指数（FDIM）、投资（INVM）和价格指数（RPIM）中周期波动分量序列的随机扰动项的一个标准差冲击对金融发展指数（FDIM）的影响，期数选择为 197 期，因为这些广义脉冲响应函数值衰减比较慢，一直到 197 期以后所有变量的脉冲函数值都才小于

0.0001，具体结果可见图 5.22～图 5.25。对这些脉冲响应函数值的估计分析如下。

（1）在中周期波动分量序列上国内生产总值（GDPM）对金融发展指数（FDIM）具有负向影响并排名第四，同时波动呈现先直线下降后趋于平稳的特征。从图 5.22 可以看出，首先，国内生产总值（GDPM）对金融发展指数（FDIM）是排名第四的影响因素，金融发展指数（FDIM）对来自国内生产总值（GDPM）单位冲击的脉冲响应函数累计值的绝对值在全部变量脉冲函数累计值的绝对值之和中占比为 8.59%，成为金融发展指数（FDIM）的第四大影响因素；其次，国内生产总值（GDPM）对金融发展指数（FDIM）产生负向影响，这表现在金融发展指数（FDIM）对来自国内生产总值（GDPM）单位冲击的脉冲响应函数值，大部分时候是负的，且总和与平均值分别是–0.087 103 03 和–0.000 216 67；再次，随着时间的推移，金融发展指数（FDIM）对来自国内生产总值（GDPM）单位冲击的脉冲响应函数值呈现先直线下降后趋于平稳的特征，这表现为它在第 1 期达到全局最大值 0.023 660，接着直线下降，在第 65 期达到全局最小值–0.010 374，然后经过了 100 多期才逐步平稳，接近于 0。总之，国内生产总值（GDPM）是金融发展指数（FDIM）的第四大影响因素，且影响方向总体是负向的，并呈现了先直线下降后趋于平稳的特征。

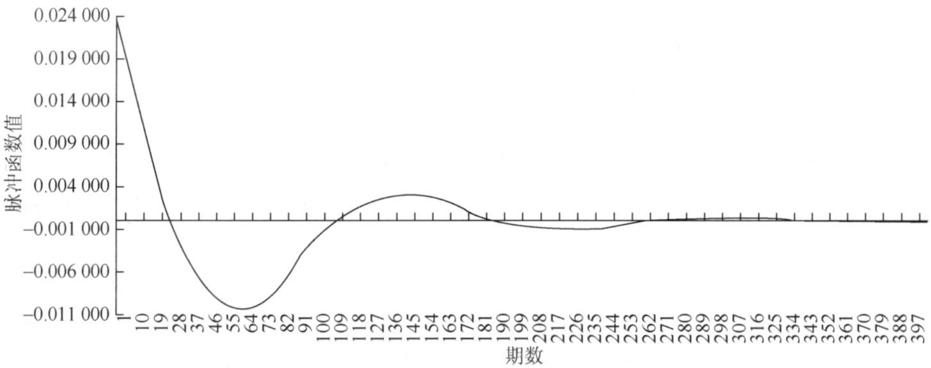


图 5.22　在中周期上我国金融发展指数（FDIM）对来自国内生产总值（GDPM）单位冲击的脉冲响应图

（2）在中周期波动分量序列上金融发展指数（FDIM）对其自身具有正向影响并排名第一，同时波动呈现较快速的周期性衰减特征。从图 5.23 可以看出，首先，金融发展指数（FDIM）自身是金融发展指数（FDIM）的第一大影响因素，金融发展指数（FDIM）对来自其自身单位冲击的脉冲响应函数累计值的绝对值在全部变量脉冲函数累计值的绝对值之和中占比为 60.94%，成为金融发展指数（FDIM）第一大影响因素，这表明我国金融发展表现出了很大的独立性；其次，金融发展指数（FDIM）从总体上对其自身产生正向影响，这表现在金融发展指数（FDIM）对来自其自身单位冲击的广义脉冲响应值，大部分时候是正的，且总和与平均值分别是 0.618 067 35 和 0.001 537 48；再次，随着时间的推移，金融发展指数（FDIM）对来自其自身单位冲击的广义脉冲响应函数值呈现较快速的周期性波动衰减特征，这表现为它一开始就迅速上升，在第 18 和 19 期达到全局最大值 0.018 866，接着迅速下降，在第 99 期达到全局最小值–0.005 902，然后经过了 240 多期后才逐步平稳，接近于 0。总之，金融发展指数（FDIM）是其自身的第一大影响因素，且影响方向总体是正向的，并呈现了较快速的周期性波动衰减特征。

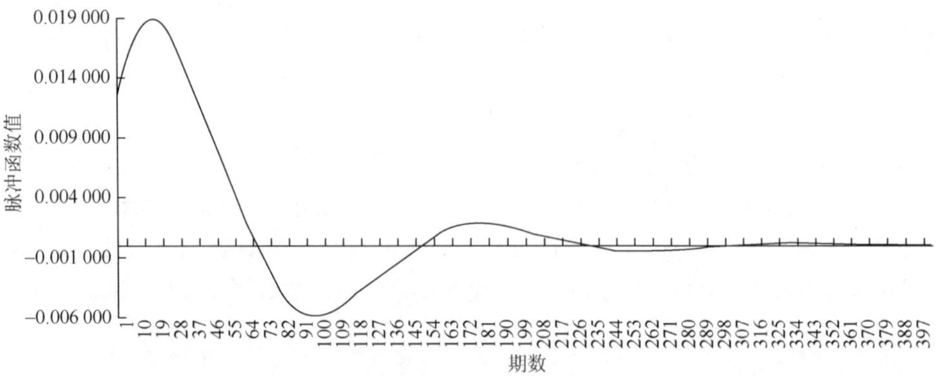


图 5.23　在中周期上我国金融发展指数（FDIM）对来自其自身单位冲击的脉冲响应图

（3）在中周期波动分量序列上投资（INVM）对金融发展指数（FDIM）具有负向影响并排名第三，但其影响非常微弱，同时呈现了较缓慢的周期性波动衰减特征。从图 5.24 可以看出，首先，投资（INVM）是金融发展指数（FDIM）的第三大影响因素，金融发展指数（FDIM）对来自投资（INVM）单位冲击的脉冲响应函数累计值的绝对值在全部变量脉冲函数累计值的绝对值之和中占比为 12.03%，成为金融发展指数（FDIM）第三大影响因素；其次，投资（INVM）从总体上对金融发展指数（FDIM）产生负向影响，但影响非常微弱，这表现在金融发展指数（FDIM）对来自投资（INVM）单位冲击的广义脉冲响应值，大部分时候是负的，且总和与平均值分别是–0.122 059 97 和–0.000 303 63；再次，随着时间的推移，金融发展指数（FDIM）对来自投资（INVM）单位冲击的广义脉冲响应函数值呈现周期性较缓慢的波动衰减特征，这表现为它一开始较快下降，在第 28 期达到全局最小值–0.006 973，接着迅速上升，在第 61 期达到局部的最大值 0.001 925，然后又迅速下降，再上升，在第 110 期达到全局最大值 0.002 593，然后经过 3 个小的周期波动后达到平稳，接近于 0。总之，投资（INVM）是金融发展指数（FDIM）的第三大影响因素，且影响方向总体是负向的，并呈现了较缓慢的周期性波动衰减特征。

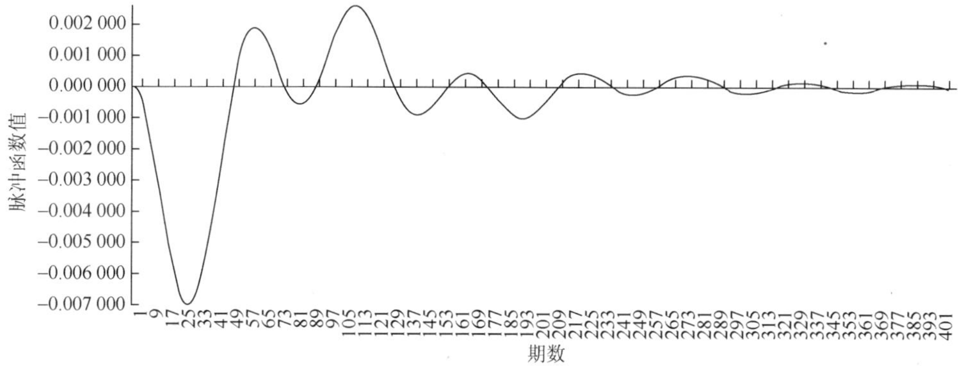


图 5.24　在中周期上我国金融发展指数（FDIM）对来自投资（INVM）单位冲击的脉冲响应图

（4）在中周期波动分量序列上价格指数（RPIM）对金融发展指数（FDIM）具有正向影响并排名第二，同时波动呈现较迅速的周期性衰减特征。从图 5.25 可以看出，首先，价格指数（RPIM）是金融发展指数（FDIM）的第二大影响因素，金融发展指数（FDIM）对来自价格指数（RPIM）单位冲击的脉冲响应函数累计值的绝对值在全部变量脉冲函数累计值的绝对值之和中占比为 18.44%，成为金融发展指数（FDIM）第二大影响因素；其次，价格指数（RPIM）从总体上对金融发展指数（FDIM）产生正向影响，这表现在金融发展指数（FDIM）对来自价格指数（RPIM）单位冲击的广义脉冲响应值，大部分时候是正的，且总和与平均值分别是 0.187 000 86 和 0.000 465 18；再次，随着时间的推移，金融发展指数（FDIM）对来自价格指数（RPIM）单位冲击的广义脉冲响应函数值呈现较迅速的周期性波动衰减特征，这表现为它一开始快速上升，在第 38 期达到全局最大值 0.007 885，接着迅速下降，在第 120 期达到全局最小值–0.002 781，然后在经过 2 个小的周期后达到平稳，接近于 0。总之，价格指数（RPIM）是金融发展指数（FDIM）的第二大影响因素，且影响方向总体是正向的，并呈现了较迅速的周期性波动衰减特征。

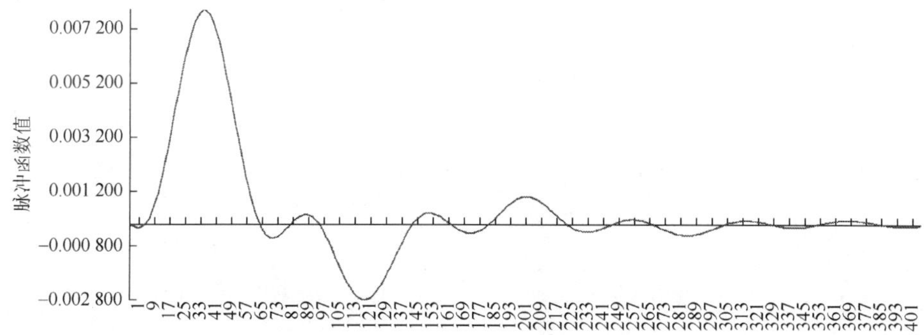


图 5.25　在中周期上我国金融发展指数（FDIM）对价格指数（RPIM）的广义脉冲响应函数图

# 5.4 长周期序列的金融发展与经济增长周期关系的实证检验

## 5.4.1 基于小波变换法分解的长周期序列

本书将国内生产总值（GDP）、金融发展指数（FDI）、投资（INV）、价格指数（RPI）进行小波变换，将第 7 层（即 65～128 个月）波动分量叠加，分解出国内生产总值（GDPL）、金融发展指数（FDIL）、投资（INVL）、价格指数（RPIL）四个长周期波动分量序列，并将其列示如图 5.26～图 5.29 所示。通过长周期波动分量谱图可以清楚地看出，小波分解能够有效地剔除上述四个金融和经济数据在长周期内的不规则因素与随机因素的影响，并去除长期趋势。所以将上述四个金融和经济数据进行小波分解后的长周期波动分量序列是平稳时间序列，可以直接进行波动分量的相互关系的实证检验。

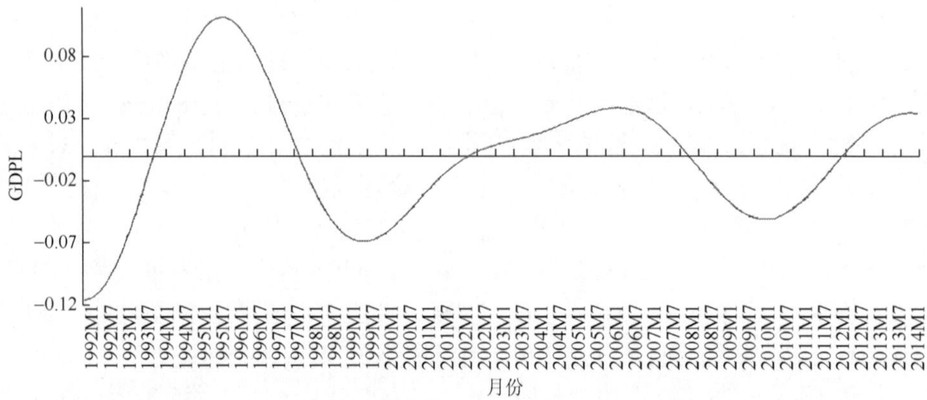


图 5.26 我国人均国内生产总值的长周期波动分量序列图

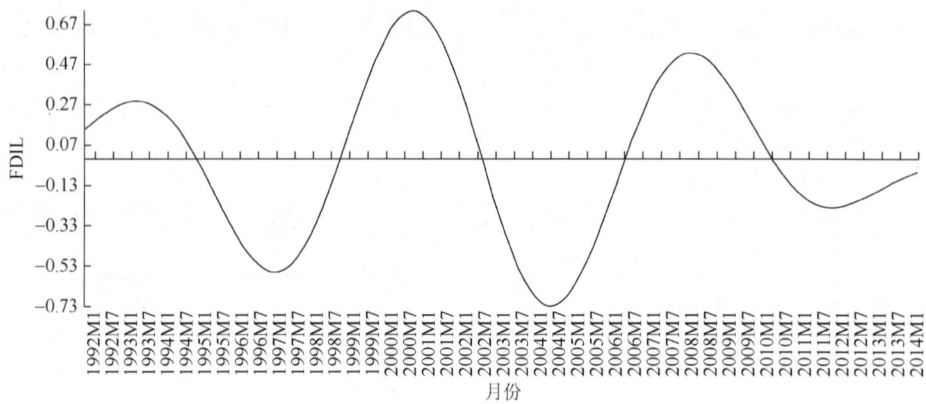


图 5.27 我国金融发展指数的长周期波动分量序列图

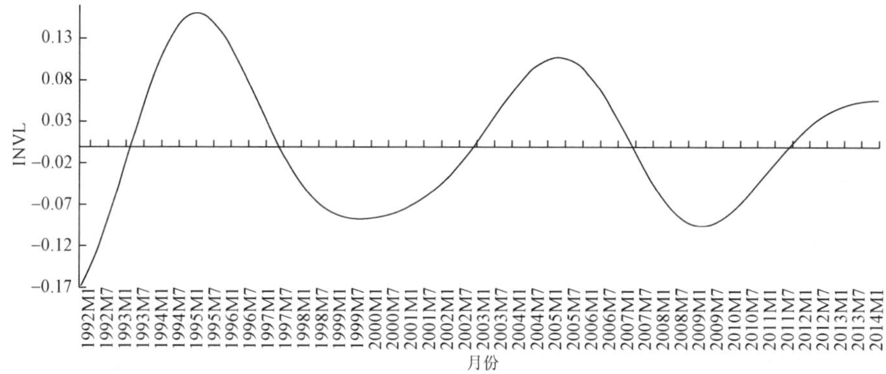

图 5.28　我国人均固定资产投资的长周期波动分量序列图

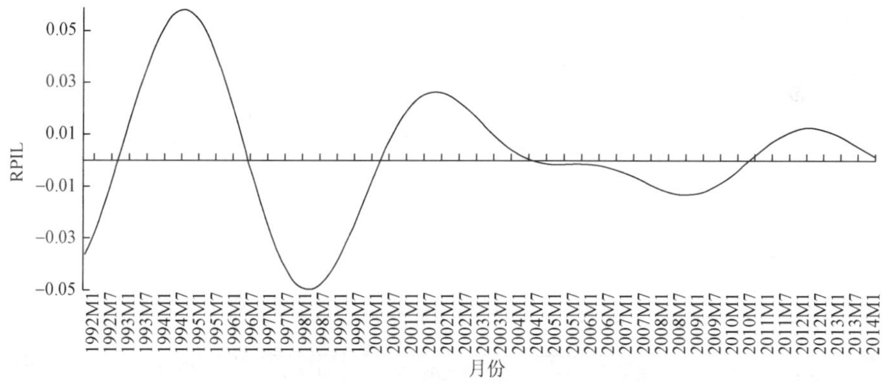

图 5.29　我国零售商品价格指数的长周期波动分量序列图

### 5.4.2　基于单位根检验法的实证检验

下面的实证检验要求变量为平稳的经济时间序列，因此本书首先对序列进行单位根检验，检验结果见表 5.10。如表 5.10 所示，滞后 1 阶的国内生产总值（GDPL）、金融发展指数（FDIL）、投资（INVL）和价格指数（RPIL）的长周期波动分量序列都在 1%的显著性水平上通过了 ADF 平稳性检验；同时，这四个长周期波动分量也在 1%的显著水平上通过 PP 平稳性检验。这说明国内生产总值（GDPL）、金融发展指数（FDIL）、投资（INVL）和价格指数（RPIL）的长周期波动分量序列都是平稳序列，可以进行相互关系的实证检验。

**表 5.10　长周期波动分量序列的单位根检验**

| 变量 | ADF 检验 | | | | PP 检验 | | | |
|---|---|---|---|---|---|---|---|---|
| | （$c$，$t$，$n$） | $T$ 统计量 | 概率 | 平稳性 | （$c$，$t$） | $T$ 统计量 | 概率 | 平稳性 |
| GDPL | （0，0，1） | −52.187 43 | 0.000 1 | 平稳 | （0，0） | −2.491 946 | 0.012 6 | 平稳 |
| FDIL | （0，0，1） | −62.422 75 | 0.000 1 | 平稳 | （0，0） | −1.943 324 | 0.049 9 | 平稳 |

续表

| 变量 | ADF 检验 | | | | PP 检验 | | | |
|---|---|---|---|---|---|---|---|---|
| | （c，t，n） | T 统计量 | 概率 | 平稳性 | （c，t） | T 统计量 | 概率 | 平稳性 |
| INVL | （0，0，1） | −47.887 26 | 0.000 1 | 平稳 | （0，0） | −2.372 059 | 0.017 4 | 平稳 |
| RPIL | （0，0，1） | −55.504 92 | 0.000 1 | 平稳 | （0，0） | −2.343 068 | 0.018 7 | 平稳 |

### 5.4.3　基于格兰杰因果检验法的实证检验

本书对 GDPL、FDIL、INVL、RPIL 这 4 个长周期波动分量序列分别进行格兰杰因果关系检验。本书展示了 GDPL、FDIL、INVL 和 RPIL 四个指标在长周期波动分量上的因果关系，结果见表 5.11。从表 5.11 可以看出：在 65～128 个月的长周期波动分量中，在 1%的显著性水平下，滞后 2 阶的国内生产总值（GDPL）和金融发展指数（FDIL）双向拒绝原假设，说明它们之间存在双向格兰杰因果关系，在长周期波动分量上它们具有相互影响的关系；同时，其余变量之间也都在 1%的显著水平下拒绝原假设，说明它们之间存在显著的因果关系，在长周期波动分量上它们具有相互影响的关系。

**表 5.11　长周期波动分量序列的格兰杰因果关系检验结果**

| 原假设 | 自由量 | F 统计量 | 概率值 | 结果 |
|---|---|---|---|---|
| FDIL 不是 GDPL 的原因 | 268 | 343.17 | 0.0000 | 拒绝 |
| GDPL 不是 FDIL 的原因 | 268 | 1173.71 | 0.0000 | 拒绝 |
| INVL 不是 GDPL 的原因 | 268 | 2280.61 | 0.0000 | 拒绝 |
| GDPL 不是 INVL 的原因 | 268 | 449.47 | 0.0000 | 拒绝 |
| RPIL 不是 GDPL 的原因 | 268 | 251.89 | 0.0000 | 拒绝 |
| GDPL 不是 RPIL 的原因 | 268 | 148.09 | 0.0000 | 拒绝 |
| INVL 不是 FDIL 的原因 | 268 | 635.82 | 0.0000 | 拒绝 |
| FDIL 不是 INVL 的原因 | 268 | 111.67 | 0.0000 | 拒绝 |
| RPIL 不是 FDIL 的原因 | 268 | 1276.51 | 0.0000 | 拒绝 |
| FDIL 不是 RPIL 的原因 | 268 | 352.94 | 0.0000 | 拒绝 |
| RPIL 不是 INVL 的原因 | 268 | 402.09 | 0.0000 | 拒绝 |
| INVL 不是 RPIL 的原因 | 268 | 1528.51 | 0.0000 | 拒绝 |

本书利用格兰杰因果关系检验法发现，金融发展和经济增长在长周期波动分量上存在双向因果关系。相对本书的研究目标而言，格兰杰因果关系的实证检验只是指出了金融发展和经济增长长周期关系的存在性，还需要进一步分析其大小以及领先/滞后关系。为此，5.4.4 节和 5.4.5 节分别利用交叉谱分析法和 VAR 模型进一步研究金融发展和经济增长的长周期波动分量序列之间的领先/滞后关系以及影响系数的符号与大小。

### 5.4.4 基于交叉谱分析法的实证检验

1. 参数估计

为进一步识别金融发展和经济增长长周期波动分量序列之间的领先/滞后关系，本书使用交叉谱方法做深入的实证检验。如果计算出的领先/滞后指标值为正，表明在时间上金融发展领先于经济增长；若领先/滞后指标值为负，表明金融发展滞后于经济增长；若领先/滞后指标值为零，表明金融发展与经济增长同步。本书在实证检验时使用的软件是 MATLAB 8.0。

2. 参数选择和估计

参考董文泉等的研究[193]，本书采用曾帕窗，窗参数选择 39，频率点选择 135，利用 MATLAB 8.0 对金融发展和经济增长长周期波动分量周期关系进行交叉谱分析，即计算振幅、一致性、相位以及领先/滞后关系等统计量。本书对频率大于 0.0444（即大于 12 个月）的特征指标进行重点分析，具体结果见表 5.12。

3. 实证结果分析

根据我国金融发展和经济增长长周期关系的实证检验结果，得出以下两个结论。

（1）在长周期波动分量序列上我国金融发展与经济增长之间的一致性比较高。从表 5.12 的一致性指标可以看出，随着周期月数的减少（即频率的减少），金融发展指数（FDIL）和国内生产总值（GDPL）的一致性呈现周期性波动，在频率点为 0.0286（即 8 个月）时达到最大值 0.8821，且平均值高达 0.3885，总的来说比较大，说明在长周期波动分量上金融发展与经济增长之间的相互影响较显著。

（2）在长周期波动分量序列上我国金融发展与经济增长的领先/滞后关系呈现了波浪式的互有领先/滞后特征，但总体上金融发展略微滞后于经济增长。从表 5.12 的相位可以看出，金融发展指数（FDIL）与国内生产总值（GDPL）的角度和领先/滞后值基本上是负数，并且随着周期月数的减少（即频率的减少），其角度和领先/滞后（即时差）值呈现波浪式上涨，其中时差的最小值、最大值、中位值和平均值分别为–4.4525、5.0711、–0.1855、–0.3158。因此，总的来说，在长周期波动分量序列上金融发展略微滞后于经济增长，滞后期平均为 0.3 个月，两者时差月数的波动范围在–10～–1 个月。

**表 5.12　金融发展与经济增长长周期波动分量的交叉谱分析结果**

| 频率 | 对应月数 | FDIL 的谱 | GDPL 的谱 | 交叉谱 | | 振幅 | 一致性 | 位相 | |
|---|---|---|---|---|---|---|---|---|---|
| | | | | 实部 | 虚部 | | | 角度 | 时差 |
| 0.500 0 | 135.0 | 1.11E−02 | 6.93E−01 | −8.08E−02 | −5.32E−03 | 0.081 01 | 0.851 | −0.07 | −1.41 |
| 0.333 3 | 90.0 | 9.66E−03 | 6.01E−01 | −6.68E−02 | −8.91E−03 | 0.067 44 | 0.783 | −0.13 | −1.90 |
| 0.250 0 | 67.5 | 7.57E−03 | 4.72E−01 | −4.85E−02 | −9.92E−03 | 0.049 52 | 0.686 | −0.20 | −2.17 |
| 0.200 0 | 54.0 | 5.31E−03 | 3.32E−01 | −3.07E−02 | −8.64E−03 | 0.031 89 | 0.576 | −0.27 | −2.36 |
| 0.166 7 | 45.0 | 3.30E−03 | 2.07E−01 | −1.68E−02 | −6.18E−03 | 0.017 88 | 0.468 | −0.35 | −2.53 |
| 0.142 9 | 38.6 | 1.79E−03 | 1.12E−01 | −7.80E−03 | −3.67E−03 | 0.008 62 | 0.370 | −0.44 | −2.70 |
| 0.125 0 | 33.8 | 8.26E−04 | 5.21E−02 | −3.02E−03 | −1.80E−03 | 0.003 52 | 0.288 | −0.54 | −2.89 |
| 0.111 1 | 30.0 | 3.17E−04 | 2.01E−02 | −9.46E−04 | −7.25E−04 | 0.001 19 | 0.223 | −0.65 | −3.12 |
| 0.100 0 | 27.0 | 9.75E−05 | 6.22E−03 | −2.26E−04 | −2.32E−04 | 0.000 32 | 0.173 | −0.80 | −3.43 |
| 0.090 9 | 24.5 | 2.28E−05 | 1.46E−03 | −3.75E−05 | −5.65E−05 | 0.000 07 | 0.138 | −0.99 | −3.85 |
| 0.083 3 | 22.5 | 3.70E−06 | 2.40E−04 | −3.32E−06 | −9.76E−06 | 0.000 01 | 0.120 | −1.24 | −4.45 |
| 0.076 9 | 20.8 | 3.66E−07 | 2.38E−05 | 3.83E−08 | −1.04E−06 | 0.000 00 | 0.125 | 1.53 | 5.07 |
| 0.071 4 | 19.3 | 1.68E−08 | 1.08E−06 | 2.83E−08 | −5.13E−08 | 0.000 00 | 0.189 | 1.07 | 3.27 |
| 0.066 7 | 18.0 | 1.29E−10 | 1.08E−08 | −3.56E−10 | −4.50E−10 | 0.000 00 | 0.236 | −0.90 | −2.58 |
| 0.062 5 | 16.9 | 1.97E−09 | 1.30E−07 | −1.59E−09 | 5.34E−09 | 0.000 00 | 0.121 | 1.28 | 3.44 |
| 0.058 8 | 15.9 | 1.04E−08 | 6.65E−07 | −2.25E−08 | 2.32E−08 | 0.000 00 | 0.151 | 0.80 | 2.02 |
| 0.055 6 | 15.0 | 2.61E−08 | 1.62E−06 | −8.49E−08 | 5.08E−08 | 0.000 00 | 0.232 | 0.54 | 1.29 |
| 0.052 6 | 14.2 | 3.92E−08 | 2.39E−06 | −1.88E−07 | 6.66E−08 | 0.000 00 | 0.426 | 0.34 | 0.77 |
| 0.050 0 | 13.5 | 4.44E−08 | 2.68E−06 | −2.93E−07 | 4.55E−08 | 0.000 00 | 0.740 | 0.15 | 0.33 |
| 0.047 6 | 12.9 | 4.58E−08 | 2.77E−06 | −3.34E−07 | −7.27E−09 | 0.000 00 | 0.878 | −0.02 | −0.04 |
| 0.045 5 | 12.3 | 4.43E−08 | 2.70E−06 | −2.80E−07 | −5.33E−08 | 0.000 00 | 0.679 | −0.19 | −0.37 |
| 0.043 5 | 11.7 | 3.55E−08 | 2.19E−06 | −1.72E−07 | −6.30E−08 | 1.83E−07 | 0.430 | −0.35 | −0.66 |
| 0.041 7 | 11.3 | 2.10E−08 | 1.31E−06 | −7.43E−08 | −4.31E−08 | 8.59E−08 | 0.268 | −0.53 | −0.94 |
| 0.040 0 | 10.8 | 8.51E−09 | 5.40E−07 | −2.12E−08 | −1.91E−08 | 2.85E−08 | 0.177 | −0.73 | −1.26 |
| 0.038 5 | 10.4 | 2.16E−09 | 1.40E−07 | −3.35E−09 | −5.33E−09 | 6.30E−09 | 0.131 | −1.01 | −1.67 |
| 0.037 0 | 10.0 | 3.00E−10 | 1.97E−08 | −1.25E−10 | −8.39E−10 | 8.48E−10 | 0.122 | −1.42 | −2.26 |
| 0.035 7 | 9.6 | 1.67E−11 | 1.09E−09 | 1.82E−11 | −5.34E−11 | 5.64E−11 | 0.174 | 1.24 | 1.91 |
| 0.034 5 | 9.3 | 1.23E−12 | 9.46E−11 | −3.15E−12 | 3.45E−12 | 4.67E−12 | 0.187 | 0.83 | 1.23 |
| 0.033 3 | 9.0 | 2.38E−11 | 1.56E−09 | −2.25E−11 | 6.50E−11 | 6.88E−11 | 0.127 | 1.24 | 1.77 |
| 0.032 3 | 8.7 | 1.26E−10 | 8.08E−09 | −2.72E−10 | 2.89E−10 | 3.97E−10 | 0.154 | 0.81 | 1.13 |
| 0.031 3 | 8.4 | 3.40E−10 | 2.12E−08 | −1.09E−09 | 6.83E−10 | 1.28E−09 | 0.229 | 0.56 | 0.75 |
| 0.030 3 | 8.2 | 5.57E−10 | 3.41E−08 | −2.57E−09 | 9.81E−10 | 2.75E−09 | 0.397 | 0.36 | 0.48 |
| 0.029 4 | 7.9 | 6.63E−10 | 4.01E−08 | −4.20E−09 | 7.86E−10 | 4.27E−09 | 0.685 | 0.19 | 0.23 |
| 0.028 6 | 7.7 | 6.88E−10 | 4.15E−08 | −5.02E−09 | 6.11E−11 | 5.02E−09 | 0.882 | 0.01 | 0.01 |

续表

| 频率 | 对应月数 | FDIL 的谱 | GDPL 的谱 | 交叉谱 | | 振幅 | 一致性 | 位相 | |
|---|---|---|---|---|---|---|---|---|---|
| | | | | 实部 | 虚部 | | | 角度 | 时差 |
| 0.027 8 | 7.5 | 6.76E–10 | 4.11E–08 | –4.46E–09 | –6.99E–10 | 4.51E–09 | 0.733 | –0.16 | –0.19 |
| 0.027 0 | 7.3 | 5.72E–10 | 3.52E–08 | –2.91E–09 | –9.70E–10 | 3.07E–09 | 0.467 | –0.32 | –0.37 |
| 0.026 3 | 7.1 | 3.65E–10 | 2.27E–08 | –1.35E–09 | –7.32E–10 | 1.53E–09 | 0.283 | –0.50 | –0.56 |
| 0.025 6 | 6.9 | 1.58E–10 | 1.00E–08 | –4.10E–10 | –3.49E–10 | 5.38E–10 | 0.183 | –0.70 | –0.78 |
| 0.025 0 | 6.8 | 4.20E–11 | 2.71E–09 | –7.01E–11 | –1.03E–10 | 1.25E–10 | 0.137 | –0.97 | –1.05 |
| 0.024 4 | 6.6 | 5.79E–12 | 3.83E–10 | –4.63E–12 | –1.68E–11 | 1.75E–11 | 0.138 | –1.30 | –1.36 |
| 0.023 8 | 6.4 | 2.91E–13 | 2.10E–11 | –8.76E–13 | –1.08E–12 | 1.39E–12 | 0.318 | –0.89 | –0.91 |
| 0.023 3 | 6.3 | 4.33E–13 | 2.88E–11 | –1.01E–12 | 1.15E–12 | 1.53E–12 | 0.187 | 0.85 | 0.85 |
| 0.022 7 | 6.1 | 2.86E–12 | 1.86E–10 | –5.88E–12 | 7.39E–12 | 9.44E–12 | 0.168 | 0.90 | 0.88 |
| 0.022 2 | 6.0 | 1.10E–11 | 6.98E–10 | –3.11E–11 | 2.47E–11 | 3.97E–11 | 0.206 | 0.67 | 0.64 |
| 0.021 7 | 5.9 | 2.57E–11 | 1.61E–09 | –9.69E–11 | 5.12E–11 | 1.10E–10 | 0.291 | 0.49 | 0.45 |
| 0.021 3 | 5.7 | 4.01E–11 | 2.46E–09 | –2.04E–10 | 6.74E–11 | 2.15E–10 | 0.467 | 0.32 | 0.29 |
| 0.020 8 | 5.6 | 4.72E–11 | 2.87E–09 | –3.11E–10 | 4.90E–11 | 3.15E–10 | 0.735 | 0.16 | 0.14 |
| 0.020 4 | 5.5 | 4.88E–11 | 2.95E–09 | –3.56E–10 | –2.13E–12 | 3.56E–10 | 0.882 | –0.01 | –0.01 |
| 0.020 0 | 5.4 | 4.71E–11 | 2.87E–09 | –3.07E–10 | –5.17E–11 | 3.11E–10 | 0.717 | –0.17 | –0.14 |
| 0.019 6 | 5.3 | 3.90E–11 | 2.40E–09 | –1.96E–10 | –6.71E–11 | 2.07E–10 | 0.456 | –0.33 | –0.28 |
| 0.019 2 | 5.2 | 2.45E–11 | 1.53E–09 | –8.93E–11 | –4.92E–11 | 1.02E–10 | 0.278 | –0.50 | –0.42 |
| 0.018 9 | 5.1 | 1.04E–11 | 6.60E–10 | –2.73E–11 | –2.30E–11 | 3.57E–11 | 0.186 | –0.70 | –0.57 |
| 0.018 5 | 5.0 | 2.64E–12 | 1.72E–10 | –5.49E–12 | –6.65E–12 | 8.62E–12 | 0.164 | –0.88 | –0.70 |
| 0.018 2 | 4.9 | 3.29E–13 | 2.35E–11 | –1.38E–12 | –9.91E–13 | 1.70E–12 | 0.372 | –0.62 | –0.49 |
| 0.017 9 | 4.8 | 2.21E–13 | 1.50E–11 | –1.13E–12 | 3.92E–13 | 1.20E–12 | 0.433 | 0.33 | 0.26 |
| 0.017 5 | 4.7 | 7.85E–13 | 4.99E–11 | –2.47E–12 | 1.76E–12 | 3.03E–12 | 0.235 | 0.62 | 0.47 |
| 0.017 2 | 4.7 | 2.07E–12 | 1.31E–10 | –7.71E–12 | 4.52E–12 | 8.94E–12 | 0.296 | 0.53 | 0.39 |
| 0.016 9 | 4.6 | 4.27E–12 | 2.68E–10 | –1.95E–11 | 8.41E–12 | 2.12E–11 | 0.392 | 0.41 | 0.30 |
| 0.016 7 | 4.5 | 6.85E–12 | 4.25E–10 | –3.77E–11 | 1.12E–11 | 3.94E–11 | 0.531 | 0.29 | 0.21 |
| 0.016 4 | 4.4 | 8.73E–12 | 5.37E–10 | –5.73E–11 | 9.73E–12 | 5.81E–11 | 0.720 | 0.17 | 0.12 |
| 0.016 1 | 4.4 | 9.46E–12 | 5.78E–10 | –6.89E–11 | 2.81E–12 | 6.89E–11 | 0.869 | 0.04 | 0.03 |
| 0.015 9 | 4.3 | 9.27E–12 | 5.66E–10 | –6.56E–11 | –6.06E–12 | 6.59E–11 | 0.827 | –0.09 | –0.06 |
| 0.015 6 | 4.2 | 8.13E–12 | 4.99E–10 | –4.89E–11 | –1.14E–11 | 5.02E–11 | 0.621 | –0.23 | –0.15 |
| 0.015 4 | 4.2 | 5.93E–12 | 3.67E–10 | –2.77E–11 | –1.10E–11 | 2.98E–11 | 0.409 | –0.38 | –0.25 |
| 0.015 2 | 4.1 | 3.31E–12 | 2.07E–10 | –1.16E–11 | –6.85E–12 | 1.35E–11 | 0.265 | –0.53 | –0.35 |
| 0.014 9 | 4.0 | 1.28E–12 | 8.18E–11 | –3.73E–12 | –2.84E–12 | 4.69E–12 | 0.210 | –0.65 | –0.42 |
| 0.014 7 | 4.0 | 2.88E–13 | 2.02E–11 | –1.47E–12 | –6.34E–13 | 1.60E–12 | 0.437 | –0.41 | –0.26 |

### 5.4.5　基于 VAR 模型的实证检验

1. 参数估计

基于 5.4.1 节使用小波变换法分解出来的金融发展指数（FDIL）和国内生产总值（GDPL）的长周期波动分量，并引入控制变量投资（INVL）和价格指数（RPIL），本书使用 VAR 模型估计金融发展和经济增长在长周期波动分量序列上的周期系数，使用的软件是 EViews8.0。

根据上面的分析，在长周期波动分量上，2 阶滞后的金融发展指数（FDIL）、投资（INVL）、价格指数（RPIL）和国内生产总值（GDPL）之间基本上存在双向因果关系，因此本书使用滞后 2 阶的 VAR 模型估计它们之间的周期关系，估计结果见表 5.13。

2. 实证结果分析

从表 5.13 可以看出：①在长周期波动分量上，金融发展指数（FDIL）的 1～2 阶滞后在 1%的显著水平上对国内生产总值（GDPL）有显著影响，其 1～2 阶总的影响系数为–0.003 112，表明长周期的金融发展对经济增长存在显著的负向影响，但比较弱小；国内生产总值（GDPL）的 1～2 阶滞后都在 1%的显著水平上对金融发展指数（FDIL）有显著影响，其 1～2 阶总的影响系数为 0.175 767，表明长周期的经济增长对金融发展存在显著的正向影响，且影响很大。②投资（INVL）、价格指数（RPIL）和国内生产总值（GDPL）之间都存在显著的相关关系。总之，在长周期波动分量上，在考虑控制变量影响的情况下，金融发展对经济增长存在显著的负向弱影响，而经济增长对金融发展存在显著的正向强影响，这与格兰杰因果检验和交叉谱分析的结论基本吻合。

**表 5.13　金融发展和经济增长长周期关系的 VAR 估计结果**

| 滞后项 | GDPL | FDIL | INVL | RPIL |
|---|---|---|---|---|
| GDPL（–1） | 1.383 712 | –1.307 655 | –1.056 842 | –0.198 806 |
| | （0.007 4） | （0.026 1） | （0.012 0） | （0.002 0） |
| | [187.241]*** | [–50.062 0]*** | [–87.805 3]*** | [–99.393 7]*** |
| GDPL（–2） | –0.335 155 | 1.483 422 | 1.126 828 | 0.210 502 |
| | （0.008 0） | （0.028 4） | （0.013 1） | （0.002 2） |
| | [–41.707 6]*** | [52.226 9]*** | [86.096 0]*** | [96.783 2]*** |

续表

| 滞后项 | GDPL | FDIL | INVL | RPIL |
|---|---|---|---|---|
| FDIL（−1） | 0.022 34 | 2.017 066 | 0.045 966 | 0.007 92 |
| | （0.000 3） | （0.001 1） | （0.000 5） | （0.000 1） |
| | [74.895 6]*** | [1 913.15]*** | [94.616 0]*** | [98.097 9]*** |
| FDIL（−2） | −0.025 452 | −1.032 299 | −0.050 167 | −0.008 646 |
| | （0.000 3） | （0.001 2） | （0.000 6） | （0.000 1） |
| | [−75.707 2]*** | [−868.738]*** | [−91.621 0]*** | [−95.024 6]*** |
| INVL（−1） | 0.157 049 | 0.198 209 | 2.303 331 | 0.063 648 |
| | （0.001 8） | （0.006 4） | （0.003 0） | （0.000 5） |
| | [86.138 5]*** | [30.757 2]*** | [775.668]*** | [128.981]*** |
| INVL（−2） | −0.187 516 | −0.299 702 | −1.350 983 | −0.070 819 |
| | （0.002 2） | （0.007 9） | （0.003 6） | （0.000 6） |
| | [−84.481 3]*** | [−38.200 8]*** | [−373.704]*** | [−117.882]*** |
| RPIL（−1） | 1.269 718 | 4.240 414 | 1.643 115 | 2.279 547 |
| | （0.015 9） | （0.056 1） | （0.025 8） | （0.004 3） |
| | [80.053 0]*** | [75.637 8]*** | [63.605 5]*** | [530.998]*** |
| RPIL（−2） | −1.196 817 | −4.080 046 | −1.513 645 | −1.261 545 |
| | （0.014 9） | （0.052 8） | （0.024 3） | （0.004 0） |
| | [−80.121 9]*** | [−77.276 8]*** | [−62.216 2]*** | [−312.033]*** |

注：小括号中的数字是标准差，中括号中的数字是 $T$ 统计量，***、**、*分别表示在 1%、5%和 10%的水平上显著

### 3. 国内生产总值对来自各个变量单位冲击的脉冲响应函数分析

本书用广义脉冲响应函数分析来自国内生产总值（GDPL）、金融发展指数（FDIL）、投资（INVL）和价格指数（RPIL）长周期波动分量序列的随机扰动项的一个标准差冲击对国内生产总值（GDPL）的影响，期数选择为 378 期，因为这些广义脉冲响应函数值衰减比较慢，一直到 378 期以后所有变量的脉冲函数值基本趋势为 0，具体结果可见图 5.30～图 5.33。对这些脉冲响应函数值的估计分析如下。

（1）在长周期波动分量序列上国内生产总值（GDPL）对其自身具有负向影响并排名第二，同时波动呈现周期性衰减特征。从图 5.30 可以看出，首先，国内生产总值（GDPL）对其自身是排名第二的影响因素，国内生产总值（GDPL）对来自自身单位冲击的脉冲响应函数累计值的绝对值在全部变量脉冲函数累计值的绝对值之和中占比为 25.10%，成为国内生产总值（GDPL）第二大影响因素；其次，国内生产总值（GDPL）对其自身产生负向影响，这表现在国内生产总值（GDPL）对来自自身单位冲击的脉冲响应函数值，大部分时候为负数，且平均值为−0.000 014 25；

再次，随着时间的推移，国内生产总值（GDPL）对来自自身单位冲击的脉冲响应函数值呈现周期性波动，但衰减速度非常缓慢，经过了 300 多期才逐步衰减到接近于 0。总之，在长周期上经济增长惯性是国内生产总值（GDPL）的第二大影响因素，但影响方向总体是负向的，并呈现了非常缓慢的周期性衰减特征。

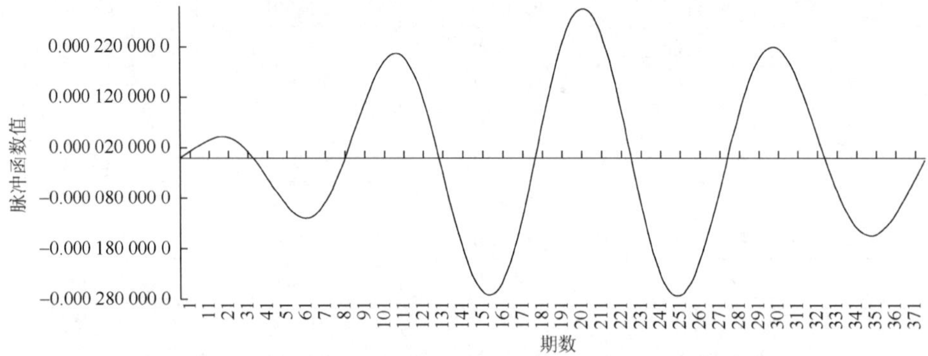


图 5.30　在长周期上国内生产总值（GDPL）对来自自身单位冲击的脉冲响应图

（2）在长周期波动分量序列上金融发展指数（FDIL）对国内生产总值（GDPL）具有负向影响并排名第四，同时其波动呈现非常缓慢的周期性衰减特征。从图 5.31 可以看出，首先，金融发展指数（FDIL）是国内生产总值（GDPL）的第四大影响因素，国内生产总值（GDPL）对来自金融发展指数（FDIL）单位冲击的脉冲响应函数累计值的绝对值在全部变量脉冲函数累计值的绝对值之和中占比为 24.76%，成为国内生产总值（GDPL）的第四大影响因素；其次，金融发展指数（FDIL）从总体上对国内生产总值（GDPL）产生负向影响，这表现在国内生产总值（GDPL）对来自金融发展指数（FDIL）单位冲击的脉冲响应函数值，大部分时候为负数，且平均值为−0.000 005 54；再次，随着时间的推移，国内生产总值

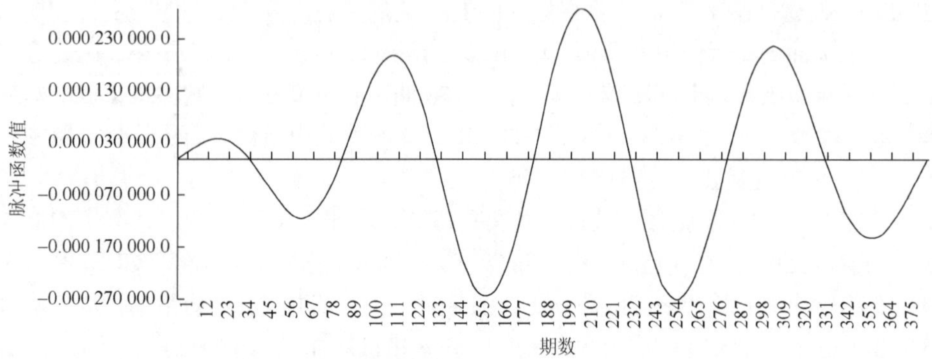


图 5.31　在长周期上我国国内生产总值（GDPL）对来自金融发展指数（FDIL）单位冲击的脉冲响应图

（GDPL）对来自金融发展指数（FDIL）单位冲击的脉冲响应函数值呈现非常缓慢的周期性波动衰减特征，经过了 700 多期才逐步衰减到接近于 0。总之，在长周期上金融发展指数（FDIL）是国内生产总值（GDPL）的第四大影响因素，且影响方向总体是负向的，并呈现了非常缓慢的周期性波动衰减特征。

（3）在长周期波动分量序列上投资（INVL）对国内生产总值（GDPL）具有非常弱小的负向影响并排名第三，同时其波动呈现非常缓慢的周期性衰减特征。从图 5.32 可以看出，首先，投资（INVL）是国内生产总值（GDPL）的第三大影响因素，国内生产总值（GDPL）对来自投资（INVL）单位冲击的脉冲响应函数累计值的绝对值在全部变量脉冲函数累计值的绝对值之和中占比为 25.02%，成为国内生产总值（GDPL）的第三大影响因素；其次，投资（INVL）从总体上对国内生产总值（GDPL）产生负向影响，这表现在国内生产总值（GDPL）对来自投资（INVL）单位冲击的脉冲响应函数值，大部分时候为负数，且平均值为 –0.000 005 60，非常弱小；再次，随着时间的推移，国内生产总值（GDPL）对来自投资（INVL）单位冲击的脉冲响应函数值呈现非常缓慢的先增后减的周期性波动衰减特征，但几乎所有函数值都接近于 0。总之，在长周期上投资（INVL）是国内生产总值（GDPL）的第三大影响因素，且影响方向总体是负向的，但非常弱小，并呈现了非常缓慢的周期性波动衰减特征。

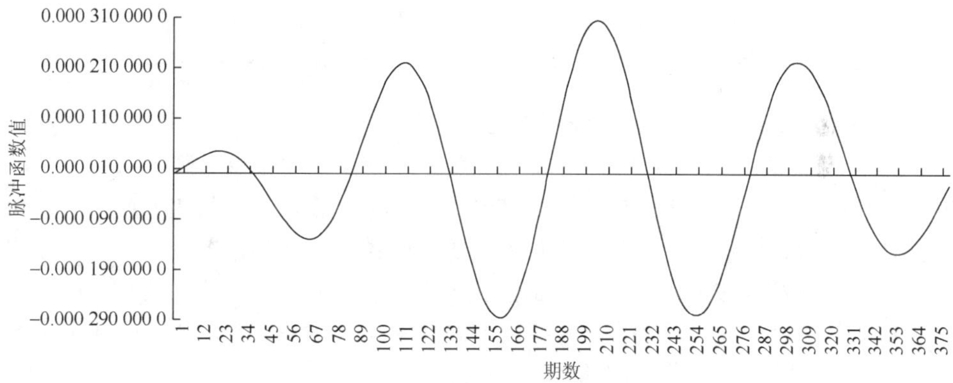


图 5.32　在长周期上我国国内生产总值（GDPL）对投资（INVL）的广义脉冲响应函数图

（4）在长周期波动分量序列上价格指数（RPIL）对国内生产总值（GDPL）具有非常微弱的负影响并排名第一，同时波动呈现非常缓慢的周期性衰减特征。从图 5.33 可以看出，首先，价格指数（RPIL）是国内生产总值（GDPL）的最大的影响因素，国内生产总值（GDPL）对来自价格指数（RPIL）单位冲击的脉冲响应函数累计值的绝对值在全部变量脉冲函数累计值的绝对值之和中占比为 25.12%，成为国内生产总值（GDPL）第一大影响因素；其次，价格指数（RPIL）

从总体上对国内生产总值(GDPL)产生负向影响，这表现在国内生产总值(GDPL)对来自价格指数（RPIL）单位冲击的脉冲响应函数值，大部分时候为负数，且平均值为-0.000 005 62；再次，随着时间的推移，国内生产总值（GDPL）对来自价格指数(RPIL)单位冲击的脉冲响应函数值呈现非常缓慢的周期性波动衰减特征，而且非常弱小，因为几乎所有的函数值都接近于 0。总之，在长周期上价格指数(RPIL）是国内生产总值（GDPL）的第一大影响因素，且影响方向总体是负向的，但非常弱小，并呈现了非常缓慢的周期性波动衰减特征。

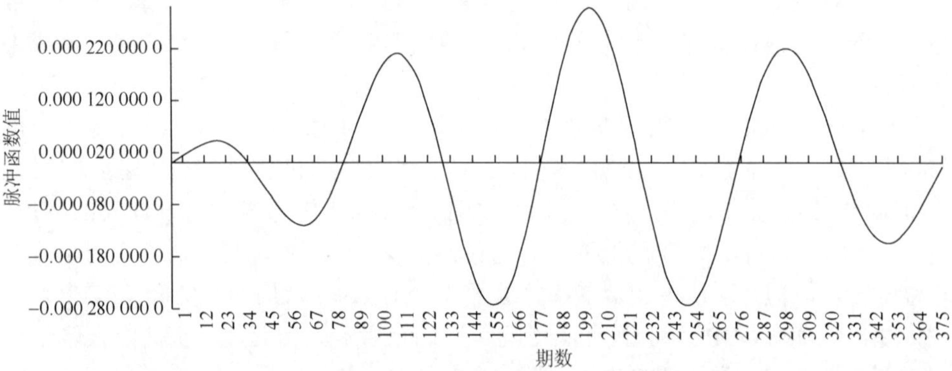


图 5.33　在长周期上我国国内生产总值（GDPL）对价格指数（RPIL）的广义脉冲响应函数图

4. 金融发展指数对来自各个变量单位冲击的脉冲响应分析

本书用广义脉冲响应函数分析来自国内生产总值（GDPL）、金融发展指数(FDIL)、投资（INVL）和价格指数（RPIL）长周期波动分量序列的随机扰动项的一个标准差冲击对金融发展指数（FDIL）的影响，期数选择为 378 期，这是为了保持与上面分析一致，具体结果可见图 5.34～图 5.37。由于图中的所有脉冲响应函数都呈现发散状态，所以这个部分分析没有太大的经济和统计意义，只是为了与前面分析对应而已，其主要原因可能是相对于长周期而言，270 个样本量太少了。对这些脉冲响应函数值的估计分析如下。

（1）在长周期波动分量序列上国内生产总值（GDPL）对金融发展指数（FDIL）具有正向影响并排名第二，同时波动呈现周期性特征。从图 5.34 可以看出，首先，国内生产总值（GDPL）对金融发展指数（FDIL）是排名第二的影响因素，金融发展指数（FDIL）对来自国内生产总值（GDPL）单位冲击的脉冲响应函数累计值的绝对值在全部变量脉冲函数累计值的绝对值之和中占比为 25.12%，成为金融发展指数(FDIL）的第二大影响因素；其次，国内生产总值（GDPL）对金融发展指数（FDIL）产生正向影响，这表现在金融发展指数（FDIL）对来自国内生产总值（GDPL）单位冲击的脉冲响应函数值，大部分时候是正的，且平均值是 0.000 078 78；再次，随着时间的推移，金融发展指数（FDIL）对来自国内生产总值（GDPL）单位冲击的脉冲响应函数值呈现周期性波动，并逐步衰减。总之，国内生产总值（GDPL）是金融发展指数（FDIL）的第二大影响因素，且影响方向总体是正向的，并呈现了周期性特征。

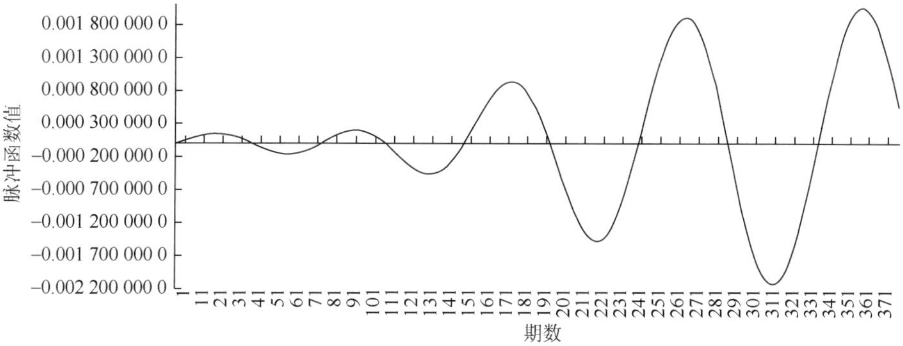


图 5.34　在长周期上我国金融发展指数（FDIL）对来自国内生产总值（GDPL）单位冲击的脉冲响应图

（2）在长周期波动分量序列上金融发展指数（FDIL）对其自身具有正向影响并排名第三，同时波动呈现周期性衰减特征。从图 5.35 可以看出，首先，金融发展指数（FDIL）自身是金融发展指数（FDIL）的第三大影响因素，金融发展指数（FDIL）对来自其自身单位冲击的脉冲响应函数累计值的绝对值在全部变量脉冲函数累计值的绝对值之和中占比为 24.89%，成为金融发展指数（FDIL）第三大影响因素；其次，金融发展指数（FDIL）从总体上对其自身产生正向影响，这表现在金融发展指数（FDIL）对来自其自身单位冲击的脉冲响应函数值，大部分时候是正的，且平均值是 0.000 078 07；再次，随着时间的推移，金融发展指数（FDIL）对来自其自身单位冲击的脉冲响应函数值呈现周期性波动特征。总之，金融发展指数（FDIL）是其自身的第三大影响因素，且影响方向总体是正向的，并呈现了周期性波动特征。

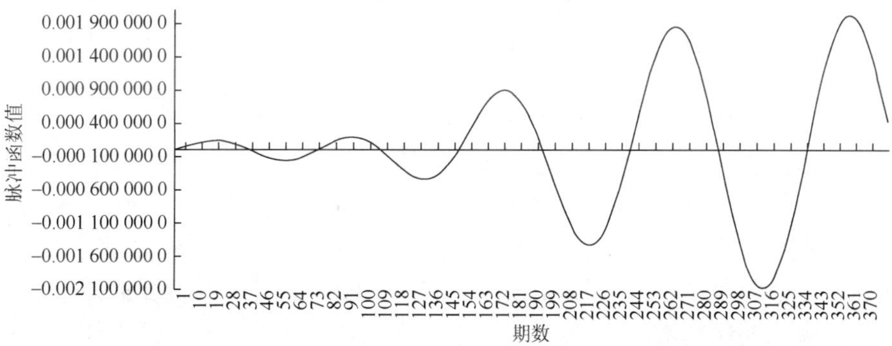


图 5.35　在长周期上我国金融发展指数（FDIL）对来自其自身单位冲击的脉冲响应图

（3）在长周期波动分量序列上投资（INVL）对金融发展指数（FDIL）具有正向影响并排名第四，同时波动呈现周期性衰减特征。从图 5.36 可以看出，首先，投资（INVL）是金融发展指数（FDIL）的第四大影响因素，金融发展指数（FDIL）对来自投资（INVL）单位冲击的脉冲响应函数累计值的绝对值在全部变量脉冲函数累计值的绝对值之和中占比为 24.84%，成为金融发展指数（FDIL）第四大影响因素；其次，投资（INVL）从总体上对金融发展指数（FDIL）产生负向影响，这表现在金融发展指数（FDIL）对来自投资（INVL）单位冲击的脉冲响应函数值，大部分时候是正的，且平均值是 0.000 077 89；再次，随着时间的推移，金融发展指数（FDIL）对来自投资（INVL）单位冲击的脉冲响应函数值呈现周期性波动特征。总之，投资（INVL）是金融发展指数（FDIL）的第四大影响因素，且影响方向总体是正向的，并呈现了周期性波动特征。

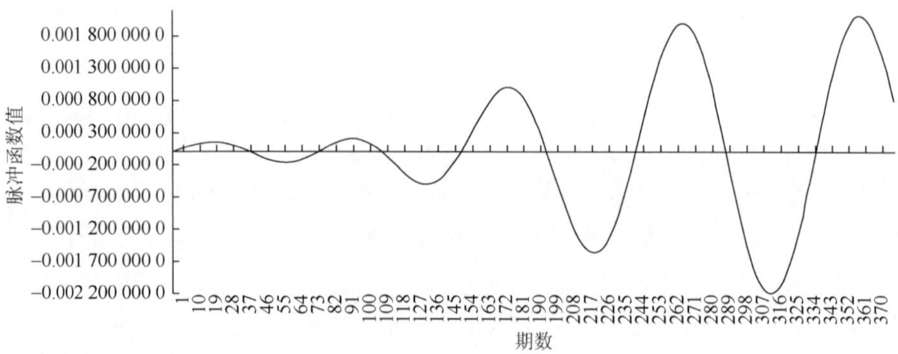


图 5.36　在长周期上我国金融发展指数（FDIL）对来自投资（INVL）单位冲击的脉冲响应图

（4）在长周期波动分量序列上价格指数（RPIL）对金融发展指数（FDIL）具有正向影响并排名第一，同时波动呈现周期性特征。从图 5.37 可以看出，首先，价格指数（RPIL）是金融发展指数（FDIL）的第一大影响因素，金融发展指数（FDIL）对来自价格指数（RPIL）单位冲击的脉冲响应函数累计值的绝对值在全部变量脉冲函数累计值的绝对值之和中占比为 25.15%，成为金融发展指数（FDIL）第一大影响因素；其次，价格指数（RPIL）从总体上对金融发展指数（FDIL）产生正向影响，这表现在金融发展指数（FDIL）对来自价格指数（RPIL）单位冲击的脉冲响应函数值，大部分时候是正的，且平均值是 0.000 078 86；再次，随着时间的推移，金融发展指数（FDIL）对来自价格指数（RPIL）单位冲击的脉冲响应函数值呈现周期性波动特征。总之，价格指数（RPIL）是金融发展指数（FDIL）的第一大影响因素，且影响方向总体是正向的，并呈现了周期性波动衰减特征。

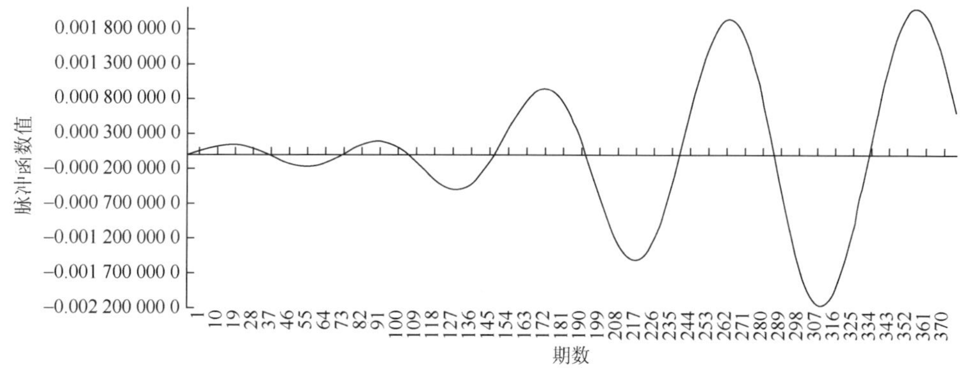


图 5.37　在长周期上我国金融发展指数（FDIL）对来自价格指数（RPIL）单位冲击的脉冲响应图

## 5.5　全周期序列的金融发展与经济增长周期关系的实证检验

### 5.5.1　基于小波变换法分解的全周期序列

本书将国内生产总值（GDP）、金融发展指数（FDI）、投资（INV）、价格指数（RPI）进行小波变换，将第 4～7 层（即 9～128 个月）波动分量叠加，分解出国内生产总值（GDPA）、金融发展指数（FDIA）、投资（INVA）、价格指数（RPIA）四个全周期波动分量序列，并将其列示如图 5.38～图 5.41 所示。通过全周期波动分量谱图可以清楚地看出，小波分解能够有效地剔除上述四个金融和经济数据在全周期内的不规则因素与随机因素的影响，并去除长期趋势。所以将上述四个金融和经济数据进行小波分解后的全周期波动分量序列是平稳时间序列，可以直接进行波动分量的相互关系的实证检验。

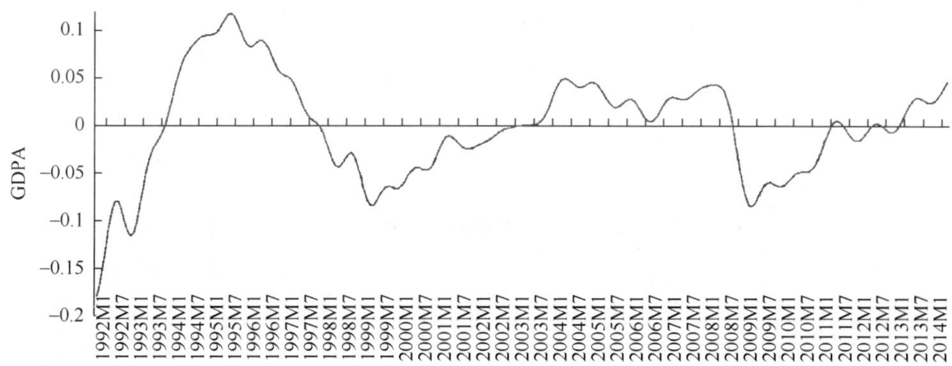


图 5.38　我国人均国内生产总值的全周期波动分量序列图

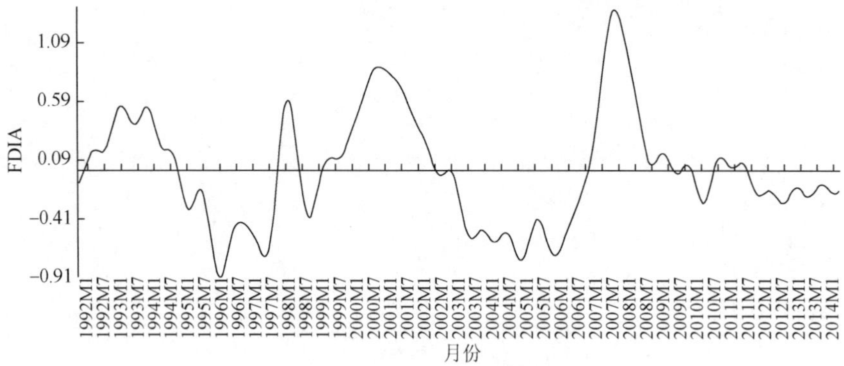


图 5.39　我国金融发展指数的全周期波动分量序列图

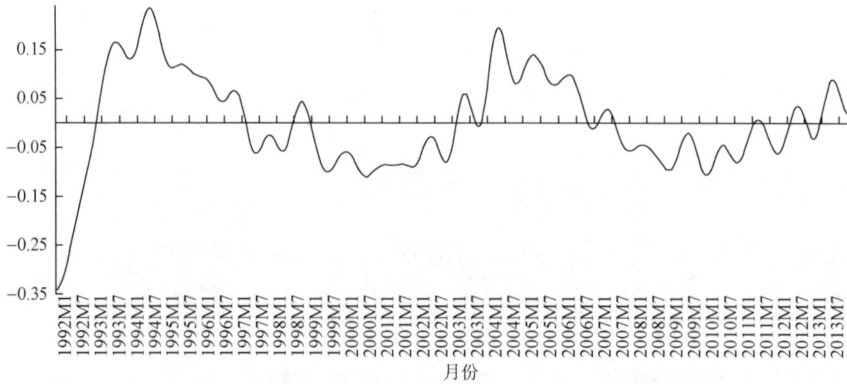


图 5.40　我国人均固定资产投资的全周期波动分量序列图

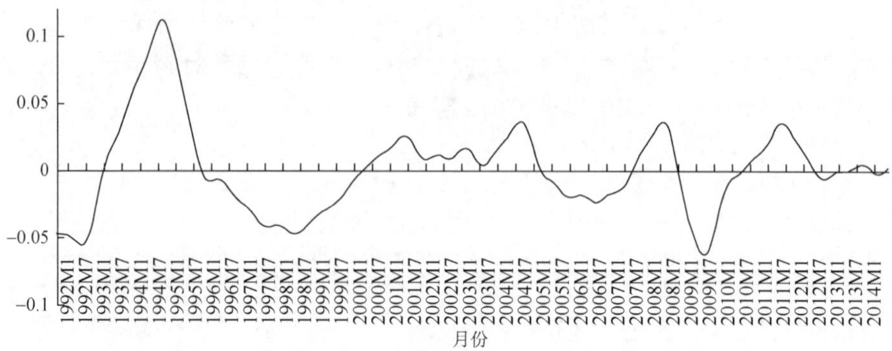


图 5.41　我国零售商品价格指数的全周期波动分量序列图

## 5.5.2　基于单位根检验法的实证检验

下面的实证检验要求变量为平稳的经济时间序列，因此本书首先对序列进行单位根检验，检验结果见表 5.14。如表 5.14 所示，国内生产总值（GDPA）、金融发展指数（FDIA）、投资（INVA）和价格指数（RPIA）的全周期波动分量序列都在 1%的显著性水平上通过了 ADF 平稳性检验；同时，这四个全周期波动分量也在 1%的显著水平上通过 PP 平稳性检验。这说明国内生产总值（GDPA）、金融发展指数（FDIA）、投资（INVA）和价格指数（RPIA）的全周期波动分量序列都是平稳序列，可以进行相互关系的实证检验。

**表 5.14　全周期波动分量序列的单位根检验**

| 变量 | ADF 检验 | | | | PP 检验 | | | |
|---|---|---|---|---|---|---|---|---|
| | （$c$，$t$，$n$） | $T$ 统计量 | 概率 | 平稳性 | （$c$，$t$） | $T$ 统计量 | 概率 | 平稳性 |
| GDPA | （0，0，1） | −4.820 282 | 0.000 0 | 平稳 | （0，0） | −3.331 631 | 0.000 9 | 平稳 |
| FDIA | （0，0，1） | −6.971 436 | 0.000 0 | 平稳 | （0，0） | −2.613 833 | 0.008 9 | 平稳 |
| INVA | （0，0，1） | −6.687 866 | 0.000 0 | 平稳 | （0，0） | −3.468 978 | 0.000 6 | 平稳 |
| RPIA | （0，0，1） | −8.713 833 | 0.000 0 | 平稳 | （0，0） | −2.938 935 | 0.003 4 | 平稳 |

### 5.5.3　基于格兰杰因果检验法的实证检验

本书对 GDPA、FDIA、INVA、RPIA 这 4 个全周期波动分量序列分别进行格兰杰因果关系检验。本书展示了 GDPA、FDIA、INVA 和 RPIA 四个指标在全周期波动分量上的因果关系，结果见表 5.15。从表 5.15 可以看出：在 9～128 个月的全周期波动分量中，在 1%的显著性水平下，滞后 4 阶的国内生产总值（GDPA）和金融发展指数（FDIA）双向拒绝原假设，说明它们之间存在双向格兰杰因果关系，在全周期波动分量上它们具有相互影响的关系；同时，其余变量之间也都在 1%的显著水平下拒绝原假设，说明它们之间也存在显著的因果关系，在全周期波动分量上它们具有相互影响的关系。

本书利用格兰杰因果关系检验法发现，金融发展和经济增长在全周期波动分量上存在双向因果关系。相对本书的研究目标而言，格兰杰因果关系的实证检验只是指出了金融发展和经济增长全周期关系的存在性，还需要进一步分析其大小以及领先/滞后关系。为此，5.5.4 节和 5.5.5 节分别利用交叉谱分析法和 VAR 模型进一步研究金融发展和经济增长的全周期波动分量序列之间的领先/滞后关系以及影响系数的符号与大小。

**表 5.15　全周期波动分量序列的格兰杰因果关系检验结果**

| 原假设 | 自由量 | $F$ 统计量 | 概率值 | 结果 |
|---|---|---|---|---|
| FDIL 不是 GDPL 的原因 | 264 | 13.45 | 0.0000 | 拒绝 |
| GDPL 不是 FDIL 的原因 | 264 | 9.10 | 0.0000 | 拒绝 |
| INVL 不是 GDPL 的原因 | 264 | 15.27 | 0.0000 | 拒绝 |

续表

| 原假设 | 自由量 | *F* 统计量 | 概率值 | 结果 |
|---|---|---|---|---|
| GDPL 不是 INVL 的原因 | 264 | 13.16 | 0.0000 | 拒绝 |
| RPIL 不是 GDPL 的原因 | 264 | 13.89 | 0.0000 | 拒绝 |
| GDPL 不是 RPIL 的原因 | 264 | 18.41 | 0.0000 | 拒绝 |
| INVL 不是 FDIL 的原因 | 264 | 10.11 | 0.0000 | 拒绝 |
| FDIL 不是 INVL 的原因 | 264 | 5.37 | 0.0000 | 拒绝 |
| RPIL 不是 FDIL 的原因 | 264 | 53.32 | 0.0000 | 拒绝 |
| FDIL 不是 RPIL 的原因 | 264 | 7.44 | 0.0000 | 拒绝 |
| RPIL 不是 INVL 的原因 | 264 | 11.01 | 0.0000 | 拒绝 |
| INVL 不是 RPIL 的原因 | 264 | 5.15 | 0.0001 | 拒绝 |

### 5.5.4 基于交叉谱分析法的实证检验

1. 参数估计

为进一步识别金融发展和经济增长全周期波动分量序列之间的领先/滞后关系，本书使用交叉谱方法做深入的实证检验。如果计算出的领先/滞后指标值为正，表明在时间上金融发展领先于经济增长；若领先/滞后指标值为负，表明金融发展滞后于经济增长；若领先/滞后指标值为零，表明金融发展与经济增长同步。本书在实证检验时使用的软件是 MATLAB 8.0。

2. 参数选择和估计

参考董文泉等的研究[193]，本书采用曾帕窗，窗参数选择 55，频率点选择 135，利用 MATLAB 8.0 对金融发展和经济增长全周期波动分量周期关系进行交叉谱分析，即计算振幅、一致性、相位以及领先/滞后关系等统计量。本书对频率大于 0.0444（即大于 12 个月）的特征指标进行重点分析，具体结果见表 5.16。

**表 5.16 金融发展与经济增长全周期波动分量的交叉谱分析结果**

| 频率 | 对应月数 | FDIA 的谱 | GDPA 的谱 | 交叉谱 | | 振幅 | 一致性 | 位相 | |
|---|---|---|---|---|---|---|---|---|---|
| | | | | 实部 | 虚部 | | | 角度 | 领先/滞后 |
| 0.500 0 | 135.0 | 1.03E−02 | 1.43E+00 | 5.20E−02 | −1.05E−02 | 0.053 09 | 0.192 | 0.20 | 4.26 |
| 0.333 3 | 90.0 | 1.06E−02 | 1.35E+00 | 4.11E−02 | −1.59E−02 | 0.044 09 | 0.137 | 0.37 | 5.29 |
| 0.250 0 | 67.5 | 9.08E−03 | 1.16E+00 | 3.25E−02 | −1.61E−02 | 0.036 23 | 0.125 | 0.46 | 4.94 |

续表

| 频率 | 对应月数 | FDIA 的谱 | GDPA 的谱 | 交叉谱 | | 振幅 | 一致性 | 位相 | |
|---|---|---|---|---|---|---|---|---|---|
| | | | | 实部 | 虚部 | | | 角度 | 领先/滞后 |
| 0.200 0 | 54.0 | 6.04E−03 | 8.93E−01 | 2.67E−02 | −1.43E−02 | 0.030 25 | 0.170 | 0.49 | 4.22 |
| 0.166 7 | 45.0 | 3.02E−03 | 6.26E−01 | 1.96E−02 | −1.26E−02 | 0.023 29 | 0.287 | 0.57 | 4.08 |
| 0.142 9 | 38.6 | 1.18E−03 | 4.15E−01 | 1.05E−02 | −1.06E−02 | 0.014 93 | 0.457 | 0.79 | 4.83 |
| 0.125 0 | 33.8 | 4.47E−04 | 2.68E−01 | 2.61E−03 | −7.68E−03 | 0.008 11 | 0.550 | 1.24 | 6.68 |
| 0.111 1 | 30.0 | 2.60E−04 | 1.74E−01 | −1.83E−03 | −4.51E−03 | 0.004 87 | 0.523 | −1.19 | −5.66 |
| 0.100 0 | 27.0 | 2.18E−04 | 1.18E−01 | −3.14E−03 | −2.04E−03 | 0.003 74 | 0.544 | −0.58 | −2.48 |
| 0.090 9 | 24.5 | 1.91E−04 | 8.20E−02 | −2.90E−03 | −5.63E−04 | 0.002 96 | 0.558 | −0.19 | −0.75 |
| 0.083 3 | 22.5 | 1.61E−04 | 5.64E−02 | −2.29E−03 | 1.29E−04 | 0.002 30 | 0.580 | 0.06 | 0.20 |
| 0.076 9 | 20.8 | 1.35E−04 | 3.78E−02 | −1.72E−03 | 3.02E−04 | 0.001 75 | 0.601 | 0.17 | 0.57 |
| 0.071 4 | 19.3 | 1.15E−04 | 2.58E−02 | −1.20E−03 | 1.76E−04 | 0.001 21 | 0.496 | 0.15 | 0.45 |
| 0.066 7 | 18.0 | 9.58E−05 | 1.81E−02 | −6.89E−04 | −1.79E−05 | 0.000 69 | 0.273 | −0.03 | −0.07 |
| 0.062 5 | 16.9 | 7.25E−05 | 1.21E−02 | −2.74E−04 | −1.19E−04 | 0.000 30 | 0.102 | −0.41 | −1.10 |
| 0.058 8 | 15.9 | 4.61E−05 | 6.92E−03 | −4.15E−05 | −1.11E−04 | 0.000 12 | 0.044 | −1.21 | −3.07 |
| 0.055 6 | 15.0 | 2.32E−05 | 3.15E−03 | 2.73E−05 | −6.17E−05 | 0.000 07 | 0.062 | 1.15 | 2.75 |
| 0.052 6 | 14.2 | 8.74E−06 | 1.10E−03 | 2.14E−05 | −2.42E−05 | 0.000 03 | 0.109 | 0.85 | 1.91 |
| 0.050 0 | 13.5 | 2.30E−06 | 2.82E−04 | 7.00E−06 | −7.11E−06 | 0.000 01 | 0.154 | 0.79 | 1.70 |
| 0.047 6 | 12.9 | 3.87E−07 | 5.16E−05 | 1.22E−06 | −1.58E−06 | 0.000 00 | 0.200 | 0.91 | 1.87 |
| 0.045 5 | 12.3 | 4.04E−08 | 6.57E−06 | 1.04E−07 | −2.44E−07 | 0.000 00 | 0.265 | 1.17 | 2.28 |
| 0.043 5 | 11.7 | 4.53E−09 | 9.50E−07 | −4.77E−09 | −1.91E−08 | 1.97E−08 | 0.090 | −1.33 | −2.48 |
| 0.041 7 | 11.3 | 1.26E−09 | 4.37E−07 | −8.91E−09 | 1.22E−09 | 9.00E−09 | 0.147 | 0.14 | 0.24 |
| 0.040 0 | 10.8 | 3.30E−10 | 2.76E−07 | −3.15E−09 | −1.41E−09 | 3.45E−09 | 0.130 | −0.42 | −0.72 |
| 0.038 5 | 10.4 | 1.40E−09 | 1.95E−07 | −2.63E−09 | −3.93E−09 | 4.73E−09 | 0.082 | −0.98 | −1.62 |
| 0.037 0 | 10.0 | 2.04E−09 | 1.67E−07 | −7.46E−09 | −4.43E−09 | 8.68E−09 | 0.222 | −0.54 | −0.85 |
| 0.035 7 | 9.6 | 1.21E−09 | 1.34E−07 | −5.25E−09 | −3.26E−09 | 6.19E−09 | 0.236 | −0.56 | −0.85 |
| 0.034 5 | 9.3 | 6.15E−10 | 8.72E−08 | 2.86E−10 | −2.16E−09 | 2.18E−09 | 0.088 | 1.44 | 2.13 |
| 0.033 3 | 9.0 | 3.85E−10 | 5.01E−08 | 1.74E−09 | −1.76E−09 | 2.47E−09 | 0.318 | 0.79 | 1.14 |
| 0.032 3 | 8.7 | 1.76E−10 | 2.73E−08 | 8.96E−10 | −1.24E−09 | 1.53E−09 | 0.488 | 0.94 | 1.31 |
| 0.031 3 | 8.4 | 9.29E−11 | 1.69E−08 | 2.65E−10 | −5.52E−10 | 6.12E−10 | 0.239 | 1.12 | 1.51 |
| 0.030 3 | 8.2 | 9.28E−11 | 1.41E−08 | −7.22E−11 | −1.72E−11 | 7.42E−11 | 0.004 | −0.23 | −0.30 |
| 0.029 4 | 7.9 | 5.21E−11 | 1.04E−08 | −1.22E−10 | 1.01E−10 | 1.58E−10 | 0.046 | 0.69 | 0.87 |
| 0.028 6 | 7.7 | 9.66E−12 | 6.70E−09 | 2.97E−11 | −5.65E−11 | 6.38E−11 | 0.063 | 1.09 | 1.34 |
| 0.027 8 | 7.5 | 5.69E−11 | 6.55E−09 | −7.02E−11 | −1.95E−10 | 2.07E−10 | 0.115 | −1.22 | −1.46 |
| 0.027 0 | 7.3 | 8.83E−11 | 6.75E−09 | −2.04E−10 | −2.03E−10 | 2.87E−10 | 0.138 | −0.78 | −0.91 |
| 0.026 3 | 7.1 | 5.00E−11 | 4.94E−09 | −6.67E−11 | −1.08E−10 | 1.27E−10 | 0.065 | −1.02 | −1.15 |
| 0.025 6 | 6.9 | 1.97E−11 | 2.91E−09 | 8.09E−11 | −5.66E−11 | 9.88E−11 | 0.170 | 0.61 | 0.67 |
| 0.025 0 | 6.8 | 1.13E−11 | 1.86E−09 | 9.14E−11 | −6.08E−11 | 1.10E−10 | 0.573 | 0.59 | 0.63 |

续表

| 频率 | 对应月数 | FDIA 的谱 | GDPA 的谱 | 交叉谱 | | 振幅 | 一致性 | 位相 | |
|---|---|---|---|---|---|---|---|---|---|
| | | | | 实部 | 虚部 | | | 角度 | 领先/滞后 |
| 0.024 4 | 6.6 | 7.21E–12 | 1.43E–09 | 5.42E–11 | –5.39E–11 | 7.65E–11 | 0.568 | 0.78 | 0.82 |
| 0.023 8 | 6.4 | 8.14E–12 | 1.36E–09 | 2.11E–11 | –2.44E–11 | 3.22E–11 | 0.094 | 0.86 | 0.88 |
| 0.023 3 | 6.3 | 1.05E–11 | 1.35E–09 | –7.25E–12 | 9.60E–12 | 1.20E–11 | 0.010 | 0.92 | 0.92 |
| 0.022 7 | 6.1 | 5.41E–12 | 9.88E–10 | –4.87E–12 | 1.22E–11 | 1.31E–11 | 0.032 | 1.19 | 1.16 |
| 0.022 2 | 6.0 | 1.55E–12 | 6.81E–10 | 8.62E–12 | –8.08E–12 | 1.18E–11 | 0.132 | 0.75 | 0.72 |
| 0.021 7 | 5.9 | 7.85E–12 | 7.96E–10 | –9.62E–12 | –2.34E–11 | 2.53E–11 | 0.102 | –1.18 | –1.10 |
| 0.021 3 | 5.7 | 1.05E–11 | 8.34E–10 | –1.74E–11 | –2.13E–11 | 2.75E–11 | 0.087 | –0.88 | –0.81 |
| 0.020 8 | 5.6 | 5.49E–12 | 5.90E–10 | 3.43E–12 | –8.88E–12 | 9.52E–12 | 0.028 | 1.20 | 1.08 |
| 0.020 4 | 5.5 | 2.15E–12 | 3.58E–10 | 1.63E–11 | –5.04E–12 | 1.71E–11 | 0.379 | 0.30 | 0.26 |
| 0.020 0 | 5.4 | 1.37E–12 | 2.60E–10 | 1.42E–11 | –7.24E–12 | 1.59E–11 | 0.707 | 0.47 | 0.41 |
| 0.019 6 | 5.3 | 1.24E–12 | 2.41E–10 | 8.49E–12 | –6.50E–12 | 1.07E–11 | 0.384 | 0.65 | 0.55 |
| 0.019 2 | 5.2 | 1.77E–12 | 2.65E–10 | 3.14E–12 | –1.62E–12 | 3.54E–12 | 0.027 | 0.48 | 0.39 |
| 0.018 9 | 5.1 | 1.93E–12 | 2.62E–10 | –3.05E–13 | 3.03E–12 | 3.04E–12 | 0.018 | 1.47 | 1.19 |
| 0.018 5 | 5.0 | 7.73E–13 | 1.91E–10 | 1.67E–12 | 1.80E–12 | 2.46E–12 | 0.041 | –0.82 | –0.65 |
| 0.018 2 | 4.9 | 5.70E–13 | 1.58E–10 | 2.26E–12 | –2.40E–12 | 3.30E–12 | 0.121 | 0.81 | 0.64 |
| 0.017 9 | 4.8 | 1.92E–12 | 1.91E–10 | –1.90E–12 | –4.47E–12 | 4.86E–12 | 0.064 | –1.17 | –0.90 |
| 0.017 5 | 4.7 | 2.06E–12 | 1.87E–10 | –1.14E–12 | –2.93E–12 | 3.14E–12 | 0.026 | –1.20 | –0.90 |
| 0.017 2 | 4.7 | 1.03E–12 | 1.33E–10 | 3.89E–12 | –7.81E–13 | 3.97E–12 | 0.115 | 0.20 | 0.15 |
| 0.016 9 | 4.6 | 5.06E–13 | 9.44E–11 | 5.68E–12 | –1.01E–12 | 5.77E–12 | 0.698 | 0.18 | 0.13 |
| 0.016 7 | 4.5 | 4.85E–13 | 8.54E–11 | 4.13E–12 | –1.75E–12 | 4.48E–12 | 0.486 | 0.40 | 0.29 |
| 0.016 4 | 4.4 | 6.03E–13 | 9.26E–11 | 2.03E–12 | –1.04E–12 | 2.28E–12 | 0.093 | 0.48 | 0.33 |
| 0.016 1 | 4.4 | 6.77E–13 | 1.00E–10 | 8.87E–13 | 5.15E–13 | 1.03E–12 | 0.015 | –0.53 | –0.36 |
| 0.015 9 | 4.3 | 4.42E–13 | 9.28E–11 | 1.24E–12 | 1.01E–12 | 1.59E–12 | 0.062 | –0.68 | –0.47 |
| 0.015 6 | 4.2 | 1.97E–13 | 7.90E–11 | 1.80E–12 | –8.20E–14 | 1.81E–12 | 0.210 | 0.05 | 0.03 |
| 0.015 4 | 4.2 | 4.48E–13 | 8.18E–11 | 8.81E–13 | –1.12E–12 | 1.42E–12 | 0.055 | 0.90 | 0.60 |
| 0.015 2 | 4.1 | 7.70E–13 | 8.80E–11 | 1.76E–13 | –7.88E–13 | 8.07E–13 | 0.010 | 1.35 | 0.88 |
| 0.014 9 | 4.0 | 6.46E–13 | 7.86E–11 | 1.67E–12 | 2.01E–13 | 1.68E–12 | 0.056 | –0.12 | –0.08 |
| 0.014 7 | 4.0 | 3.81E–13 | 6.50E–11 | 3.65E–12 | 3.11E–13 | 3.67E–12 | 0.543 | –0.09 | –0.05 |

### 3. 实证结果分析

根据我国金融发展和经济增长全周期关系的实证检验结果，得出以下两个结论。

（1）在全周期波动分量序列上我国金融发展与经济增长之间的一致性不高。从表 5.16 的一致性指标可以看出，随着周期月数的减少（即频率的减少），金融发展指数（FDIA）和国内生产总值（GDPA）的一致性呈现周期性波动，在频率点为 0.0200（即 5.4 个月）时达到最大值 0.707，且平均值达 0.2209，总的来说不高，说明在全周期波动分量上金融发展与经济增长之间的相互影响显著性不太高。

（2）在全周期波动分量序列上我国金融发展与经济增长的领先/滞后关系呈现了周期性衰减特征，但总体上金融发展略微领先于经济增长。从表 5.16 的相位可以看出，金融发展指数（FDIA）与国内生产总值（GDPA）的角度和领先/滞后值基本上是正数，并且随着周期月数的减少（即频率的减少），其角度和领先/滞后（即时差）值呈现波浪式下降，其中时差的最小值、最大值、中位值和平均值分别为–5.6632、6.6797、0.4063 和 0.5747。因此，总的来说，在全周期波动分量序列上金融发展略微领先于经济增长，领先期平均约为 0.6 个月，两者时差月数的波动范围为–5～+6 个月。

### 5.5.5　基于 VAR 模型的实证检验

1. 参数估计

基于 5.5.1 节使用小波变换法分解出来的金融发展指数（FDIA）和国内生产总值（GDPA）的全周期波动分量，并引入控制变量投资（INVA）和价格指数（RPIA），本书使用 VAR 模型估计金融发展和经济增长在全周期波动分量序列上的周期系数，使用的软件是 EViews8.0。

根据上面的分析，在全周期波动分量上，6 阶滞后的金融发展指数（FDIA）、投资（INVA）、价格指数（RPIA）和国内生产总值（GDPA）之间都存在双向因果关系，因此本书使用滞后 6 阶的 VAR 模型估计它们之间的周期关系，估计结果见表 5.17。

**表 5.17　金融发展和经济增长全周期静态关系的 VAR 估计结果**

| 滞后项 | GDPA | FDIA | INVA | RPIA |
|---|---|---|---|---|
| GDPA（–1） | 5.323 468 | 0.886 392 | –0.244 234 | 0.059 154 |
| | （0.019 3） | （0.257 1） | （0.052 3） | （0.011 0） |
| | [276.218]*** | [3.447 75]*** | [–4.667 12]*** | [5.381 04]*** |
| GDPA（–2） | –12.276 43 | –3.581 45 | 1.155 937 | –0.231 992 |
| | （0.085 3） | （1.137 5） | （0.231 5） | （0.048 6） |
| | [–143.966]*** | [–3.148 47]*** | [4.992 38]*** | [–4.769 61]*** |
| GDPA（–3） | 15.693 18 | 6.055 926 | –2.257 496 | 0.384 591 |
| | （0.159 5） | （2.128 1） | （0.433 2） | （0.091 0） |
| | [98.371 8]*** | [2.845 72]*** | [–5.211 61]*** | [4.226 49]*** |

续表

| 滞后项 | GDPA | FDIA | INVA | RPIA |
|---|---|---|---|---|
| GDPA（−4） | −11.724 68 | −5.365 278 | 2.273 892 | −0.335 5 |
| | （0.157 4） | （2.099 6） | （0.427 4） | （0.089 8） |
| | [−74.492 3]*** | [−2.555 37]*** | [5.320 66]*** | [−3.737 00]*** |
| GDPA（−5） | 4.855 563 | 2.489 197 | −1.177 33 | 0.154 081 |
| | （0.081 9） | （1.092 3） | （0.222 3） | （0.046 7） |
| | [59.300 8]*** | [2.278 94]*** | [−5.295 47]*** | [3.299 06]*** |
| GDPA（−6） | −0.871 462 | −0.485 736 | 0.249 806 | −0.030 256 |
| | （0.018 0） | （0.240 1） | （0.048 9） | （0.010 3） |
| | [−48.426 0]*** | [−2.023 40]** | [5.112 32]*** | [−2.947 60]*** |
| FDIA（−1） | −0.004 271 | 5.431 209 | −0.004 742 | −0.004 869 |
| | （0.001 5） | （0.020 1） | （0.004 1） | （0.000 9） |
| | [−2.837 48]*** | [270.518]*** | [−1.160 38] | [−5.671 61]*** |
| FDIA（−2） | 0.019 526 | −12.695 89 | 0.026 853 | 0.024 206 |
| | （0.006 9） | （0.092 3） | （0.018 8） | （0.004 0） |
| | [2.822 84]*** | [−137.592]*** | [1.429 73] | [6.135 08]*** |
| FDIA（−3） | −0.036 508 | 16.342 3 | −0.060 129 | −0.049 726 |
| | （0.013 2） | （0.176 7） | （0.036 0） | （0.007 6） |
| | [−2.756 88]*** | [92.510 0]*** | [−1.672 21]* | [−6.583 02]*** |
| FDIA（−4） | 0.035 081 | −12.216 24 | 0.067 35 | 0.052 819 |
| | （0.013 2） | （0.176 1） | （0.035 8） | （0.007 5） |
| | [2.658 19]*** | [−69.390 7]*** | [1.879 46]* | [7.016 53]*** |
| FDIA（−5） | −0.017 377 | 5.029 669 | −0.037 926 | −0.029 052 |
| | （0.006 9） | （0.091 4） | （0.018 6） | （0.003 9） |
| | [−2.535 95]*** | [55.024 7]*** | [−2.038 42]** | [−7.432 91]*** |
| FDIA（−6） | 0.003 538 | −0.891 419 | 0.008 547 | 0.006 632 |
| | （0.001 5） | （0.019 8） | （0.004 0） | （0.000 9） |
| | [2.380 08]*** | [−44.960 1]*** | [2.117 95]** | [7.822 86]*** |
| INVA（−1） | 0.042 081 | 0.066 541 | 5.429 984 | 0.005 506 |
| | （0.007 6） | （0.101 5） | （0.020 7） | （0.004 3） |
| | [5.532 64]*** | [0.655 82] | [262.921]*** | [1.269 10] |
| INVA（−2） | −0.198 7 | −0.274 859 | −12.777 7 | −0.025 058 |
| | （0.034 7） | （0.462 8） | （0.094 2） | （0.019 8） |
| | [−5.727 87]*** | [−0.593 96] | [−135.654]*** | [−1.266 36] |

续表

| 滞后项 | GDPA | FDIA | INVA | RPIA |
|---|---|---|---|---|
| INVA（−3） | 0.384 77 | 0.417 807 | 16.655 91 | 0.046 607 |
| | （0.066 4） | （0.885 2） | （0.180 2） | （0.037 9） |
| | [5.798 30]*** | [0.471 98] | [92.438 4]*** | [1.231 31] |
| INVA（−4） | −0.383 684 | −0.272 471 | −12.677 04 | −0.044 445 |
| | （0.066 4） | （0.886 2） | （0.180 4） | （0.037 9） |
| | [−5.775 22]*** | [−0.307 45] | [−70.274 5]*** | [−1.172 83] |
| INVA（−5） | 0.197 819 | 0.047 718 | 5.344 986 | 0.021 752 |
| | −0.034 79 | −0.464 08 | −0.094 46 | −0.019 84 |
| | [5.686 25]*** | [0.102 82] | [56.583 5]*** | [1.096 17] |
| INVA（−6） | −0.042 237 | 0.015 357 | −0.976 978 | −0.004 325 |
| | （0.007 6） | （0.101 8） | （0.020 7） | （0.004 4） |
| | [−5.536 73]*** | [0.150 91] | [−47.166 0]*** | [−0.994 01] |
| RPIA（−1） | 0.205 135 | 1.639 919 | 0.583 53 | 5.419 595 |
| | （0.031 0） | （0.413 5） | （0.084 2） | （0.017 7） |
| | [6.617 96]*** | [3.966 05]*** | [6.933 19]*** | [306.529] |
| RPIA（−2） | −0.907 509 | −9.858 203 | −2.720 174 | −12.756 69 |
| | （0.138 7） | （1.850 0） | （0.376 6） | （0.079 1） |
| | [−6.543 78]*** | [−5.328 77]*** | [−7.223 70]*** | [−161.264] |
| RPIA（−3） | 1.659 835 | 22.943 09 | 5.196 407 | 16.673 02 |
| | （0.260 5） | （3.474 4） | （0.707 2） | （0.148 6） |
| | [6.372 88]*** | [6.603 51]*** | [7.347 83]*** | [112.229] |
| RPIA（−4） | −1.568 112 | −26.375 01 | −5.086 008 | −12.742 85 |
| | （0.256 7） | （3.424 4） | （0.697 0） | （0.146 4） |
| | [−6.108 60]*** | [−7.702 10]*** | [−7.296 71]*** | [−87.026 6]*** |
| RPIA（−5） | 0.762 055 | 15.129 58 | 2.548 646 | 5.389 012 |
| | （0.132 8） | （1.771 4） | （0.360 6） | （0.075 7） |
| | [5.738 84]*** | [8.541 16]*** | [7.068 59]*** | [71.148 9]*** |
| RPIA（−6） | −0.151 355 | −3.484 548 | −0.521 787 | −0.982 995 |
| | （0.028 8） | （0.384 6） | （0.078 3） | （0.016 4） |
| | [−5.250 41]*** | [−9.061 39]*** | [−6.666 14]*** | [−59.781 7]*** |

注：小括号中的数字是标准差，中括号中的数字是 $T$ 统计量，***、**、*分别表示在 1%、5%和 10%的水平上显著

2. 实证结果分析

从表 5.17 可以看出：①在全周期波动分量上，金融发展指数（FDIA）的 1～6 阶滞后都在 1%的显著水平上对国内生产总值（GDPA）有显著影响，其 1～6 阶

滞后总影响系数为–0.000 011，非常弱小，表明全周期的金融发展对经济增长有显著但微弱的负向影响；国内生产总值（GDPA）的1～6阶滞后都对金融发展指数（FDIA）有显著影响，其总影响系数为–0.000 949，表明全周期的经济增长对金融发展有显著但较弱的影响。②投资（INVA）、价格指数（RPIA）和国内生产总值（GDPA）之间都存在显著的相关关系。总之，在全周期波动分量上，在考虑控制变量影响的情况下，金融发展与经济增长相互之间都存在显著的负向影响，但总体影响相互都比较弱小，这与格兰杰因果检验和交叉谱分析的结论基本吻合。

3. 国内生产总值对来自各个变量单位冲击的脉冲响应函数分析

本书用广义脉冲响应函数分析来自国内生产总值（GDPA）、金融发展指数（FDIA）、投资（INVA）和价格指数（RPIA）全周期波动分量序列的随机扰动项的一个标准差冲击对国内生产总值（GDPA）的影响，期数选择为 440 期，因为这些广义脉冲响应函数值衰减非常慢，一直到 440 期以后才比较稳定，具体结果可见图 5.42～图 5.45。对这些脉冲响应函数值的估计分析如下。

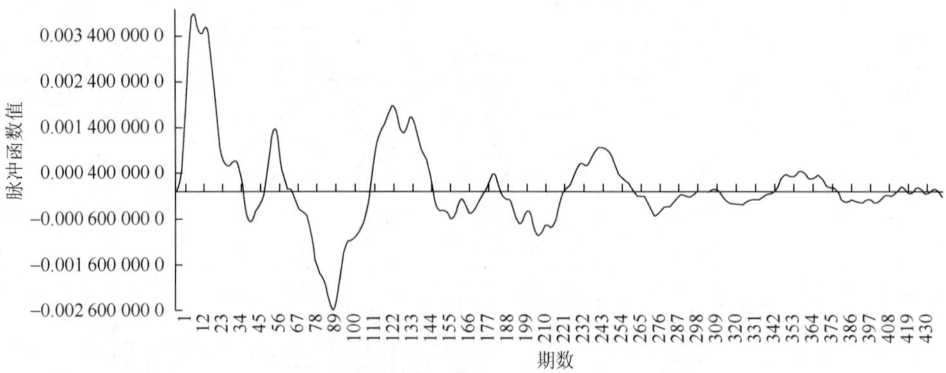


图 5.42　在全周期上我国国内生产总值（GDPA）对来自自身单位冲击的脉冲响应图

（1）在全周期波动分量序列上国内生产总值（GDPA）对其自身具有正向影响并排名第一，同时波动呈现较快的周期性衰减特征。从图 5.42 可以看出，首先，国内生产总值（GDPA）对其自身是排名第一的影响因素，国内生产总值（GDPA）对来自自身单位冲击的脉冲响应函数累计值的绝对值在全部变量脉冲函数累计值的绝对值之和中占比为 58.78%，成为国内生产总值（GDPA）第一大影响因素；其次，国内生产总值（GDPA）对其自身产生正向影响，这表现在国内生产总值（GDPA）对来自自身单位冲击的脉冲响应函数值的总和与平均值分别是 0.055 098 17 和 0.000 125 22；再次，随着时间的推移，国内生产总值（GDPA）对来自自身单位冲击的脉冲响应函数值呈现较快的周期性波动衰减特征，这表现为它一开始就迅速上升，在第 11 期达到全局最大值 0.003 922，经过一个周期后，在第 92 期达到全局最小值–0.002 596，然后经过了 100 多期才逐步平稳，接近于 0。总之，在全周期上经济增长惯性是国内生产总值（GDPA）的第一大影响因素，且影响方向总体是正向的，并呈现了较快的周期性衰减特征。

（2）在全周期波动分量序列上金融发展指数（FDIA）对国内生产总值（GDPA）具有负向影响并排名第二，同时其波动呈现先减后增的较快速的周期性衰减特征。从图 5.43 可以看出，首先，金融发展指数（FDIA）是国内生产总值（GDPA）的第二大影响因素，国内生产总值（GDPA）对来自金融发展指数（FDIA）单位冲击的脉冲响应函数累计值的绝对值在全部变量脉冲函数累计值的绝对值之和中占比为 22.87%，成为国内生产总值（GDPA）的第二大影响因素；其次，金融发展指数（FDIA）从总体上对国内生产总值（GDPA）产生负向影响，这表现在国内生产总值（GDPA）对来自金融发展指数（FDIA）单位冲击的脉冲响应函数值的总和与平均值分别是–0.021 438 36 和–0.000 048 72；再次，随着时间的推移，国内生产总值（GDPA）对来自金融发展指数（FDIA）单位冲击的脉冲响应函数值呈现较快速的先减后增的周期性波动特征，这表现为它一开始就迅速下降，在第 43 期达到全局最小值–0.002 905，接着迅速上升，在第 79 期达到全局最大值 0.002 727，然后经过了几个小周期的波动后才逐步平稳，接近于 0。总之，在全周期上金融发展指数（FDIA）是国内生产总值（GDPA）的第二大影响因素，但影响方向总体是负向的，并呈现了较快速的周期性波动衰减特征。

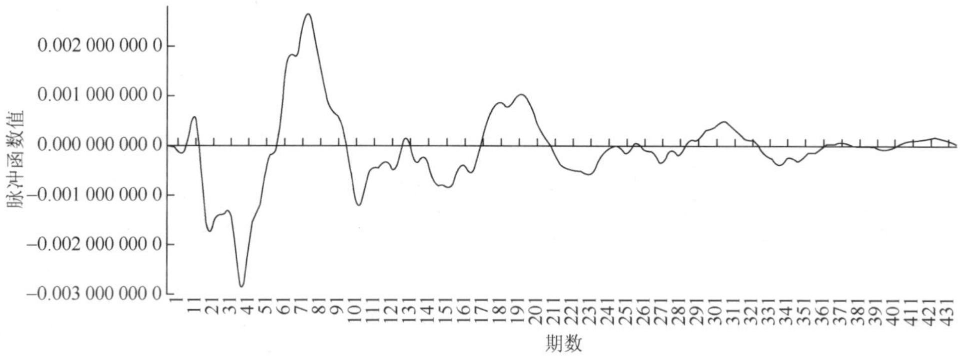


图 5.43　在全周期上我国国内生产总值（GDPA）对来自金融发展指数（FDIA）单位冲击的脉冲响应图

（3）在全周期波动分量序列上投资（INVA）对国内生产总值（GDPA）具有非常弱小的正向影响并排名第三，同时其波动呈现较迅速的周期性衰减特征。从图 5.44 可以看出，首先，投资（INVA）是国内生产总值（GDPA）的第三大影响因素，国内生产总值（GDPA）对来自投资（INVA）单位冲击的脉冲响应函数累计值的绝对值在全部变量脉冲函数累计值的绝对值之和中占比为 10.22%，成为国内生产总值（GDPA）的第三大影响因素；其次，投资（INVA）从总体上对国内生产总值（GDPA）产生正向影响，这表现在国内生产总值（GDPA）对来自投资（INVA）单位冲击的脉冲响应函数值的总和与平均值分别是 0.009 580 33 和 0.000 021 77；再次，随着时间的推移，国内生产总值（GDPA）对来自投资（INVA）单位冲击的脉冲响应函数值呈现较迅速的先增后减的周期性波动衰减特征，这表现为它一开始就迅速上升，经过 2 个小波峰后，在第 34 期达到全局最大值 0.000 676，接着迅速下降，经过 1 个波峰后，在第 58 期达到全局最小值–0.001 795，然后经过了几个小周期的波动后才逐步平稳，接近于 0。总之，在全周期上投资（INVA）是国内生产总值（GDPA）的第三大影响因素，且影响方向总体是正向的，并呈现了较迅速的周期性波动衰减特征。

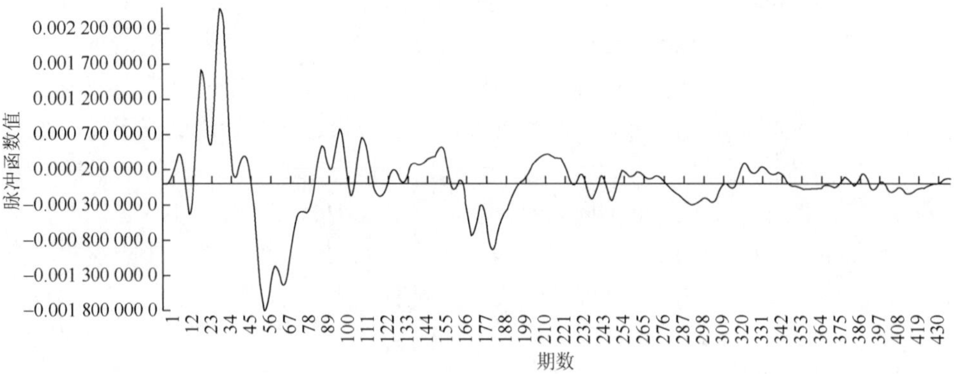


图 5.44　在全周期上我国国内生产总值（GDPA）对来自投资（INVA）单位冲击的脉冲响应图

（4）在全周期波动分量序列上价格指数（RPIA）对国内生产总值（GDPA）具有较弱的正向影响并排名第四，同时波动呈现较快的周期性衰减特征。从图 5.45 可以看出，首先，价格指数（RPIA）是国内生产总值（GDPA）的最小影响因素，国内生产总值（GDPA）对来自价格指数（RPIA）单位冲击的脉冲响应函数累计值的绝对值在全部变量脉冲函数累计值的绝对值之和中占比为 8.13%，成为国内生产总值（GDPA）最小影响因素；其次，价格指数（RPIA）从总体上对国内生产总值（GDPA）产生正向影响，这表现在国内生产总值（GDPA）对来自价格指数（RPIA）单位冲击的脉冲响应函数值的总和与平均值分别是 0.007 622 53 和 0.000 017 32；再次，随着时间的推移，国内生产总值（GDPA）对来自价格指数（RPIA）单位冲击的脉冲响应函数值呈现较快的周期性波动衰减特征，这表现为它一开始就迅速上升，经过 3 个小波峰后，在第 53 期达到全局最大值 0.001 442，接着迅速下降，经过 1 个波峰后，在第 81 期达到全局最小值–0.001 336，然后经过了几个小周期的波动后才逐步平稳，接近于 0。总之，在全周期上价格指数（RPIA）是国内生产总值（GDPA）的最小影响因素，且影响方向总体是正向的，并呈现了较快的周期性波动衰减特征。

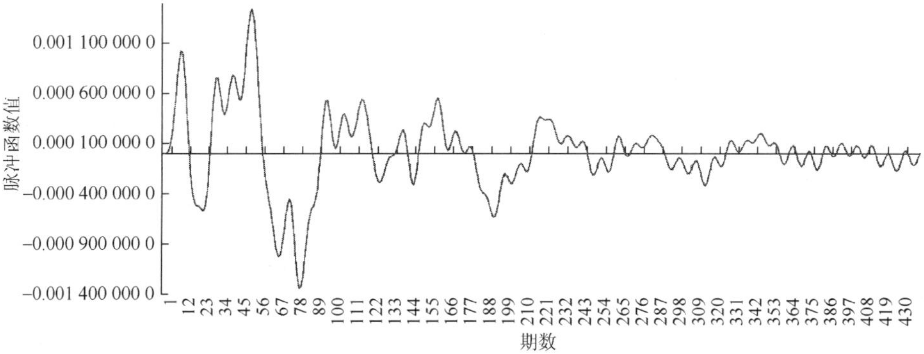


图 5.45　在全周期上我国国内生产总值（GDPA）对来自价格指数（RPIA）单位冲击的脉冲响应图

4. 金融发展指数对来自各个变量单位冲击的脉冲响应分析

本书用广义脉冲响应函数分析来自国内生产总值（GDPA）、金融发展指数（FDIA）、投资（INVA）和价格指数（RPIA）全周期波动分量序列的随机扰动项的一个标准差冲击对金融发展指数（FDIA）的影响，期数选择为 440 期，这是为了保持与上面分析一致，具体结果可见图 5.46～图 5.49。对这些脉冲响应函数值的估计分析如下。

（1）在全周期波动分量序列上国内生产总值（GDPA）对金融发展指数（FDIA）具有负向影响并排名第三，同时波动呈现较迅速的周期性衰减特征。从图 5.46 可以看出，首先，国内生产总值（GDPA）对金融发展指数（FDIA）是排名第三的影响因素，金融发展指数（FDIA）对来自国内生产总值（GDPA）单位冲击的脉冲响应函数累计值的绝对值在全部变量脉冲函数累计值的绝对值之和中占比为 12.43%，成为金融发展指数（FDIA）的第三大影响因素；其次，国内生产总值（GDPA）对金融发展指数（FDIA）产生负向影响，这表现在金融发展指数（FDIA）对来自国内生产总值（GDPA）单位冲击的脉冲响应函数值的总和与平均值分别是−0.106 098 64 和−0.000 241 13；再次，随着时间的推移，金融发展指数（FDIA）对来自国内生产总值（GDPA）单位冲击的脉冲响应函数值呈现较迅速的周期性衰减特征，这表现为它一开始就迅速上升，在第 12 期达到局部最大值 0.029 222，接着迅速下降，在第 39 期达到全局最小值−0.042 486，又接着迅速上升，在第 70 期达到全局最大值 0.031 146，然后经过了 4 个波峰才逐步平稳，接近于 0。总之，国内生产总值（GDPA）是金融发展指数（FDIA）的第三大影响因素，且影响方向总体是负向的，并呈现了周期性衰减特征。

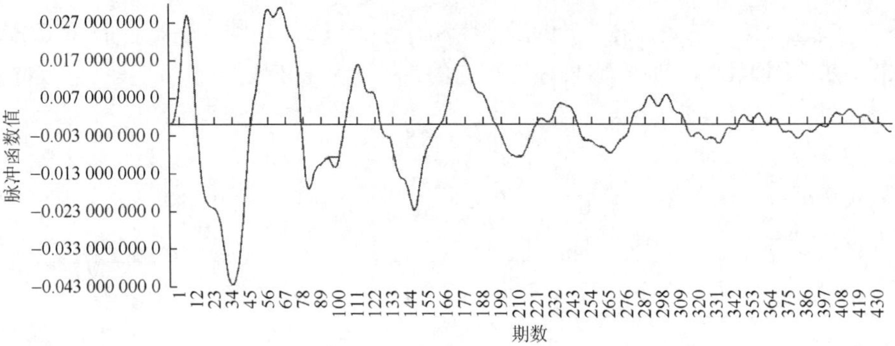


图 5.46　在全周期上我国金融发展指数（FDIA）对来自国内生产总值（GDPA）单位冲击的脉冲响应图

（2）在全周期波动分量序列上金融发展指数（FDIA）对其自身具有正向影响并排名第一，同时波动呈现较迅速的周期性衰减特征。从图 5.47 可以看出，首先，金融发展指数（FDIA）自身是金融发展指数（FDIA）的第一大影响因素，金融发展指数（FDIA）对来自其自身单位冲击的脉冲响应函数累计值的绝对值在全部变量脉冲函数累计值的绝对值之和中占比为 64.26%，成为金融发展指数（FDIA）第一大影响因素；其次，金融发展指数（FDIA）从总体上对其自身产生正向影响，这表现在金融发展指数（FDIA）对来自其自身单位冲击的脉冲响应函数值的总和与平均值分别是 0.548 679 和 0.001 247；再次，随着时间的推移，金融发展指数（FDIA）对来自其自身单位冲击的脉冲响应函数值呈现较迅速的周期性衰减特征，这表现为它一开始就迅速上升，在第 11 期达到全局最大值 0.064 849，接着迅速下降，在第 37 期达到局部最小值–0.023 184，又经历了一个波浪式上升和下降的周期，在第 101 期达到全局最小值–0.026 071，然后经过了 3 个波峰才逐步平稳，接近于 0。总之，金融发展指数（FDIA）是其自身的第一大影响因素，且影响方向总体是正向的，并呈现了较迅速的周期性波动衰减特征。

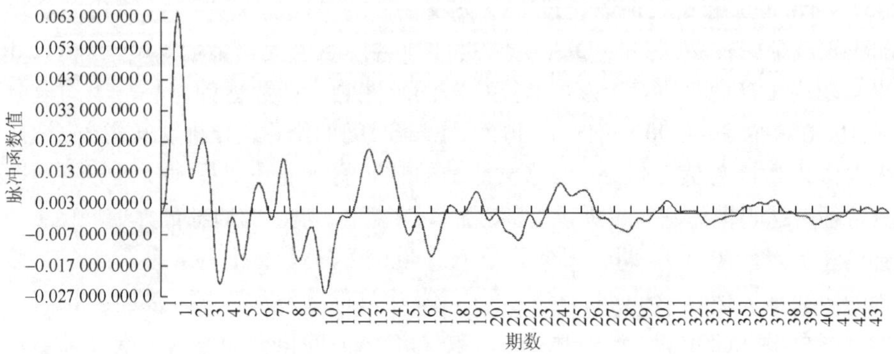


图 5.47　在全周期上我国金融发展指数（FDIA）对来自其自身单位冲击的脉冲响应图

（3）在全周期波动分量序列上投资（INVA）对金融发展指数（FDIA）具有负向影响并排名第四，同时波动呈现较慢的周期性衰减特征。从图 5.48 可以看出，首先，投资（INVA）是金融发展指数（FDIA）的第四大影响因素，金融发展指数（FDIA）对来自投资（INVA）单位冲击的脉冲响应函数累计值的绝对值在全部变量脉冲函数累计值的绝对值之和中占比为 6.07%，成为金融发展指数（FDIA）第四大影响因素；其次，投资（INVA）从总体上对金融发展指数（FDIA）产生负向影响，这表现在金融发展指数（FDIA）对来自投资（INVA）单位冲击的脉冲响应函数值的总和与平均值分别是–0.051 854 29 和–0.000 117 85；再次，随着时间的推移，金融发展指数（FDIA）对来自投资（INVA）单位冲击的脉冲响应函数值呈现较慢的周期性波动衰减特征，这表现为它一开始略微上升就迅速下降，在第 18 期达到全局最小值–0.025 257，接着在经历了 1 个大波峰和 3 个小波峰后，在第 37 期达到全局最大值 0.021 344，然后经过了 3 个波峰才逐步平稳，接近于 0。总之，投资（INVA）是金融发展指数（FDIA）的第四大影响因素，且影响方向总体是负向的，并呈现了较慢的周期性波动衰减特征。

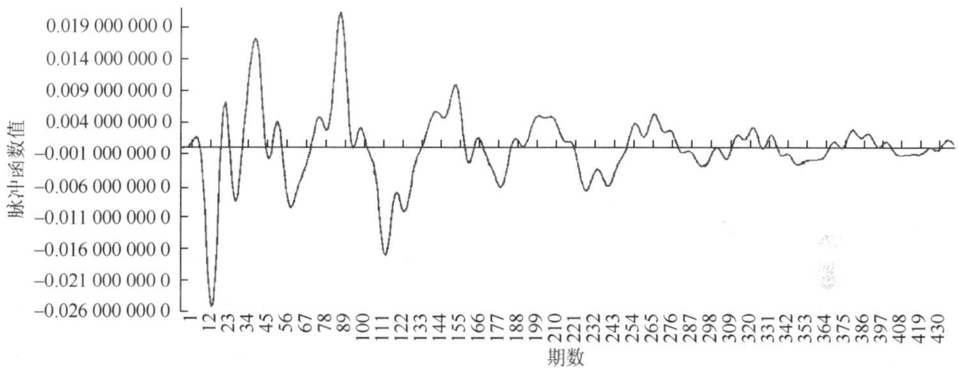


图 5.48　在全周期上我国金融发展指数（FDIA）对来自投资（INVA）单位冲击的脉冲响应图

（4）在全周期波动分量序列上价格指数（RPIA）对金融发展指数（FDIA）具有负向影响并排名第三，同时波动呈现较慢的周期性衰减特征。从图 5.49 可以看出，首先，价格指数（RPIA）是金融发展指数（FDIA）的第二大影响因素，金融发展指数（FDIA）对来自价格指数（RPIA）单位冲击的脉冲响应函数累计值的绝对值在全部变量脉冲函数累计值的绝对值之和中占比为 17.24%，成为金融发展指数（FDIA）第二大影响因素；其次，价格指数（RPIA）从总体上对金融发展指数（FDIA）产生负向影响，这表现在金融发展指数（FDIA）对来自价格指数（RPIA）单位冲击的脉冲响应函数值的总和与平均值是–0.147 147 50 和–0.000 334 43；再次，随着时间的推移，金融发展指数（FDIA）对来自价格指数

（RPIA）单位冲击的脉冲响应函数值呈现较慢的周期性波动衰减特征，这表现为它一开始略微上升就迅速下降，经过 1 个小波峰后，在第 23 期达到全局最小值 –0.019 377，接着在经历了 2 个波峰后，在第 49 期达到全局最大值 0.020 091，然后经过了多个小的波动周期后才逐步平稳，接近于 0。总之，价格指数（RPIA）是金融发展指数（FDIA）的第二大影响因素，且影响方向总体是负向的，并呈现了较慢的周期性波动衰减特征。

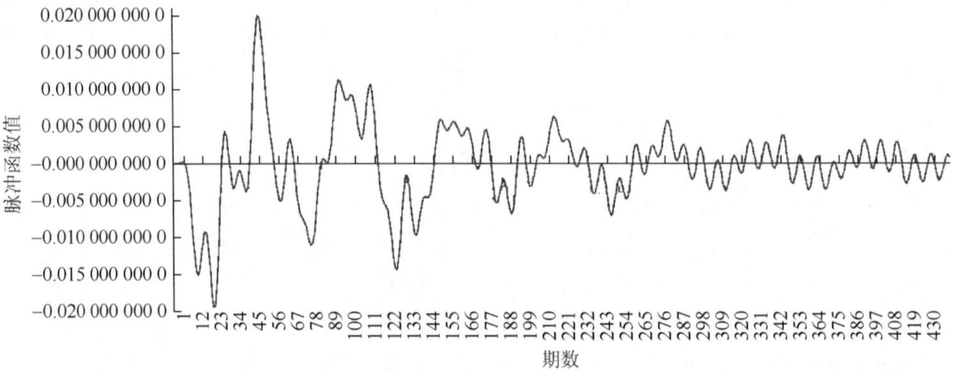


图 5.49　在全周期上我国金融发展指数（FDIA）对来自价格指数（RPIA）单位冲击的脉冲响应图

## 5.6　政 策 建 议

从实证检验的结果可以看出，我国金融市场和保险机构金融发展滞后于金融中介的发展，我国金融发展与经济增长在短、中、长和全周期上都存在显著的相关关系，但领先/滞后关系以及影响系数的符号和大小不一致，其原因主要在于我国不同期限的金融市场发展不均衡，以及经济增长对不同期限的金融服务需求不均衡。因此，我国需要均衡发展不同期限的金融市场，同时在经济增长过程中对不同期限的金融服务需求也要保持均衡。

### 1. 加强金融市场和保险机构全面发展，改善我国金融发展状况

通过前面的实证分析发现，我国金融发展虽然在规模上有很大的进步，但其结构和效率都呈现出与我国国民经济发展不相称的低水平发展特征，并呈现过于剧烈的波动特征。具体来说，主要表现为以下两点：首先，我国金融发展的总体结构和效率水平偏低。这主要表现在我国金融市场和保险机构在金融发展的规模、结构与效率方面都几乎明显落后于金融中介的发展，甚至后者是前者的多倍，同时我国金融发展的结构与效率总体水平不但明显低于主要发达国家和地区，而

且与主要发展中国家和新兴经济体存在较大的差距。其次，我国金融发展都呈现了过于剧烈的波动特征。这主要表现在我国金融发展的规模、结构和效率都在 1992 年 1 月～2014 年 6 月样本期内出现了大幅度震荡，甚至出现了断崖式的上涨和下跌。

究其原因，本书认为有以下四点：首先，宏观金融政策原因。我国政府多年以来一直实行的宏观金融政策就是金融压抑政策，到目前为止都没有完全放松，与此同时多次实行货币超发的扩张性货币政策，使得金融中介能够利用信贷获得天然的垄断优势，从而使得金融市场在为筹资者提供低成本的证券融资等非金融机构融资时存在宏观金融政策等方面的多重障碍。其次，我国金融业发展模式原因。我国金融业自 20 世纪 90 年代以来一直实行的是银行主导型金融发展模式，使得金融中介形成了金融体系的垄断利益集团，在一定程度上挤压了金融市场等的发展空间，造成我国金融融资结构的低水平发展。再次，我国金融制度原因。我国银行业通过 20 世纪末的不良资产剥离改革、21 世纪初的股票上市等现代化改革，逐步建立了现代企业制度，竞争力空前提高，而反观我国的证券业在制度上还没有明显的进步，缺乏创新，从而无法提供能够对金融中介融资形成强有力挑战的证券融资。最后，我国金融体制原因。由于我国自 1993 年以来一直实行分业经营体制，我国银行等金融中介能够利用其规模大、业务范围广的组织特征，为其提供更好的竞争力。因此，我国需要加强对证券体系的改革开放和发展支持，减少对其的管制，增强其创新能力和动力，以最终达到改善我国金融结构和效率的目的。

总之，我国要想改善金融发展状况，就必须提高金融市场和保险机构规模，改善它们的结构，提升它们的效率，也就是说加强它们的全面发展，同时也必须对金融中介进行反垄断调查，打破其事实上的金融垄断，增强金融体系的自由竞争水平。

#### 2. 加强不同期限层次的金融市场的均衡发展，均衡促进我国经济增长

根据前面的实证分析，著者发现虽然在短周期、中周期、长周期和全周期四个周期上，金融发展都对经济增长具有显著的影响，但影响的大小和方向各不相同。

在短周期上，金融发展滞后于经济增长，且能够显著促进经济增长，但影响系数非常小，在经济增长全部影响因素中只排名第三。这说明我国短期金融市场发展和改革开放获得较大的进步，从而显著促进了经济增长，但影响系数非常小，进一步说明存在较大的提升空间，因此，我国应切实采取政策措施，加强货币市场等短期金融市场的发展和改革开放，进一步扩大金融发展对经济增长的短期影响力。

在中周期上，我国金融发展领先于经济增长，且能够显著促进经济增长，影

响系数不小，在经济增长全部影响因素中排名第一。这说明我国中期金融市场发展和改革开放获得显著的巨大进步，从而显著促进了经济增长，进一步说明我国中周期的金融市场发展和改革开放，不能与其他周期的金融市场拉开太大距离，因此，我国应切实采取政策措施，加强中期信贷、中期债券等中期金融市场的发展和改革开放与其他周期金融市场的协调性，通过共同进步来增加金融发展对经济增长的中期影响力。

在长周期上，我国金融发展滞后于经济增长，且能够显著抑制经济增长，影响系数较小，在经济增长全部影响因素中排名第四。这说明我国长期金融市场发展和改革开放明显滞后，从而显著抑制了经济增长，进一步说明我国长周期的金融市场发展和改革开放，已经与其他周期的金融市场拉开一定的距离，因此，我国应切实采取政策措施，加强长期信贷、股票与长期债券等长期金融市场的发展和改革开放，进一步来增加金融发展对经济增长的长期影响力。

在全周期上，我国金融发展略微领先于经济增长，但能够显著抑制经济增长，影响系数较小，在经济增长全部影响因素中排名第二。这说明我国整个金融市场发展与改革开放领先于经济发展和改革开放，但与经济增长的协调性不够，从而显著抑制了经济增长，究其原因主要是在法制环境没有全面改善的情况下，金融发展为利益集团攫取垄断利润提供了契机，如近些年来的银行暴利，股市也曾经成为国企脱贫解困的手段，这不利于经济增长。因此，我国应切实采取政策措施，加强我国整体金融、建立我国现代国家治理体系与经济三者的协调发展和改革开放，进一步来增加整个金融发展对经济增长的全面影响力。

总之，我国金融市场发展在期限上不均衡，中周期和全周期金融市场发展较好，而短周期和长周期金融市场发展滞后，这已经严重阻碍了金融发展对经济增长的贡献。因此，我国应该大力加强短周期和长周期金融市场发展，特别是对短期和长期银行存贷款市场与债券市场进行改革，逐步实现自由化和国际化，从而促进不同期限的金融市场协同发展和均衡发展，共同提高金融发展对经济增长的支持和贡献。

#### 3. 加强经济增长对不同期限的金融服务的引致需求的均衡配置，促进金融市场的均衡发展和协调发展

根据前面的实证分析，著者发现虽然在短周期、中周期、长周期和全周期四个周期上，经济增长都对金融发展具有显著的影响，但影响的大小和方向各不相同。

在短周期上，经济增长领先于金融发展，且能够显著促进金融发展，影响系数较大，但在金融发展全部影响因素中只排名第三。这说明我国短周期经济发展和改革开放获得较大的进步，从而显著促进了金融发展，且影响系数较大，进一步说明

我国短期金融市场存在较大的提升空间，因此，我国应切实采取政策措施，加强短期金融市场的发展和改革开放，进一步促进经济增长与金融发展的短期协调性。

在中周期上，我国经济增长滞后金融发展，且能够显著抑制金融发展，影响系数很大，但在金融发展全部影响因素中只排名第四。这说明我国中期经济增长发展和改革开放还需要进一步增强，从而显著拖累了金融发展，进一步说明我国中周期的经济发展和改革开放，不能与其他周期的经济拉开太大距离，因此，我国应切实采取政策措施，加强属于中期的经济结构、产业结构、科技创新等经济方面的发展和改革开放，从而促进中期金融市场发展和经济增长的协调性。

在长周期上，我国经济增长领先于金融发展，且能够显著促进金融发展，影响系数较大，在金融发展全部影响因素中排名第二。这说明我国在经济领域的长期改革开放水平和长期发展潜力方面高于金融领域，也就是我国资本市场发展滞后，存在长期信贷主要流向国企、股票和债券，资源由金融监管部门权力配置等问题，因此，我国长期经济增长提升有效带动了上述金融发展问题的解决，如最近我国实行沪港通、推出注册制等改革，就是一个明显的标志。因此，我国应切实采取政策措施，加强长期信贷、股票与长期债券等长期金融市场的发展和改革开放，进一步来增加经济增长对金融发展的长期影响力。

在全周期上，我国经济增长略微滞后于金融发展，且能够显著抑制金融发展，影响系数较小，在金融发展全部影响因素中排名第三。这说明从整体来看，我国金融领域的全面改革开放程度高于经济领域，从而导致经济增长与金融发展协调性不够，金融很多时候都不是经济的晴雨表，经济增长赶不上金融发展的步伐，究其原因主要是在法制环境没有全面改善的情况下，金融发展为利益集团攫取垄断利润提供了契机，如近些年来的货币超发、银行暴利等。因此，我国应切实采取政策措施，加强我国全面经济改革开放，建立我国经济的现代国家治理体系，使得经济增长尽快赶上金融发展的步伐，进一步来增加整个金融发展与经济增长的相互影响。

总之，近年来，我国经济增长主要依靠投资拉动，投资引致的金融服务需求主要配置在短期和长期，特别是长期金融市场上，使得其他期限的金融市场发展滞后。由于经济增长不同动力机制引致的金融服务需求的期限是各不相同的，所以我国应该转变经济增长方式，培育经济增长的多元动力机制，从而实现金融发展和经济增长的协调发展。

## 5.7 本章小结

本章首先使用小波变换法将国内生产总值（GDP）、金融发展指数（FDI）、投资（INV）、价格指数（RPI）分别分解成短、中、长和全周期四个波动分量序列，接着在考虑控制变量的影响下，分别使用格兰杰因果检验、交叉谱和 VAR 三种模型方法相互印证，实证检验金融发展与经济增长周期关系的存在性、领先/滞后关系以及影响系数的符号和大小。实证检验结果表明如下。

1. 在短周期波动分量序列上金融发展和经济增长周期关系特征

（1）金融发展与经济增长相互存在显著影响。在短周期波动分量序列上，根据格兰杰因果检验结果，金融发展与经济增长之间存在显著的双向因果关系；同时，根据 VAR 模型的实证检验结果，金融发展与经济增长相互之间也存在显著的影响。

（2）金融发展与经济增长相互之间的一致性比较低，且总体上滞后于经济增长。在短周期波动分量序列上，根据交叉谱实证检验结果，金融发展与经济增长之间的一致性比较低，大部分时候低于 0.1，同时虽然金融发展与经济增长的领先/滞后关系呈现了波浪式的互有领先/滞后的特征，但总体上讲金融发展略微滞后于经济增长，滞后期在–10～–1 个月。

（3）金融发展对经济增长存在显著弱正向影响，但在四个影响因素中排名第三。在短周期波动分量序列上，根据 VAR 模型的实证检验结果，在考虑控制变量影响的情况下，金融发展对经济增长存在显著的正向影响，但总体水平比较小，只有 0.000 156；根据 VAR 模型的广义脉冲函数分析结果，在短期内金融发展指数（FDIS）是国内生产总值（GDPS）的第三大影响因素，影响规模在全部影响因素中占比 16.37%，其余三大影响因素从大到小排列分别是国内生产总值（GDPS）、价格指数（RPIS）和投资（INVS），分别占比 45.30%、22.03%、16.30%；同时发现国内生产总值（GDPS）对来自金融发展指数（FDIS）单位冲击的脉冲响应函数值呈现先增后减的周期性衰减特征。这说明虽然短周期时间序列金融发展对经济增长具有较弱的正向影响，但从长时间跨度上讲，金融发展对经济增长具有很大的影响。

（4）经济增长对金融发展存在较强的正向影响，且在四个影响因素中排名第三。在短周期波动分量序列上，根据 VAR 模型的实证检验结果，在考虑控制变量影响的情况下，经济增长对金融发展存在显著的正向影响，且总体水平比较强，约为 0.104 293；根据 VAR 模型的广义脉冲函数分析结果，在短期内国内生产总值（GDPS）是金融发展指数（FDIS）的第三大影响因素，影响规模在全部影响因素中占比 15.35%，其余三大影响因素从大到小排列分别是金融发展指数（FDIS）、投资（INVS）和价格指数（RPIS），分别占比 52.26%、24.39%、8.00%；同时发现金融发展指数（FDIS）对来自国内生产总值（GDPS）单位冲击的脉冲响应函数值呈现先增后减的周期性衰减特征。这说明虽然短周期时间序列经济增长对金融发展具有较大的正向影响，但从长时间跨度上讲，金融发展相对于经济增长具有较大的独立性。

2. 在中周期波动分量序列上金融发展和经济增长周期关系特征

（1）金融发展与经济增长相互存在显著影响。在中周期波动分量序列上，根据格兰杰因果检验结果，金融发展与经济增长之间存在显著的双向因果关系；同时，根据 VAR 模型的实证检验结果，金融发展与经济增长相互之间也存在显著的影响。

（2）金融发展与经济增长相互之间的一致性很高，且总体上领先于经济增长。在中周期波动分量序列上，根据交叉谱实证检验结果，金融发展与经济增长之间的一致性很高，大部分时候大于 0.8，同时发现虽然金融发展与经济增长的领先/滞后关系呈现了波浪式的互有领先/滞后的特征，但总体上讲金融发展略微领先于经济增长，领先期平均约为 0.3 个月，两者时差月数的波动范围在 0.5～1 个月。

（3）金融发展对经济增长存在较弱的正向影响，但在四个影响因素中排名第一。在中周期波动分量序列上，根据 VAR 模型的实证检验结果，在考虑控制变量影响的情况下，金融发展对经济增长存在显著的正向影响，但总体水平较弱，只有 0.007 784；同时根据 VAR 模型的广义脉冲函数分析结果，金融发展指数（FDIM）是国内生产总值（GDPM）的第一大影响因素，影响规模在全部影响因素中占比 55.74%，其余三大影响因素从大到小排列分别是国内生产总值（GDPM）、价格指数（RPIM）和投资（INVM），分别占比 24.25%、11.62%和 8.39%；同时发现国内生产总值（GDPM）对来自金融发展指数（FDIM）单位冲击的脉冲响应函数值呈现先增后减的周期性衰减特征。这说明虽然中周期时间序列金融发展对经济增长对具有较弱的正向影响，但从长时间跨度上讲，金融发展对经济增长具有很大的影响。

（4）经济增长对金融发展存在很强的负向影响，且在四个影响因素中排名第四。在中周期波动分量序列上，根据 VAR 模型的实证检验结果，在考虑控制变量影响的情况下，经济增长对金融发展存在显著的负向影响，且总体水平较大，高达−1.183 333；同时根据 VAR 模型的广义脉冲函数分析结果，国内生产总值（GDPM）是金融发展指数（FDIM）的第四大影响因素，影响规模在全部影响因素中占比 8.59%，其余三大影响因素从大到小排列分别是金融发展指数（FDIM）、价格指数（RPIM）和投资（INVM），分别占比 60.94%、18.44%和 12.03%；同时发现金融发展指数（FDIM）对来自国内生产总值（GDPM）单位冲击的脉冲响应函数值呈现先增后减的周期性衰减特征。这说明虽然中周期时间序列经济增长对金融发展具有较大的负向影响，但从长时间跨度上讲，金融发展相对于经济增长具有很大的独立性。

3. 在长周期波动分量序列上金融发展和经济增长周期关系特征

（1）金融发展与经济增长相互存在显著影响。在长周期波动分量序列上，根据格兰杰因果检验结果，金融发展与经济增长之间存在显著的双向因果关系；同时，根据 VAR 模型的实证检验结果，金融发展与经济增长相互之间也存在显著的影响。

（2）金融发展与经济增长相互之间的一致性较高，且总体上滞后于经济增长。在长周期波动分量序列上，根据交叉谱实证检验结果，金融发展与经济增长之间的一致性较高，平均值达到了 0.3885，同时发现虽然金融发展与经济增长的领先/滞后关系呈现了波浪式的互有领先/滞后的特征，但总体上讲金融发展略微滞后于经济增长，滞后期平均为 0.3 个月，两者时差月数的波动范围在–10～–1 个月。

（3）金融发展对经济增长存在较弱的负向影响，但在四个影响因素中排名第四。在长周期波动分量序列上，根据 VAR 模型的实证检验结果，在考虑控制变量影响的情况下，金融发展对经济增长存在显著的负向影响，但总体水平较小，只有–0.003 112；同时根据 VAR 模型的广义脉冲函数分析结果，金融发展指数（FDIL）是国内生产总值（GDPL）的第四大影响因素，影响规模在全部影响因素中只占比 24.76%，其余三大影响因素从大到小排列分别是价格指数（RPIL）、国内生产总值（GDPL）和投资（INVL），分别占比 25.12%、25.10%、25.02%；同时发现国内生产总值（GDPL）对来自金融发展指数（FDIL）单位冲击的脉冲响应函数值呈现先增后减的周期性衰减特征。这说明不但长周期时间序列金融发展对经济增长具有较小的负向影响，而且从长时间跨度上讲，金融发展对经济增长具有较小的影响。

（4）经济增长对金融发展存在很弱的正向影响，且在四个影响因素中排名第二。在长周期波动分量序列上，根据 VAR 模型的实证检验结果，在考虑控制变量影响的情况下，经济增长对金融发展存在显著的正向影响，且总体水平较大，高达 0.175 767；同时根据 VAR 模型的广义脉冲函数分析结果，国内生产总值（GDPL）是金融发展指数（FDIL）的第二大影响因素，影响规模在全部影响因素中占比 25.12%，其余三大影响因素从大到小排列分别是价格指数（RPIL）、金融发展指数（FDIL）和投资（INVL），分别占比 25.15%、24.89%、24.84%；同时发现金融发展指数（FDIL）对来自国内生产总值（GDPL）单位冲击的脉冲响应函数值呈现先增后减的周期性衰减特征。这说明虽然长周期时间序列经济增长对金融发展具有较大的正向影响，但从长时间跨度上讲，金融发展相对于经济增长具有很大的独立性。

4. 在全周期波动分量序列上金融发展和经济增长周期关系特征

（1）金融发展与经济增长相互存在显著影响。在全周期波动分量序列上，根据格兰杰因果检验结果，金融发展与经济增长之间存在显著的双向因果关系；同时，根据 VAR 模型的实证检验结果，金融发展与经济增长相互之间也存在显著的影响。

（2）金融发展与经济增长相互之间的一致性较高，且总体上领先于经济增长。在全周期波动分量序列上，根据交叉谱实证检验结果，金融发展与经济增长之间的一致性不高，平均值只达到了 0.2209，同时发现虽然金融发展与经济增长的领先/滞后关系呈现了波浪式的互有领先/滞后的特征，但总体上讲金融发展略微领先于经济增长，滞后期平均约为 0.6 个月，两者时差月数的波动范围为–5～+6 个月。

（3）金融发展对经济增长存在较弱的负向影响，但在四个影响因素中排名第二。在全周期波动分量序列上，根据 VAR 模型的实证检验结果，在考虑控制变量影响的情况下，金融发展对经济增长存在显著的负向影响，但总体水平较小，只有–0.000 011；同时根据 VAR 模型的广义脉冲函数分析结果，金融发展指数（FDIA）是国内生产总值（GDPA）的第二大影响因素，影响规模在全部影响因素中只占比 22.87%，其余三大影响因素从大到小排列分别是国内生产总值（GDPA）、投资（INVA）和价格指数（RPIA），分别占比 58.87%、10.22%、8.13%；同时发现国内生产总值（GDPA）对来自金融发展指数（FDIA）单位冲击的脉冲响应函数值呈现先减后增的周期性衰减特征。这说明虽然全周期时间序列金融发展在短时间跨度上对经济增长对具有非常弱的负向影响，但是从长时间跨度上讲，金融发展对经济增长具有较大的影响。

（4）经济增长对金融发展存在很弱的负向影响，且在四个影响因素中排名第三。在全周期波动分量序列上，根据 VAR 模型的实证检验结果，在考虑控制变量影响的情况下，经济增长对金融发展存在显著的负向影响，且总体水平较大，高达–0.000 949；同时根据 VAR 模型的广义脉冲函数分析结果，国内生产总值（GDPA）是金融发展指数（FDIA）的第三大影响因素，影响规模在全部影响因素中占比 12.43%，其余三大影响因素从大到小排列分别是金融发展指数（FDIA）、价格指数（RPIA）和投资（INVA），分别占比 64.26%、17.24%、6.07%；同时发现金融发展指数（FDIA）对来自国内生产总值（GDPA）单位冲击的脉冲响应函数值呈现先增后减的周期性衰减特征。这说明全周期时间序列经济增长不但在短时间跨度上对金融发展具有较弱的负向影响，而且从长时间跨度上讲金融发展相对于经济增长具有较小的影响。

# 第6章　结论和展望

## 6.1　主 要 结 论

本书首先对金融发展和经济增长的内涵进行界定并进行实证测度，接着从时域和频域两个角度，使用小波变换、交叉谱和VAR模型方法，实证检验了我国金融发展和经济增长周期关系的存在性、领先/滞后关系以及影响系数的符号与大小，主要得出以下四个结论。

（1）我国金融发展虽然从规模上获得较好扩张，但在结构和效率上都比较落后，与我国国民经济在世界上地位不相称。我国金融中介在规模、结构和效率上这些年都取得长足的发展，在发达程度上优于金融市场和保险机构，在世界上居于中等或者中上等发达国家水平；但我国其他金融体系比较落后，赶不上形势。

（2）我国金融发展与经济增长之间存在显著的双向因果关系。本书通过使用格兰杰因果关系检验方法实证检验我国金融发展与经济增长的因果关系，发现在短、中、长、全周期四个序列上两者之间都存在显著的双向因果关系，说明我国金融发展与经济增长是相互影响型的，不同于一般国家的单向影响型。这与我国转型国家和发展中国家的基本国情是相吻合的，无论是金融领域还是经济领域的改革，都能对对方产生显著的影响。

（3）我国金融发展与经济增长在不同周期上的领先/滞后关系不一致。本书通过使用交叉谱分析法实证检验我国金融发展与经济增长在短、中、长、全周期四个序列上的领先/滞后关系，发现在短周期和长周期上金融发展滞后于经济增长，在中周期和全周期上金融发展略微领先于经济增长。在短周期和长周期的金融领域改革慢于经济领域，因此我国需要加强短周期、长周期上的金融领域的改革，如短、长期的利率与汇率的市场化和国际化；中周期上的金融领域改革略微快于经济领域，因此我国需要加强中期的经济领域的改革，特别是一些顶层设计，以促进金融与经济的协调发展。

（4）我国金融发展与经济增长在不同周期上都存在显著的相关关系，但影响系数的符号和大小不一致。本书通过使用VAR模型实证检验我国金融发展与经济增长的相互影响系数的符号和大小，发现在短、中、长、全周期四个序列上两者之间都存在显著的相关关系，但影响系数的符号和大小不一致。在短周期和中周期上金融发展能够促进经济增长，而在长周期和全周期上金融发展则会抑制经济增长；在短周期和长周期上经济增长会促进金融发展，而中周期和全周期上的经济增长能够抑制金融发展。从短周期和中周期的金融发展来看，我国短期和中期的金融市场改革开放都是有利于经济增长的，如银行同业拆借市场改革、股权分置改革等；从长周期的金融发展来看，我国金融市场改革开放的力度仍然不够，这拖累了经济增长，如长期银行存贷款市场和债券市场等改革滞后；从全周期金融发展来看，即从金融发展整体来看，在法制环境没有全面改善的情况下，金融发展为利益集团攫取垄断利润提供了契机，如近些年来的银行暴利，股市也曾经成为国企脱贫解困的手段，这不利于经济增长。与此同时，从短周期、中周期和长周期的经济增长来看，拉动我国短期、中期和长期经济增长的资金主要来源于短期与长期金融市场，如长期国债和房地产抵押等长期商业银行贷款等，这有利于带动短期特别是长期金融市场发展，却不利于带动中期金融市场的发展；从全周期的经济增长来看，即从经济增长整体来看，经济增长主要依靠政府配置资源来拉动，而不是依赖金融市场，这不利于金融市场的发展。

## 6.2　未来展望

在金融发展与经济增长周期关系的理论构建和实证分析研究过程中，著者真正深切地感受到这个问题的极度复杂性和高度层次性，因为这个问题不仅涉及金融发展的规模、结构和效率等金融发展层次问题，还涵盖了金融中介、金融市场、保险机构等多个金融系统。由于著者知识水平的制约以及所收集资料的限制，许多研究未能深入，本书的不足也就可想而知，现在提出以下问题，以此作为后续研究的基础。

（1）本书主要进行静态研究，希望未来扩展到动态研究。本书在实证分析金融发展与经济增长周期关系的过程中所有的格兰杰因果关系检验法、交叉谱和 VAR 模型都是常系数的静态分析方法，在将来如果有可能，使用时变系数模型对其展开研究。

（2）本书的研究主要从传统金融系统展开，希望未来可以扩展到新兴金融系统。目前我国互联网金融等新兴金融系统正在如火如荼的发展过程中，逐步蚕食传统金融体系的地盘，而传统金融体系在竞争中处于劣势。因此，在将来如果有可能，对金融发展与经济增长的周期关系应该加入互联网金融等新兴金融系统展开研究。

（3）本书的研究主要选择银行、证券和保险三个行业，希望未来可以扩展到其他行业。目前本书对金融发展和经济增长周期关系的研究，由于数据可得性等，主要局限于银行、证券和保险三个金融细分行业，如果将来能够收集到相关的数据，希望可以扩展到信托行业、黄金行业等其他金融细分行业。

（4）本书主要从实证角度展开研究，希望未来可以搭建理论分析框架。本书对金融发展与经济增长周期关系的研究，主要从实证分析角度展开，在理论研究方面存在较大的欠缺，因此本书未来的一个研究方向就是对金融发展与经济增长周期关系构建一个理论分析框架。

# 参 考 文 献


[1] 贾俊雪. 中国经济周期波动特征及原因研究. 北京：中国金融出版社，2010.

[2] 梁云芳. 我国经济转轨时期房地产增长周期波动——特征、成因和结构变化的计量分析. 大连：东北财经大学博士学位论文，2007.

[3] 中国人民银行西安分行课题组. 金融体系的顺周期行为研究. 北京：经济科学出版社，2010.

[4] 宋玉华. 世界经济周期理论与实证研究. 北京：商务印书馆，2007.

[5] 王广谦.中国经济增长新阶段与金融发展.北京：中国发展出版社，2004.

[6] 王广谦.经济发展中金融的贡献与效率.北京：中国人民大学出版社，1997.

[7] 国家统计局城调总队课题组. 国运兴 民富强 中国城市居民户均财产逾 22 万元. 中国国情国力，2002，（11）：6-8.

[8] 胡永远，杨胜刚.经济增长理论的最新进展.经济评论，2003，（3）：74.

[9] 洪文金，高路明.马克思信用和银行的理论与应用.厦门：厦门大学出版社，1998.

[10] 王广谦.20 世纪西方货币金融理论研究：进展与述评.北京：经济科学出版社，2003.

[11] 曾宪久.政策周期传导机制论.北京：中国金融出版社，2004.

[12] 伍海华.西方货币金融理论.北京：中国金融出版社，2002.

[13] 秦国楼. 现代金融中介论.北京：中国金融出版社，2002.

[14] Lucas R E. Econometric policy evaluation：A critique.Carnegie-Rochester conference series on public policy. North-Holland，1976，1：19-46.

[15] Barro R J，Gordon D B. Rules，discretion and reputation in a model of monetary policy. Journal of Monetary Economics，1983，12（1）：101-121.

[16] Kydland F E，Prescott E C. Rules rather than discretion：The inconsistency of optimal plans. The Journal of Political Economy，1977，85（7）：473-491.

[17] Ball L，Romer D. Real rigidities and the non-neutrality of money. The Review of Economic Studies，1990，57（2）：183-203.

[18] Mankiw N G，Romer D，Weil D N. A Contribution to the Empirics of Economic Growth. Oxford：National Bureau of Economic Research，1990.

[19] Mankiw N G，Romer D. New Keynesian Economics：Coordination Failures and Real Rigidities. Cambridge：MIT Press，1991.

[20] Phelps E S. Consumer demand and equilibrium unemployment in a working model of the customer-market incentive-wage economy. The Quarterly Journal of Economics，1992，107（3）：1003-1032.

[21] Romer D. The new Keynesian synthesis. The Journal of Economic Perspectives，1993，7（1）：5-22.

[22] Taylor J B. Staggered price and wage setting in macroeconomics. Handbook of Macroeconomics，1999，1（99）：1009-1050.

[23] French K R. Stock returns and the weekend effect. Journal of Financial Economics，1980，8（1）：55-69.

[24] Roberts H V. Stock-market “patterns”and financial Analysis：Methodological suggestions. The Journal of Finance，1959，14（1）：1-10.

[25] Osborne M F M. Brownian motion in the stock market. Operations Research，1959，7（2）：145-173.

[26] Fama E F. The behavior of stock-market prices. Journal of Business，1965，38（1）：34-105.

[27] Samuelson P A. Proof that properly anticipated prices fluctuate randomly. Industrial Management Review，1965，6（2）：41-49.

[28] Shefrin H，Statman M. Behavioral capital asset pricing theory. Journal of Financial and Quantitative Analysis，1994，29（3）：323-349.

[29] Shefrin H，Statman M. Behavioral portfolio theory. Journal of Financial and Quantitative Analysis，2000，35（2）：127-151.

[30] De Long J B，Shleifer A，Summers L H，et al. Noise trader risk in financial markets. Journal of Political Economy，1990，98（4）：703-738.

[31] De Long J B，Shleifer A，Summers L H，et al. Positive feedback investment strategies and destabilizing rational speculation. The Journal of Finance，1990，45（2）：379-395.

[32] Barberis N，Shleifer A，Vishny R. A model of investor sentiment. Journal of Financial Economics，1998，49（3）：307-343.

[33] Daniel K，Hirshleifer D，Subrahmanyam A. Investor psychology and security market under - and overreactions. The Journal of Finance，1998，53（6）：1839-1885.

[34] Hong H，Lim T，Stein J C. Bad news travels slowly：Size，analyst coverage，and the profitability of momentum strategies. The Journal of Finance，2000，55（1）：265-295.

[35] Kydland F E，Prescott E C. Time to build and aggregate fluctuations. Econometrica：Journal of the Econometric Society，1982，50（6）：1345-1370.

[36] Bernanke B S，Gertler M，Gilchrist S. The financial accelerator in a quantitative business cycle framework. Handbook of Macroeconomics，1999，1（99）：1341-1393.

[37] Backus D K，Kehoe P J，Kydland F E. International real business cycles. Journal of Political Economy，1992，100（4）：745-775.

[38] Modigliani F，Miller M H. The cost of capital，corporation finance and the theory of investment. The American Economic Review，1958，48（3）：261-297.

[39] Bagehot W. Lombard Street：A Description of the Money Market. London：Kegan，Paul & Trench，1888.

[40] Fisher I. The debt-deflation theory of great depression .Econometrica，1933，1（4）：337-357.

[41] Bernanke B S. Nonmonetary effects of the financial crisis in the propagation of the great depression. American Economic Review，1983，73（3）：257-276.

[42] Bernanke B，Gertler M. Agency costs，net worth and business fluctuations .American Economic Review，1989，79（1）：14-31.

[43] Bernanke B，Gertler M，Gilchrist S. The financial accelerator and the flight to quality.Review of Economics and Statistics，1996，78（1）：1-15.

[44] Gertler M. Financial capacity and output fluctuations in an economy with multi-period financial relationships. The Review of Economic Studies，1992，59（3）：455-472.

[45] Stiglitz J E，Greenwald B C. Financial market imperfections and business cycles. Quarterly Journal of Economics，1993，108（1）：77-114.

[46] Aghion P，Bolton P. A theory of trickle-down growth and development. Review of Economic Studies，1997，64（2）：151-172.

[47] Aghion P，Bacchetta P，Banerjee A. Capital Markets and the Instability of Open Economies. Cambridge：The Asian Financial Crisis，2000：167.

[48] Kiyotaki N，Moore J. Credit cycles. The Journal of Political Economy，1997，105（2）：211-248.

[49] Carlstrom C，Fuerst T S. Agency costs，net worth，and business fluctuations：A computable general equilibrium analysis. American Economic Review，1997，87（5）：893-910.

[50] 何德旭，张捷. 经济周期与金融危机：金融加速器理论的现实解释. 财经问题研究，2009，（10）：65-70.

[51] Bernanke B S，Gertler M. Should central banks respond to movements in asset prices?. American Economic Review，2001，91（91）：253-257.

[52] Claessens S，Kose M A，Terrones M E. How do business and financial cycles interact?. Journal of International Economics，2012，87（1）：178-190.

[53] Iacoviello M，Pavan M. Housing and debt over the life cycle and over the business cycle. Journal of Monetary Economics，2013，60（2）：221-238.

[54] Mimir Y. Financial intermediaries，credit shocks and business cycles. Oxford Bulletin of Economics and Statistics，2006，78（1）：42-74.

[55] 李成. 中国金融周期的基本特征与分析结论. 金融论坛，2005，10（1）：50-56.

[56] 苗文龙. 中国金融周期的特征分析. 统计与信息论坛，2005，20（5）：91-95.

[57] 刘浏. 中国银行信贷与经济增长关系的 VAR 效应分析. 厦门：厦门大学硕士学位论文，2006.

[58] 赵会玉，苗文龙. 中国金融周期特征与货币政策效应探讨. 统计与决策，2008，（4）：90-93.

[59] 曹永琴，李泽祥.中国金融经济周期与真实经济周期的动态关联研究.统计研究，2009，26（5）：9-16.

[60] 孙克任，杨中尉. 中国金融周期的计量与预测分析. 统计与决策，2010，（3）：128-130.

[61] 李治国，张晓蓉，徐剑刚.资本形成与货币扩张的互动关系：解析中国经济增长.财经研究，2010，（6）：36-68.

[62] 周炎，陈昆亭.金融经济周期模型拟合中国经济的效果检验.管理世界，2012，（6）：17-29+187.

[63] 周炎，陈昆亭.金融经济周期理论研究动态.经济学动态，2014，（7）：128-137.

[64] 邓创，徐曼.中国的金融周期波动及其宏观经济效应的时变特征研究.数量经济技术经济研究，2014，（7）：75-91.

[65] Bagehot W. Lombard Street . Homewood：IL，1873.

[66] Schumpeter J A，Opie R. The Theory of Economic Development：An Inquiry into Profits，Capital，Credit，Interest，and the Business Cycle（1912/1934）. Cambridge：Harvard University

Press，1962.

[67] Patrick H T. Financial development and economic growth in undeveloped countries . Economic Development and Cultural Change，1966，34（4）：174-189.

[68] Hicks J. A Theory of Economic History . Oxford：Clarendon Press，1969.

[69] Goldsmith R W. Financial Structure and Development . New Haven：Yale University Press，1969.

[70] Mckinnon R I. Money and Capital in Economic Development .Washington，DC：Brooking Institution，1973.

[71] Mckinnon R I. The order of economic liberalization：Financial control in the transition to a market economy. Economica，1993，60（239）：538-539.

[72] Shaw E. Financial Deepening in Economic Development . New York：Oxford University Press，1973.

[73] Pagano M. Financial markets and growth：An overview . European Economic Review，1993，37（2）：613-622.

[74] Levine R. Financial development and economic growth：Views and agenda . Journal of Economic Literature，1997，35（2）：688-726.

[75] 程明高.金融发展影响经济增长的机理分析——从信息经济学和交易费用经济学角度所作的解释. 财贸经济，1998，（6）：9-13.

[76] Robinson J.The model of an expanding economy .The Economic Journal，1952，62（245）：42-53.

[77] Kuznets S. Economic growth and income inequality. The American Economic Review，1955，45（1）：1-28.

[78] Lucas R E. On the mechanics of economic development . Journal of Monetary Economics，1988，22（1）：3-42.

[79] Chandavarkar A. Of finance and development：Neglected and unsettled questions . World Development，1992，20（1）：133-142.

[80] Beck T，Levine R，Mundial B. New Firm Formation and Industry Growth：Does Having a Market-or Bank-Based System Matter?. World Bank：Financial Sector Strategy and Policy Department，2000.

[81] Bencivenga V R，Smith B D. Deficits，Inflation，and the Banking System in Developing Countries：The Optimal Degree of Financial Repression. London：Oxford University Press，1992.

[82] King R G，Levine R. Finance and growth：Schumpeter might be right. Quarterly Journal of Economics，1993，108（3）：717-737.

[83] Rajan R G，Zingales L. Financial dependence and growth. American Economic Review，1998，（88）：559-585.

[84] Rousseau P，Wachtel P. Financial intermediation and economic performance：Historical evidence from five industrialized countries . Journal of Money，Credit，and Banking，1998，30（4）：657-678.

[85] Darrat A. Are financial deepening and economic growth causally related-Another look at the

evidence . International Economic Journal，1999，12（3）：19-35.

[86] Fisman R，Love I. Trade credit，financial intermediary development，and industry growth contents . The Journal of Finance，2003，58（1）：353-374.

[87] Nazmi N. Deregulation，financial deepening and economic growth：The case of Latin America . The Quarterly Review of Economics and Finance，2005，45（2-3）：447-459.

[88] Levine R，Zervos S. Stock market development and long-run growth . The World Bank Economic Review，1996，10（2）：323-339.

[89] Atje R，Jovanovic B. Stocks markets and development .European Economic Review，1993，37（1）：634-640.

[90] Wurgler J. Financial markets and the allocation of capital . Journal of Financial Economic，2000，58（1-2）：187-214.

[91] Rousseau P L，Wachtel P. Equity markets and growth：Cross country evidence on timing and outcomes 1980～1995. Journal of Banking and Finance，2001，24（12）：1933-1957.

[92] Beck T，Levine R，Loyaza N. Finance and the sources of growth. Journal of Financial Economic，2000，58（1-2）：261-300.

[93] Tadesse S. Financial Architecture and Economic Performance：International Evidence . William Davidson Institute Working Paper 449. Mimeo：University of South Carolina，2001.

[94] Rioja F，Valev N. Finance and the sources of growth at various stages of economic development . Economic Inquiry，2004，42（1）：127-140.

[95] Bittencourt M. Financial development and economic growth in Latin America：Is Schumpeter right?. Journal of Policy Modeling，2012，34（3）：341-355.

[96] Greenwood J，Sanchez J M，Wang C. Quantifying the impact of financial development on economic development. Review of Economic Dynamics，2013，16（1）：194-215.

[97] Kumar K B，Rajan R G，Zingales L. What determines firm size . Ssrm Electronic Journal，1999，7208：1-51.

[98] Carlin W，Mayer C. Finance，investment，and growth . Journal of Financial Economics，2003，69（1）：191-225.

[99] Beck T，Demirguc-Kukunt A，Maksimovic V. Financial and legal constraints to growth：Does firm size matter . The Journal of Finance，2005，60（1）：137-177.

[100] 谈儒勇. 中国金融发展和经济增长关系的实证研究.经济研究，1999，（10）：53-61.

[101] 陈刚，尹希果，潘杨. 中国的金融发展、分税制改革与经济增长. 金融研究，2006，（2）：99-109.

[102] 中国经济增长与宏观稳定课题组. 金融发展与经济增长：从动员性扩张向市场配置的转变. 经济研究，2007，（4）：4-17.

[103] 贾春新，夏武勇，黄张凯. 银行分支机构、国有银行竞争与经济增长. 管理世界，2008，（2）：7-14.

[104] 赵勇，雷达.金融发展与经济增长：生产率促进抑或资本形成. 世界经济，2010，（2）：37-50.

[105] 陆静. 金融发展与经济增长关系的理论与实证研究——基于中国省际面板数据的协整分析. 中国管理科学，2012，（1）：177-184.

[106] 郑江淮，袁国良，胡志乾.中国转型期股票市场发展与经济增长关系的实证研究.管理世界，

2000，（6）：15-24.

[107] 赵振全，蒋瑛琨，陈守东. 股票市场对经济增长作用的实证研究. 数量经济技术经济研究，2002，19（8）：83-85.

[108] 王珂英. 股市发展与经济增长关系统计研究. 长沙：湖南大学硕士学位论文，2004.

[109] 季益烽. 中国金融体系与经济增长——基于 2001 年～2010 年中国数据的实证分析. 现代管理科学，2014，（1）：54-56.

[110] 周立，王子明.中国各地区金融发展与经济增长实证分析：1978～2000.金融研究，2002，（10）：1-13.

[111] 曹啸，吴军. 我国金融发展与经济增长关系的格兰杰检验和特征分析. 财贸经济，2002，（5）：40-43.

[112] 赵振全，薛丰慧.金融发展对经济增长影响的实证分析.金融研究，2004，（8）：94-99.

[113] 武志.金融发展与经济增长：来自中国的经验分析.金融研究，2010，（5）：58-68.

[114] 赵志君.金融资产总量、结构与经济增长.管理世界，2000，（5）：126-149.

[115] 卢峰，姚洋. 金融压抑下的法治、金融发展和经济增长. 中国社会科学，2004，（1）：42-55.

[116] 张珂，严丹，傅勇.中国金融发展与经济增长阈效应研究——来自中国各省市平行数据的经验证据.上海金融，2009，（10）：11-15.

[117] 林珏，曹强. 也论银行、股票市场与经济增长——基于 1992～2012 年中国数据的实证分析. 世界经济研究，2014，（3）：80-87.

[118] Arestis P，Demetriades P. Financial development and economic growth：Assessing the evidence . Economic Journal，1997，107（442）：783-799.

[119] Christopoulos D K，Tsionas E G. Financial development and economic growth：Evidence from panel unit root and cointegration tests. Journal of Development Economics，2004，73（1）：55-74.

[120] Loayza N，Ranciere R. Financial development，financial fragility，and growth . Journal of Money Credit & Banking，2004，38（4）：1051-1076.

[121] 王志强，孙刚.中国金融发展规模、结构、效率与经济增长关系的经验分析. 管理世界，2003，（7）：13-20.

[122] 周好文，钟永红.中国金融中介发展与地区经济增长：多变量 VAR 系统分析.金融研究，2004，（6）：130-137.

[123] 艾洪德，徐明圣，郭凯.我国区域金融发展与区域经济增长关系的实证分析.财经问题研究，2004，（7）：26-32.

[124] 王景武.金融发展与经济增长：基于中国区域金融发展的实证分析.财贸经济，2005，（10）：23-25.

[125] 冉光和，李敬，熊德平.中国金融发展与经济增长关系的区域差异——基于东部和西部面板数据的检验和分析.中国软科学，2006，（2）：102-110.

[126] 董直庆，王林辉.我国证券市场与宏观经济波动关联性：基于小波变换和互谱分析的对比检验.金融研究，2008，（8）：39-52.

[127] 白雪梅，吴德燚. 中国股市与经济增长的非线性依从关系研究. 统计研究，2010，27（6）：40-45.

[128] Demetriades P O，Hussein K A. Does financial development cause economic growth?

Time-series evidence from 16 countries. Journal of Development Economics，1996，51（2）：387-411.

[129] Neusser K，Kugler M. Manufacturing growth and financial development：Evidence from OECD countries. Review of Economics and Statistics，1998，80（4）：638-646.

[130] 庞晓波，赵玉龙.我国金融发展与经济增长的弱相关性及其启示.数量经济技术经济研究，2003，（9）：47-51.

[131] 沈坤荣，孙文杰.投资效率、资本形成与宏观经济波动——基于金融发展视角的实证研究.中国社会科学，2004，（6）：52-63.

[132] 陈怡. 我国股票市场与经济增长关系的实证研究. 经济经纬，2009，（4）：28-30.

[133] 高辉. 金融中介、股票市场与经济增长：基于联立方程模型的实证分析. 上海经济研究，2011，（2）：11-19.

[134] Merton R C，Bodie Z. The design of financial systems：Towards a synthesis of function and structure . Journal of Investment Management，2005，3（1）：1-23.

[135] 周小川.完善法律制度，改进金融生态. 2004 年 12 月 2 日在“经济学 50 人论坛”上的讲话.

[136] 白钦先. 金融可持续发展研究导论. 北京：中国金融出版社，2001.

[137] 白钦先，谭庆华.论金融功能演进与金融发展.金融研究，2006，（7）：41-52.

[138] 李扬，王国刚，刘煜辉.中国城市金融生态环境评价.北京：人民出版社，2005.

[139] Singh A. Corporate financing patterns in industrializing economies：A comparative international study.IFC Technical Paper No.2，1995.

[140] Klapper L，Sarria-Allende V，Sulla V. Small-and medium-size enterprise financing in eastern Europe.World Bank Policy Research Working Paper Series 2933，2002.

[141] Brown M，Maurer M R. Bank ownership，bank competition，and credit access：Firm-level evidence from transition countries.Swiss National Bank，2005.

[142] 李猛. 金融宽度和金融深度的影响因素：一个跨国分析. 南方经济，2008，（5）：56-67.

[143] Levine R. Finance and growth：Theory and evidence. Handbook of Economic Growth，2005，（1）：865-934.

[144] Beck T，Demirguc-Kunt A，Peria M S M. Reaching out：Access to and use of banking services across countries. Journal of Financial Economics，2007，85（1）：234-266.

[145] 白钦先.百年金融的历史性变迁.国际金融研究，2003，（2）：60-63.

[146] 谢清河.金融结构与金融效率.北京：经济管理出版社，2008.

[147] Maksimovic V，Beck T，Demirguc-Kunt A，et al. Financial structure and economic development：Firm，industry，and country evidence . Social Science Electronic Publishing，2000：189-242.

[148] Levine R. Bank-based or market-based financial systems：Which is better?. Journal of Financial Intermediation，2002，11（4）：398-428.

[149] Fama E F. Efficient capital markets：A review of theory and empirical work. The Journal of Finance，1970，25（2）：383-417.

[150] Robinson R L，Whiteman D. Financial market：The accumulation and allocation of wealth . Journal of Financial Economics，1974，（8）：353-384.

[151] Bain A D. The Economics of the Financial System. London：Martin Robertson，1981.

[152] Berger A N. The profit-structure relationship in banking-tests of market-power and efficient-structure hypotheses . Journal of Money，Credit and Banking，1995，27（2）：404-431.
[153] Dow J，Gorton G. Stock market efficiency and economic efficiency：Is there a connection?.Journal of Finance，1997，（52）：1087-1129.
[154] Allen F，Gale D. Financial contagion . Journal of Political Economy，2000，108（1）：1-33.
[155] 叶望春.金融工程与金融效率相关问题研究综述.经济评论，1999，（4）：76-84.
[156] 杨德勇.金融效率论.北京：中国金融出版社，1999.
[157] 王振山.金融效率论——金融资源优化配置的理论与实践.北京：经济管理出版社，2000.
[158] 周升业.金融资金运行分析：机制 • 效率 • 信息.北京：中国金融出版社，2002.
[159] 汪永奇，程希骏.金融效率与金融管理. 价值工程，2002，（4）：48-51.
[160] 徐沛.中国股票市场资源配置功能研究. 广州：中山大学博士学位论文，2003.
[161] 李木祥，钟子明，冯宗茂.中国金融结构与经济发展.北京：中国金融出版社，2004.
[162] 沈军.系统与资源视角下的金融效率论——理论分析与中国实证研究. 广州：中山大学博士学位论文，2005.
[163] 刘刚.发展金融学框架研究. 沈阳：辽宁大学博士学位论文，2006.
[164] 云鹤，胡剑锋，吕品.金融效率与经济增长. 经济学（季刊），2012，11（2）：595-612.
[165] Scholes M，Benston G J，Smith C W. A transactions cost approach to the theory of financial intermediation. The Journal of Finance，1976，31（2）：215-231.
[166] 范学俊. 金融发展与经济增长——1978—2005 中国的实证检验. 上海：华东师范大学博士学位论文，2007.
[167] Brown M，Jappelli T，Pagano M. Information sharing and credit：Firm-level evidence from transition countries .Journal of Financial Intermediation，2009，18（2）：151-172.
[168] 伍旭川. 金融深度和金融宽度. 银行家，2005，（5）：8-10.
[169] 单豪杰.中国资本存量 K 的再估算：1952～2006 年.数量经济技术经济研究，2008，（10）：17-31.
[170] 陈志刚，师文明.中国金融发展规模、效率、结构与收入分配关系的实证研究. 中国青年经济学者论坛，2007.
[171] 邓淇中，张晟嘉.区域金融发展规模、结构、效率与经济增长关系的动态分析.统计与信息论坛，2012，（1）：43-48.
[172] 周德才，卢晓勇，杨伊，等. 我国金融发展与经济增长周期关系的实证检验.山西财经大学学报，2013，（12）：56-68.
[173] Desai P，Martin R. Efficiency loss from resource misallocation in Soviet industry. The Quarterly Journal of Economics，1983，98（3）：441-456.
[174] Ueda A. Measuring distortion in capital allocation-The case of heavy and chemical industries in Korea. Journal of Policy Modeling，1999，21（4）：427-452.
[175] Caselli F，Feyrer J. The marginal product of capital.The Quarterly Journal of Economics，2007，122（2）：535-568.
[176] 龚六堂，谢丹阳.我国省份之间的要素流动和边际生产率的差异分析.经济研究，2004，（1）：45-53.
[177] 才国伟，舒元.我国资本的配置效率：一种新的测算方法.经济科学，2009，（4）：43-52.

[178] Almeida H，Wolfenzon D. The effect of external finance on the equilibrium allocation of capital. Journal of Financial Economics，2005，75（1）：133-164.

[179] 韩立岩，蔡红艳.我国资本配置效率及其与金融市场关系评价研究.管理世界，2002，(1)：65-70.

[180] 韩立岩，王哲兵.我国实体经济资本配置效率与行业差异. 经济研究，2005，(1)：77-84.

[181] 方军雄.市场化进程与资本配置效率的改善.经济研究，2006，(5)：50-61.

[182] 王永剑，刘春杰.金融发展对中国资本配置效率的影响及区域比较.财贸经济，2011，(3)：54-60.

[183] 潘文卿，张伟.中国资本配置效率与金融发展相关性研究.管理世界，2003，(8)：16-23.

[184] Odedokun M O. Alternative econometric approaches for analysing the role of the financial sector in economic growth：Time-series evidence from LDCs. Journal of Development Economics，1996，50（1）：119-146.

[185] Darrat A F. Are financial deepening and economic growth causally related? Another look at the evidence. International Economic Journal，1999，13（3）：19-35.

[186] Ram R. Financial development and economic growth：Additional evidence. Journal of Development Studies，1999，35（4）：164-174.

[187] Heston A. A brief review of some problems in using national accounts data in level of output comparisons and growth studies. Journal of Development Economics，1994，44（1）：29-52.

[188] Kim C J，Nelson C R. State-Space Models with Regime-Switching：Classical and Gibbs-Sampling Approaches with Applications . Cambridge：MIT Press，1998.

[189] 周德才，冯婷，邓姝姝.我国灵活动态金融状况指数构建与应用研究——基于 MI-TVP-SV-VAR 模型的一个经验分析.数量经济技术经济研究，2015，(5)：114-130.

[190] 周德才，谢海东，谌卫学. 股市非对称财富效应的实证检验——基于股市的金融状况指数视角. 价格理论与实践，2012，(10)：66-67.

[191] 周德才，谢海东，何宜庆. 我国股市财富效应非对称性的实证分析. 统计与决策，2014，(1)：161-164.

[192] 兰秋军，马超群，文凤华.金融时间序列去噪的小波变换法.科技管理研究，2004，(6)：117-120.

[193] 董文泉，高铁梅，姜诗章.经济周期波动分量的分析与预测方法.长春：吉林大学出版社，1998.

[194] 石柱鲜，刘俊生，吴泰岳.利用多变量马尔科夫转移因子模型对我国经济周期波动的经验研究. 数理统计与管理，2007，(5)：821-829.

# 后　记

本书是我承担的2014年度教育部人文社会科学研究青年基金项目："我国广义金融状况指数体系的设计、测度与应用研究：基于FSF视角"（14YJC790180）的阶段性成果，是在我的博士学位论文基础上修改而成的。

2014年年末，我获批主持教育部人文社会科学研究青年基金项目："我国广义金融状况指数体系的设计、测度与应用研究：基于FSF视角"（14YJC790180），恰逢其时，正在撰写博士学位论文，该文对包含结构与功能金融学（functional and structural finance，FSF）理论在内的金融发展理论进行了梳理、综述和提炼，并分析了金融发展在周期方面对经济增长的传导机制，正好可以作为项目的理论基础。

2008年，我开始了南昌大学管理科学与工程博士研究生的学习，经过6年多的学习和研究，我撰写博士学位论文还是感觉到存在很大的困难和困惑，有感愧对母校和老师的培养，主要是自己不争气所致。但令人欣慰和自豪的是自己有幸遇到一位学者，一位真正的学者——导师卢晓勇教授。

第一次走进卢老师的办公室的情景，犹如还在昨天。诧异于斗室中到处放满了经济和管理类书籍和杂志，我不由得心生敬意。此后，随着与老师的接触日益增多，他渊博的知识、缜密的思维、敏锐的见解，尤其是他那平易近人的学者风范，令我钦佩不已、十分羡慕。虽然我们之间是师生关系，但感觉更像朋友，每次就论文写作和课题研究展开讨论，老师都把我们学生当作朋友，什么东西都是娓娓道来，让人有如沐春风的感觉。虽然我知道这是老师几十年如一日磨砺修炼而成，但我也常常幻想能够成为像老师一样的人，成为学习的榜样，这个榜样不只是教学和研究方面的榜样，更多的是做人方面的榜样。这就是大家都称道的学者精神魅力之所在。在这些年，导师在学业上给予了我极大的帮助。刚入校的时候，我自己对研究方向十分迷茫，就盲目找了一个非常热门但我并不熟悉的研究方向，但在第一次开题时，老师不赞成，后来在开题中被其他导师否决了。经此一役，我吸取教训，多听老师的意见和建议，终于回到我熟悉的金融领域上，第二次开题得以顺利通过。按照开题确定的题目，研究金融与经济周期关系，为此，老师为我作了大量的指导，从而使得论文能够一步步趋于完成。拳拳师恩难以言表、无以为报，唯有谨记老师的谆谆教诲、奋发进取，以不负老师的殷切期望。

我还要感谢何宜庆、刘耀彬、陈斐和谢海东老师等，在此不一一列举，这些老师在论文题目的确定、论文开题、论文大纲的拟定、论文的写作和发表以及课题撰写等多个方面对我进行精心的指导，在此一并感谢。正是因为这些老师的指导和关心，我才能够发表多篇论文，并成功申请教育部人文高校青年基金项目。

家人无私的爱始终是我前进的巨大动力。父母为了我的成长付出了巨大的心血，自己却回报甚少，在此期间，母亲撒手人寰，父亲卧床不起，每每想到这些，总是心绪难宁、十分愧疚，但求今后能给父亲带去更多的欣慰和骄傲。与妻子结婚多年，聚少离多，而妻子却一如既往给予我无尽的帮助，我的每一点进步，都有她默默的奉献，感谢她的理解和支持。

周德才

2017年1月